Freiwilliges und zwangsweises Delisting im deutschen und südkoreanischen Recht

Börsen- und kapitalmarktrechtliche Abhandlungen

Herausgegeben von Horst Hammen

Band 19

Zur Qualitätssicherung und Peer Review der vorliegenden Publikation

Die Qualität der in dieser Reihe erscheinenden Arbeiten wird vor der Publikation durch den Herausgeber der Reihe geprüft.

Notes on the quality assurance and peer review of this publication

Prior to publication, the quality of the work published in this series is reviewed by the editors of the series.

Christin Riedel

Freiwilliges und zwangsweises Delisting im deutschen und südkoreanischen Recht

Eine rechtsvergleichende Untersuchung

PETER LANG

Bibliografische Information der Deutschen Nationalbibliothek
Die Deutsche Nationalbibliothek verzeichnet diese Publikation in der Deutschen Nationalbibliografie; detaillierte bibliografische Daten sind im Internet über http://dnb.d-nb.de abrufbar.

Zugl.: Gießen, Univ., Diss., 2017

D 26
ISSN 1862-183X
ISBN 978-3-631-74638-7 (Print)
E-ISBN 978-3-631-75653-9 (E-PDF)
E-ISBN 978-3-631-75654-6 (EPUB)
E-ISBN 978-3-631-75655-3 (MOBI)
DOI 10.3726/b14140

Peter Lang – Berlin · Bern · Bruxelles · New York · Oxford · Warszawa · Wien

Diese Publikation wurde begutachtet.

www.peterlang.com

Vorwort

Die vorliegende Monographie entstand während meiner Tätigkeit als wissenschaftliche Mitarbeiterin am Lehrstuhl für Bürgerliches Recht und Rechtsphilosophie von Frau Prof. Dr. Marietta Auer M.A., LL.M., S.J.D. (Harvard) an der juristischen Fakultät der Justus-Liebig-Universität Gießen. Die Arbeit betreute Herr Prof. Dr. Horst Hammen, der den Anstoß zu diesem rechtsvergleichenden Thema geliefert hat.

Für das Zustandekommen der Arbeit möchte ich mich herzlich bei den nachfolgenden Personen bedanken. Mein Dank gilt zunächst meinem Doktorvater, Herrn Prof. Dr. Horst Hammen, der die Idee für dieses spannende Thema hatte und mir für dessen Bearbeitung viel Freiheit gelassen hat, gleichzeitig aber immer ansprechbar und hilfsbereit war. Ebenfalls bedanken möchte ich mich bei Frau Prof. Dr. Marietta Auer M.A., LL.M., S.J.D. (Harvard) für die Übernahme und die zügige Erstellung des Zweitgutachtens sowie bei Herrn Prof. Dr. Junseob Yi, der meine Recherchetätigkeit für den südkoreanischen Teil der Arbeit hilfreich unterstützt hat.

Danken möchte ich auch Christa Steubing, die freundlicherweise das Korrekturlesen der Arbeit übernommen hat und Johannes Otter, der mich immer unterstützt hat.

Literatur und Rechtsprechung sind bis Dezember 2016 berücksichtigt.

Frankfurt am Main, März 2018

Christin Riedel

Inhaltsverzeichnis

1. Kapitel: Einführung und Grundlagen

In den letzten Jahren ist durch mehrere höchstrichterliche Entscheidungen – zu nennen sind die MVS/Lindner-Entscheidung des BVerfG aus dem Jahr 2012 und die im darauffolgenden Jahr ergangene Frosta-Entscheidung des BGH – der freiwillige Börsenrückzug vom regulierten Markt in Deutschland wieder verstärkt in den Fokus der Öffentlichkeit gerückt.[1] In der Folge dieser Entscheidungen hat der freiwillige Börsenrückzug vom deutschen Kapitalmarkt, im Vergleich zu den Vorjahren, an Bedeutung hinzugewonnen.[2] Auch im südkoreanischen Kapitalmarkt hat die Anzahl der Börsenrückzüge stetig zugenommen, bei denen es sich jedoch mehrheitlich um zwangsweise Rückzüge auf Anordnung der Börse handelt. Der Trend geht dort jedoch mittlerweile zu mehr freiwilligen Börsenrückzügen, was insbesondere an den mit dem Listing verbundenen hohen Kosten und umfassenden Publizitätspflichten liegt.[3] Sowohl der freiwillige Börsenrückzug auf Initiative des Emittenten als auch das Delisting von Amts wegen bzw. das zwangsweise Delisting werfen rechtliche Probleme auf.

In Deutschland wurde die Diskussion im November 1994 angestoßen, als die BASF erfolglos versuchte, sich auf eigene Initiative von allen deutschen Handelsplätzen, mit Ausnahme der Frankfurter Wertpapierbörse, zurückzuziehen.[4] Bereits vor dem Inkrafttreten von § 38 Abs. 4 BörsG a.F. (jetzt mit verändertem Inhalt § 39 Abs. 2 bis 6 BörsG n.F.), der erstmalig die Möglichkeit des freiwilligen Börsenrückzugs normierte, war umstritten, inwieweit ein freiwilliger Börsenrückzug überhaupt möglich sei und soweit dies der Fall sein sollte, welche Voraussetzungen zur Gewährleistung des Anlegerschutzes erfüllt werden müssten.[5] Die Un-

---

1 BVerfGE 132, 99 (MVS/Lindner); BGH, NJW 2014, 146, 147 (Frosta).

2 Zwischen 2001 und 2009 haben sich in Deutschland von der Frankfurter Wertpapierbörse insgesamt 64 Unternehmen aus dem regulierten Markt zurückgezogen; davon sind 21 Unternehmen in den Freiverkehr gewechselt, von den restlichen 43 Unternehmen waren nur 9 Unternehmen nicht insolvent oder in Liquidation befindlich und Nicht-Penny-Stocks. Siehe: Stellungnahme des Deutschen Aktieninstituts zu Delisting und Spruchverfahren – Anfrage des Bundesverfassungsgerichtes 1 BvR 3142/07, Oktober 2010, S. 21. ff.
In der Zeit zwischen der Frosta-Entscheidung im Oktober 2013 und dem 3. September 2015, kurz bevor § 39 BörsG n.F. im Oktober 2015 in Kraft getreten ist, haben allein 76 Unternehmen ein De- oder Downlisting angekündigt. Siehe: *Aders/Muxfeld/Lill*, Corporate Finance 2015, S. 389 ff.

3 *Lee*, The Korea Bizwire, vom 11.05.2016.

4 *Fluck*, WM 1995, 553; *Schwark/Geiser*, ZHR 161 (1997), 739 f.

5 Zu der grundsätzlichen Zulässigkeit des freiwilligen Delisting: *Radtke*, Delisting, Rückzug aus dem amtlichen Handel oder dem geregelten Markt auf Wunsch des Emittenten aus kapitalmarktrechtlicher Sicht, 1998, S. 109 f.; *Vollmer/Grupp*, ZGR 1995, 459, 478 ff.; *Schwark/Geiser*, ZHR 161 (1997), 739, 768 ff.

stimmigkeiten resultierten aus der Formulierung von § 39 Abs. 2 a. F. BörsG und deren gleichlautenden Vorgängervorschriften, die einen freiwilligen Rückzug vom regulierten Markt für zulässig erachteten, wenn der Anlegerschutz ausreichend gewährleistet war. Die Wahrung des Anlegerschutzes wurde der Regulierung in den einzelnen Börsenordnungen übertragen. Der BGH hat dann im Jahre 2002 in der Macrotron-Entscheidung erstmalig gesellschaftsrechtliche Voraussetzungen für ein erfolgreiches Delisting geschaffen und diese Rechtsfortbildung über den kapitalmarktrechtlichen Schutz hinaus auf Art. 14 GG gestützt, sodass der Diskussion eine verfassungsrechtliche Komponente hinzugefügt worden ist.[6] Die Basis des Anlegerschutzes bildeten seitdem ein verpflichtendes, im Spruchverfahren überprüfbares, Kaufangebot und die Zustimmung der Hauptversammlung zu dem freiwilligen Börsenrückzug. Der Anlegerschutz beruhte damit maßgeblich auf Richterrecht.

Erst die Entscheidung des BVerfG in den beiden Verfahren MVS/Lindner vom 11.07.2012 brachte die Macrotron-Grundsätze ins Wanken.[7] Das BVerfG lehnte einen Eingriff in das Eigentumsgrundrecht der Aktionäre durch ein Delisting ab, erklärte die Rechtsfortbildung des BGH aber nicht für verfassungswidrig, sondern ließ offen, auf welche einfachgesetzlichen Vorschriften die anlegerschützenden Voraussetzungen in Zukunft gestützt werden sollten.

Am 08.10.2013 vollführte der BGH in seiner Frosta-Entscheidung eine Kehrtwende zu seiner bis dahin maßgeblichen Rechtsprechung, indem er die in der Macrotron-Entscheidung für ein freiwilliges Delisting aufgestellten Voraussetzungen nicht etwa mit einer einfachrechtlichen Begründung versah, sondern entschied, dass es zukünftig weder eines Hauptversammlungsbeschlusses noch eines im Spruchverfahren überprüfbaren Abfindungsangebotes bedürfe.[8] Diese Entscheidung des BGH öffnete die Tür für eine dringend erforderliche dogmatische Neuausrichtung des Anlegerschutzes, der seit der Frosta-Entscheidung bei einem regulären Delisting so gering war wie zuletzt vor der Macrotron-Entscheidung aus dem Jahr 2002. Seitdem galten nur die in den einzelnen Börsenordnungen normierten Voraussetzungen, die jedoch nicht einheitlich ausgestaltet waren.

Aus diesem Grund trat am 26.11.2015 der in kürzester Zeit ausgearbeitete § 39 Abs. 2 bis 6 BörsG in Kraft, der seitdem die anlegerschützenden Voraussetzungen bei einem Börsenrückzug vom regulierten Markt auf Initiative des Emittenten regelt.[9] Der Gesetzgeber hat sich dabei für eine kapitalmarktrechtliche Lösung und gegen eine gesellschaftsrechtliche Lösung entschieden.[10] Für alle seit dem 07.09.2015 initiierten Delisting-Verfahren besteht seitdem grundsätzlich die Pflicht zur Abgabe eines Erwerbsangebots gemäß § 31 WpÜG, dessen Höhe sich nach dem durch-

---

6 BGHZ 153, 47 (Macrotron).
7 BVerfGE 132, 99 (MVS/Lindner).
8 BGH, NJW 2014, 146, 147 (Frosta).
9 Gesetz zur Umsetzung der Transparenzrichtlinie-Änderungsrichtlinie vom 20.11.2015 (BGBl. I S. 2029).
10 BT-Drucks. 18/6220, S. 92.

schnittlichen Börsenkurs des letzten halben Jahres bemisst. Die Überprüfung des Abfindungsangebots erfolgt im Musterverfahren nach dem Kapitalanleger-Musterverfahrensgesetz (KapMuG).

Anders als im deutschen Recht stehen im koreanischen Recht die Vorschriften über das zwangsweise Delisting im Zentrum, die einer regelmäßigen Überarbeitung der Börse unterliegen. Die börsenrechtlichen Regularien ermöglichen den Gesellschaften auch einen freiwilligen Rückzug von der Börse, der jedoch wesentlich seltener in Anspruch genommen wird als in Deutschland.

A. Grundsätzliche Überlegungen

Zu unterscheiden sind in beiden Ländern der freiwillige Börsenrückzug auf Initiative des Emittenten und der zwangsweise Börsenrückzug auf Veranlassung der Börse, beispielsweise aufgrund eines Verstoßes gegen Zulassungsfolgepflichten. In Deutschland ist die Problematik des Börsenrückzugs an der Schnittstelle von öffentlichem Recht, in Gestalt der kapitalmarktrechtlichen Vorschriften,[11] und Zivilrecht, in Gestalt der gesellschaftsrechtlichen Bestimmungen, angesiedelt, was in Literatur und Rechtsprechung zu der umstrittenen Frage geführt hat, wo die Regelung zum freiwilligen Börsenrückzug systematisch zu verorten sei.[12] In Südkorea ist dagegen allein das Kapitalmarktrecht mit der Lösung der Börsenrückzugs-Problematik befasst. In beiden Ländern konkurrieren die Regelungen zum freiwilligen Börsenrückzug rechtstatsächlich mit den Vorschriften zum Squeeze-out und dem sog. kalten Delisting.

Der zwangsweise Börsenrückzug besitzt in Südkorea eine Marktbereinigungsfunktion von nicht mehr Listing-geeigneten Unternehmen. Es dient dem Funktionsschutz des Marktes und somit auch dem Schutz der Anleger vor einem „schlechten" Investment.[13] In Deutschland existieren Vorschriften zum Delisting von Amts wegen, die jedoch neben dem freiwilligen Delisting praktisch nur eine untergeordnete Rolle spielen, wohingegen in Südkorea fast ausnahmslos zwangsweise Delistings börsennotierter Unternehmen und nur vereinzelt freiwillige Delistings angestrebt werden. Das rührt daher, dass die Börsenzulassung in den beiden untersuchten Ländern eine unterschiedliche Rolle spielt. In Südkorea ist die Mehrzahl der Aktiengesellschaften in einem der Marktsegmente der Börse notiert. Der Regelfall ist die börsennotierte AG und nicht wie in Deutschland die nicht börsennotierte AG. Die Börse spielt in Südkorea eine existenzielle Rolle für die Eigenkapitalaufnahme, wohingegen eine Finanzierung über private Investoren vergleichsweise weniger vorkommt.

---

11 Hier zu nennen sind das BörsG, das Wertpapierhandelsgesetz (WpHG), das Wertpapiererwerbs- und Übernahmegesetz (WpÜG) und das Wertpapierprospektgesetz (WpPG).

12 *Koch/Harnos,* NZG 2015, 729, 730.

13 *Chang,* Capital Market Perspective, 2010 Vol. 2, No. 2, S. 53 f.

Die Börse als Handelsplatz besitzt für die Minderheitsaktionäre in beiden Ländern eine weitaus größere Bedeutung als für die Großaktionäre, da diese in der Regel langfristige Investitionsstrategien verfolgen und ihre Anteile regelmäßig nicht über die Börse veräußern.[14] Dementsprechend ist insbesondere der Schutz der Minderheitsaktionäre bei einem freiwilligen Delisting von Bedeutung. Ihnen wird durch einen vollständigen Börsenrückzug die Handelsmöglichkeit über die Börse genommen und damit die Verkehrsfähigkeit ihrer Aktie erheblich eingeschränkt.[15] Da die Minderheitsaktionäre im Gegensatz zum Großaktionär, der seine Anteile in der Regel nicht über die Börse veräußert, auf die Handelbarkeit an der Börse angewiesen sind, kommt es bei einem vollständigen Delisting zu einem Interessenskonflikt zwischen dem Hauptaktionär und den Minderheitsaktionären. Dieser Konflikt wird dadurch verschärft, dass der Großaktionär regelmäßig einen Informationsvorsprung gegenüber den Minderheitsaktionären besitzt und auf die Veröffentlichung von Informationen aufgrund der mit der Zulassung verbundenen Publizitätspflichten nicht angewiesen ist.[16]

Ziel dieser rechtsvergleichenden Arbeit ist nicht nur der „reine" Erkenntnisgewinn, sondern, im Rahmen einer Mikrovergleichung einzelne Rechtsprobleme genauer zu beleuchten. Untersucht wird, wie die beiden Rechtsordnungen den Konflikt zwischen dem Funktionsschutz der Börse, den Interessen der Anleger und den Gesellschaftsinteressen lösen und wie bzw. ob der Anlegerschutz bei einem freiwilligen/zwangsweisen Delisting effektiv gewährleistet wird. Dazu werden die kapitalmarkt-, gesellschafts-, verfassungs- und verwaltungsrechtlichen Aspekte des regulären Delisting in Deutschland sowie die kapitalmarktrechtlichen Aspekte des Delisting in Südkorea betrachtet. Die rechtsvergleichende Untersuchung beschränkt sich folglich auf die kapitalmarktrechtliche Seite des freiwilligen und zwangsweisen Delisting. Nicht näher behandelt werden die gesellschaftsrechtlichen Strukturmaßnahmen, die ebenfalls zu einem Erlöschen der Börsenzulassung führen. In den nachfolgenden Ausführungen wird sich zeigen, dass sich der Schauplatz des Delisting in Deutschland vom Gesellschaftsrecht mittlerweile wieder zurück in das Kapitalmarktrecht verschoben hat.

Ein Vergleich der deutschen und südkoreanischen Rechtsvorschriften liegt nahe, weil sie sehr unterschiedliche Konzepte zur Lösung des genannten Interessenkonflikts entwickelt haben. Die Betrachtung der südkoreanischen Regelungen bietet sich vor dem Hintergrund an, dass das südkoreanische Recht, ebenso wie das chinesische und japanische in seinen Grundzügen kontinentaleuropäisch geprägt ist und sich gleichzeitig angloamerikanischer Regelungen bedient. Das koreanische Wirtschaftsrecht orientiert sich dabei weitgehend an dem amerikanischen Wirt-

---

14 *Morell,* ZBB 2016, 67, 72 f.; *Schanz,* Börseneinführung, 4. Aufl. 2012, § 18 Rn. 30.

15 BVerfGE 132, 99, 122 (MVS/Lindner); *Aders/Muxfeld/Lill,* Corporate Finance 2015, 389, 392; *Hellwig/Bormann,* ZGR 2002, 465, 473; *Wirth/Arnold,* ZIP 2000, 111, 115.

16 *Morell,* ZBB 2016, 67, 70 ff.; *Vollmer/Grupp,* ZGR 1995, 459, 474.

schaftsrecht.[17] Dieser Unterschied setzt sich in den unterschiedlichen Finanzsystemen in Deutschland und Südkorea fort. Wo in Deutschland ein bankbasiertes, durch ein umfassendes Überwachungssystem gekennzeichnetes System herrscht, handelt es sich bei dem wiederum am amerikanischen kapitalmarktbasierten Modell orientierten südkoreanischen System um ein marktbasiertes Finanzsystem.[18] Kennzeichnend für ein marktbasiertes System ist eine „Politik für den Markt", die sich durch umfassende Aufsichts- und Publizitätsregeln und transparente Rechnungslegung zum Schutz der Investoren auszeichnet.[19]

Wie die vorliegende Arbeit zeigen wird, wurde der Anlegerschutz bei einem freiwilligen Delisting in Deutschland seit der Einführung einer gesetzlichen Regelung nur unzureichend gewährleistet. Untersucht wird, ob dies durch die Einführung von § 39 Abs. 2 bis 6 BörsG n.F. verbessert worden ist. Demgegenüber werden die Anlegerschutzbestimmungen für ein freiwilliges Delisting in Südkorea beleuchtet, um die Anlegerschutzsysteme der beiden Länder anschließend miteinander in Bezug auf deren Ausgleich zwischen Anlegerschutz und dem Funktionsschutz der Börse überprüfen zu können.

B. Gang der Darstellung

Behandelt werden zum einen das freiwillige reguläre Delisting auf Initiative des Emittenten und zum anderen das zwangsweise Delisting/Delisting von Amts wegen. Kernproblem des Rückzugs von der Börse auf Initiative des Emittenten bildet der Ausgleich zwischen dem Schutz der (Minderheits-) Aktionäre vor dem Verlust der Handelbarkeit ihrer Anteile an der Börse durch ein Delisting mittels kapitalmarktrechtlicher und gesellschaftsrechtlicher Vorschriften und der Steigerung bzw. Erhaltung der Attraktivität der Börsenmärkte für zulassungswillige Aktiengesellschaften.

Das Einführungskapitel beginnt mit grundlegenden Erläuterungen zum deutschen und südkoreanischen Kapitalmarkt und schließt die Zulassung und die mit der Zulassung verbundenen Folgepflichten ein. Bereits an dieser Stelle zeigen sich Unterschiede zwischen den beiden Rechtsordnungen, die sich auch auf die Delisting-Regelungen auswirken. Im Anschluss werden die möglichen Motive für einen freiwilligen Börsenrückzug erörtert. Im zweiten Kapitel erfolgt eine Darstellung des Untersuchungsgegenstandes, der dann im dritten Kapitel der Länderbericht Deutschland mit Ausführungen zu den kapitalmarktrechtlichen Aspekten sowie der verfassungsrechtlichen Bedeutung des Delisting folgt. Da § 39 BörsG n.F. keine Zustimmung der Hauptversammlung zu einem Rückzug von der Börse vorsieht, wird außerdem die Frage nach der Erforderlichkeit eines Hauptversammlungsbeschlusses

---

17 *Youn,* Recht und Rechtssprache in Korea und Deutschland, 2016, S. 76.

18 Zu den Unterschieden eines Bank- bzw. Marktbasierten Finanzsystems: *Rudolf,* in: Habersack/Mülbert/Schlitt, § 1 Rn. 1 ff.; Bertelsmann Stiftung, Country Report South Korea, 2006.

19 *Rudolf,* in: Habersack/Mülbert/Schlitt, § 1 Rn. 5.

und dessen einfachrechtliche Begründbarkeit behandelt. Abschließend werden die Rechtsschutzmöglichkeiten der Aktionäre beleuchtet. Dabei stellt sich insbesondere die Frage nach der Widerspruchsbefugnis der Anleger im verwaltungsrechtlichen Verfahren gegen die Widerrufsentscheidung der Börsengeschäftsführung.

Im vierten Kapitel folgt der Länderbericht Südkorea. Zunächst erfolgt eine kursorische historische Darstellung des südkoreanischen Kapitalmarktrechts. Im Anschluss werden die Regelungen zum zwangsweisen Delisting vom KOSPI-Markt sowie vom KOSDAQ-Markt und für das freiwillige Delisting von beiden Börsenmärkten untersucht. Daran schließt sich im fünften Kapitel der Rechtsvergleich zwischen den deutschen und südkoreanischen Regelungen und im sechsten Kapitel ein Fazit und eine Zusammenfassung an.

C. Das deutsche und das südkoreanische Kapitalmarktrecht

Das Kapitalmarktrecht regelt die Organisation des Kapitalmarktes sowie das erlaubte Verhalten der Marktteilnehmer und dient der Sicherung der Funktionsfähigkeit des Kapitalmarkts.[20] In einem ersten Schritt soll ein knapper Überblick über das deutsche und das südkoreanische Kapitalmarktrecht gegeben werden, da die kapitalmarktrechtliche Organisation die Basis für die Delisting-Vorschriften und damit für die nachfolgenden Untersuchungen bildet.

I. Die Börsenorganisation in Deutschland

Sowohl hinsichtlich der Organisation der Börsen als auch in Bezug auf die Aufsichtsbehörden und deren Befugnisse unterscheiden sich Deutschland und Südkorea in weiten Teilen voneinander. Der wesentliche Unterschied zwischen den deutschen und südkoreanischen Börsenmärkten besteht darin, dass diese in Deutschland öffentlich-rechtlich und in Südkorea privatrechtlich organisiert sind. In Deutschland ist das Börsenwesen im Gegensatz zu Südkorea, wo nur eine Börse, die Korea Exchange existiert, regional strukturiert. Weiterhin sind die deutschen Börsen als Anstalten des öffentlichen Rechts aufgestellt, wohingegen die koreanische Börse rein privatrechtlich organisiert ist. Da aus der unterschiedlichen Organisation auch Unterschiede bezüglich der Delisting-Regelungen resultieren, bietet sich im Folgenden ein Überblick über die Organisation der deutschen und der südkoreanischen Börsenorganisation an.

Bis zum Inkrafttreten des FRUG[21] im Jahr 2007 gab es im deutschen Recht keine einheitliche Definition für den Begriff der Börse,[22] da der Gesetzgeber bis zu diesem

---

20 *Wittig,* in: Kümpel/Wittig, Bank- und Kapitalmarktrecht, 4. Aufl., 2011, Rz. 1.10.

21 Gesetz zur Umsetzung der Richtlinie über Märkte für Finanzinstrumente und der Durchführungsrichtlinie der Kommission (Finanzmarkt-Richtlinie Umsetzungsgesetz), BGBl. I 2007, S. 1330.

22 Zu der Entwicklung des Börsenbegriffs: *Seiffert,* in: Kümpel/Wittig, Rz. 4.21 ff.

Zeitpunkt bewusst auf eine Definition verzichtet hatte.[23] Schon zuvor wurde die überwiegende Auffassung vertreten, die Börse sei eine teilrechtsfähige Anstalt des öffentlichen Rechts[24], da alle Normen, die die Befugnisse der Börse regeln, dem öffentlichen Recht zuzurechnen waren.[25] Seit 2007 definiert § 2 Abs. 1 BörsG die Börse als eine Anstalt zum Betreiben eines organisierten Marktes, an dem Angebot und Nachfrage für bestimmte Produkte zusammengeführt werden.

1. *Börsenbegriff*

Die Börsendefinition in § 2 Abs. 1 BörsG setzt sich aus einem formellen und einem materiellen Bestandteil zusammen. Formell bestimmt § 2 Abs. 1 Hs. 1 BörsG die Rechtsform der Börsen als teilrechtsfähige Anstalten des öffentlichen Rechts. Durch die Bestimmung der Rechtsform als teilrechtsfähige Anstalt des öffentlichen Rechts wird die Börse von multilateralen Handelssystemen abgegrenzt.[26] Auf der materiellen Seite benennt § 2 Abs. 1 Hs. 2. BörsG, der sich auf die Funktion der Börse als Handelsplattform bezieht, vier Voraussetzungen. Danach regeln und überwachen Börsen multilaterale Systeme, die die Interessen einer Vielzahl von Personen am Kauf und Verkauf von dort zum Handel zugelassenen Wirtschaftsgütern und Rechten nah festgelegten Bestimmungen in einer Weise zusammenbringen oder das Zusammenbringen fördern, die zu einem Vertrag über den Kauf dieser Handelsobjekte führt.

Eine Anstalt des öffentlichen Rechts ist ein „Bestand von Mitteln, sächlichen wie persönlichen, welche in der Hand eines Trägers öffentlicher Verwaltung einem besonderen öffentlichen Zwecke dauernd zu dienen bestimmt sind".[27] Die deutschen Börsen erfüllen alle Merkmale, die diese Definition enthält. Alle Börsen weisen einen externen Träger auf, der die Strukturen zum Betrieb der Börse zur Verfügung stellt und zum anderen liegt ihr Schwerpunkt darin, den Handelsteilnehmern und Emittenten einen organisierten Kapitalmarkt zur Verfügung zu stellen.[28] Die teilrechtsfähige Anstalt des öffentlichen Rechts unterscheidet sich von der juristischen

23 *Beyer-Fehling/Bock*, Die deutsche Börsenreform und Kommentar zur Börsengesetznovelle, 1975, S. 44; *Seiffert*, in: Kümpel/Wittig, Rz. 4.23; *Hopt/Baum*, in: Hopt/Rudoph/Baum, Börsenreform, 1997, S. 377 f.; Regierungsbegründung zur BörsG-Novelle von 1989 (mit Verweis auf den Willen des Gesetzgebers zum Börsengesetz aus dem Jahr 1896, in dem dieser bewusst auf eine Legaldefinition verzichtet hat, BT-Drucks. 11/4177, S. 22.

24 Anstelle vieler: *Fluck*, WM 1995, 553; *Posegga*, WM 2002, 2402; *Hammen*, AG 2001, 549, 550; *Schneider/Burgard*, WM 2000 Sonderbeilage Nr. 3 zu Heft 40, 24, 27.

25 *Beck*, in: *Schwark/Zimmer*, Kapitalmarktrechts-Kommentar, 4. Aufl., 2010, § 2 BörsG Rn. 34.

26 *Groß*, Kapitalmarktrecht, 6. Aufl., 2016, § 2 BörsG Rn. 6.

27 *Mayer*, Deutsches Verwaltungsrecht Band 2, 1969, S. 268, 331; so auch: *Maurer*, Allgemeines Verwaltungsrecht, 18. Aufl. 2011, § 23 Rn. 46 ff.

28 *Beck*, in: Schwark/Zimmer, KMRK, § 2 BörsG Rn. 36.

Person des öffentlichen Rechts gemäß § 89 BGB dahin gehend, dass ihr die volle Rechtsfähigkeit gemäß § 1 BGB fehlt.

Eine Anstalt des öffentlichen Rechts kann verbindliche Ordnungen erlassen. Hierzu gehören insbesondere die Regelungen zur Zulassung von Marktteilnehmern. Die Börse ist keine Person juristische Person des öffentlichen Rechts, besitzt aber gleichwohl in bestimmten Beziehungen Rechtsfähigkeit. Sie ist Gläubigerin der im Börsengesetz geregelten Zahlungsansprüche.[29] Dazu gehören der Gebührenanspruch aus § 17 BörsG sowie der Anspruch auf Ordnungsgeld gemäß § 22 Abs. 2 BörsG. Die Errichtung der Börse erfordert gemäß § 4 Abs. 1 BörsG eine schriftliche Erlaubnis der Börsenaufsichtsbehörde. Gemäß § 3 Abs. 1 BörsG handelt es sich dabei um die zuständige oberste Landesbehörde.

Die Börse übernimmt die Durchführung des Börsenhandels. Dadurch, dass die Börse als teilrechtsfähige Anstalt des öffentlichen Rechts ausgestaltet ist, benötigt sie einen Börsenträger als Zurechnungssubjekt, da sie weder Eigentum an den Sacheinrichtungen der Börse haben, noch Verträge mit Mitarbeitern oder Drittunternehmen abschließen, oder selbst über finanzielle Mittel verfügen kann.[30] Das Verhältnis von Börsenträger und Börse war bis zum Inkrafttreten des 4. FMFG größtenteils ungeregelt.[31] Davor tauchte der Begriff des Börsenträgers im BörsG gar nicht auf.[32] Gemäß § 5 Abs. 1 S. 1. BörsG übernimmt die genannten Aufgaben der Börsenträger. Er stellt die personellen und finanziellen Mittel und die Räumlichkeiten für den Börsenhandel zur Verfügung[33] und ist regelmäßig als Kapitalgesellschaft organisiert.[34] Der Börsenträger ist Betreiber der Börse und als solcher als Beliehener und Anstaltsträger an die Staatsverwaltung angegliedert.[35] Der Börsenträger bedarf zur Errichtung der Börse gemäß § 4 Abs. 1 BörsG einer Erlaubnis von der obersten zuständigen Landesbehörde. Hinsichtlich des Verhältnisses von Börse und Börsenträger besteht ein Spannungsverhältnis, weil der Börsenträger einerseits dafür verantwortlich ist, die Unabhängigkeit der Börse und ihrer Organe zu gewährleisten,

29 *Hammen*, in: Festschrift für Schneider, 2011, S. 455, 467.

30 *Seiffert*, in: Kümpel/Wittig, Rz. 4.185 ff.; *Beck*, in: Schwark/Zimmer, KMRK, § 2 BörsG Rn. 38.

31 *Groß*, Kapitalmarktrecht, Vorbemerkungen zum BörsG, Rn. 25.

32 *Gurlit/Mülbert*, Der Börsenträger im Spannungsfeld von Gemeinwohlauftrag und Privatinteresse: zugleich ein Beitrag zu den Verfassungs- und Europarechtsfragen der Beteiligung an Börsenträgern, 2012, S. 78.

33 *Groß*, Kapitalmarktrecht, Vorbemerkungen zum BörsG, Rn. 24.

34 *Buck-Heeb*, Kapitalmarktrecht, 8. Aufl., 2016, Rn. 101; *Groß*, Kapitalmarktrecht, Vorbemerkungen zum BörsG Rn. 24; *Wilhelm*, Kapitalgesellschaftsrecht, 3. Aufl., 2009, S. 279.

35 BT-Drucks. 14/8017, S. 72; *Gurlit/Mülbert*, S. 14 f.; *Schwark*, WM 2000, 2517, 2520; *Burgi*, WM 2009, 2337, 2341; a.A. *Christoph*, Börsenkooperationen und Börsenfusionen: Organisationsrecht – Aufsichtsrecht – Kartellrecht, 2007, 174 ff.; *Seehafer*, Die grenzüberschreitende Börsenkonzentration im deutschen und britischen Börsenaufsichtsrecht, 2009, S. 103, die den Börsenträger mangels ausreichend konkreter Befugnisse als Verwaltungshelfer einordnet.

gleichzeitig aber wirtschaftliche Entscheidungen für die Börse trifft und die Börse in einem Abhängigkeitsverhältnis zu ihrem Träger steht.[36]

Mit der Beleihung wird die Anstalt Börse Teil der mittelbaren öffentlichen Verwaltung.[37] Durch die duale Ausgestaltung der deutschen Börsenstruktur besitzt die Börse umfassende Selbstverwaltungsrechte, die nach deutschem Verfassungsrecht nur Körperschaften oder Anstalten gewährt werden können.[38] Ihre Selbstverwaltungsrechte übt die Börse durch den gemäß § 12 BörsG zu bildenden Börsenrat aus. Ihm kommt insbesondere die Satzungshoheit zu (vgl. § 12 Abs. 2 Nr. 1 BörsG). Der Staat ist auf die Prüfung der Rechtmäßigkeit der Maßnahmen der Börse beschränkt. Eine Prüfung der Sinn- und Zweckmäßigkeit der unternehmerischen Entscheidungen ist nicht zulässig.

Die Erhaltung funktionsfähiger Börsen liegt im öffentlichen und insbesondere im staatlichen Interesse.[39] Daher ist die Fortentwicklung der deutschen Börsen folgerichtig auf eine öffentliche Einrichtung und nicht auf privatwirtschaftliche Unternehmen übertragen worden.[40] Zu den Zielen, die es durch das BörsG zu verwirklichen gilt, gehören die Erhaltung der Funktionsfähigkeit der Börse, der Anlegerschutz und die Erhaltung und Förderung der internationalen Wettbewerbsfähigkeit der deutschen Börsen.[41]

In Deutschland ist folglich zwischen dem Börsenträger, dem die Rolle des rechtlichen Marktveranstalters zugewiesen ist, und der Börse an sich, die die tatsächliche Organisation der Börsentätigkeiten übernimmt, zu unterscheiden.[42] Diese Organisation steht im Gegensatz zu der weltweit vorherrschenden, rein privatrechtlichen Organisationsform der Börse.[43]

2. Organe der Börse

Der öffentlich-rechtliche Anstaltscharakter der Börse findet seinen Ausdruck in den hoheitlich tätigen Börsenorganen.[44] An den deutschen Wertpapierbörsen gibt

---

36 *Augsberg*, Besonderes Verwaltungsrecht: Öffentliches Wirtschaftsrecht, § 35 Börsenrecht, 2012, S. 1262, 1268.
37 *Seiffert,* in: Kümpel/Wittig, Rz. 4.181 ff.
38 *Kümpel,* BKR 2003, 3, 7 ff.
39 *Hammen,* Der Konzern 2008, 269, 274; *Seiffert,* in: Kümpel/Wittig, Rz. 4.140.
40 *Merkt,* in: Festschrift für Hoffmann-Becking, 2013, S. 805, 807 f.; *Beck,* in: Schwark/Zimmer, KMRK, § 2 BörsG Rn. 45.
41 RegE 4. FMFG, BT-Drucks. 14/8017, S. 62, 73.
42 *Kümpel/Hammen,* Börsenrecht, 2. Aufl., 2003, 3. Teil I 1, S. 90.
43 Siehe den Überblick in den Länderberichten bei Hopt/Rudoph/Baum, Börsenreform, S. 593 ff., innerhalb dessen zu der damaligen Struktur in Österreich: *Kalss,* S. 1192; Österreich war das letzte Land mit einer vergleichbaren Struktur (die Börsenträgerschaft war öffentlich-rechtlich ausgestaltet), die aber Anfang 1999 zugunsten einer ausschließlich privatrechtlichen Organisationsform aufgegeben wurde, vgl. *Pozniak,* ZBB 1998, 357 ff.
44 *Seiffert,* in: Kümpel/Wittig, 355, Rz. 4.196 ff.

es vier Börsenorgane. Dazu gehören die Börsengeschäftsführung, der Börsenrat, der Sanktionsausschuss und die Handelsüberwachungsstelle.[45] Die Börsengeschäftsführung vertritt, wenn nicht der Träger der Börse zuständig ist, die Börse gerichtlich und außergerichtlich (§ 15 BörsG). Eine Auflistung ihrer Aufgaben findet sich zum Beispiel in § 10 BörsO FWB. Dazu zählen u. a. die Zulassung von Unternehmen und Personen zur Teilnahme am Börsenhandel und die Organisation des Geschäftsablaufs der Börse. Der in § 12 BörsG definierte Börsenrat ist an jeder Wertpapierbörse zu bilden und setzt sich aus den Vertretern der zum Börsenhandel zugelassenen Kreditinstitute einschließlich der Wertpapierhandelsbanken, der zugelassenen Finanzdienstleistungsinstitute und sonstigen zugelassenen Unternehmen, der Skontroführer, der Versicherungsunternehmen, deren emittierte Wertpapiere an der Börse zum Handel zugelassen sind, anderer Emittenten solcher Wertpapiere, die zur Teilnahme am Börsenhandel zugelassenen Kapitalanlagegesellschaften und der Anleger zusammen.[46] Der Börsenrat erlässt u. a. die Börsenordnung und überwacht die Geschäftsführung.

§ 22 Abs. 1 BörsG ermächtigt die Landesregierung, durch Rechtsverordnung Vorschriften zur Errichtung eines Sanktionsausschusses inklusive dessen Zusammensetzung und Verfahren einschließlich der Beweisaufnahme und der Kosten sowie die Mitwirkung der Börsenaufsichtsbehörde zu erlassen.

Die Handelsüberwachungsstelle hat gemäß § 7 Abs. 1 S. 1 BörsG die Aufgabe, die Börse und die Börsengeschäftsabwicklung zu überwachen. Diese Aufgabe übt sie zusammen mit der Börsengeschäftsführung aus. Dabei ist die Handelsüberwachungsstelle das Überwachungs- und Ermittlungsorgan und die Börsengeschäftsführung für die Sanktionierung von Marktteilnehmern und Emittenten bei Verstößen gegen die Börsenordnung verantwortlich.[47]

3. *Aufsichtseinrichtungen*

Die Einhaltung bzw. Durchsetzung der kapitalmarktrechtlichen Vorschriften wird mittels eines dreistufigen Marktaufsichtssystems gewährleistet.[48] Hier manifestiert sich wiederum das öffentliche Interesse an der Erhaltung der Funktionsfähigkeit des Kapitalmarktes.[49] In Deutschland nehmen die Bundesanstalt für Finanzdienstleistungsaufsicht, die Börsenaufsichtsbehörden der Länder und die Handelsüberwachungsstellen der einzelnen Börsen die Aufgaben der Kapitalmarktaufsicht wahr.

---

45 *Groß*, Kapitalmarktrecht, Vorbemerkungen zum BörsG Rn. 27; *Seiffert,* in: Kümpel/Wittig, Rz. 4.196 ff.

46 § 12 Abs. 1 S. 2 BörsG.

47 *Beck,* in: Schwark/Zimmer, KMRK, § 7 BörsG Rn. 3.

48 *Kümpel,* Kapitalmarktrecht – Eine Einführung, 3. Aufl. 2004, Rn. 393; *Lenenbach,* Kapitalmarktrecht und kapitalmarktrelevantes Gesellschaftsrecht, 2. Aufl., 2010, S. 1474, Rn. 15.4.

49 *Seyfried,* in: Kümpel/Wittig, Rz. 3.1.

a) *Bundesanstalt für Finanzdienstleistungsaufsicht*

Bundesweit übernimmt die Bundesanstalt für Finanzdienstleistungsaufsicht die Überwachung des börslichen und außerbörslichen Handels mit Finanzinstrumenten i.S.v. § 2 WpHG. Es handelt sich bei der BaFin gemäß § 1 Abs. 1 FinDAG um eine rechtsfähige Anstalt des öffentlichen Rechts, die gemäß § 4 Abs. 1 FinDAG, § 4 Abs. 1 S. 1 WpHG die Aufsicht nach den Vorschriften des WpHG ausübt.

Sie übernimmt die Marktaufsicht und ist gemäß § 4 Abs. 2 WpHG für die Einhaltung der Vorschriften des WpHG in den regulierten Märkten zuständig, insbesondere der Publizitäts-, Mitteilungs- und Transparenzpflichten. Sie nimmt ihre Aufsicht ausschließlich im öffentlichen Interesse wahr (vgl. § 4 Abs. 4 FinDAG).[50] Aufsichtsbefugnisse ergeben sich weiterhin aus dem WpÜG und dem WpPG. Sie übt außerdem die Aufsicht über die multilateralen Handelssysteme i.S.v. § 31 f. WpHG aus. Im Gegensatz dazu obliegt die Aufsicht über den Freiverkehr ausschließlich den Börsenaufsichtsbehörden der Länder (vergleiche § 48 Abs. 2 BörsG i.V.m. § 3 Abs. 1 BörsG).

b) *Börsenaufsichtsbehörden der Länder*

Die Aufsicht über die einzelnen Börsen ist gemäß § 3 Abs. 1 BörsG den Börsenaufsichtsbehörden der Länder zugewiesen. Die Wirtschaftsministerien der Länder nehmen die Rechtsaufsicht, Marktaufsicht und Handelsaufsicht über die Börse und die Marktteilnehmer wahr.[51] Zuständig sind sie sowohl für den regulierten Markt als auch für den Freiverkehr.[52] Sie überwachen die Einhaltung der Vorschriften des Börsengesetzes, die ordnungsgemäße Durchführung des Handels und die ordnungsgemäße Erfüllung der Börsengeschäfte.[53] Sie sind insbesondere für die Rechtsaufsicht über die Börsenorgane zuständig.[54]

c) *Handelsüberwachungsstellen*

Gemäß § 7 Abs. 1 S. 1 BörsG ist an jeder Börse eine Handelsüberwachungsstelle einzurichten. Bei der Handelsüberwachungsstelle handelt es sich um die unterste Ebene der Börsenaufsicht und anders als bei der BaFin und den Börsenaufsichtsbehörden der Länder um ein Börsenorgan. Sie ist das Kontrollorgan der Börse für das Tagesgeschäft und gemäß § 7 Abs. 1 S. 1 BörsG für die Überwachung des Handels an der Börse und die Börsengeschäftsabwicklung zuständig und erfasst zu diesem Zweck sämtliche Handelsdaten und wertet diese aus.[55] Das Verhältnis zwischen den Börsenaufsichtsbehörden der Länder und den Handelsüberwachungsstellen ist um-

---

50 Zu den weiteren Aufgaben und Befugnissen der BaFin: *Lenenbach,* S. 1478, Rn. 15.19 ff.
51 *Lenenbach,* S. 1488, Rn. 15.51.
52 *Lenenbach,* S. 1488, Rn. 15.52.
53 *Seyfried,* in: Kümpel/Wittig, Rz. 3.16.
54 *Kümpel,* Rn. 407.
55 *Seyfried,* in: Kümpel/Wittig, Rz. 4.214.

stritten; anerkannt ist jedoch, dass beide parallel Ermittlungen durchführen dürfen.[56] Stellt die Handelsüberwachungsstelle Verstöße gegen börsenrechtliche Vorschriften oder sonstige Missstände fest, hat sie gemäß § 7 Abs. 5 BörsG die Börsenaufsichtsbehörde und die Geschäftsführung der Börse unverzüglich zu unterrichten. Sie nimmt ihre Aufgaben gemäß § 7 Abs. 6 BörsG nur im öffentlichen Interesse wahr.

II. Die Börsenorganisation in Südkorea

In Südkorea ist die Börse im Gegensatz zu den deutschen Börsen nicht öffentlich-rechtlich, sondern privatrechtlich organisiert. Es gibt nur eine Börse, an der Wertpapiere gehandelt werden können, die Korea Exchange (KRX).

1. Die Organisationsform der koreanischen Börse

Ursprünglich war die koreanische Börse ein staatseigenes Unternehmen, wurde jedoch im Jahr 1988 privatisiert und in eine mitgliederbasierte Organisationsform umgewandelt.[57] Bei der mitgliederbezogenen Organisation handelte es sich rechtlich gesehen um einen speziellen Rechtsverein, der die Charakteristika einer Gesellschaft bürgerlichen Rechts aufweist.[58] Die Geschäftsführung lag bei den Mitgliedern und richtete sich nach den Besitzverhältnissen.

Mit dem Zusammenschluss von KSE[59], KOFEX[60] und KOSDAQ[61] zur KRX am 19. Januar 2005 fand ein Rechtsformwechsel der KRX von einer mitgliederbezogenen Organisation zu einer Aktiengesellschaft statt.[62] Die Rechtsform der Börse als Aktiengesellschaft ist in Art. 375 Kapitalmarktgesetzbuch festgelegt. Im Gegensatz zum südkoreanischen Recht ist dem deutschen Recht ein derartiger Rechtsformzwang für die Börse unbekannt. Die rechtliche Grundlage für die Existenz der KRX bildet seit 2009 der Financial Services and Capital Markets Act[63].

Seit dem 29. Januar 2009 wurde die Börse als *public institution* nach dem Act on the Management of Public Institutions eingestuft, war aber gleichzeitig in der Rechtsform der Aktiengesellschaft organisiert. Der Act on the Management of Public Institutions definiert *public institutions* als Organisationen, die durch die Regierung gegründet oder finanziell unterstützt werden, um öffentliche Dienst-

---

56 *Lenenbach*, S. 1490, Rn. 15,61 f.

57 *Yi*, Interessenkonflikte bei der Selbstnotierung der Korea Stock and Future Exchange, in: Hammen (Hrsg.), Interessenkonflikte beim Börsengang von Börsen, Börsen – und kapitalmarktrechtliche Abhandlungen, Band 5, 2009, S. 103.

58 Die Börse wurde seit der ersten Änderung des koreanischen Wertpapierhandelsgesetzes vom 27.04.1963 als spezieller Rechtsverein geführt.

59 Korea Stock Exchange.

60 Korea Futures Exchange.

61 KOSDAQ Stock Market Inc.

62 *Jung*, The Korean Journal of Securities Law, Vol. 12, No. 3, 2011; *Yi*, S. 101 f.

63 Im Folgenden FSCMA.

leistungen zur Verfügung zu stellen. Er differenziert *zwischen non-classified public institutions, public corporations* und *quasi-governmental institutions.* Die Einstufung in eine dieser drei Gruppen erfolgt aufgrund der Bedeutung der Gesellschaft sowie ihrer finanziellen Struktur.

Das Ministry of Strategy and Finance kündigte am 24. Januar 2011 an, die KRX als "Commissioned-service-based quasi government institution"[64] einzustufen. Die Einordnung als *Commissioned-service-based quasi government institution* hatte eine im Vergleich zur Einstufung als „public institution" weiterreichende Regulierung durch die Regierung zur Folge. Diese Einstufung der KRX war problematisch, da *Self-Regulatory-Organizations* wie die KRX grundsätzlich *Non-governmental Organizations* sind.[65] Während *Self-Regulatory Organizations* als quasi-öffentliche Institutionen betrachtet werden, werden sie traditionell als Privatbetriebe behandelt, nicht als öffentliche beziehungsweise staatseigene Betriebe.

Anfang 2015 wurde die KRX von der Liste der *public institutions* gestrichen.[66] Sie wurde jedoch unter der Voraussetzung entfernt, einer regelmäßigen Kontrolle und Überwachung durch die Financial Services Commission zuzustimmen. Da es sich bei der Entscheidung, die Börse auf die Liste der *public institutions* zu setzen, um eine rein politische Entscheidung handelte, die eine strengere Kontrolle der Börse durch die Regierung zur Folge hat, die Bezeichnung aber nichts an der Rechtsnatur der Börse ändert, kann die bisherige Bezeichnung als *public institution* in den folgenden Ausführungen unberücksichtigt bleiben.

2. Organe der Börse

Als Aktiengesellschaft, die nicht selbst handeln kann, ist KRX auf eigene Organe angewiesen. Die Organe sind namentlich die Hauptversammlung der Anteilseigner[67], der Vorstand[68], der Vorstandsausschuss[69] und die Marktaufsichtskommission.[70] Dem Vorstandsausschuss unterstehen der Prüfungsausschuss, der KOSPI-Markt-Ausschuss, der KOSDAQ-Markt-Ausschuss, der Derivate-Markt-Ausschuss, der Ver-

64 Quasi-government institutions werden von der Regierung mit der Umsetzung von deren Plänen, also beispielsweise dem Betrieb einer Börse, beauftragt.

65 SROs dürfen ihre eigenen Satzungen und Ordnungen erlassen. Sie unterstehen jedoch der FSC/FSS, die die Erfüllung der Verpflichtungen der SROs überwachen. Änderungen der Vorschriften durch die KRX bedürfen der Zustimmung durch die FSC. Der FSCMA enthält Ermächtigungsgrundlagen für den Erlass von Vorschriften durch die KRX. Dazu gehören Vorschriften zum Handel von Aktien, der Überwachung der Emittenten und die Sanktionierung von Verstößen gegen Vorschriften sowie die Überprüfung von Listinganträgen und die Entscheidung über Börsenrückzüge.

66 *Gong*, Yonhap News Agency, 29.01.2015.

67 § 11 KRX Satzung.

68 § 17 KRX Satzung.

69 § 24 KRX Satzung.

70 § 49 KRX Satzung.

gütungsausschuss und der Risiko-Management-Ausschuss. Den genannten Organen unterstehen die Marktaufsicht, der KOSPI-Markt, der KOSDAQ-Markt, der Derivate-Markt und das Strategiemanagement.

3. *Börsenaufsicht und Regelungskompetenz*

Der koreanische Kapitalmarkt wird von drei verschiedenen Behörden reguliert bzw. überwacht. Dazu gehören der Financial Supervisory Service (FSS), die Financial Services Commission (FSC) und die Korea Financial Investment Services Association (KOFIA).

a) Financial Supervisory Service

Bei dem FSS handelt es sich um die südkoreanische Finanzaufsicht, die für die Überprüfung und Überwachung von Kreditinstituten unter der Aufsicht der FSC zuständig ist.

b) Financial Services Commission

Für die Finanzgesetzgebung ist seit 2008 die neugeschaffene FSC zuständig. Es handelt sich um die oberste Finanzaufsichtsbehörde, die für die Ausarbeitung und Ergänzungen von Finanzgesetzen und -verordnungen zuständig ist. Sie leitet den Financial Supervisory Service.

c) Korea Financial Investment Association

Daneben spielt die KOFIA eine wichtige Rolle für die koreanische Finanzindustrie und den Kapitalmarkt. Es handelt sich um eine selbstregulierende Organisation (SRO), die den koreanischen Kapitalmarkt überwacht. Als SRO trifft die KOFIA Entscheidungen über die Schaffung und Überarbeitung von Vorschriften selbst. Sie entstand durch den Zusammenschluss der Korea Securities Dealers Association (KSDA), der Korea Futures Association (KOFA) und der Asset Management Association of KOREA (AMAK) im Februar 2009 mit dem Inkrafttreten des FSCMA. Die KOFIA betreibt seit 2005 das neugegründete FreeBoard (mittlerweile K-OTC) für die Gesellschaften, die die Listing-Voraussetzungen der KRX nicht erfüllen und entscheidet über das Listing und Delisting der Gesellschaften vom K-OTC.

d) Regelungskompetenz

Somit gibt es in Südkorea drei Finanzbehörden, die kapitalmarktrechtliche Regelungen erlassen können. Zu diesen Regelwerken gehören der von der FSC erlassene Financial Investment Services and Capital Markets Act, die FSS Regularien und die KOFIA Regularien. Für den Erlass der Bestimmungen über das Listing und Delisting von Wertpapieren ist gemäß Art. 390 FSCMA die KRX zuständig. Die Änderung der

Zulassungsordnungen für den KOSPI-Markt und den KOSDAQ-Markt setzt eine Zustimmung durch die FSC voraus.[71]

Zuständig für den Erlass und die Ergänzung der Zulassungsordnungen ist gemäß § 19 Abs. 1 Nr. 1 Regulation on Operation of the Board of Directors (für den KOSPI-Markt) der KOSPI-Markt Ausschuss. Eine entsprechende Regelung für den KOSDAQ-Markt findet sich in § 52–2 Abs. 6 Nr. 2 der Börsensatzung.[72] Die fünf Mitglieder des KOSPI-Markt-Ausschusses werden vom Vorstand ernannt.[73] Die sieben Mitglieder des KOSDAQ-Markt-Ausschusses werden teilweise vom Vorstand ernannt und teilweise durch die Hauptversammlung für eine Dauer von zwei, maximal drei Jahren gewählt.[74]

Der KOSPI-Markt-Ausschuss setzt sich gemäß § 17 Nr. 1 a-c aus dem Präsidenten des KOSPI-Marktes, drei externen Direktoren, die das öffentliche Interesse repräsentieren, sowie einem externen Direktor zusammen, der die Kapitalanlageberatungsunternehmen bzw. Kapitalanlagehandelsunternehmen repräsentiert.[75] Der KOSDAQ-Markt-Ausschuss besteht aus dem Präsidenten des KOSDAQ-Markt-Ausschusses, sowie einer Person, die die Kapitalanlageberatungsunternehmen bzw. Kapitalanlagehandelsunternehmen repräsentiert; einer, die vom Präsidenten der FSC empfohlen wurde, einer weiteren Person, die vom Administrator of the *Small and Medium Business Administration* empfohlen wurde, einer, die vom Präsidenten der koreanischen Anwaltskammer empfohlen wurde, einer, die die im KOSDAQ-gelisteten Unternehmen repräsentiert und von der KOSDAQ Listed Companies Association vorgeschlagen wurde, sowie einer Person, welche die am KOSDAQ-Markt teilnehmenden Investoren repräsentiert und von der Korean Venture Capital Association empfohlen wurde.

D. Handelsplätze

Im Folgenden sollen die Handelsplätze in Deutschland und Südkorea überblickartig dargestellt werden. Sie unterscheiden sich sowohl hinsichtlich der Art ihrer Errichtung, ihrer Organisation, ihres Betriebes und hinsichtlich ihrer Zugangsvoraussetzungen.

I. Deutschland

Im deutschen Kapitalmarktrecht wird unterschieden zwischen organisierten und nicht organisierten Märkten.[76] Bis zum 1. November 2007 bestand der börslich organisierte

71 Art. 412 Abs. 1 FSCMA.
72 KRX Satzung.
73 § 17 S. 2 Regulation on Operation of the Board of Directors.
74 § 48–2 Abs. 1 KRX Satzung.
75 Regulation on Operation of the Board of Directors; Erläuterungen zum sogenannten Board-System mit den internen und externen Direktoren folgen in Kapitel 4, C. S. 226.
76 *Buck-Heeb*, Rn. 74.

Markt aus den beiden Marktsegmenten Amtlicher Handel und Geregelter Markt.[77] Die beiden Börsensegmente wurden durch ein EU-reguliertes Börsensegment, den regulierten Markt, ersetzt. Gesetzlich geregelt werden die Handelsplätze im WpHG und im BörsG, die jedoch keine einheitliche Terminologie verwenden. Während das WpHG von organisiertem Markt[78] und multilateralen Handelssystemen[79] spricht, werden im BörsG die Begriffe regulierter Markt[80] und Freiverkehr[81] benutzt. Der regulierte Markt im BörsG entspricht dem organisierten Markt gemäß § 2 Abs. 5 WpHG. Es handelt sich gemäß § 2 Abs. 5 WpHG um ein multilaterales Handelssystem, das durch staatliche Stellen genehmigt, geregelt und überwacht wird. Zurückzuführen sind diese unterschiedlichen Begrifflichkeiten auf die Umsetzungen der Wertpapierdienstleistungs- und der Finanzmarktrichtlinie in das deutsche Recht.[82] Der Begriff des Freiverkehrs findet sich nur in § 48 BörsG und nicht im WpHG, da dies ein auf privatrechtlicher Grundlage betriebenes multilaterales Handelssystem darstellt, dessen Handel nicht von der Börse selbst betrieben wird.[83]

Die Unterscheidung der Handelsplätze ist sowohl kapitalmarktrechtlich als auch gesellschaftsrechtlich relevant.[84] Börsennotiert im Sinne von § 3 Abs. 2 AktG sind nur solche Gesellschaften, deren Anteile zu einem staatlich geregelten und überwachten Markt zugelassen sind. In Deutschland erfüllt diese Voraussetzung der regulierte Markt, nicht aber der Freiverkehr oder multilaterale Handelssysteme im Sinne von § 2 Abs. 3 Nr. 8 WpHG.

Neben dem regulierten Markt und dem Freiverkehr existieren privatrechtlich betriebene multilaterale Handelssysteme (§ 2 Abs. 3 Nr. 8 WpHG), systematische Internalisierer (§ 2 Abs. 10 WpHG) und der außerbörsliche Handel (OTC). Gemäß Art. 2 Nr. 8 der EU-Durchführungsverordnung bezeichnet der Begriff des Handelsplatzes „einen geregelten Markt, multilaterale Handelssysteme (‚Multilateral Trading Facilities/MTF') oder systematische Internalisierer, die in dieser Eigenschaft handeln und gegebenenfalls ein System außerhalb der Gemeinschaft mit ähnlichen Funktionen wie ein geregelter Markt oder ein MTF betreiben".[85] Die Marktsegmente haben miteinander gemein, dass sie den Handelstransparenzpflichten unterliegen.[86] Da es zurzeit neben dem Freiverkehr[87] kein multilaterales Handelssystem i.S.v. § 2

77 FRUG v. 16.07.2007, BGBl. I S. 1330.
78 Der Begriff *organisierter Markt* wird in § 2 Abs. 5 WpHG definiert.
79 Beispielsweise in § 2 Abs. 2 Nr. 2 b), Abs. 3 Nr. 2 a), b), d), Nr. 8, Abs. 5 S. 2 WpHG.
80 Beispielsweise in §§ 33, 39, 42 BörsG.
81 § 48 BörsG.
82 Vgl. BT-Drucks. 13/7142, BT-Drucks. 16/4028.
83 *Schwark,* in: Schwark/Zimmer, KMRK, § 48 BörsG Rn. 3.
84 *Klöhn,* NZG 2012, 1041, 1042.
85 Verordnung (EG) Nr. 1287/2006 vom 10.08.2006, ABl. EU Nr. L 241, S. 1 ff.
86 *Fleischer,* BKR 2006, 389, 391; *Gomber/Hirschberg,* AG 2006, 777 ff.
87 Der Freiverkehr wird als multilaterales Handelssystem qualifiziert: *Hirschberg,* AG 2006, 398, 401; *Gomber/Hirschberg,* AG 2006, 777, 779; *Schwark, in:* Schwark/Zimmer, KMRK, § 31f. WpHG Rn. 11; a.A.: *Fuchs,* in: Fuchs, WpHG, § 31f. Rn. 1.

Abs. 3 Nr. 8 WpHG in Deutschland gibt, an dem ein Aktienhandel stattfindet, finden sich im Folgenden nur Ausführungen zum regulierten Markt und zum Freiverkehr.

1. Regulierter Markt

Der Begriff des regulierten Marktes ist legal weder im BörsG noch im WpHG definiert, wird jedoch in §§ 32, 38, 39 BörsG vorausgesetzt. Für die Begriffsbestimmung kann die Definition des organisierten Marktes gemäß § 2 Abs. 5 WpHG herangezogen werden. Danach handelt es sich bei dem regulierten Markt um ein „betriebenes oder verwaltetes, durch staatliche Stellen genehmigtes, geregeltes und überwachtes System, das die Interessen einer Vielzahl von Personen am Kauf und Verkauf von dort zum Handel zugelassenen Finanzinstrumenten innerhalb des Systems und nach festgelegten Bestimmungen in einer Weise zusammenbringt oder das Zusammenbringen fördert, die zu einem Vertrag über den Kauf dieser Finanzinstrumente führt." Für die Teilnahme am regulierten Markt ist grundsätzlich eine Zulassung durch die Börsengeschäftsführung erforderlich.[88] Im regulierten Markt dürfen nur Finanzinstrumente gehandelt werden (vgl. § 2 Abs. 5 WpHG bzw. § 2 Abs. 2 BörsG). Gemäß §§ 2 Abs. 2b, Abs. 1 Nr. 1 WpHG zählen Wertpapiere, insbesondere Aktien, zu den Finanzinstrumenten.

a) Börsensegmente der Frankfurter Wertpapierbörse

Die einzelnen Regionalbörsen sind berechtigt, an dem Handelsplatz *Börse* unterschiedliche Teilbereiche zu errichten (vgl. § 42 Abs. 1 BörsG). Diese Teilbereiche des regulierten Marktes stellen unterschiedlich hohe Anforderungen an die Marktteilnehmer.[89] Die Frankfurter Wertpapierbörse hat hierfür die Handelssegmente General Standard und Prime Standard eingerichtet (vgl. §§ 45, 48 ff. BörsO-FWB).

Der General Standard ist für diejenigen Unternehmen gedacht, die eher die Aufmerksamkeit nationaler Anleger auf sich ziehen wollen. Der Prime Standard richtet sich hingegen an Unternehmen mit mehrheitlich internationalen Investoren.[90] Die Kriterien für eine Erstemission im General Standard sind identisch mit denen für die Erstemission im Prime Standard der Frankfurter Wertpapierbörse. Der Unterschied besteht in weitaus höheren Transparenzanforderungen, die für einen im Prime Standard gelisteten Emittenten gelten und die über die zwingenden gesetzlichen Anforderungen hinausgehen.[91] Dazu gehören die Pflichten, Ad-hoc-Mitteilungen auch in englischer Sprache zu veröffentlichen (§ 54 BörsO-FWB), mindestens eine Analystenveranstaltung pro Jahr abzuhalten (§ 53 BörsO-FWB), ausführlichere Zwischenberichte zum ersten und dritten Quartal zu erstatten (§ 51 a Abs. 1 BörsO-FWB) und Unternehmenskalender (§ 52 BörsO-FWB) sowie Finanzberichte (§§ 50,

88 *Trapp*, in: Habersack/Mülbert/Schlitt, § 37 Rn. 10.
89 *Wilhelm*, S. 281.
90 *Trapp*, in: Habersack/Mülbert/Schlitt, § 37 Rn. 35.
91 §§ 50–54 BörsO-FWB.

51 BörsO-FWB) in deutscher und englischer Sprache zu verfassen und zu veröffentlichen sowie diese Berichte in elektronischer Form der Geschäftsführung der Frankfurter Wertpapierbörse zu übermitteln (§ 51 Abs. 4 BörsO-FWB).

b) Börsenzulassung von Wertpapieren im Börsenhandel

Strebt eine Aktiengesellschaft den Handel ihrer Papiere im regulierten Markt an, bedarf sie dazu gemäß § 32 Abs. 1 BörsG der öffentlich-rechtlichen Zulassung durch die Börsengeschäftsführung. Die Zulassungsvoraussetzungen sind im Börsengesetz, in der Börsenzulassungsverordnung, im Wertpapierprospektgesetz und in den Börsenordnungen geregelt. Im regulierten Markt sind EU-weit dieselben Mindestanforderungen für ein erfolgreiches Listing zu erfüllen.

Der Zulassungsantrag muss gemeinsam mit einem Emissionsbegleiter gestellt werden (vgl. §§ 48 Abs. 1 BörsZulV, 32 Abs. 2 BörsG). Das Unternehmen muss seit mindestens drei Jahren bestehen. Der voraussichtliche Kurswert muss mindestens € 1,25 Mio. betragen. Falls dieser Kurswert nicht geschätzt werden kann, muss das Eigenkapital des Unternehmens mindestens € 1,25 Mio. betragen (vgl. § 2 Abs. 1 BörsZulV). Das Unternehmen muss mindestens 10.000 Aktien emittiert haben, von denen der Streubesitzanteil bei mindestens 25 % liegen muss (vgl. § 9 BörsZulV). Außerdem muss das Unternehmen einen Zulassungsprospekt mit Bilanzen, Gewinn- und Verlustrechnung sowie Kapitalflussrechnung für mindestens drei Jahre vorlegen können (vgl. § 3 Abs. 1 WpPG).

Der Emittent muss gemäß § 32 Abs. 3 Nr. 2 BörsG gemeinsam mit dem Emissionsbegleiter einen Prospekt nach den Vorschriften des Wertpapierprospektgesetzes erstellen. Der Prospekt muss anschließend von der Bundesanstalt für Finanzdienstleistungsaufsicht „gebilligt oder bescheinigt" werden. Die Voraussetzungen für eine Billigung regelt § 13 WpPG. Mit der in § 32 Abs. 2 Nr. 2 BörsG genannten Bescheinigung ist nicht die Bescheinigung gemäß § 18 WpPG gemeint, sondern eine Bescheinigung gemäß § 17 Abs. 3 WpPG für ein von der zuständigen Behörde eines anderen Staates des Europäischen Wirtschaftsraums gebilligtes Prospekt.[92] Heute entspricht es der herrschenden Meinung, dass sich die Prüfungspflicht der Geschäftsführung darauf beschränkt, festzustellen, dass ein Prospekt vorliegt.[93] Es findet keine Doppelprüfung des Prospekts durch BaFin und die Geschäftsführung der Börse statt.

Das gebilligte Prospekt muss vor Beginn des Angebots beziehungsweise vor der Börsenzulassung veröffentlicht werden. Die Veröffentlichung eines Prospekts ist allerdings gemäß § 32 Abs. 3 Nr. 2 BörsG nur dann Zulassungsvoraussetzung, wenn sich nicht aus dem Wertpapierprospektgesetz die Entbehrlichkeit ergibt.

---

92 *Heidelbach*, in: Schwark/Zimmer, KMRK, § 32 BörsG Rn. 56.

93 Vor dem Inkrafttreten des Prospektrichtlinie-Umsetzungsgesetzes wurde eine materielle Prüfungspflicht angenommen: Dazu m.w.N. *Groß*, Kapitalmarktrecht, § 32 BörsG Rn. 16 ff.

Die Zulassung kann zeitgleich mit der Prospektbilligung durch die BaFin betrieben werden. Nach Stellung des Antrags auf Zulassung wird das Vorliegen der Zulassungsvoraussetzungen von der Geschäftsführung der Börse geprüft. Bei der Zulassung handelt es sich gemäß § 19 Abs. 4 BörsG um eine gebundene Entscheidung, da sie zu erteilen ist, wenn der Emittent die in § 19 Abs. 4 Nr. 1 bis 4 BörsG genannten Zulassungsvoraussetzungen erfüllt. Zu beachten ist, dass nur die Wertpapiere, nicht aber der Emittent selbst, die Zulassung erhalten. Gemäß § 32 Abs. 5 BörsG bestimmt die Geschäftsführung mindestens drei inländische Zeitungen mit überregionaler Verbreitung zu Bekanntmachungsblättern für die vorgeschriebenen Veröffentlichungen. Bei der Zulassung handelt es sich um einen begünstigenden Verwaltungsakt, da die Zulassung das öffentlich-rechtliche Leistungsverhältnis zwischen der jeweiligen Börse und dem Emittenten begründet.[94] Bei bereits bestehender Zulassung an einer anderen in- oder ausländischen Börse kann der Emittent gemäß § 33 BörsG einen Antrag auf Einbeziehung in den regulierten Markt stellen, oder die Einbeziehung kann von Amts wegen durch die Börsengeschäftsführung erfolgen. Die näheren Bestimmungen über die Einbeziehung und die Pflichten des Emittenten nach der erfolgreichen Einbeziehung treffen die Börsenordnungen (vgl. § 33 Abs. 2 BörsG). Werden die Zulassungskriterien erfüllt, erfolgt im Anschluss die Aufnahme der Wertpapiere in den Handel zum regulierten Markt. Sobald der Börsenpreis ermittelt wird, beginnt die Notierung.

c) Börsennotierung

Nach der erfolgreichen Zulassung der Wertpapiere ist in einem zweiten Schritt die Einführung der Wertpapiere zur Aufnahme des Handels erforderlich, die sog. Notierung.[95] Nach der Legaldefinition in § 38 Abs. 1 BörsG versteht man unter der Einführung die Aufnahme der Notierung der zugelassenen Wertpapiere im regulierten Markt. Über die Einführung entscheidet die Börsengeschäftsführung auf Antrag des Emittenten. Bis zum Inkrafttreten der Änderungen durch das Vierte Finanzmarktförderungsgesetz wurde die Einführung unstreitig als Verwaltungsakt angesehen.[96] Da nach dem Wortlaut von § 38 Abs. 1 S. 1 BörsG die Geschäftsführung auf Antrag des Emittenten über die Aufnahme der Notierung in den regulierten Markt entscheidet, wird von einigen Stimmen in der Literatur weiterhin vertreten, dass es sich bei der Einführung um einen Verwaltungsakt handelt.[97] Mittlerweile wird auch die Auffassung vertreten, dass es sich um eine schlicht privatrechtliche Tätigkeit handelt.[98] Überzeugend begründet wird diese Auffassung damit, dass auch die Preisfeststellung im regulierten Markt kein öffentlicher Akt mehr ist, sondern

---

94 *Heidel*, in: Heidel, Aktienrecht und Kapitalmarktrecht, 4. Aufl., 2014, § 32 BörsG Rn. 3.

95 *Meyer*, in: Marsch-Barner/Schäfer (Hrsg.), Handbuch börsennotierte AG, 3. Aufl., 2014, § 7 Rn. 1; *Trapp*, in: Habersack/Mülbert/Schlitt, § 37 Rn. 57.

96 *Groß*, Kapitalmarktrecht, § 38 BörsG Rn. 2.

97 *Heidelbach, in:* Schwark/Zimmer, KMRK, § 38 BörsG Rn. 2.

98 *Kümpel/Hammen*, Börsenrecht, 2. Aufl. 2003, S. 236.

nunmehr privatrechtlich durch die Skontroführer erfolgt. Die Aufnahme des Börsenhandels erfolgt schließlich mit der ersten Preisermittlung.

d) *Zulassungsfolgepflichten für den Emittenten*

Mit der Zulassung zum Börsenhandel wird für den Emittenten eine Vielzahl von Zulassungsfolgepflichten begründet.[99] Diese Pflichten dienen der Information der Anleger und der Markttransparenz.[100] Neben den aktien- und handelsrechtlichen Bestimmungen muss der Emittent eine Vielzahl von kapitalmarktrechtlichen Publizitäts- und Transparenzpflichten beachten.[101] Die Zulassungsfolgepflichten innerhalb des regulierten Marktes sind davon abhängig, in welchem Marktsegment die Wertpapiere zugelassen sind. Die Erfüllung der Zulassungsfolgepflichten ist regelmäßig eine Geschäftsführungsmaßnahme und fällt somit in die Kompetenz des Vorstandes.[102] Im Folgenden sollen exemplarisch die Zulassungsfolgepflichten für die Marktsegmente General Standard und Prime Standard an der Frankfurter Wertpapierbörse dargestellt werden.

Ist der Emittent im General Standard zugelassen, ist er zur Veröffentlichung eines Jahresabschlussberichts (§ 37v WpHG), Halbjahres- (§ 37w WpHG) und Zahlungsberichten (§ 37x WpHG) und gegebenenfalls eines Konzernabschlusses (§ 37y WpHG) verpflichtet. Ist eine Zulassung zum Prime Standard erfolgt, ist er neben der Erfüllung der Pflichten, die für die Zulassung im General Standard gelten, zur Veröffentlichung von Quartalsfinanzberichten (§ 51 BörsO-FWB) verpflichtet. Im Prime Standard sind die Finanzberichte in deutscher und englischer Sprache abzufassen (§§ 50 Abs. 1, 51 Abs. 3 BörsO-FWB). Der Emittent muss weiterhin einen Unternehmenskalender in deutscher und englischer Sprache erstellen und fortlaufend aktualisieren (§ 52 BörsO-FWB) sowie einmal jährlich eine Analystenkonferenz (§ 53 BörsO-FWB) außerhalb der Bilanzpressekonferenz abhalten.

Neben den Finanzberichtserstattungspflichten muss der Emittent die Ad-hoc-Publizitätspflicht gemäß Art. 17 MAR[103] und die Informationspflichten gemäß §§ 30a ff. WpHG beachten. Die Ad-hoc-Publizitätspflicht verpflichtet den Emittenten zur unverzüglichen Veröffentlichung von Informationen, die geeignet sind, den Kurswert der Aktien erheblich zu beeinflussen. Der Emittent ist außerdem gemäß § 40 BörsG i.V.m. § 39 BörsZulV verpflichtet, für später ausgegebene Aktien derselben Gattung ebenfalls die Zulassung zum regulierten Markt zu beantragen.

---

99 *Schäfer,* in: Marsch-Barner/Schäfer (Hrsg.), § 10 Rn. 1.
100 *Oulds* in: Kümpel/Wittig, Rz. 14.332.
101 Zu den Zulassungsfolgepflichten im regulierten Markt: *Schäfer* in: Marsch-Barner/Schäfer (Hrsg.), § 10 Rn. 12 ff.
102 *Schäfer* in: Marsch-Barner/Schäfer (Hrsg.), § 10 Rn. 3.
103 Verordnung (EU) Nr. 596/2014 des Europäischen Parlaments und des Rates vom 16. April 2014.

Nicht unter den Sammelbegriff der Zulassungsfolgepflichten des Emittenten fallen die Melde-, Veröffentlichungs- und Mitteilungspflichten. Präziser sollte von sich aus der Börsenzulassung ergebenden Pflichten gesprochen werden.[104] Diese treffen den Aktionär als Anleger (§ 21 WpHG) oder die Führungsperson des Emittenten (Art. 19 Abs. 11 MAR) und haben folglich nicht den Emittenten, sondern die Aktionäre oder Dritte als Adressaten. Zu diesen Plichten gehören das Verbot des Insiderhandels (Art. 14 MAR), das Verbot der Marktmanipulation (Art. 15 MAR) und die Pflicht, bei Erreichen bestimmter Kontrollmehrheiten öffentliche Pflichtangebote abgeben zu müssen (§ 35 WpÜG).

2. *Freiverkehr*

§ 48 Abs. 1 BörsG ermächtigt die Börse dazu, einen Freiverkehr zuzulassen, wenn und soweit durch eine Handelsordnung sowie die von der Geschäftsführung gebilligten Geschäftsbedingungen eine ordnungsgemäße Durchführung des Handels und der Abwicklung gewährleistet wird. Die Einrichtung eines Freiverkehrs geschieht durch den Börsenträger. Sie bedarf gemäß § 48 Abs. 3 BörsG der Erlaubnis der Börsenaufsichtsbehörde. Innerhalb des Freiverkehrs ist ebenso wie im regulierten Markt die Einrichtung von Handelssegmenten zulässig.[105] Alle deutschen Regionalbörsen beziehungsweise deren Träger haben aufgrund dieser Ermächtigung einen Freiverkehr eingerichtet. Die Zugangsvoraussetzungen und die Folgepflichten werden durch allgemeine Geschäftsbedingungen des Börsenträgers geregelt.

Die Handelsordnung gewährleistet den Ablauf des Handels und die Geschäftsbedingungen regeln die Teilnahme am Handel und die Einbeziehung von Wertpapieren zum Handel (vgl. § 48 Abs. 1 S. 2, S. 3 BörsG). Der Handel im Freiverkehr findet nur faktisch an den Wertpapierbörsen statt, ist aber ansonsten rein privatrechtlich organisiert.[106] Der Freiverkehr ist folglich nicht in die öffentlich-rechtliche Organisation der Börse integriert, findet aber tatsächlich genauso wie der regulierte Markt an den öffentlich-rechtlich organisierten Börsen statt. Deshalb sind die in den Freiverkehr einbezogenen Aktien nicht i.S.v. § 3 Abs. 2 AktG börsennotiert. Bei dem Freiverkehr handelt es sich um ein multilaterales Handelssystem im Sinne der MiFID.[107] Im Folgenden werden beispielhaft die Regelungen für den an der Frankfurter Wertpapierbörse stattfindenden Freiverkehr dargestellt. An der Frankfurter Wertpapierbörse wird der Freiverkehr als Open Market[108] bezeichnet und von der Deutsche Börse AG betrieben.

---

104 *Schäfer*, in: Marsch-Barner/Schäfer (Hrsg.), § 9 Rn. 83.

105 *Schwark*, in: Schwark/Zimmer, KMRK, § 48 BörsG Rn. 3.

106 *Seiffert*, in: Kümpel/Wittig, Rz. 4.319; *Kumpan*, in: Baumbach/Hopt, Handelsgesetzbuch, 37. Aufl. 2016, § 48 BörsG, Rn. 3; *Groß*, Kapitalmarktrecht, § 48 BörsG Rn. 2; *Kümpel*, Rn. 234.

107 Inhaltliche Anforderungen an MTF regelt Art. 14 Finanzmarkt-RL/RL 2004/39/EG].

108 Siehe § 1 Abs. 1, Abs. 2 AGB-FWB.

a) *Einbeziehung in den Freiverkehr*

Bei der Aufnahme von Aktien in den Freiverkehr handelt es sich um einen rein privatrechtlichen Akt und nicht um einen Verwaltungsakt, wie es beim regulierten Markt der Fall ist.[109] Daher wird von Einbeziehung statt von Zulassung von Wertpapieren gesprochen. Zuständig für die Einbeziehung in den Freiverkehr sind die einzelnen Börsenträger. Wie im regulierten Markt ist auch im Freiverkehr die Einrichtung von Teilbereichen mit erhöhten Transparenzpflichten zulässig. Von dieser Möglichkeit haben die Betreiber der Frankfurter Wertpapierbörse und der Börse München Gebrauch gemacht. Die Frankfurter Wertpapierbörse hat gemäß § 2 Abs. 1 S. 1 AGB-Freiverkehr-FWB zwei Segmente eingerichtet, das Quotation Board[110], das bezüglich der Einbeziehungsfolgepflichten die geringsten Anforderungen aufweist und daher auch als sog. einfacher Freiverkehr bezeichnet wird, und den Entry Standard[111], der zusätzliche Einbeziehungsvoraussetzungen sowie zusätzliche Publizitäts- und Transparenzpflichten aufweist und daher als qualifizierter Freiverkehr bezeichnet wird. Die Börse München betreibt seit 2005 das qualifizierte Freiverkehrssegment m: access.

Die Bestimmungen zur Teilnahme am Handel und der Einbeziehung sind für den Freiverkehr (*Open Market*) der FWB in den Allgemeinen Geschäftsbedingungen der Deutsche Börse AG für den Freiverkehr an der Frankfurter Wertpapierbörse geregelt. Sowohl die Einbeziehungsvoraussetzungen als auch die Folgepflichten der Notierung sind im Freiverkehr geringer als im regulierten Markt.

§ 12 Abs. 1 AGB-Freiverkehr-FWB stellt klar, dass eine Einbeziehung in das Quotation Board nur erfolgt, wenn bereits eine Zulassung zu einem Handel an einem anderen regulierten Markt als der Frankfurter Wertpapierbörse erfolgt ist. Eine Einbeziehung in das Quotation Board setzt im Gegensatz zur Zulassung zu einem regulierten Markt keinen Antrag des Emittenten voraus, sondern erfolgt gemäß § 10 AGB-Freiverkehr-FWB auf Antrag eines Teilnehmers gemäß § 6 Abs. 1. § 10 Abs. 2 AGB-Freiverkehr-FWB stellt klar, dass Aktien auch ohne Antrag eines Teilnehmers durch die DBAG in das Quotation Board einbezogen werden können. Bei Vorliegen sämtlicher Einbeziehungsvoraussetzungen kann die Einbeziehung der Aktien zu dem im Antrag bestimmten Zeitpunkt erfolgen. In der Regel ist die Zustimmung des Emittenten zu der geplanten Einbeziehung nicht erforderlich.[112] Ab dem Zeitpunkt der Einbeziehung sind die Emittenten direkter Vertragspartner der DBAG. Sind die Wertpapiere gegen den Willen des Emittenten in den Freiverkehr einbezogen worden, kann er gemäß § 48 Abs. 1 S. 4 BörsG nicht dazu verpflichtet werden, Informationen in Bezug auf diese Wertpapiere zu veröffentlichen. Im Gegensatz dazu erfordert die Einbeziehung in den qualifizierten Freiverkehr die Zustimmung bzw. Mitwirkung des Emittenten.

---

109 *Willamowski*, in: Heidel, § 48 BörsG Rn. 3.
110 Normiert in §§ 10 bis 15 AGB-Freiverkehr-FWB.
111 Normiert in §§ 16 bis 23 AGB-Freiverkehr-FWB.
112 *Kumpan*, in: Baumbach/Hopt, HGB, § 48 BörsG Rn. 4.

Gemäß § 12 Abs. 1 AGB-Freiverkehr-FWB kann eine Einbeziehung von Aktien oder Aktien vertretenden Zertifikaten in das Quotation Board nur erfolgen, wenn diese zum Handel an einem von der DBAG anerkannten in- oder ausländischen börsenmäßigen Handelsplatz zugelassen sind. Die anerkannten börsenmäßigen Handelsplätze werden von der DBAG festgelegt und auf der Internetseite der DBAG veröffentlicht.

§§ 16 und 17 der AGB-Freiverkehr-FWB bestimmen die Kriterien, die das Unternehmen erfüllen muss, um in den Entry Standard des Open Market einbezogen zu werden. Die Einbeziehung in den Entry Standard setzt eine Antragstellung des Emittenten zusammen mit einem Emissionsbegleiter voraus (vgl. § 16 AGB-Freiverkehr-FWB). Gemäß § 17 Abs. 1 ist die Aktiengesellschaft, die mindestens zwei Jahre besteht und ein Grundkapital von € 750.000 aufweist, verpflichtet, einen Wertpapierprospekt zu erstellen. Der Streubesitzanteil muss bei mindestens 10 % der Aktien liegen, die von mindestens 30 Aktionären gehalten werden müssen.

Gemäß § 17 Abs. 2 AGB-Freiverkehr-FWB muss der Mitantragsteller gemäß § 16 der DBAG bei Antragstellung bestätigen, dass der antragstellende Emittent die in § 17 Abs. 2 Satz 2 AGB-Freiverkehr-FWB genannten besonderen Voraussetzungen erfüllt. Der Emittent muss ein operatives Geschäft betreiben[113], über ein positives Eigenkapital und Umsatzerlöse von mehr als einer Million Euro sowie mehr als zehn Mitarbeiter verfügen. Insbesondere muss er Vorkehrungen hinsichtlich eines internen Risikomanagements zur Identifizierung, Analyse und Kontrolle von Unternehmensrisiken, eines internen Systems zur Erfüllung seiner Publizitäts- und Berichtspflichten, einer Betreuung von Aktionären, Investoren und Analysten und der internen Compliance-Bestimmungen treffen, die das Handeln des Emittenten in Übereinstimmung mit geltendem Recht sicherstellen.

Erforderlich ist weiterhin gemäß § 17 Abs. 3 AGB-Freiverkehr-FWB die Einreichung des zuletzt veröffentlichen und geprüften Jahresberichts samt Lagebericht, ein gemäß Anlage 1 erstelltes Unternehmenskurzportrait und ein Unternehmenskalender mit den wesentlichen Terminen des Emittenten. Die Deutsche Börse AG kann gemäß § 17 Abs. 4 AGB-Freiverkehr-FWB Ausnahmen von den oben genannten Anforderungen zulassen.

Das BörsG enthält in Bezug auf die Beendigung der Einbeziehung in den Freiverkehr keine Regelungen. Die AGB-Freiverkehr-FWB sehen vor, dass sowohl die Einbeziehung in das Quotation Board als auch die Einbeziehung in den Entry Standard vonseiten der Börse oder des Emittenten mit einer Frist von sechs Wochen gekündigt werden kann.[114] Weitere Anforderungen an die Beendigung der Ein-

113 Ein vorhandener Nettoverlust darf nicht mehr als 20 % des Eigenkapitals betragen.

114 § 14 AGB-Freiverkehr-FWB für die Beendigung der Einbeziehung in das Quotation Board; § 23 AGB-Freiverkehr-FWB für die Beendigung der Einbeziehung in den Entry Standard.

beziehung stellen die AGB-Freiverkehr-FWB nicht auf. Es erfolgt insbesondere auch keine Verweisung auf § 39 BörsG.

b) Einbeziehungsfolgepflichten

Wie die Zulassung im regulierten Markt begründet auch die Einbeziehung in den Freiverkehr Folgepflichten für den Emittenten, die jedoch geringer ausfallen als im regulierten Markt. Mit Inkrafttreten der europäischen Marktmissbrauchsverordnung, die für alle von der MiFID II und der MiFIR erfassten Handelsplätze gilt, sind auch für die Emittenten, deren Aktien nur im Freiverkehr notiert sind, umfassendere Veröffentlichungs- und Transparenzpflichten verknüpft.[115] Künftig gelten für den Handel im Freiverkehr die Ad-hoc Publizitätspflicht[116], die Pflicht Insiderverzeichnisse zu führen[117] und die Meldepflicht für Directors' Dealings oberhalb einer Bagatellgrenze, also Geschäfte der Führungspersonen einer Aktiengesellschaft mit den Aktien der eigenen Gesellschaft.[118]

Hinsichtlich der Folgepflichten ist zwischen der Notierung im einfachen und der Notierung im qualifizierten Freiverkehr zu unterscheiden. Da die Einbeziehung in das Quotation Board nicht auf Initiative des Emittenten, sondern entweder auf Antrag der Deutsche Börse AG oder eines Handelsteilnehmers erfolgt, treffen den Emittenten keine Einbeziehungsfolgepflichten. Die Emittenten müssen gemäß § 48 Abs. 1 S. 4 BörsG lediglich die aktien- und handelsrechtlichen Verpflichtungen erfüllen.[119]

Anders sieht es bei einer Einbeziehung in den Entry Standard aus. Den Emittenten treffen im Entry Standard des Open Market eine Vielzahl von Einbeziehungsfolgepflichten (vgl. § 19 der AGB-Freiverkehr-FWB). § 19 verpflichtet den Emittenten unter anderem zur Veröffentlichung von Jahresabschlussberichten (§ 19 Abs. 1 lit. a) aa) AGB-Freiverkehr-FWB), Halbjahresabschlussberichten, Zwischenlageberichten (§ 19 Abs. 1 lit. b) AGB-Freiverkehr-FWB) und zur Mitteilung wesentlicher Unternehmensinformationen (§ 19 Abs. 1 lit. c) Freiverkehr-AGB-FWB) die geeignet sind, den Börsenkurs zu beeinflussen (vergleichbar mit der ad-hoc Publizität gemäß § 15 WpHG). Daneben muss er ein aktuelles Unternehmenskurzportrait und einen Unternehmenskalender auf seiner Internetseite veröffentlichen (§ 19 Abs. 1 Lit. d) e) Freiverkehr-AGB-FWB). Die Einhaltung dieser Vorschriften wird von der Deutsche Börse AG überprüft (§ 19 Abs. 8 AGB-Freiverkehr-FWB). Verstößt der Emittent gegen Zulassungsfolgepflichten ist die Deutsche Börse AG gemäß §§ 20, 21 AGB-Freiverkehr-FWB berechtigt, Vertragsstrafen von bis zu € 100.000 zu verhängen und als letztes Mittel die Einbeziehung in den Entry Standard zu kündigen (§§ 20, 23 AGB-Freiverkehr-FWB).

---

115 Art. 2 MAR.

116 Art. 17 MAR.

117 Art. 18 Abs. 7 MAR.

118 Art. 19 Abs. 4 (b) MAR.

119 § 13 AGB-Freiverkehr-FWB enthält lediglich die Mitteilungspflichten des antragstellenden Teilnehmers.

II. Südkorea

Die KRX unterteilt sich gemäß § 37 Abs. 1 der Börsensatzung[120] in den Wertpapiermarkt und den Derivatemarkt. Der Wertpapiermarkt setzt sich aus dem KOSPI-Markt[121], dem KOSDAQ-Markt sowie dem KONEX-Markt zusammen.

1. KOSPI-Markt

Der Begriff KOSPI steht für Korea Composite Stock Price Index.[122] Er wurde erstmals 1983 genutzt und bildet die Marktkapitalisierung an der Korea Exchange ab. Der KOSPI besteht aus sechs verschiedenen Märkten[123]: dem Wertpapiermarkt, dem Markt für börsengehandelte Fonds, dem Markt für Optionsscheine, dem Zertifikatemarkt mit Bezugsrechten, dem Markt für Optionsscheine mit Bezugsrechten (ELW-Market), dem Markt für Begünstigtenzertifikate (*Beneficiary Certificates*)[124] und dem Schuldverschreibungsmarkt.[125]

2. KOSDAQ-Markt

Der Begriff KOSDAQ steht für Korea Securities Dealers Association Automated Quotations. Der KOSDAQ-Markt wurde erstmals im Jahr 1996 gelistet.[126] Es handelt sich hierbei um den Technologie-Index des Aktienmarktes in Südkorea, der nach dem Vorbild des US-amerikanischen NASDAQ gegründet wurde. Der KOSDAQ-Markt besteht aus drei Marktsegmenten: general business, venture business und growth venture business. Die Venture-Segmente weisen wiederum geringere Listing-Anforderungen als der general business-Bereich auf.

Im KOSPI-Markt sind mittlere und große umsatzstarke Unternehmen, sog. Blue Chips notiert, wohingegen im KOSDAQ-Markt kleine bis mittlere Joint-Venture Unternehmen mit Wachstumspotenzial notiert sind. Der KOSPI-Markt entspricht hinsichtlich der Kosten für den Emittenten, dessen Pflichten und der Regulierungsintensität dem EU-regulierten Markt, wohingegen der KOSDAQ-Markt hinsichtlich der Kosten und der Regulierungsintensität das Äquivalent zum Entry Standard bildet. Diese Unterschiede werden sich auch in Bezug auf die Anforderungen zeigen, die an ein Listing- und Delisting gestellt werden und unten noch erläutert werden.

---

120 KRX Satzung.

121 Synonym wird der Begriff Wertpapiermarkt verwendet.

122 Vgl. § 25 Abs. 1 S. 2 KOSPI Market Business Regulation.

123 § 4 Abs. 1 KOSPI Market Business Regulation.

124 Dazu zählen gemäß § 99 Nr. 2 KOSPI-Zulassungsordnung beispielsweise die von der *Korea Housing Finance Corporation* aufgrund des Korea Housing Finance Corporation Act ausgegebenen Zertifikate.

125 § 4 Abs. 1 Nr. 1–6 KOSPI Market Business Regulation.

126 Vgl. Addenda § 3 KOSDAQ-Zulassungsordnung.

3. *KONEX-Markt*

Am 2. Juli 2013 fand die Eröffnung des jüngsten Marktes an der KRX statt, des KONEX (Korea New Exchange).[127] Der Konex dient der Finanzierung kleiner und mittelständischer Unternehmen (start-up SMEs). Charakteristisch sind die geringeren Anforderungen an ein Listing bzw. Delisting im Vergleich zu den Anforderungen im KOSDAQ- und KOSPI-Markt. Um im KONEX Markt gelistet zu werden, muss das Unternehmen im Wesentlichen mindestens eine der drei im Folgenden genannten Voraussetzungen in Bezug auf seine Vermögensverhältnisse erfüllen. Entweder muss das Unternehmen mehr als 500 Millionen Won (ca. 374.000 Euro) Eigenkapital aufweisen, 1 Milliarde Won (ca. 770.000 Euro) an Umsätzen generieren, oder Reingewinne in Höhe von 300 Millionen Won (ca. 230.000 Euro) erzielen.[128] Unternehmen, die ein Listing im KONEX anstreben, werden durch einen von der KONEX ausgewählten Berater durch den Listing-Prozess begleitet. Nach dem Listing unterliegen sie nur eingeschränkt den Publizitätspflichten. Sie sind unter anderem von der Pflicht der Übermittlung von Quartals- und Halbjahresberichten befreit und müssen, im Vergleich zu den im KOSPI und KOSDAQ gelisteten Unternehmen, einen kürzeren Jahresabschlussbericht verfassen.

4. *K-OTC*

Das koreanische Äquivalent zum Freiverkehr bildet das im Juli 2005 eröffnete FreeBoard, mittlerweile umbenannt in K-OTC, das von der KOFIA betrieben wird (vgl. § 2 Abs. 1 Nr. 1 K-OTC Market Regulations). Unternehmen, die die Listing-Anforderungen der Börsenmärkte nicht erfüllen, haben die Möglichkeit, ihre Anteile im K-OTC zu handeln. Nach der Zulassung sind die Unternehmen, anders als bei einem Listing an einem der KRX-Märkte lediglich zu regelmäßigen Bekanntmachungen, beispielsweise über geplante Kapitalerhöhungen oder wenn ein Zusammenschluss mit einer anderen Gesellschaft geplant ist, verpflichtet (vgl. §§ 45 bis 47 K-OTC Market Regulation).

5. *Listing an der KRX*

§ 2 Abs. 1 Nr. 1 der KOSPI-Zulassungsordnung definiert „Listing" als Erteilung einer Berechtigung zum Wertpapierhandel im KOSPI-Markt.[129] Im südkoreanischen Kapitalmarktrecht gibt es keine klare Trennung zwischen going public und Listing. Auch die Trennung zwischen Zulassung (vgl. § 32 BörsG) und Notierung (vgl. § 38 BörsG) ist dem koreanischen Recht fremd. Das Listing-Verfahren besteht im Wesentlichen aus zwei Schritten. In einem ersten Schritt muss das listingwillige Unternehmen

---

127 *Jun,* Wall Street Journal, vom 31.05.2013.

128 KONEX Zulassungsordnung.

129 Eine entsprechende Vorschrift für den KOSDAQ-Markt befindet sich in § 2 Abs. 5 KOSDAQ-Zulassungsordnung; Zur Rechtsnatur der Listing- bzw. Delisting-Entscheidung der Börse: 4. Kapitel, § 2 A.

eine Eignungsprüfung durchführen lassen, bei welcher die Börse überprüft, ob das Unternehmen die Listing-Voraussetzungen erfüllt.[130] Die Unternehmensprüfung wird grundsätzlich durch das zuständige Committee durchgeführt.[131] Die Eignungsprüfung dient der Sicherstellung des reibungslosen Handelsablaufs und des Investorenschutzes durch eine faire Preisbildung. Erst wenn diese Prüfung positiv ausfällt, darf das Unternehmen in einem zweiten Schritt der eigentliche Listing-Antrag stellen.

Ein Listing ermöglicht den Gesellschaften, Kapital über die Börse zu generieren, die Transparenz des Managements zu erhöhen und die Moral und Produktivität der Mitarbeiter zu stärken. Außerdem ist ein Listing an der Börse mit Steuervergünstigungen für das Unternehmen und die Anteilseigner verbunden. Das Listing führt auf der anderen Seite zu einer stärkeren Regulation des Emittenten, da er die Vorschriften der KOSPI- beziehungsweise KOSDAQ-Zulassungsordnung und handelsrechtliche Vorschriften für börsennotierte Gesellschaften einhalten muss.[132]

a) Listing-Voraussetzungen im KOSPI-Markt

Die Zulassungsordnung unterscheidet zwischen qualitativen und quantitativen Listing-Kriterien. § 29 KOSPI-Zulassungsordnung enthält die quantitativen Kriterien, die im Rahmen der Listing-Eignungsprüfung überprüft werden. Für ein positives Ergebnis der Listing-Eignungsprüfung müssen alle Kriterien kumulativ erfüllt werden. Zu den Kriterien zählen objektiv feststellbare Mindeststandards an die Unternehmensgröße (Eigenkapital i.H.v. mindestens 30 Milliarden Won (ca. 22,5 Millionen Euro)[133], Anforderungen an die Aktienverteilung (25 % öffentlich angebotene Aktien/25 % der Aktien im Streubesitz, mindestens eine Million ausgegebene Wertpapiere)[134], den Finanzbedarf des Unternehmens (Umsatz von mindestens 100 Milliarden Won (ca. 75 Millionen Euro), Gewinn von mindestens 3 Milliarden Won (ca. 2,2 Millionen Euro) und in den letzten drei Jahren insgesamt mindestens 6 Milliarden Won (ca. 4,5 Millionen Euro), Marktkapital[135]

130 *Listing-Eignungsprüfung*, vgl. §§ 26, 28 KOSPI-Zulassungsordnung; § 8 KOSDAQ-Zulassungsordnung.

131 Im KOSPI durch den Listing- und Offenlegungsausschuss vgl. § 22 Abs. 4 KOSPI-Zulassungsordnung; im KOSDAQ durch den KOSDAQ-Listing-Ausschuss vgl. § 8 Abs. 1 KOSDAQ-Zulassungsordnung.

132 Z.B. Artikel 542–2 bis 542–13 des koreanischen HGB, die Publizitätspflichten sowie die corporate governance-Grundsätze.

133 § 29 Abs. 1 Nr. 2 b) KOSPI-Zulassungsordnung.

134 § 29 Abs. 1 Nr. 2 a), Nr. 3 KOSPI-Zulassungsordnung; Die Zahl der mindestens auszugebenden Wertpapiere ist abhängig vom Eigenkapital bzw. der Marktkapitalisierung des Unternehmens.

135 Bei dem Marktkapital handelt es sich um das Produkt aus der Anzahl der im Umlauf befindlichen Anteile, die mit dem Kurswert multipliziert wird.

von mindestens 400 Milliarden Won (ca. 300 Millionen Euro))[136] und die Überprüfung des Einzel- bzw. Konzernabschlusses in den letzten drei Jahren durch den Prüfungsausschuss.[137] Das Unternehmen muss außerdem mindestens 700 Anteilseigner aufweisen und zum Zeitpunkt der Antragstellung seit mindestens drei Jahren bestehen.[138]

Wenn ein Unternehmen die formalen Kriterien für ein Listing im KOSPI-Markt gemäß § 29 KOSPI-Zulassungsordnung erfüllt, erfolgt im Anschluss noch eine Prüfung qualitativer Kriterien gemäß § 30 KOSPI-Zulassungsordnung. Bei den qualitativen Anforderungen handelt es sich um wesentliche Grundsätze und Erfordernisse, die von dem Unternehmen eingehalten werden müssen, um für ein Listing im KOSPI-Markt geeignet zu sein. Bei der Prüfung der qualitativen Kriterien berücksichtigt die Börse Faktoren wie Geschäftskontinuität (going concern, finanzielle Situation, Nachhaltigkeit, Betriebsumfeld),[139] das Corporate Governance System (interne Kontrollmechanismen, Unternehmensführung, Offenlegungsstandards, Transaktionen mit verbundenen Unternehmen/Tochtergesellschaften)[140], die Beständigkeit des Managements[141] und ob die Gesellschaft in der Rechtsform der Aktiengesellschaft nach dem Handelsgesetzbuch organisiert ist[142]. Außerdem darf ein Listing im KOSPI-Markt weder dem öffentlichen Interesse noch dem Anlegerschutz widersprechen.[143]

Der Antragsteller muss außerdem gemäß § 12 KOSPI-Zulassungsordnung einen Listing Sponsor in Gestalt einer Kapitalverwaltungsgesellschaft benennen, die den Listing-Prozess begleitet und die notwendigen Unterlagen vorbereitet.

Der Listing-Antrag muss innerhalb von sechs Monaten nach der Bekanntgabe der Listing-Eignung gestellt werden.[144] Die Börse kann den Listing-Antrag gemäß § 4 Abs. 2 KOSPI-Zulassungsordnung ablehnen, wenn das antragstellende Unternehmen die in der Zulassungsordnung genannten Listing-Anforderungen nicht erfüllt[145], wenn den Anlegerschutz betreffende Unterlagen weggelassen wurden oder die Unterlagen falsche Informationen enthalten[146], oder wenn ein Listing unvereinbar mit dem öffentlichen Interesse, dem Anlegerschutz und dem Marktmanagement

136 § 29 Abs. 1 Nr. 4 KOSPI-Zulassungsordnung; die Marktkapitalisierung oder auch der Börsenwert spiegelt den aktuellen Börsenwert eines börsennotierten Unternehmens wieder und ergibt sich aus dem Kurswert des Unternehmens.
137 § 29 Abs. 1 Nr. 5 KOSPI-Zulassungsordnung.
138 § 29 Abs. 1 Nr. 1 KOSPI-Zulassungsordnung.
139 § 30 Nr. 1 KOSPI-Zulassungsordnung.
140 § 30 Nr. 2 KOSPI-Zulassungsordnung.
141 § 30 Nr. 3 KOSPI-Zulassungsordnung.
142 § 30 Nr. 4 KOSPI-Zulassungsordnung.
143 § 30 Nr. 5 KOSPI-Zulassungsordnung.
144 § 28 Abs. 1 KOSPI-Zulassungsordnung.
145 § 4 Abs. 2 Nr. 1 KOSPI-Zulassungsordnung.
146 § 4 Abs. 2 Nr. 2 KOSPI-Zulassungsordnung.

ist[147]. Außerdem kann ein Listing abgelehnt werden, wenn das antragstellende Unternehmen gegen Rechnungslegungsvorschriften verstoßen hat.[148]

b) Listing-Voraussetzungen im KOSDAQ-Markt

Wie ein Listing im KOSPI-Markt erfordert auch ein Listing im KOSDAQ-Markt in einem ersten Schritt eine Prüfung der Listing-Eignung gemäß § 4 KOSDAQ-Zulassungsordnung, bevor in einem zweiten Schritt der eigentliche Listing-Antrag gemäß § 11 KOSDAQ-Zulassungsordnung gestellt werden kann. Die Listing-Eignungsprüfung wird gemäß § 8 Abs. 1 KOSDAQ-Zulassungsordnung durch den KOSDAQ-Markt Listing Ausschuss durchgeführt. Wenn der Vorsitzende des Listing Ausschusses es für erforderlich hält, findet stattdessen eine Überprüfung durch den KOSDAQ-Markt Ausschuss statt.[149] Die Börse trifft die Listing-Entscheidung dann auf Grundlage der Beratungsergebnisse durch das entsprechende Committee. Über das Ergebnis der Überprüfung muss die Börse die Financial Services Commission in Kenntnis setzen.[150]

§ 6 KOSDAQ-Zulassungsordnung enthält die Anforderungen, die ein Unternehmen erfüllen muss, das erstmalig im KOSDAQ-Markt gelistet werden möchte. Im Gegensatz zu der Prüfung der Listing-Eignung nach der KOSPI-Zulassungsordnung findet für ein Listing im KOSDAQ-Markt nur eine Prüfung der Listing-Anforderungen statt. Das antragstellende Unternehmen muss grundsätzlich[151] die Erfüllung der Kriterien in Bezug auf die Bestehensdauer des Unternehmens (drei Jahre oder länger),[152] die Unternehmensgröße (Eigenkapital von mindestens 3 Milliarden Won (ca. 2,2 Millionen Euro) und Marktkapitalisierung von 9 Milliarden Won (ca. 6,7 Millionen Euro)),[153] die Aktienverteilung (Anzahl von Anteilseignern, Minderheitsaktionären und Zahl auszugebender Aktien),[154] den finanziellen Status (keine Überschuldung des Unternehmens),[155] Einnahmen, Gewinne (2 Milliarden Won (ca. 1,5 Millionen Euro))[156] und Überprüfung des letzten Rechnungsabschlusses durch eine Wirtschaftsprüfungsgesellschaft[157]

---

147 § 4 Abs. 2 Nr. 3 KOSPI-Zulassungsordnung.
148 vgl. § 5 KOSPI-Zulassungsordnung.
149 vgl. § 8 Abs. 1 S. 2 KOSDAQ-Zulassungsordnung.
150 vgl. § 8 Abs. 3 KOSDAQ-Zulassungsordnung.
151 Im Einzelfall können die Anforderungen an das antragstellende Unternehmen geringer sein, vgl. § 6 Abs. 1 KOSDAQ-Zulassungsordnung.
152 § 6 Abs. 1 Nr. 1 KOSDAQ-Zulassungsordnung.
153 § 6 Abs. 1 Nr. 2 KOSDAQ-Zulassungsordnung.
154 § 6 Abs. 1 Nr. 3 KOSDAQ-Zulassungsordnung; z. B. Unternehmen mit einem Eigenkapital von 50 Milliarden Won (ca. 38 Millionen Euro) oder mehr aber weniger als 100 Milliarden Won (ca. 76 Millionen Euro) muss eine Million Aktien ausgeben, es müssen mindestens 500 Minderheitsaktionäre vorhanden sein, die mindestens 25 % der ausgegebenen Aktien halten müssen.
155 § 6 Abs. 1 Nr. 4, Nr. 5 KOSDAQ-Zulassungsordnung.
156 § 6 Abs. 1 Nr. 6 KOSDAQ-Zulassungsordnung.
157 § 6 Abs. 1 Nr. 9 KOSDAQ-Zulassungsordnung.

nachweisen. Darüber hinaus wird geprüft, ob ein Listing im KOSDAQ-Markt sich negativ auf das öffentliche Interesse oder den Anlegerschutz auswirkt.[158] Hierfür werden der laufende Betrieb, der Finanzstatus, technologische Fähigkeiten, Wachstumspotenzial und weitere Handelsbedingungen unter den Gesichtspunkten der Wahrung des öffentlichen Interesses und des Anlegerschutzes untersucht.[159] In Bezug auf Transparenz und Stabilität des Managements werden die Leitungsstruktur, die internen Kontrollsysteme, disclosure Systeme, Geschäfte mit verbundenen Unternehmen und der Aktienhandel vor dem Listing untersucht. Die Entscheidung der Börse über die Listing-Eignung wird demzufolge aufgrund der Überprüfung qualitativer und quantitativer Kriterien getroffen.

Der Antragsteller muss, wie auch für ein Listing im KOSPI-Markt, gemäß §§ 25,26 KOSDAQ-Zulassungsordnung einen Listing Sponsor in Gestalt einer Kapitalverwaltungsgesellschaft benennen, die den Listing-Prozess begleitet und die notwendigen Unterlagen vorbereitet.

Lehnt die Börse die Listing-Eignung ab, kann der Antragsteller gemäß § 10 KOSDAQ-Zulassungsordnung Einspruch gegen die ablehnende Entscheidung einlegen. Der Einspruch wird dann durch den Marktausschuss überprüft, der dann eine abschließende Entscheidung über die Listing-Eignung trifft.[160]

E. Erscheinungsformen des Delisting in Deutschland

Sowohl das Kapitalmarktrecht als auch das Gesellschaftsrecht geben dem Emittenten bzw. dem Hauptaktionär Möglichkeiten an die Hand, den Handel an der Börse zu beenden. Der Emittent kann zum einen den Widerruf der Börsenzulassung gemäß § 39 Abs. 2 BörsG beantragen und damit die kapitalmarktrechtlichen Rückzugsmöglichkeiten in Anspruch nehmen. Zum anderen hat er die Möglichkeit, durch gesellschaftsrechtliche Strukturmaßnahmen die automatische Beendigung der Börsenzulassung zu erreichen. Demgegenüber kann die Börse gemäß § 39 Abs. 1 BörsG aus mehreren Gründen die Zulassung von Amts wegen widerrufen.

In Südkorea sehen die Zulassungsordnungen für den KOSPI-Markt beziehungsweise KOSDAQ-Markt ebenfalls die Möglichkeit der freiwilligen Beendigung des Listings vor. Für ein zwangsweises Delisting enthalten die Zulassungsordnungen umfassende Kriterien-Kataloge, deren Erfüllung durch den Emittenten ein Delisting zur Folge haben kann.

Der Emittent hat durch ein freiwilliges Delisting die Möglichkeit, seine Börsenzulassung widerrufen zu lassen, wenn die Rechtsform der Aktiengesellschaft auch nach dem Widerruf beibehalten werden soll. Der Begriff De-Listing stellt den Gegenpart zum englischen Wort „Listing" dar, das die Aufnahme der Börsennotierung oder die Zulassung zum Börsenhandel meint. Unter Delisting versteht man dementspre-

158 § 6 Abs. 1 Nr. 19 KOSDAQ-Zulassungsordnung.
159 § 6 Abs. 1 Nr. 19 a) KOSDAQ-Zulassungsordnung.
160 § 10 Abs. 3 KOSDAQ-Zulassungsordnung.

chend die Beendigung der Börsenzulassung. Da der Widerruf der Zulassung ohne die Durchführung gesellschaftsrechtlicher Umstrukturierungsmaßnahmen erreicht wird, bezeichnet man es auch als echtes bzw. reguläres Delisting.[161] Geregelt ist das Delisting in § 39 BörsG. § 39 BörsG unterscheidet zwischen dem Delisting von Amts wegen in Abs. 1 und dem Delisting auf Initiative des Emittenten in Abs. 2 bis 6 BörsG. Bei der Widerrufsentscheidung handelt sich um eine Ermessensentscheidung der Börsengeschäftsführung.[162]

Bis zur Einführung von § 43 Abs. 4 BörsG a.F. war streitig, ob der freiwillige Verzicht eines Emittenten auf seine Börsenzulassung nach deutschem Börsenrecht überhaupt zulässig ist[163], oder ob die Zulassungsstelle die Börsenzulassung wenigstens auf Antrag des Emittenten widerrufen durfte.[164] Mit dem Dritten Finanzmarktförderungsgesetz hat der Gesetzgeber im Jahr 1998 erstmals eine gesetzliche Regelung für das reguläre Delisting in § 43 Abs. 4 BörsG a.F. geschaffen. Sie galt damals für die im amtlichen Markt notierten Wertpapiere und gemäß § 75 Abs. 3 BörsG a.F. entsprechend für die im geregelten Markt notierten Wertpapiere.[165] Vor der Einführung von § 43 Abs. 4 BörsG a.F. sah § 43 Abs. 3 BörsG a.F. nur den Widerruf der Zulassung von Amts wegen vor, für den Fall, dass ein ordnungsgemäßer Börsenhandel in den betreffenden Wertpapieren an der jeweiligen Börse auf Dauer nicht mehr gewährleistet war, oder der Emittent seinen Zulassungsfolgepflichten nicht nachkam.[166] Eine Möglichkeit des freiwilligen Rückzugs von der Börse aus anderen Gründen sah das BörsG hingegen nicht vor.

Diese Regelung wurde durch § 38 Abs. 4 BörsG a.F. ersetzt und mit dem Inkrafttreten des Finanzmarktrichtlinie-Umsetzungsgesetzes vom 16.7.2007 durch § 39 Abs. 2 BörsG a.F. abgelöst, der wiederum zum 26.11.2015 reformiert worden ist (§ 39 Abs. 2 bis 6 BörsG). Diese Vorschrift bestimmt, unter welchen Voraussetzungen die Börsenzulassung auf Initiative des Emittenten widerrufen werden darf und stellt die generelle Zulässigkeit des regulären Delisting klar.

I. Abgrenzung von Delisting zu Going private

Der Begriff des going private stammt aus dem US-amerikanischen Gesellschaftsrecht und taucht im Zusammenhang mit dem Delisting regelmäßig auf. Es stellt sich daher die Frage, ob die Begriffe Delisting und going private identisch sind und synonym verwendet werden können, oder inwieweit diese Begriffe unterschiedliche Maßnahmen bezeichnen.

---

161 *Buck-Heeb*, Rn. 50 f.; *Mülbert*, ZHR 165 (2001), 104, 105 f.

162 Das ergibt sich aus dem Wortlaut der Vorschrift, § 39 Abs. 2 S. 1 BörsG („kann widerrufen").

163 *Eickhoff*, WM 1988, 1713, 1714 ff.; *Fluck*, WM 1995, 553, 558 ff.; ablehnend: *Schwark/Geiser*, ZHR 1997, 739, 758; *Grupp*, S. 174 f.

164 *Eickhoff*, WM 1988, 1713, 1714 f.; *Klenke*, WM 1995, 1089, 1095 ff.; *Radtke*, S. 39 ff.

165 *Mülbert*, ZHR 165 (2001), 104, 109.

166 BT-Drucks. 13/8933, S. 74.

Ein going private bezeichnet die Überführung einer börsennotierten, sog. Public company, in eine nicht börsennotierte Gesellschaft, sog. Private company.[167] Für ein going private ist nicht ausreichend, dass die Notierung an allen Handelsplätzen eingestellt wird. Hinzukommen muss, dass die Gesellschaft ihren Aktionärskreis verringert.[168] Es kommt neben der Einstellung der Notierung darauf an, dass die publikumsoffene Gesellschaft in eine private Gesellschaft überführt wird.[169]

Der Begriff des going private ist folglich umfassender als der Begriff des Delisting, da der bloße Börsenrückzug nur einen Teil des Going-Private-Vorgangs bildet, bei dem ein der Öffentlichkeit zugängliches Unternehmen in ein privates Unternehmen überführt wird. Das going private bildet eine Variante des Delisting, bei der im ersten Schritt der Zulassungswiderruf erfolgt und in einem zweiten Schritt das Unternehmensvermögen auf eine nicht börsennotierte Gesellschaft übertragen wird.[170] Hinzu kommt, dass eine Aktiengesellschaft, die ihre Zulassung vom regulierten Markt widerrufen hat, einem Handel ihrer Wertpapiere im Freiverkehr nicht widersprechen kann, ein going private aber das Ziel hat, jeglichen Handel mit den Wertpapieren zukünftig zu unterbinden.[171] Folglich können die Begriffe Delisting und Going Private nicht synonym verwendet werden.

II. Rechtliche Einordnung der Widerrufsentscheidung

Das Delisting erfolgt gemäß § 39 BörsG über den Widerruf der Zulassung zum Börsenhandel, entweder auf Antrag des Emittenten oder von Amts wegen. Wertpapiere, die im regulierten Markt an einer Börse gehandelt werden sollen, bedürfen der Zulassung gemäß § 32 Abs. 1 BörsG. Die Zulassung ist eine öffentlich-rechtliche Erlaubnis, für den Handel in den betreffenden Wertpapieren in dem jeweiligen Marktsegment die Börseneinrichtungen zu nutzen und wird von der Geschäftsführung der jeweiligen Börse erteilt.[172] Die Zulassung ist Vo-

167 *Eisele*, Going Private in Deutschland, Eine institutionelle und empirische Analyse des Rückzugs vom Kapitalmarkt, 2006, S. 5; *Kemper*, Börsenrückzüge in Deutschland, Erklärungsansätze und Kursreaktionen, 2007, S. 20, 22; *Land/Hasselbach*, DB 2000, S. 557; *Richard*, in: Richard/Weinheimer, Handbuch Going Private, 2002, S. 25.

168 Siehe *Thomas*, Delisting und Aktienrecht, Verfassungs- und gesellschaftsrechtliche Voraussetzungen des Rückzugs einer Aktiengesellschaft von der Börse, 2009, S. 34 m.w.N.

169 *Land/Hasselbach*, DB 2000, 557 ff.; *Richard/Weinheimer*, BB 1999, 1613; *von Braunschweig*, M&A Review 1999, 165.

170 *Zillmer*, Going Private: Der freiwillige Börsenrückzug in Deutschland, 2003, S. 25.

171 *Land/Hasselbach*, DB 2000, 557; *Richard/Weinheimer*, BB 1999, 1613; *Schwichtenberg*, DStR 2001, 2075.

172 *Heidelbach*, in: Schwark/Zimmer, KMRK, § 32 BörsG Rn. 1.

raussetzung für die Börsennotierung eines Wertpapiers im regulierten Markt.[173] Das ergibt sich bereits aus § 38 Abs. 1 S. 1 BörsG, nach dem die Geschäftsführung auf Antrag des Emittenten über die Aufnahme der Notierung zugelassener Wertpapiere im regulierten Markt entscheidet. Die Zulassung kann nur zu einem organisierten Markt im Sinne von § 2 Abs. 5 WpHG erfolgen. Davon abzugrenzen ist die Einbeziehung von Wertpapieren in den Freiverkehr gemäß § 48 Abs. 1 S. 2 BörsG. § 32 BörsG findet gemäß § 48 Abs. 3 BörsG auf den Freiverkehr keine Anwendung.

Gemäß § 39 Abs. 2 S. 1 BörsG wird mit einem Delisting der Widerruf der Zulassung und nicht die Beendigung der Notierung begehrt.[174] Das gilt auch für die Formen des sog. kalten Delisting, bei denen vom Emittenten ebenfalls die Rücknahme der Börsenzulassung angestrebt wird.[175] Unter den Delistingbegriff fallen folglich alle Formen der Beendigung der Zulassung, unabhängig davon, ob sie auf Initiative des Emittenten oder auf andere Weise erfolgen.

Bei der Zulassung handelt es sich um einen begünstigenden Verwaltungsakt und nicht etwa um einen privatrechtlichen Zulassungsvertrag.[176] Die Zulassung begründet nur für den Emittenten, nicht aber für die Anleger besondere Zulassungsfolgepflichten, sodass sie nicht als Allgemeinverfügung qualifiziert werden kann.[177] Es wird nicht der einzelne Anleger, sondern das gesamte Anlegerpublikum geschützt.[178] Aus diesem Grund hat der einzelne Anleger weder ein subjektives Recht auf Zulassung noch auf deren Aufrechterhaltung.[179] Das Zulassungsverfahren dient der umfassenden Information des Publikums und somit dem Schutz der Allgemeinheit.[180]

Der Widerruf der Zulassung entfaltet räumlich nur begrenzte Wirkung. Wenn die Aktien eines Emittenten an mehreren Handelsplätzen zugelassen sind, muss für einen vollständigen Börsenrückzug der Zulassungswiderruf für jeden einzelnen Handelsplatz separat beantragt werden. Zeitlich dürfen zwischen der Veröffentlichung des Zulassungswiderrufs und dessen Wirksamkeit nicht mehr als zwei Jahre liegen (vgl. § 39 Abs. 5 S. 2 BörsG).

---

173 *Groß*, Kapitalmarktrecht, § 32 BörsG Rn. 8; *Heidelbach*, in: Schwark/Zimmer, KMRK, § 32 BörsG Rn. 18; *Klenke*, WM 1995, 1089, 1094; *Radtke*, S. 21.

174 *Seiffert*, Going Private und Anlegerschutz nach der Macrotron-Entscheidung des BGH, 2005, S. 5.

175 *Radtke*, S. 37.

176 *Gebhardt*, in: Schäfer/Hamann, Kapitalmarktgesetze, 2. Aufl., 1. Lfg., 2006, § 30 BörsG Rn. 3; *Heidelbach*, in: Schwark/Zimmer, KMRK, § 32 BörsG Rn. 17; *Schwark/Geiser*, ZHR 161 (1997), 739, 752.

177 *Eickhoff*, WM 1988, 1713, 1714; *Schwark/Geiser*, ZHR 161 (1997), 739, 753.

178 *Groß*, ZHR 165 (2001), 141, 147.

179 *Eickhoff*, WM 1988, 1713, 1715, *Fluck*, WM 1995, 553, 558, *Kleindiek*, in: Festschrift für Bezzenberger, 2000, S. 653, 656, 671; *Radtke*, S. 54.

180 *Eickhoff*, WM 1988, 1713, 1714 f.; *Fluck*, WM 1995, 553, 558; *Radtke*, S. 53.

III. Die Beendigung der Zulassung von Amts wegen, § 39 Abs. 1 BörsG

§ 39 Abs. 1 BörsG enthält drei Varianten der Beendigung der Börsenzulassung von Amts wegen. Die Zulassung kann nach allgemeinem Verwaltungsrecht oder aufgrund der beiden in § 39 Abs. 1 BörsG genannten börsenrechtlichen Tatbestände widerrufen werden.

§ 39 Abs. 1 BörsG dient der Umsetzung von Art. 41 Abs. 1 MiFID. Die Entscheidung, ob ein Widerruf der Zulassung erfolgt, liegt im Ermessen der Geschäftsführung der jeweiligen Börse. Die Geschäftsführung ist verpflichtet, die Interessen aller Beteiligten gegeneinander abzuwägen. Zu den abwägungsrelevanten Schutzgütern zählt auf der einen Seite der ordnungsgemäße Börsenhandel und der Anlegerschutz und auf der anderen Seite das Interesse des Emittenten an dem Erhalt seiner Zulassung.[181] Da der Widerruf der Zulassung von Amts wegen ein sehr einschneidendes Instrument ist, ist er ultima ratio und nur in besonders schweren Fällen zulässig.[182] Die Anleger sind in diesem Fall weniger schutzbedürftig als bei einem Delisting auf Initiative des Emittenten, weil ein Delisting von Amts wegen nur stattfindet, wenn aufgrund mangelnder hinreichender Streuung oder eine aus anderen Gründen resultierende geringe Liquidität kein ordnungsgemäßer Börsenhandel mehr stattfindet. Der Widerruf der Börsenzulassung von Amts wegen ist, wenn kein ordnungsgemäßer Börsenhandel mehr stattfindet, bereits nach § 39 Abs. 1 BörsG geboten.[183]

§ 39 Abs. 1, 1. Alt. BörsG regelt die Beendigung der Zulassung nach dem Verwaltungsverfahrensgesetz. Die Geschäftsführung kann die Zulassung, die einen begünstigenden Verwaltungsakt im Sinne von § 35 VwVfG darstellt, nach den Vorschriften des Verwaltungsverfahrensgesetzes widerrufen. In Betracht kommen insbesondere die Regelungen zur Rücknahme eines von Anfang an rechtswidrigen Verwaltungsaktes gemäß § 48 VwVfG und der Widerruf eines anfänglich rechtmäßigen Verwaltungsaktes gemäß § 49 VwVfG.

Die beiden weiteren in § 39 Abs. 1 BörsG genannten Alternativen unterscheiden sich in Anlass und Zweck.[184] Die erste Alternative erlaubt den Widerruf der Zulassung, wenn ein dauerhafter Börsenhandel auf Dauer nicht mehr gewährleistet ist und die Geschäftsführung die Notierung im regulierten Markt gemäß § 25 BörsG eingestellt hat. Im Gegensatz dazu knüpft die zweite Alternative an eine Verletzung der Zulassungsfolgepflichten an.

IV. Delisting auf Initiative des Emittenten

Das freiwillige Delisting ist in § 39 Abs. 2 bis 6 BörsG geregelt und meint den Rückzug des Emittenten vom regulierten Markt. Im Gegensatz zum sog. kalten

181 *Heidelbach,* in: Schwark/Zimmer, KMRK, § 39 BörsG Rn. 9.
182 *Heidelbach,* in: Schwark/Zimmer, KMRK, § 39 BörsG Rn. 9.
183 *Heidelbach,* in: Schwark/Zimmer, KMRK, § 39 BörsG Rn. 9 ff.
184 *Heidelbach,* in: Schwark/Zimmer, KMRK, § 39 BörsG Rn. 4.

Delisting stellt der Widerruf der Börsenzulassung bei einem Delisting gemäß § 39 Abs. 2 BörsG das Primärziel des Emittenten und nicht nur eine Nebenfolge einer gesellschaftsrechtlichen Strukturmaßnahme dar. Der vollständige Rückzug eines inländischen Emittenten von allen Börsenplätzen sowohl im Inland als auch im Ausland ist von dem Rückzug von allen Börsen im Inland unter Beibehaltung im Ausland bestehender Notierungen sowie dem Rückzug eines inländischen Emittenten mit Sitz im Inland von einzelnen inländischen Börsenplätzen unter Beibehaltung mindestens einer Notierung im Inland zu unterscheiden.

1. *Vollständiges Delisting*

Um ein vollständiges Delisting handelt es sich, wenn sich die Gesellschaft von allen organisierten Börsenplätzen i.S.v. § 2 Abs. 5 WpHG zurückzieht, an denen sie zugelassen ist, unabhängig davon, ob die Zulassung nur im Inland oder daneben auch im Ausland vorliegt.[185] Bis zur Neufassung von § 39 Abs. 2 bis 6 BörsG war zu beachten, ob im Ausland noch ein Börsenhandel an einem vergleichbaren Markt stattfand.[186] Für die Feststellung, ob es sich um einen vergleichbaren Markt handelte, war es nicht zwingend, dass sich der Markt in einem Mitgliedstaat der Europäischen Union oder einem anderen Vertragsstaat des Abkommens über den Europäischen Wirtschaftsraum befindet. Vielmehr kam es auf vergleichbare Mitteilungs- und Informationspflichten des Emittenten sowie auf die Umstände der Preisfindung und Preisbildung an. Im Gegensatz dazu kommt es gemäß § 39 Abs. 2 S. 3 Nr. 2 b) BörsG n.F. darauf an, ob die Wertpapiere weiterhin „in einem anderen Mitgliedstaat der Europäischen Union oder einem anderen Vertragsstaat des Abkommens über den Europäischen Wirtschaftsraum zum Handel an einem organisierten Markt, sofern für einen Widerruf der Zulassung zum Handel an diesem Markt Nummer 1 entsprechende Voraussetzungen gelten", zugelassen sind. Ist dies nicht der Fall, handelt es sich um ein vollständiges Delisting.

2. *Partielles Delisting*

Im Rahmen eines partiellen Delisting zieht sich der Emittent nur von einem Teil der Börsenplätze zurück, an denen seine Aktien zugelassen sind (vgl. § 39 Abs. 2 S. 3 Nr. 1, Nr. 2 BörsG).[187] Erforderlich ist, dass mindestens eine Zulassung an einem organisierten Markt im Sinne von § 2 Abs. 5 WpHG im In- oder im Ausland erhalten bleibt.[188] Die Einhaltung anlegerschützender Voraussetzungen ist bei einem partiellen Delisting in § 39 Abs. 2 BörsG nicht vorgesehen. Ein partielles Delisting kann sich wiederum positiv für die Anleger auswirken, indem die Liquidität der

---

185 *Langenbucher*, Aktien- und Kapitalmarktrecht, 3. Aufl. 2015, § 20 Rn. 1.

186 *Rosskopf*, ZGR 2014, 487, 489.

187 Hüffer/*Koch*, Aktiengesetz, 12. Aufl. 2016, § 119 Rn. 30; *Schanz*, § 18 Rn. 3 nennt Motive des Emittenten, die für ein partielles Delisting ausschlaggebend sein können.

188 *Groß*, AG 2015, 812, 814.

Papiere auf weniger Handelsplattformen konzentriert wird und sich dadurch die Liquidität des Marktes erhöht.[189]

3. Downlisting/Downgrading

Neben einem vollständigen und einem partiellen Delisting besteht für den Emittenten die Möglichkeit, die Zulassung zu einem Handelssegment zu widerrufen und zeitgleich in ein anderes Handelssegment zu wechseln.[190] Mehrheitlich wird unter Downlisting die Herabstufung vom regulierten Markt in ein Freiverkehrssegment[191] und unter Downgrading der Wechsel von einem über- in ein untergeordnetes Börsensegment des regulierten Markts verstanden.[192] Teilweise wird auch der Wechsel vom regulierten Markt in den qualifizierten Freiverkehr unter den Begriff des Downgradings subsumiert.[193]

V. Beendigung der Zulassung als Ergebnis gesellschaftsrechtlicher Strukturmaßnahmen

Der Wegfall der Börsenzulassung aufgrund gesellschaftsrechtlicher Strukturmaßnahmen, das sog. kalte Delisting, ist nicht explizit gesetzlich geregelt.[194] Der Börsenrückzug stellt bei diesen Maßnahmen nicht das Primärziel des Emittenten dar, sondern ist nur eine beabsichtigte Nebenfolge einer gesellschaftsrechtlichen Umstrukturierungsmaßnahme, bei der das Unternehmen auf einen Rechtsträger übertragen wird, der nicht börsenfähig oder nicht börsennotiert ist.[195]

Zu den betreffenden gesellschaftsrechtlichen Umstrukturierungsmaßnahmen gehören der Squeeze-out in seinen unterschiedlichen Regelungsformen, die Verschmelzung auf eine nicht börsenfähige Gesellschaft, die Umwandlung in eine nicht börsenfähige Rechtsform, sowie Aufspaltung, übertragende Auflösung und die Mehrheitseingliederung in eine nicht börsennotierte AG (§§ 319 ff. AktG). Die

189 *Klenke*, WM 1995, 1089, 1096 f.; *Schanz*, § 18 Rn. 3.

190 Motive für einen Segmentwechsel: *Schanz*, § 18, Rn. 5 f.

191 *Habersack*, ZHR 176 (2012), 463, 465; *Paschos/Klaaßen*, ZIP 2013, 154; *Wackerbarth*, WM 2012, 2077, 2081; teilweise wird nur zwischen Delisting und Downlisting differenziert, z. B. bei: *Wieneke*, NZG 2014, 22, 24.

192 *Seibt/Wollenschläger*, AG 2009, 807; *Heidelbach*, in: Schwark/Zimmer, KMRK, § 39 BörsG Rn. 11; *Wackerbarth*, WM 2012, 2077, 2081.

193 BVerfGE 132, 99, 101 (MVS/Lindner); *Bungert/Wettich*, DB 2012, 2265, 2266; *Goetz*, BB 2012, 2767; *Simon/Burg*, Der Konzern 2009, 214, 217. In Kapitel 3, Teil 1 wird diskutiert, ob eine Differenzierung zwischen Delisting und Downlisting nach dem Inkrafttreten von § 39 Abs. 2 bis 6 BörsG n. F. weiterhin erforderlich ist.

194 *Groß*, ZHR 165 (2001), 144, 149 ff.

195 *Eckhold*, in: Marsch-Barner/Schäfer (Hrsg.), § 61 Rn. 60; *Zetzsche*, NZG 2000, 1065; Die Frosta-Rechtsprechung findet auf das kalte Delisting keine Anwendung, da bei einem kalten Delisting das Eigentumsgrundrecht der Aktionäre aus Art. 14 Abs. 1 GG berührt wird, siehe OLG Düsseldorf, BB 2016, 974.

genannten Strukturmaßnahmen haben gemeinsam, dass sie grundsätzlich Ausgleichsansprüche der Anteilseigner vorsehen. Einen gesonderten Ausgleich wegen des Wegfalls der Börsennotierung aufgrund der Strukturmaßnahme regeln die entsprechenden Vorschriften allerdings nicht.

1. Squeeze-out

Unter den Oberbegriff Squeeze-out werden die Maßnahmen zusammengefasst, die einen zwangsweisen Ausschluss der Minderheitsaktionäre auf Initiative des Mehrheitsaktionärs bezwecken. Im deutschen Gesellschaftsrecht sind der aktienrechtliche (§§ 327a–327f. AktG), der übernahmerechtliche (§§ 39a–39c WpÜG) und der verschmelzungsrechtliche Squeeze-out (§ 62 Abs. 5 UmwG) zu unterscheiden. Daneben existiert eine Sonderform des Squeeze-out nach dem Finanzmarktstabilisierungsbeschleunigungsgesetz, der nur durch den Finanzmarktstabilisierungsfonds durchgeführt werden kann.

Um einen aktienrechtlichen Squeeze-out durchführen zu können, muss der Mehrheitsaktionär gemäß § 327a Abs. 1 AktG Aktien i.H.v. 95 % des Grundkapitals halten, einen Hauptversammlungsbeschluss über den Squeeze-out beantragen und den Minderheitsaktionären für den Verlust ihrer Anteile eine angemessene Abfindung anbieten.[196]

Charakteristisch für den übernahmerechtlichen Squeeze-out ist, dass das Übernahmeangebot spätestens drei Monate nach dem Ablauf der Annahmefrist für das Abfindungsangebot folgen muss.[197] Der Großaktionär lässt nicht die Hauptversammlung über den Squeeze-out beschließen, sondern beantragt diesen bei Gericht. Antragsberechtigt ist der Bieter, wenn er nach dem Übernahme- oder Pflichtangebot mindestens 95 % des stimmberechtigten Kapitals erlangt hat.

Für den verschmelzungsrechtlichen Squeeze-out genügt eine 90 %-ige Beteiligung des Mehrheitsaktionärs am Grundkapital. Erforderlich ist außerdem ein sachlicher und zeitlicher Zusammenhang zu einer Konzernverschmelzung (vgl. § 62 Abs. 5 UmwG).[198]

Die genannten Squeeze-out Formen haben gemeinsam, dass die Börsenzulassung nicht mit der Eintragung des Squeeze-out in das Handelsregister erlischt. Bevor ein Widerruf der Börsenzulassung gemäß § 39 Abs. 1 BörsG von Amts wegen erfolgen kann, ist die Aktiengesellschaft verpflichtet, den Abfindungsanspruch der Aktionäre gegen Rückübereignung der Aktien vonseiten der Aktionäre zu erfüllen.

---

196 Zu den Voraussetzungen für einen aktienrechtlichen Squeeze-out: *Grzimek*, in: Geibel/Süßmann, Wertpapiererwerbs- und Übernahmegesetz, 2. Aufl. 2008, § 327a AktG Rn. 24 ff.

197 Zur Abfindung bei einem übernahmerechtlichen Squeeze-out: *Süßmann*, in: Geibel/Süßmann, WpÜG, 2. Aufl. 2008, § 39a WpÜG Rn. 13 ff.

198 Zum verschmelzungsrechtlichen Squeeze-out: *Habighorst*, in: Böttcher/Habighorst/Schulte, Umwandlungsrecht, 1. Aufl. 2015, § 62 UmwG Rn. 46 ff.

2. *Formwechsel*

Eine weitere Möglichkeit, ein kaltes Delisting durchzuführen, besteht darin, einen Formwechsel in eine Gesellschaft anderer Rechtsform vorzunehmen (§§ 190 ff. UmwG). In Betracht kommt ein Formwechsel gemäß § 226 UmwG in eine Gesellschaft des bürgerlichen Rechts, eine Personenhandelsgesellschaft, eine Partnerschaftsgesellschaft, eine andere Kapitalgesellschaft oder eine eingetragene Genossenschaft. Die Anteilseigner bleiben bei einem Formwechsel gemäß § 202 Abs. 1 Nr. 2 UmwG Inhaber ihrer Anteile.[199] Der Inhalt ihrer Mitgliedschaftsrechte nach dem Formwechsel bestimmt sich jedoch nach der Rechtsordnung, die für die neue Gesellschaft maßgeblich ist.[200]

Die Durchführung eines Formwechsels setzt zunächst einen Beschluss der Hauptversammlung mit einer Mehrheit von drei Vierteln des bei der Beschlussfassung vertretenen Grundkapitals über die Umwandlung voraus (vgl. § 240 Abs. 1 S. 1 UmwG). Die Gesellschaft ist gemäß § 207 UmwG gegenüber jedem Anteilsinhaber, der Widerspruch gegen den Umwandlungsbeschluss einlegt, verpflichtet, ihm ein Barabfindungsangebot zu unterbreiten. Diese Vorschrift dient damit dem Minderheitenschutz und dem Anlegerschutz im Allgemeinen.[201]

Da es sich ab dem Zeitpunkt der Eintragung der neuen Rechtsform nicht mehr um eine börsenfähige Gesellschaft handelt, hören die Aktien als verbriefte Anteile an der Gesellschaft auf zu existieren.[202] Der formwechselnde Rechtsträger besteht als Rechtssubjekt fort[203], mit der Eintragung des Formwechsels besteht er gemäß § 202 UmwG in der im Umwandlungsbeschluss festgelegten Rechtsform weiter. Die Zulassung als begünstigender Verwaltungsakt erledigt sich damit ipso iure gemäß § 43 Abs. 2 VwVfG.[204] Die Börsengeschäftsführung trifft also keine eigene Widerrufsentscheidung, sondern ist lediglich zur Einstellung der Notierung verpflichtet.

3. *Verschmelzung*

Die Verschmelzung einer börsennotierten auf eine nicht börsennotierte AG (vgl. §§ 1, 2 UmwG) stellt eine weitere Möglichkeit eines kalten Delistings dar. Zu unter-

---

199 *Decher,* in: Lutter, Kommentar zum Umwandlungsgesetz, Band 2, §§ 123–325, SpruchG, 5. Aufl., 2014, § 202 Rn. 10 ff.; *Meister/Klöckner,* in: Kallmeyer, Kommentar zum Umwandlungsgesetz, 5. Aufl., 2013, § 202 UmwG Rn. 38.

200 *Decher,* in: Lutter, UmwG, § 202 Rn. 16 f.

201 *Kalss,* in: Semler/Stengel, Beck'sche Kurz Kommentare zum Umwandlungsgesetz mit Spruchverfahrensgesetz, 3. Aufl. 2012, § 207 UmwG Rn. 1.

202 *Groß,* Kapitalmarktrecht, § 38 BörsG Rn. 18; *ders.,* ZHR 165 (2001), 141, 149; *Pluskat,* WM 2002, 833; *Weinheimer/Fritzsche,* in: Richard/Weinheimer, Handbuch Going Private, 2002, S. 267; *Kleppe,* S. 60.

203 *Decher,* in: Lutter, UmwG, § 202 Rn. 7; *Petersen,* in: KölnKomm. UmwG, 2009, § 202 Rn. 1.

204 *Groß,* Kapitalmarktrecht, § 39 BörsG Rn. 4; *ders.,* ZHR 165 (2001), 141, 149; *Mülbert,* ZHR 165 (2001), 104, 105.

scheiden ist zwischen der Verschmelzung durch Aufnahme gemäß § 2 Nr. 1 UmwG, bei der das Vermögen eines Rechtsträgers auf einen anderen, bereits existierenden, Rechtsträger übertragen wird, und der Verschmelzung durch Neugründung gemäß § 2 Nr. 2 UmwG, bei der das Vermögen eines Rechtsträgers auf eine Erwerbergesellschaft übertragen wird, die dadurch erst gegründet wird. Bei der für das kalte Delisting relevanten Verschmelzung wird das Vermögen eines börsennotierten auf einen nicht börsennotierten Rechtsträger übertragen (sog. going private merger). Die Entscheidung über die Verschmelzung trifft die Hauptversammlung mit einer Dreiviertel-Mehrheit der abgegebenen Stimmen (vgl. §§ 13 Abs. 1, 65 Abs. 1 UmwG). Zur Wahrung des Anlegerschutzes erhalten die Anleger die Anteile an der übernehmenden Gesellschaft und ihnen muss ein angemessenes Barabfindungsangebot unterbreitet werden (vgl. § 29 Abs. 1 Satz 1, 2. Fall UmwG).

Durch die Eintragung der Verschmelzung in das Handelsregister gemäß § 20 Abs. 1 Nr. 2 UmwG hört der übertragende Rechtsträger auf zu existieren und damit erlöschen auch die Aktien als verkörperte Mitgliedschaft. Die Zulassung als begünstigender Verwaltungsakt erledigt sich wiederum ipso iure gemäß § 43 Abs. 2 VwVfG.[205] Die Geschäftsführung der Börse ist dann zur Einstellung der Notierung verpflichtet.[206]

4. *Aufspaltung*

Ein kaltes Delisting kann weiterhin durch die Aufspaltung der börsennotierten Gesellschaft auf mindestens zwei nicht börsennotierte Gesellschaften erfolgen (vgl. § 123 Abs. 1 UmwG). Den der Auflösung widersprechenden Aktionären ist ein angemessenes Barabfindungsangebot zu unterbreiten (vgl. § 125 S. 1 UmwG i.V.m. § 29 Abs. 1 S. 1 1. Alt. UmwG).

Wird das kalte Delisting mittels einer Aufspaltung der börsennotierten AG durchgeführt, erledigt sich die Börsenzulassung mit der Eintragung der Aufspaltung in das Register der aufgespaltenen Gesellschaft (vgl. § 131 Abs. 1 Nr. 2 UmwG) und gleichzeitig gehen die Mitgliedschaftsrechte der Aktionäre an der ursprünglichen Gesellschaft unter. Die Aktien verbriefen ab diesem Zeitpunkt keine Mitgliedschaftsrechte mehr, sondern dienen den Aktionären nur noch als Nachweis ihrer ehemaligen Mitgliedschaft.[207] Die ehemaligen Anteilsinhaber werden Anteilsinhaber des übernehmenden Rechtsträgers.[208] Die Zulassung als begünstigender Verwaltungsakt erledigt sich mit der Eintragung der Aufspaltung in das Handelsregister gemäß § 43 Abs. 2 VwVfG.[209] Die Zulassung erlischt hingegen nicht, wenn eine Abspaltung eines Vermögensteils gemäß § 123 Abs. 2 UmwG erfolgt und auch nicht bei einer

---

205 *Groß*, Kapitalmarktrecht, § 39 BörsG Rn. 4.

206 *Steck*, AG 1998, 460, 462.

207 *Thomas*, S. 105.

208 *Simon*, in: KölnKomm. UmwG, § 123 Rn 13; *Stengel*, in: Semler/Stengel, § 123 UmwG Rn 12; *Teichmann*, in: Lutter, UmwG, § 123 Rn 22.

209 *Groß*, Kapitalmarktrecht, § 39 BörsG Rn. 4.

Ausgliederung gemäß § 123 Abs. 3 UmwG, da der übertragende Rechtsträger in diesen Konstellationen fortbesteht.

5. *Eingliederung*

Eine weitere Möglichkeit, die Zulassung zum Börsenhandel zu beenden, besteht in der Eingliederung einer börsennotierten AG in eine nicht börsennotierte AG mit Sitz im Inland gemäß §§ 319 ff. AktG. Im Rahmen der Eingliederung wird die Aktiengesellschaft (Zielgesellschaft) nach dem Eingliederungsbeschluss eine unselbstständige Betriebsabteilung der Hauptgesellschaft (vgl. §§ 319, 320, 322, 323 AktG). Von Bedeutung ist an dieser Stelle nur die Eingliederung durch Mehrheitsbeschluss nach § 320 AktG, bei der sich mindestens 95 % der Gesellschaft in der Hand der zukünftigen Hauptgesellschaft befinden und daneben weitere Kleinaktionäre existieren, im Gegensatz zur Eingliederung nach § 319 AktG, bei der der Hauptaktionär Inhaber sämtlicher Aktien ist. Für die Wirksamkeit der Eingliederung sind die Zustimmung der Hauptversammlung beider Gesellschaften und die Eintragung in das Handelsregister erforderlich (vgl. § 319 Abs. 2, Abs. 4 AktG). Die einzugliedernde Gesellschaft muss mit einfacher Mehrheit und die zukünftige Hauptgesellschaft gemäß § 319 Abs. 2 AktG mit einer Dreiviertel-Mehrheit des bei der Beschlussfassung anwesenden Grundkapitals zustimmen.

Mit der Eintragung der Eingliederung in das Handelsregister gehen gemäß § 320a S. 1 AktG alle Aktien, die sich nicht in der Hand der Hauptgesellschaft befinden, auf diese über, was dazu führt, dass ein ordnungsgemäßer Börsenhandel auf Dauer nicht mehr gewährleistet ist und aufgrund dessen die Notierung eingestellt wird. Da die eingegliederte Gesellschaft als solche weiter existiert, erlischt die Börsenzulassung nicht von Gesetzes wegen.[210] Die Geschäftsführung widerruft im Anschluss die Börsenzulassung von Amts wegen gemäß § 39 Abs. 1 BörsG.[211] Die Aktionäre haben gemäß § 320b Abs. 1 AktG einen Anspruch auf eine angemessene Abfindung in Gestalt der Aktien. Wenn es sich bei der Hauptgesellschaft um eine abhängige Gesellschaft handelt, haben die ausgeschiedenen Aktionäre gemäß § 320b Abs. 1 S. 3 AktG die Wahl zwischen Aktien der Hauptgesellschaft oder einer angemessenen Barabfindung.

6. *Übertragende Auflösung*

Ein Delisting kann auch durch eine übertragende Auflösung erreicht werden. Bei der übertragenden Auflösung überträgt der Emittent sein ganzes Vermögen im Wege der Einzelrechtsnachfolge, sog. Asset Deal auf eine nichtbörsennotierte Gesellschaft (vgl. §§ 179 a, 179 Abs. 2 S. 2, 262 Abs. 1 Nr. 2 AktG). Im Anschluss wird die übertragende börsennotierte Gesellschaft aufgelöst und abgewickelt. Sowohl die Liquidation als auch der Kaufvertrag erfordern einen Hauptversammlungsbeschluss

210 *Groß*, Kapitalmarktrecht, § 39 BörsG Rn. 4.
211 *Groß*, Kapitalmarktrecht, § 39 BörsG Rn. 13.

mit Dreiviertel-Mehrheit (vgl. § 179 Abs. 2 S. 1 i.V.m. § 179a Abs. 1 AktG, § 262 Abs. 1 Nr. 2 AktG). Der Auflösungsbeschluss selbst ändert noch nichts an der Börsenzulassung, da sich dadurch nur der Gesellschaftszweck weg von Gewinnerzielung hin zur Abwicklung ändert.[212] Mit der Liquidation erlischt die Börsenzulassung von Gesetzes wegen gemäß § 43 Abs. 2 VwVfG.[213] Eine Entscheidung über den Widerruf der Börsenzulassung durch die Geschäftsführung der Börse ist nicht erforderlich. Der den Aktionären zustehende Abfindungsanspruch richtet sich gemäß § 271 AktG auf den Liquidationserlös und wird anhand der Anteile am Grundkapital verteilt.

F. Erscheinungsformen des Delisting in Südkorea

Im koreanischen Kapitalmarktrecht lassen sich zwei Delisting-Arten unterscheiden. Zum einen das Delisting auf Antrag des Emittenten und zum anderen das Delisting aufgrund des Wegfalls der Zulassungsvoraussetzungen (Delisting von Amts wegen). Der Emittent hat sowohl im KOSPI-Markt als auch im KOSDAQ-Markt die Möglichkeit, ein freiwilliges Delisting zu beantragen. Zulässig ist sowohl ein vollständiger Rückzug aus dem jeweiligen Marktsegment als auch ein Wechsel vom KOSPI-Markt in den KOSDAQ-Markt. Ebenfalls möglich ist ein Wechsel vom KOSDAQ-Markt in den KOSPI-Markt. Die weitaus größere praktische Relevanz haben jedoch die Sachverhalte, in denen die KRX Emittenten zwangsweise delistet, ohne dass der Emittent vorher ein Delisting beantragt hat. Sowohl die Listing- als auch die Delisting-Entscheidung der KRX unterliegt der Zustimmung durch die Financial Services Commission (vgl. Art. 409 Abs. 1 FSCMA).

Art. 390 FSCMA ermächtigt die Börse, die Kriterien für ein Delisting eigenständig festzulegen. Voraussetzungen für ein erfolgreiches Delisting werden von dem Gesetz selbst nicht aufgestellt. Die koreanische Börse hat von dieser Ermächtigung Gebrauch gemacht und spezifische Anforderungen für ein erfolgreiches Delisting in den verschiedenen Märkten an der KRX aufgestellt. Die Regelungen für ein Listing bzw. Delisting vom KOSPI- und vom KOSDAQ-Markt befinden sich in der KOSPI-Zulassungsordnung und der dazugehörigen Durchführungsordnung sowie der KOSDAQ-Zulassungsordnung und deren Durchführungsordnung. Zu unterscheiden sind das freiwillige Delisting auf Antrag, das automatische Delisting und das Delisting nach Überprüfung.

Die Zulassungsordnung für den KOSPI-Markt sieht sowohl für das Listing als auch das Delisting unterschiedliche Regelungen für Aktienzertifikate, Schuldverschreibungen, Investmentfonds und derivatives linked securities vor.[214] Innerhalb dieser groben Unterteilung finden noch weitere Unterteilungen statt, beispielsweise wird innerhalb der Aktienzertifikate zwischen den Stammaktien, ausländischen

---

212 Hüffer/*Koch*, AktG, § 262 Rn. 2; *J. Koch*, in: MüKo AktG, Bd. 4, 4. Aufl. 216, § 262 Rn. 12.

213 *de Vries* S. 139; *Groß*, ZHR 165 (2001), 141, 150.

214 Vgl. KOSPI-Zulassungsordnung.

Wertpapieren, anderen Arten von Wertpapieren und Wertpapieren von Aquisitionsunternehmen differenziert.

Im Gegensatz dazu ist die KOSDAQ-Zulassungsordnung weitaus kürzer gehalten. Für ein Delisting unterscheidet die KOSDAQ-Zulassungsordnung zwischen den Delisting-Kriterien für Stammaktien, anderen Aktiengattungen, dem Delisting ausländischer Unternehmen, Zertifikaten für Bezugsrechte und Optionsscheinen.[215] Die Kriterien für die Bezeichnung als administrative issue und die Delisting-Kriterien für Stammaktien sind auf die anderen Gattungen ebenfalls anzuwenden, die jedoch noch weiteren Kriterien unterfallen, welche in den entsprechenden Abschnitten geregelt sind. Hinsichtlich der Listing-Voraussetzungen sieht die Zulassungsordnung für den KOSDAQ-Markt im Gegensatz zu der Zulassungsordnung für den KOSPI-Markt lediglich Ausnahmen für Nicht-Stammaktien vor.

I. Historischer Überblick

Mit der Einführung des FSCMA am 4. Februar 2009 wurde auch das bisher geltende Delisting-System reformiert. Die vormals in Art. 88 Securities and Exchange Act geregelte Ermächtigung der Börse, Bestimmungen zum Listing und Delisting zu treffen, befindet sich seitdem in Art. 390 FSCMA. Bis zu der Delisting-Reform gab es neben der Möglichkeit eines freiwilligen Delistings nur das automatische Delisting. Bis zum Inkrafttreten der neuen Regelungen wurde ein gelistetes Unternehmen von der Börse delistet, sobald es gegen ein in den Zulassungsordnungen genanntes Delisting-Kriterium verstieß. Die Delisting-Entscheidung basierte allein auf der Verwirklichung eines Delisting-Kriteriums. Eine umfassende Unternehmensprüfung durch die Börse fand jedoch nicht statt. Das führt dazu, dass Unternehmen einer dauernden Delisting-Gefahr ausgesetzt waren, sobald sie eines der Delisting-Kriterien erfüllten.

Um das Delisting-Risiko für Unternehmen, die eine gute Fortführungsprognose besitzen, zu begrenzen, wurde neben dem automatischen Delisting ohne weitere Überprüfung des Unternehmens ein weiteres Verfahren geschaffen. Dieses Verfahren sieht vor, dass im Anschluss an die Verwirklichung eines Delisting-Kriteriums eine Überprüfung des Unternehmens durch den zuständigen Ausschuss stattfindet, der darüber berät, ob das Unternehmen unter die Delisting-Kriterien fällt und wenn dies der Fall ist, ob dem Unternehmen eine Frist zur Rehabilitation gewährt wird. Das Delisting-Überprüfungssystem zur Überprüfung der materiell-rechtlichen Delisting-Voraussetzungen wurde in die bestehenden Zulassungsordnungen für den KOSPI- und den KOSDAQ-Markt implementiert und wird im weiteren Verlauf noch dargestellt.

Weiterhin wurde die Prüfungskompetenz bezüglich des Vorliegens der Delisting-Voraussetzungen von der Börse selbst auf einen separaten Ausschuss übertragen, der aus unabhängigen Experten besteht und über die Delisting-Kriterien beraten

215 Vgl. KOSDAQ-Zulassungsordnung.

soll. Der Ausschuss besteht aus sieben Experten, die aus einem Pool von insgesamt 20 Experten ausgewählt werden.

II. Freiwilliges Delisting auf Antrag

Ein freiwilliges Delisting setzt einen Antrag des gelisteten Unternehmens voraus.[216] Nach der Einreichung des Antrags und der erforderlichen Unterlagen erfolgt eine Prüfung durch den KOSPI-Listing- und Offenlegungsausschuss.[217] Im KOSDAQ-Markt erfolgt eine Beratung über den Delisting-Antrag durch den Listing-Prüfungsausschuss.[218]

III. Marktwechsel auf Antrag

Das rückzugswillige Unternehmen hat auch die Möglichkeit, ein Delisting vom KOSPI-Markt zu beantragen mit dem Ziel, im Anschluss in den KOSDAQ-Markt zu wechseln. Der Wechsel kann dadurch erleichtert werden, dass von einer Überprüfung durch den KOSPI-Listing- und Offenlegungsausschuss abgesehen wird.[219]

IV. Zwangsweises Delisting

Verstößt der Emittent gegen Zulassungsfolgepflichten, indem er qualitative und/oder quantitative Listing-Kriterien für einen gewissen Zeitraum nicht mehr erfüllt, kann die KRX ihn unter bestimmten Voraussetzungen zwangsweise delisten.[220] Beim Delisting aufgrund des Wegfalls der Zulassungsvoraussetzungen lassen sich das automatische Delisting und das Delisting nach umfassender Überprüfung unterscheiden.

V. Gesellschaftsrechtliche Strukturmaßnahmen

Das koreanische HGB stellt dem Mehrheitsaktionär weitere Möglichkeiten zur Verfügung, alleiniger Aktionär der Gesellschaft zu werden.[221] Durch die im Folgenden genannten Strukturmaßnahmen können die Minderheitsaktionäre, außer im Fall des Squeeze-out nach Art. 360–24 koreanisches HGB, jedoch nicht zwangsweise aus der Gesellschaft ausgeschlossen werden. Beschließt die Hauptversammlung eine entsprechende Strukturmaßnahme, können die Anteile der Minderheitsaktionäre „nur“

216 § 7 Abs. 1 S. 1 KOSPI-Zulassungsordnung, § 6 Durchführungsordnung; § 45 KOSDAQ-Zulassungsordnung, § 34 Durchführungsordnung.

217 § 7 Abs. 3, Abs. 4 KOSPI-Zulassungsordnung.

218 § 43 Abs. 3 KOSDAQ-Durchführungsordnung.

219 § 7 Abs. 4 Nr. 1 KOSPI-Zulassungsordnung; § 7 Abs. 5 KOSDAQ-Zulassungsordnung, wenn das Unternehmen mindestens zwei Jahre im KOSPI-Markt gelistet war, bevor er den Antrag auf einen Wechsel in den KOSDAQ-Markt stellt.

220 Vgl. §§ 8, 48 KOSPI-Zulassungsordnung; § 38, § 38–2 KOSDAQ-Zulassungsordnung.

221 *Kim*, Hwa-Jin, Korean Business Law, 2012, S. 67 ff.

auf eine andere Gesellschaft verlagert werden, beispielsweise bei dem Aktientausch gemäß Art. 360–2 koreanisches HGB. Der Mehrheitsaktionär ist jeweils auf einen freiwilligen Verkauf durch die verbleibenden Aktionäre angewiesen.

1. Squeeze-out, Art. 360–24 koreanisches HGB

Art. 360–24 koreanisches HGB gibt dem Mehrheitsaktionär, der mindestens 95 % der Anteile hält, das Recht, die restlichen Minderheitsaktionäre zum Verkauf ihrer Aktien aufzufordern. Art. 360–25 koreanisches HGB berechtigt die Minderheitsaktionäre demgegenüber dazu, den Hauptaktionär zum Kauf ihrer Anteile aufzufordern, wenn dieser 95 % oder mehr Anteile der Gesellschaft hält. Dieses Pflichtverkaufsrecht unterstützt das Ausstiegsrecht der Minderheitsaktionäre aus der Gesellschaft. Entsprechend dem Recht der Minderheitsaktionäre, ihre Anteile bei einem Delisting verkaufen zu können, besteht eine Pflicht des Mehrheitsaktionärs, die Anteile innerhalb von zwei Monaten zu erwerben. Der Verkaufspreis soll gemäß Art. 360–24 Abs. 7 koreanisches HGB zwischen den Parteien verhandelt werden. Können sich die Parteien nicht innerhalb von dreißig Tagen auf einen Verkaufspreis einigen, ist gemäß Art. 360–24 Abs. 8 koreanisches HGB jede Partei berechtigt, einen Antrag an das Gericht zu stellen, um den Verkaufspreis vom Gericht festlegen zu lassen. Das Gericht soll gemäß Art. 360–24 Abs. 9 koreanisches HGB einen fairen und angemessenen Preis für die Anteile der Minderheitsaktionäre festlegen und diesen anhand der Vermögensgegenstände und anderer Umstände festlegen, die nicht genauer bezeichnet werden.

2. Barfusion, Art. 523 Nr. 4 koreanisches HGB

Das koreanische HGB lässt den sog. cash-out merger nicht ausdrücklich zu, impliziert jedoch in Art. 523 Nr. 4 koreanisches HGB dessen Zulässigkeit. Es handelt sich um eine Verschmelzung, bei der den Minderheitsaktionären angeboten wird, statt der Anteile an der Zielgesellschaft eine Abfindung zu erhalten. Beim cash-out merger vereinbaren eine Erwerbsgesellschaft und eine Zielgesellschaft in einem Verschmelzungsvertrag, dass die Aktionäre der Erwerbsgesellschaft entweder Bargeld oder sonstige Vermögenswerte erhalten, dafür, dass sie auf ihre Anteile an der Erwerbsgesellschaft verzichten. Der cash-out merger erfordert im Gegensatz zum Squeeze-out nach Art. 360–24 koreanisches HGB keine Mindestbeteiligungsquote. Zunächst wird eine neue hundertprozentige Tochtergesellschaft gegründet, die nicht gelistet wird, um im Anschluss die gelistete Gesellschaft mit dieser Gesellschaft zu verschmelzen. Den Minderheitsaktionären wird im Austausch für ihre Anteile eine Ausgleichszahlung angeboten.

3. Aktientausch, Art. 360–2 koreanisches HGB[222]

Der Aktientausch stellt eine weitere Strukturmaßnahme dar, durch die eine Erwerbsgesellschaft alle Anteile der Zielgesellschaft erwerben kann. Dafür benötigt

222 All-inclusive exchange of shares.

die Erwerbsgesellschaft die Zustimmung der Anteilseigner beider Gesellschaften.[223] Erforderlich ist gemäß Art. 434 koreanisches HGB die Zustimmung von mindestens zwei Dritteln der auf der Hauptversammlung anwesenden Stimmrechtsinhaber, die nicht weniger als ein Drittel der ausgegebenen Aktien innehaben dürfen. Die Erwerbsgesellschaft wird dann zu einem Konzern mit 100 % Anteilsbesitz an der Zielgesellschaft. Die Anteilseigner der Zielgesellschaft erhalten im Austausch für ihre Anteile an der Zielgesellschaft Anteile an der Erwerbsgesellschaft.

4. Anteilsübertragung, Art. 360–15 koreanisches HGB

Bei einer nach Art. 360–15 koreanisches HGB stattfindenden Anteilsübertragung wird ebenfalls eine neue Gesellschaft gegründet. Mit Zustimmung der Anteilseigner der Altgesellschaft werden deren Gesellschaftsanteile auf die neue Gesellschaft übertragen, die damit zu einer Holding-Gesellschaft wird.[224] Für den Hauptversammlungsbeschluss ist dieselbe Mehrheit erforderlich wie für den Aktientausch (vgl. Art. 360–16 Abs. 2 koreanisches HGB). Die Anteilseigner der übertragenden Gesellschaft erhalten als Ersatz für ihre Aktien, die durch die übertragende Gesellschaft neu ausgegebenen Aktien. Meist wird eine solche Maßnahme vorgenommen um die Anteile mehrerer Gesellschaften auf eine neue Holding-Gesellschaft zu vereinen.[225]

G. Motive für einen freiwilligen Börsenrückzug

Ein Delisting bietet die Möglichkeit des Börsenrückzuges, wenn die Nachteile einer Notierung deren Vorteile überwiegen. Genauso vielfältig wie die Gründe für ein going public sind die Gründe, die für einen Börsenrückzug eines Unternehmens sprechen.[226] Interesse an einem Delisting können der Emittent, sein Vorstand oder der Mehrheitsaktionär haben, denen die Interessen der Minderheitsaktionäre, des Kapitalmarkts und der Börse an einer fortbestehenden Zulassung entgegenstehen.[227] Die Gründe für ein Delisting sollen hier überblickartig beleuchtet werden.

---

223 Art. 360–3 Abs. 1 koreanisches HGB.

224 Zustimmung der Hauptversammlung erforderlich, Art. 360–16 KCC.

225 *Rho,* Boston University International Law Journal, Vol. 29:41, S. 41, 68.

226 *Braunschweig,* M&A Review 1999, 165 f.; *de Vries,* Delisting – Kapitalmarktrecht, Gesellschaftsrecht, Umwandlungsrecht-, 2002, S. 13 ff.; *Henze,* Delisting: kapitalmarktrechtliche und gesellschaftsrechtliche Aspekte eines Widerrufs der Börsenzulassung, 2002, S. 37 ff.; *Kleppe,* Anlegerschutz beim Rückzug eines Unternehmens von der Börse, 2002, S. 13 ff.; *Kemper,* Börsenrückzüge in Deutschland, 2007, S. 46 ff.; *Krämer/Theiß,* AG 2003, 225, 226; *Land/Hasselbach,* DB 2000, 557; *Morell,* ZBB 2016, 67, 70 ff.; *Pfüller/Anders,* NZG 2003, 459, 460; *Richard/Weinheimer,* BB 1999, 1613, 1619 f.; *Rieske,* Der Rückzug von der Börse: Recht der Aufgabe der Börsennotierung, 2005, S. 60 f.; *Schanz,* § 18 Rn. 10 ff.; *Schmitt/Süßmann,* BB 2014, 1451, 1452 f.

227 *de Vries,* S. 13.

I. Funktionslosigkeit der Börsennotiz

Die Börsennotierung dient primär der Eigenkapitalbeschaffung der Aktiengesellschaft.[228] Dafür erfolgt zunächst der Börsengang selbst und anschließend auch Kapitalerhöhungen gemäß §§ 182 ff. AktG. Weiterhin steigert eine Börsennotierung den Bekanntheitsgrad des Unternehmens. Dies geschieht insbesondere durch die Veröffentlichung von Quartalsberichten und die Durchführung von Hauptversammlungen. Die beiden genannten Maßnahmen haben regelmäßig ein gesteigertes Medieninteresse zur Folge, dass wiederum eine wiederholte Erwähnung von Hauptversammlungsergebnissen und Unternehmensnachrichten in wirtschaftlichen Nachrichten zur Folge hat und somit den Bekanntheitsgrad des Unternehmens erhöht. Die Börsennotiz kann jedoch im Laufe der Zeit ihre Funktion für den Emittenten verlieren.[229] Unternehmen können von positiven Kursentwicklungen an der Börse nicht profitieren, wenn sie niedrig bewertet sind und Kapitalbeschaffungsmaßnahmen sich nach einer Kosten- Nutzen-Abwägung nicht als attraktiv darstellen.[230] Möglich ist auch, dass sich das Unternehmen aus dem eigenen Cash-Flow oder durch Fremdkapitalaufnahme finanzieren kann.[231] Die Fremdkapitalaufnahme ist bei nicht außergewöhnlich hohen Zinsen in der Regel günstiger als die Eigenkapitalaufnahme und daher die vorzugswürdige Finanzierungsmöglichkeit für Aktiengesellschaften, die auf eine Finanzierung über den Kapitalmarkt nicht mehr angewiesen sind.[232] Auch eine geringe Marktkapitalisierung infolge eines starken Kursverfalls kann ein Motiv für ein Delisting darstellen, da damit in der Regel niedrigere Umsätze der Aktie einhergehen.[233]

II. Operative Nachteile

Die Börsenpräsenz ist mit hohen Kosten für den Emittenten verbunden, die aus den Pflichten resultieren, welche mit einer Börsennotierung verbunden sind.[234] Dazu gehören operative Nachteile aufgrund der Börsennotiz wie beispielsweise die mit der Börsennotierung verbundenen Kosten sowie die indirekten Kosten, die u. a. durch die Organisation von Hauptversammlungen entstehen.[235]

Der Börsengang bringt für den Emittenten Publizitätspflichten nach dem Börsengesetz und den Börsenordnungen, Publizitätspflichten nach dem WpHG, nach dem

---

228 *Richard,* in: Richard/Weinheimer, Handbuch Going Private, S. 26.

229 *Schanz,* § 18 Rn. 13.

230 *Aders/Muxfeld/Lill,* Corporate Finance 2015, 389, 399; *Richard,* in: Richard/Weinheimer, Handbuch Going Private, 2002, S. 26 f.; *Schanz,* § 18 Rn. 13.

231 *Richard,* M&A Review 1999, 373, 374; *Schmitt/Süßmann,* BB 2014, 1451, 1452.

232 *Bungert/Wettich,* EWiR 2014, 3, 4; *Schmitt/Süßmann,* BB 2014, 1451, 1452.

233 *Schanz,* § 18 Rn. 13.

234 *Morell,* ZBB 2016, 67, 70 f.; *Richard,* in: Richard/Weinheimer, Handbuch Going Private, S. 29.

235 *Richard,* in: Richard/Weinheimer, Handbuch Going Private, S. 29 f.

AktG und dem HGB sowie besondere Verhaltenspflichten mit sich. Dem Emittenten obliegt die Pflicht, innerhalb des Geschäftsjahres mindestens einen Zwischenbericht zu veröffentlichen, der die tatsächliche wirtschaftliche Situation des Emittenten wiedergibt. Der Emittent ist außerdem zur Auskunftserteilung nach § 44c BörsG, sowie zur Mitteilung über die Ausschüttung und Auszahlung von Dividenden, die Ausgabe neuer Aktien und die Ausübung von Umtausch-, Bezugs- und Zeichnungsrechten verpflichtet. Die Einhaltung dieser Pflichten ist mit hohem personellem und finanziellem Aufwand verbunden.[236]

III. Schutz vor feindlichen Übernahmen

Ein Delisting kann auch dem Schutz vor feindlichen Übernahmen dienen.[237] Insbesondere bei einem niedrigen Kursstand und gleichzeitig einem hohen Streubesitzanteil besteht das Risiko einer feindlichen Übernahme.[238] Durch die Beendigung der Zulassung wird der unerwünschte Aktienerwerb durch Dritte erschwert, da der Börsenhandel nicht mehr zum Erwerb zur Verfügung steht.[239]

IV. Unausgeschöpfte Wertpotenziale

Einen weiteren Grund für ein Delisting bilden unausgeschöpfte Wertpotenziale eines Unternehmens.[240] Unausgeschöpfte Wertpotenziale können sich beispielsweise durch den vorhandenen Streubesitz ergeben. Durch einen ausgeprägten Streubesitz mit vielen Kleinaktionären bündelt sich die Entscheidungsgewalt nicht bei einem Großaktionär, sondern teilt sich auf viele passive Kleinaktionäre auf, die regelmäßig aus Kostengründen darauf verzichten, das Management des Unternehmens zu überwachen.[241] Eine solche Konstellation kann die verstärkte Verfolgung von Eigeninteressen durch die Geschäftsführung zur Folge haben.[242] Durch ein Delisting findet eine Bündelung der Entscheidungsgewalt regelmäßig bei einem Großaktionär statt, wodurch die Realisierung unausgeschöpfter Potenziale einfacher möglich wird, weil sich die Anzahl der entscheidungsberechtigten Anteilseigner verringert.

---

236 *Kleppe*, S. 18; *Richard/Weinheimer*, BB 1999, 1613, 1620.

237 *Grupp*, Börseneintritt und Börsenaustritt, individuelle und institutionelle Interessen, 1995, S. 103; *Steck*, AG 1998, 460; *Radtke*, S. 26; *Schanz*, § 18 Rn. 11; *Land/Hasselbach*, DB 2000, 557; *Vollmer/Grupp*, ZGR 1995, 473, 474.

238 *Pfüller/Anders*, NZG 2003, 459, 461.

239 *Pfüller/Anders*, NZG 2003, 459, 461.

240 *Land/Hasselbach*, DB 2000, 557; *Richard*, in: Richard/Weinheimer, Handbuch Going Private, S. 27 f.; *Richard/Weinheimer*, BB 1999, 1613, 1620; *Beermann/Masucci*, Finanz Betrieb 2000, 705, 705 f.

241 *Richard*, in: Richard/Weinheimer, Handbuch Going Private, S. 27; *Pfüller/Anders*, NZG 2003, 459, 460.

242 Zum Principal-Agent-Konflikt: *Beck/Stinn*, Finanz Betrieb 2002, 653, 653 f. Zu den weiteren denkbaren Gründen für unausgeschöpfte Wertpotenziale: *Richard*, in: Richard/Weinheimer, Handbuch Going Private, S. 27 f.

V. Weitere Gründe

Neben den oben genannten Motiven können weitere Gründe für den freiwilligen Börsenrückzug eine Rolle spielen, die hier nicht abschließend aufgezählt werden sollen. Ein Delisting ermöglicht dem Emittenten, seine Rechtsform in eine Personengesellschaft zu ändern.[243] Ein Delisting ist ferner in Erwägung zu ziehen bei einem geringen Streubesitz oder um dem Hauptaktionär die Gelegenheit zu geben, eine ausreichend große Anzahl von Aktien zu erwerben um die Squeeze-out-Schwelle zu erreichen.[244] Denkbar ist auch, dass durch eine gesellschaftsrechtliche Strukturmaßnahme mehrere Gesellschaften in einem Konzern börsennotiert sind, möglicherweise an unterschiedlichen Regionalbörsen und darum bei einer Gesellschaft ein Delisting durchgeführt wird.[245]

---

243 *Pfüller/Anders*, NZG 2003, 459, 461.
244 *Schmitt/Süßmann*, BB 2014, 1451, 1452.
245 Vgl. *Vollmer/Grupp*, ZGR 1995, 459, 473.

2. Kapitel: Das Delisting im deutschen Recht

Teil 1: Die kapitalmarktrechtlichen Voraussetzungen für das Delisting von Amts wegen und das reguläre Delisting

Die bis zur Neufassung von § 39 BörsG geltenden Börsenordnungen sahen für das reguläre Delisting zum überwiegenden Teil Fristenlösungen vor, nach denen der Anlegerschutz gewährleistet war, wenn zwischen Beschlussfassung und Wirksamwerden des Zulassungswiderrufs den Anlegern ausreichend Zeit verblieb, ihre Anteile im regulierten Markt zu veräußern. § 39 Abs. 2 BörsG n.F. sieht nunmehr zur Wahrung des Anlegerschutzes bei einem vollständigen Rückzug aus dem regulierten Markt eine Bedingungslösung vor, die zwingend ein Erwerbsangebot an die Aktionäre nach dem WpÜG verlangt.[246]

Bevor eine kritische Auseinandersetzung mit den in § 39 Abs. 2 bis 6 BörsG normierten Anlegerschutzvoraussetzungen erfolgt, werden zunächst die verschiedenen rechtlichen Varianten und Voraussetzungen für ein Delisting von Amts wegen dargestellt, denen ein Exkurs zu der zwangsweisen Beendigung der Zulassung zum Neuen Markt folgt. Im Anschluss erfolgt eine Aufarbeitung der verschiedenen Anlegerschutzkonzepte, die die einzelnen Börsenordnungen vorsahen, sowie die in Gesetz und Literatur diskutieren Begründungsansätze für eine Abfindungspflicht vor der Neufassung von § 39 BörsG.

A. Voraussetzungen für ein Delisting von Amts wegen

§ 39 Abs. 1 BörsG stellt der Börsengeschäftsführung drei Möglichkeiten zur Verfügung, die Zulassung zum regulierten Markt von Amts wegen zu widerrufen. Zu unterscheiden sind der Widerruf nach den allgemeinen verwaltungsrechtlichen Vorschriften von den Widerrufsmöglichkeiten, die sich nach dem BörsG bestimmen.[247] Da die allgemeinen verwaltungsrechtlichen Widerrufsvorschriften nicht zum Widerruf aus rein börsenrechtlichen Gründen ermächtigen, hat der Gesetzgeber speziell börsenrechtliche Widerrufsgründe geschaffen, die einen Zulassungs-

246 BT-Drucks. 18/6220, S. 83 ff.

247 In der Börsenordnung der Frankfurter Wertpapierbörse ermächtigt § 47 BörsO-FWB die Geschäftsführung, die Zulassung zum regulierten Markt (General Standard) von Amts wegen zu widerrufen. Die Regelung ist inhaltlich identisch mit § 39 Abs. 1 BörsG. Für den Widerruf der Zulassung zum Teilbereich des regulierten Marktes mit weiteren Zulassungsfolgepflichten (Prime Standard) von Amts wegen galten gemäß § 55 Abs. 2 S. 1 BörsO-FWB die Vorschriften über den Widerruf der Zulassung zum regulierten Markt (General Standard) von Amts wegen entsprechend.

widerruf gestatten, wenn sich die Gründe, die zur Aussetzung bzw. Einstellung der Notierung geführt haben, als dauerhaft erweisen.[248]

Bei dem Widerruf der Zulassung handelt es sich als actus contrarius zur Zulassung ebenfalls um einen Verwaltungsakt i.S.v. § 35 VwVfG. Die Widerrufsentscheidung der Börsengeschäftsführung ist eine Ermessensentscheidung.[249]

I. Widerruf der Zulassung nach allgemeinem Verwaltungsverfahrensrecht

§ 39 Abs. 1 BörsG erlaubt den Widerruf der Zulassung nach den Vorschriften des Verwaltungsverfahrensgesetzes. Damit gemeint sind sowohl die Bestimmungen über den Widerruf eines rechtmäßigen Verwaltungsaktes gemäß § 49 VwVfG als auch die Regelungen über die Rücknahme eines rechtswidrigen Verwaltungsakts gemäß § 48 VwVfG.[250]

1. Widerruf einer rechtmäßigen Zulassung

Durch die Zulassung erhält der Emittent die öffentlich-rechtliche Erlaubnis, die Börseneinrichtungen zum Handel der eigenen Wertpapiere zu nutzen.[251] Da eine Zulassung zum regulierten Markt erst nach einem umfangreichen Zulassungsverfahren erfolgt, wird es sich bei der Zulassung regelmäßig um einen rechtmäßigen begünstigenden Verwaltungsakt handeln und dementsprechend § 49 VwVfG Anwendung finden. Daran ändern auch die mit der Zulassung verbundenen Folgepflichten, zu denen u. a. die Finanzberichterstattungspflichten und die Ad-hoc-Publizitätspflicht gehören, nichts, weil solche mit dem Verwaltungsakt verbundenen Pflichten typisch für die Einräumung begünstigender Rechtspositionen durch Verwaltungsakt sind.[252] Da es sich bei der Zulassung um einen den Emittenten begünstigenden Verwaltungsakt handelt, der keine einmalige oder laufende Geldleistung oder teilbare Sachleistung zur Erfüllung eines bestimmten Zwecks gewährt, muss die Geschäftsführung beim Widerruf die Einschränkungen des § 49 Abs. 2 VwVfG beachten. Ein Widerruf kann nur für die Zukunft erfolgen und auch nur dann, wenn eine der in § 49 Abs. 2 Nr. 1 bis 5 VwVfG genannten Alternativen erfüllt ist, weil es sich um

---

248 BT-Drucks. 10/4296, S. 15. Entwurf eines Gesetzes zur Einführung eines neuen Marktabschnitts an den Wertpapierbörsen und zur Durchführung der Richtlinien des Rates der Europäischen Gemeinschaften vom 5. März 1979, vom 17. März 1980 und vom 15. Februar 1982 zur Koordinierung börsenrechtlicher Vorschriften (Börsenzulassungs-Gesetz).

249 *Sachs* in: Stelkens/Bonk/Sachs, Kommentar zum VwVfG, 8. Aufl. 2014, § 49 VwVfG Rn 8.

250 Einschlägig ist das entsprechende Landes-VwVfG.

251 *Heidelbach,* in: Schwark/Zimmer, KMRK, § 32 BörsG Rn. 17.

252 *Fluck,* WM 1995, 553, 558 f.; *Schwark/Geiser,* ZHR 161 (1997), 739, 752 f.

eine abschließende Regelung handelt.[253] Im vorliegenden Zusammenhang kommt regelmäßig lediglich ein Widerruf gemäß § 49 Abs. 2 Nr. 3 VwVfG in Betracht.[254] Die Geschäftsführung kann die Zulassung demnach nur widerrufen, wenn sie aufgrund nachträglich eingetretener Tatsachen berechtigt wäre, den Verwaltungsakt nicht zu erlassen, und wenn ohne den Widerruf das öffentliche Interesse gefährdet würde. Sind also die Voraussetzungen für die Zulassung nachträglich weggefallen, kann die Geschäftsführung die Zulassung widerrufen, da durch einen Emittenten, der die Zulassungsvoraussetzungen nicht mehr erfüllt, die Funktionsfähigkeit des Kapitalmarktes und die Interessen der Anleger beeinträchtigt werden.

2. *Rücknahme einer rechtswidrigen Zulassung*

Die Rücknahme einer rechtswidrigen Zulassung ist denkbar, wenn die Voraussetzungen für die Zulassung nicht vorlagen, aber trotzdem eine Zulassung erfolgt ist. Die Rücknahme eines rechtswidrigen begünstigenden Verwaltungsaktes ist nur unter den in § 48 Abs. 2 bis 4 VwVfG genannten Einschränkungen zulässig.[255] Da es sich bei der Zulassung wiederum nicht um eine Geldleistung oder teilbare Sachleistung handelt, sind nur die Einschränkungen gemäß Abs. 3 zu beachten. An die Rücknahme eines rechtswidrigen Verwaltungsaktes werden keine weiteren Voraussetzungen geknüpft. Dem Betroffenen ist auf Antrag der Vermögensnachteil auszugleichen, den er dadurch erlitten hat, dass er auf die Wirksamkeit des Verwaltungsaktes vertraut hat und sein Vertrauen schutzwürdig ist.[256] Der Verwaltungsakt kann sowohl für die Zukunft als auch für die Vergangenheit zurückgenommen werden. Die Geschäftsführung muss darüber nach pflichtgemäßem Ermessen entscheiden, das jedoch eingeschränkt ist, wenn die Einführung der Wertpapiere bereits stattgefunden hat, sodass dann eine Rücknahme zwangsläufig nur für die Zukunft erfolgen kann.

II. Widerruf wegen dauerhafter Notierungseinstellung

§ 39 Abs. 1, 2. Alt. BörsG erlaubt den Widerruf der Zulassung wegen dauerhafter Notierungseinstellung. Einstellung bezeichnet die auf „längere Sicht wirkende Beendigung des Börsenhandels und der Notierung in dem betreffenden Wertpapier".[257]

---

253 *Erichsen,* in: Erichsen/Ehlers/Burgi, Allgemeines Verwaltungsrecht, 13. Aufl. 2006, § 18 Rn 12; *Maurer,* Allgemeines Verwaltungsrecht, 18. Aufl. 2011, § 11 Rn 40; *Sachs,* in: Stelkens/Bonk/Sachs, VwVfG, § 49 Rn. 28.

254 Zu den inhaltlichen Anforderungen: *Sachs,* in: Stelkens/Bonk/Sachs, VwVfG, § 49 Rn. 58 ff.

255 Zu den gesetzlichen Ermessensgrenzen bei der Rücknahme eines begünstigenden VA: *Sachs,* in: Stelkens/Bonk/Sachs, VwVfG, § 48 Rn. 110 ff.

256 § 48 Abs. 3 S. 1 VwVfG; *Sachs,* in: Stelkens/Bonk/Sachs, VwVfG, § 48 Rn. 135 ff.

257 *Groß,* Kapitalmarktrecht, § 25 BörsG Rn. 8.

Die Einstellung erfolgt wiederum durch Verwaltungsakt.[258] Da ohne den Handel keine Preisermittlung stattfinden kann, entfällt schließlich auch die Notierung. Diese Maßnahme kann die Geschäftsführung ergreifen, wenn ein ordnungsgemäßer Börsenhandel auf Dauer nicht mehr gewährleistet ist und die Geschäftsführung aufgrund dessen die Notierung im regulierten Markt eingestellt hat. Es handelt sich um ein zweistufiges Verfahren.[259] Zunächst muss die Geschäftsführung aufgrund mittelfristig schlechter Prognose von der Geschäftsführung die Einstellung des Handels gemäß § 25 Abs. 1 Nr. 2 BörsG verfügen. Nur wenn die Prognose auch für eine Wiederaufnahme des Handels schlecht ist, kann die Geschäftsführung die Zulassung gemäß § 39 Abs. 1 BörsG widerrufen. Eine Fristsetzung ist nicht erforderlich. Weil es sich bei der Einstellung um eine dauerhafte Maßnahme handelt, sind an die Prognoseentscheidung hohe Anforderungen zu stellen.[260] Der Schutz des Publikums allein ist nicht ausreichend, um eine Einstellung begründen zu können, wie sich aus dem Umkehrschluss zu § 25 Abs. 1 Nr. 1 BörsG ergibt, der die Aussetzung des Handels ausdrücklich dann zulässt, wenn es zum Schutz des Publikums geboten erscheint.

Eine Notierungseinstellung kommt je nach Lage des Einzelfalls in Betracht bei der Eröffnung des Insolvenzverfahrens, einem schwerwiegenden Verstoß des Emittenten gegen Zulassungsfolgepflichten und einer schnellen Kapitalauszehrung des Emittenten.[261] Denkbar ist daneben, dass ein Delisting von Amts wegen stattfindet, wenn der Streubesitz so gering geworden ist, dass ein funktionierender Handel mangels Angebot und Nachfrage nicht mehr stattfindet.[262] Die Auswirkungen des Ausschlusses der Minderheitsaktionäre auf die Börsenzulassung sind für jeden Einzelfall zu prüfen. Davon ist abhängig, ob nach dem Squeeze-out-Verfahren neben dem Hauptaktionär noch weitere Aktionäre vorhanden sind, sodass ein Handel praktisch noch stattfinden kann.[263] Im Gegensatz zum aktienrechtlichen Squeeze-out, bei dem alle Aktien außenstehender Aktionäre und der Gesellschaft selbst auf den Hauptaktionär übergehen, verbleiben beim übernahmerechtlichen Squeeze-out stimmrechtslose Vorzugsaktien bei den Aktionären, sodass weiterhin ein Börsenhandel der Aktien stattfinden kann.[264] Der übernahmerechtliche Squeeze-out knüpft nicht an eine Mindestbeteiligungsquote am Grundkapital an, sondern an die Stimmberechtigung (vgl. § 39a Abs. 1 S. 1 WpÜG). Wenn dem Bieter zugleich Aktien in Höhe von mindestens 95 % des Grundkapitals der Zielgesellschaft gehören, sind ihm auf Antrag die nicht stimmberechtigten Vorzugsaktien per Gerichtsbeschluss zu übertragen (vgl. § 39a Abs. 1

258 *Groß*, Kapitalmarktrecht, § 25 BörsG Rn. 9.

259 *Heidelbach*, in: Schwark/Zimmer, KMRK, § 39 BörsG Rn. 5.

260 *Laurenz/Uhl* in: Heidel, § 25 BörsG Rn. 4.

261 *Beck*, in: Schwark/Zimmer, § 25 BörsG Rn. 24.

262 *Richard/Weinheimer*, BB 1999, 1613, 1619.

263 *Thomas*, S. 112 ff.

264 Für den verschmelzungsrechtlichen Squeeze-out gelten gemäß § 62 Abs. 5 UmwG die für den Squeeze-out die Anforderungen an den aktienrechtlichen Squeeze-out.

WpÜG). Spätestens nach der Übertragung der Aktien auf den Hauptaktionär kann ein Widerruf der Zulassung von Amts wegen erfolgen. Die Geschäftsführung muss, mangels konkreter Vorgaben in Bezug auf die Handelsaktivitäten, ihre Entscheidung nach pflichtgemäßem Ermessen treffen und dabei insbesondere den Anlegerschutz berücksichtigen.[265]

Eine Einstellung der Notierung kommt außerdem bei einer Zusammenlegung der Aktien im Wege der Kapitalherabsetzung in Betracht, wenn deshalb ein ordnungsgemäßer Börsenhandel dauerhaft nicht mehr gewährleistet ist.[266] Konkrete Werte, anhand derer objektiv ermittelt werden kann, ab wann der ordnungsgemäße Börsenhandel nicht mehr gewährleistet ist, geben weder das BörsG noch die einzelnen Börsenordnungen vor. Diese Feststellung erfordert eine sorgfältige Prüfung der Umstände und eine umfassende Interessenabwägung von Anlegerschutz und dem ordnungsgemäßen Börsenhandel gegen das Interesse des Emittenten an einer Aufrechterhaltung der Notierung.[267]

Es stellt sich die Frage, ob tatsächlich bereits durch die Eröffnung eines Insolvenzverfahrens ein ordnungsgemäßer Börsenhandel nicht mehr gewährleistet ist. Zutreffend ist es nicht schon ausreichend, dass ein Insolvenzantrag gestellt oder ein Insolvenzverfahren eröffnet worden ist, da der Insolvenzantrag mangels Eröffnungsgrundes auch abgewiesen werden kann.[268] Der Emittent kann an dieser Stelle ein Interesse an dem Fortbestand der Notierung besitzen, weil sich die Börsenzulassung im Sanierungsplan bei der Durchführung eines Insolvenzverfahrens als werthaltig erweisen kann.[269] Stattdessen kommt zunächst eine Aussetzung des Handels gemäß § 25 Abs. 1 Nr. 1 BörsG in Betracht. Im Gegensatz zur Einstellung ist die Aussetzung des Handels gemäß § 25 Abs. 1 Nr. 1 BörsG nur für eine kurze Zeitspanne von ein bis zwei Stunden möglich, wenn ein ordnungsgemäßer Börsenhandel zeitweilig gefährdet ist, oder wenn dies zum Schutz des Publikums geboten erscheint.[270] Eine dauerhafte Einstellung der Notierung ist vielmehr erst dann erforderlich, wenn das eröffnete Insolvenzverfahren mangels Masse eingestellt wird und damit feststeht, dass eine Sanierung des Unternehmens nicht in Betracht kommt und die Aktien selbst mithin nicht mehr werthaltig sind.[271]

---

265 *Richard/Weinheimer*, BB 1999, 1613, 1619.

266 Zu unterscheiden sind die ordentliche (§§ 222–228 AktG) und die vereinfachte (229–236 AktG) Kapitalherabsetzung.

267 *Heidelbach*, in: Schwark/Zimmer, KMRK, § 39 BörsG Rn. 9.

268 *Grub/Streit*, BB 2004, 1397, 1398; *Gebhardt*, in: Schäfer/Hamann, KMG, § 38 BörsG Rn. 30; *Groß*, Kapitalmarktrecht, § 25 BörsG Rn. 8.

269 *Grub/Streit*, BB 2004, 1397, 1402.

270 Das ist beispielsweise der Fall bei starken Kursschwankungen ohne sachliche Veranlassung oder aufgrund von Kurs- oder Preismanipulation durch kursverfälschende Gerüchte, Insidergeschäfte oder bei Verstößen gegen die Ad-hoc-Publizitätspflicht.

271 *Grub/Streit*, BB 2004, 1397, 1411.

III. Widerruf wegen des Verstoßes gegen Zulassungsfolgepflichten

§ 39 Abs. 1, 2. Alt. BörsG knüpft den Widerruf der Zulassung an einen Verstoß des Emittenten gegen seine sich aus der Zulassung ergebenden Pflichten. Zu den Zulassungsfolgepflichten zählen die kapitalmarktrechtlichen Informations- und Publizitätspflichten wie beispielsweise die regelmäßigen Finanzberichterstattungspflichten und die Ad-hoc Publizitätspflicht[272], sowie die Verhaltenspflichten aus § 40 BörsG, §§ 30 a ff. sowie §§ 37 v ff. WpHG.[273] Nicht erfasst sind die Pflichten aus dem WpPG.[274] Die Einhaltung der sich aus dem WpHG ergebenden Zulassungsfolgepflichten überwacht die BaFin. Die Börsengeschäftsführung ist verpflichtet, auf ihr bekannt gewordene Verstöße gegen Zulassungsfolgepflichten zu reagieren.[275] Vor dem Widerruf der Zulassung sind die Möglichkeiten der Sanktionierung durch den Sanktionsausschuss gemäß § 22 Abs. 2 BörsG auszuschöpfen. Der Sanktionsausschuss kann den Emittenten mit einem Verweis belegen, ein Ordnungsgeld verhängen oder ihn bis zu dreißig Handelstage vom Handel ausschließen.

Die Börse darf darüber hinaus die Zulassung nur widerrufen, wenn sie dem Emittenten vorher eine Nachfrist gesetzt hat, die dieser ungenutzt hat verstreichen lassen. Die Fristdauer muss so bemessen sein, dass dem Emittenten die Nachholung seiner Pflichten innerhalb der Frist möglich sein ist.[276] Schließlich dient das Fristsetzungserfordernis in erster Linie dem Schutz des Emittenten, der durch die Fristsetzung die Möglichkeit erhalten soll, etwaige Pflichtverletzungen zu beheben und so ein Delisting von Amts wegen zu verhindern.

Bis zur Einführung der Vorschriften zum freiwilligen Delisting wurde von ausländischen Gesellschaften ein Delisting von Amts wegen provoziert, indem sie ankündigten, ihren Zulassungsfolgepflichten zukünftig nicht mehr nachkommen zu wollen, woraufhin die Geschäftsführung ihre Börsenzulassung widerrief.[277] Verstößt der Emittent vorsätzlich gegen seine Zulassungsfolgepflichten, kann das zur Folge haben, dass sich das Ermessen der Geschäftsführung auf Null reduziert und sie die Börsenzulassung widerrufen muss.[278]

---

272 Siehe *Thomas,* S. 115 f.

273 *Heidelbach,* in: Schwark/Zimmer, KMRK, § 39 BörsG Rn. 7.

274 *Heidelbach,* in: Schwark/Zimmer, KMRK, § 39 BörsG Rn. 8.

275 *Heidelbach,* in: Schwark/Zimmer, KMRK, § 39 BörsG Rn. 7.

276 *Specht-Jonen/Wuntke,* in: Henn, Handbuch des Aktienrechts, 8. Aufl. 2009, S. 824 Rn. 355; *Heidelbach,* in: Schwark/Zimmer, KMRK, § 39 BörsG Rn. 8.

277 *Groß,* ZHR 165 (2001), 141, 151; *Groß,* Kapitalmarktrecht, § 39 BörsG Rn. 8.

278 *Heidelbach,* in: Schwark/Zimmer, KMRK, § 39 BörsG Rn. 9. „Gleiches soll gelten, wenn der Handel in den betreffenden Wertpapieren mangels Umsätzen ‚austrocknet', weil dann insoweit ein ordnungsgemäßer Handel auf Dauer nicht mehr gewährleistet ist."

B. Exkurs: Die zwangsweise Beendigung der Zulassung zum Neuen Markt

Bei dem Neuen Markt handelte es sich um ein im Jahr 1997 eingerichtetes und im Jahr 2003 wieder geschlossenes Börsensegment der FWB, das ein Äquivalent zum nordamerikanischen Technologieindex NASDAQ bilden und als Markt für neue Technologien dienen sollte.[279] Der Neue Markt war ein in den Freiverkehr integriertes Marktsegment und privatrechtlich organisiert, wobei notierungswillige Unternehmen trotz der privatrechtlichen Organisation das öffentlich-rechtliche Zulassungsverfahren für den geregelten Markt durchlaufen mussten.[280] Im Neuen Markt waren somit sowohl öffentlich-rechtliche als auch privatrechtliche Elemente miteinander kombiniert. Aufgrund der notwendigen Durchführung des Zulassungsverfahrens handelte es sich beim Neuen Markt um einen organisierten Markt i.S.v. § 2 Abs. 5 WpHG.[281] Die im Neuen Markt notierten Emittenten galten, anders als nur im Freiverkehr notierte Emittenten, als börsennotierte Gesellschaften gemäß § 3 Abs. 2 AktG.[282]

Aufgrund der massiven Kursverluste vieler Aktien und der Insolvenz vieler im Neuen Markt vertretenen Unternehmen entschied sich die Deutsche Börse AG (DBAG) dazu, neue Vorschriften in das Regelwerk Neuer Markt aufzunehmen, um minderwertige Aktien von Unternehmen, die die in sie gesetzten Erwartungen nicht erfüllen, vom Neuen Markt auszuschließen.[283]

Die folgende historische Darstellung dient dem Rechtsvergleich mit den südkoreanischen Vorschriften, da im Neuen Markt im Gegensatz zum regulierten Markt Kriterien aufgestellt wurden, deren Erfüllung abhängig davon, ob sie der Deutsche Börse AG ein Ermessen über die Beendigung der Zulassung einräumten, die zwangsweise Beendigung der Zulassung zum Neuen Markt zur Folge hatte. Das koreanische System, das die Delisting-Kriterien in solche mit und solche ohne Ermessensspielraum für die Widerrufsentscheidung der Börse unterteilt, war demzufolge in Deutschland in dem Regelwerk Neuer Markt zu finden. Anders als § 39 Abs. 1 BörsG enthielt Abschnitt II, Ziff. 2.1.5 RNM für das Delisting von Amts wegen Kriterien, die einen Ermessensspielraum enthielten, und solche Kriterien, deren Erfüllung die Beendigung der Zulassung durch die Deutsche Börse AG ohne weiteren Ermessensspielraum zur Folge hatte.

Eine Zulassung im Neuen Markt setzte die Zulassung zum geregelten Markt voraus.[284] Der Emittent verzichtete aufgrund des Verbots der Doppelnotierung mit dem Antrag auf Zulassung zum Neuen Markt automatisch auf die Notierung im geregelten

279 *Potthoff/Stuhlfauth*, WM Sonderbeilage Nr. 3 zu Heft 26/1997, 3, 4 ff.
280 Abschnitt II, Ziff. 2.3 (I) RNM.
281 *Kersting*, AG 1997, 222, 223.
282 *Groß*, Kapitalmarktrecht, § 71 BörsG Rn 3; *Heider*, in: MüKo AktG, Bd. 1, 4. Aufl. 2016, § 3 AktG Rn 40.
283 *Wolf*, WM 2001, 1785.
284 Abschnitt II, Ziff. 2.3 (II) RNM.

Markt. Im Gegensatz zur Zulassung zum geregelten Markt war die Zulassung zum Neuen Markt jedoch kein Verwaltungsakt, sondern ein privatrechtlicher Rechtsakt.[285] Die Beendigung der Zulassung erfolgte dementsprechend privatrechtlich und nicht öffentlich-rechtlich. Erfolgte die Beendigung der Zulassung zum Neuen Markt durch die Deutsche Börse AG, blieb die Zulassung zum geregelten Markt davon unberührt. Die Handelsaufnahme im geregelten Markt erfolgte automatisch mit der Beendigung der Zulassung zum Neuen Markt, soweit die Voraussetzungen für eine Zulassung gegeben waren. Die Deutsche Börse AG konnte die Zulassung zum Neuen Markt beenden, wenn der Emittent die Zulassungsbedingungen nicht mehr erfüllte.[286]

I. Die Beendigung der Zulassung mit Ermessensspielraum

Erfüllte der Emittent einen der in Abschnitt II, Ziff. 2.1.5 (I) RNM genannten Gründe, konnte die Deutsche Börse AG die Zulassung zum Neuen Markt beenden. Hinsichtlich der Entscheidung, die Zulassung zum Neuen Markt zu beenden, stand ihr ein Ermessensspielraum zu. Zu den Gründen, die eine Beendigung der Zulassung zur Folge haben konnten, gehörten Pflichtverstöße des Emittenten, die fehlende Gewährleistung eines ordnungsgemäßen Börsenhandels und der Schutz des Publikums.

1. Verstoß gegen Zulassungsfolgepflichten

Die Deutsche Börse AG konnte die Zulassung zum Neuen Markt beenden, wenn der Emittent eine Pflichtverletzung beging (vgl. Abschnitt II, Ziff. 2.1.5 (I) Nr. 1 RNM). Dazu gehörten insbesondere Verstöße gegen Zulassungsfolgepflichten wie Mitteilungs- und Publizitätspflichten.[287] Die Zulassung konnte nicht nur bei Nichterfüllung der Zulassungsfolgepflichten, sondern auch bei deren verspäteter oder unvollständiger Erfüllung beendet werden.[288] Wie oft gegen Pflichten verstoßen wurde oder wie schwerwiegend diese Verstöße waren, berücksichtigte die Deutsche Börse AG erst im Rahmen ihrer Ermessenserwägungen. Entschied sie sich gegen eine Beendigung der Zulassung, konnte sie gleichwohl Sanktionen gegen den Emittenten verhängen.[289]

2. Fehlende Gewährleistung eines ordnungsgemäßen Börsenhandels

Die Deutsche Börse AG konnte die Zulassung zum Neuen Markt zudem beenden, wenn ein ordnungsgemäßer Börsenhandel auf Dauer nicht mehr gewährleistet war.[290] Dieser Beendigungsgrund war parallel zu dem Widerrufsgrund für den Amtlichen Handel in § 43 Abs. 3 BörsG a. F. (jetzt § 39 Abs. 1 BörsG) ausgestaltet.

---

285 *Wolf*, WM 2001, 1785, 1785 f.
286 Abschnitt II, Ziff. 2.1.5 RNM.
287 Abschnitt II, Ziff. 7 RNM.
288 Abschnitt II, Ziff. 2.1.5 (I) Nr. 1 RNM.
289 Abschnitt II, Ziff. 2.1.4 (I) RNM.
290 Abschnitt II, Ziff. 2.1.5 (I) Nr. 2 RNM.

3. *Schutz des Publikums*

Gemäß Abschnitt II, Ziff. 2.1.5 (I) Nr. 3 RNM konnte die Deutsche Börse AG die Zulassung beenden, wenn dies zum Schutz des Publikums geboten erschien. Schutz des Publikums meinte in diesem Zusammenhang den Schutz der Anleger.[291] Dieses Kriterium war erfüllt, wenn ein Emittent sich dauerhaft so weit von der Zielgruppe des Neuen Marktes entfernte, dass der Neue Markt als Wachstumssegment an Attraktivität verloren hätte.[292] Aufgrund des Missbrauchspotenzials wurde dieses Kriterium von der Deutsche Börse AG zurückhaltend angewendet.[293] Die Zulassung hätte zum Schutz des Publikums nur widerrufen werden dürfen, wenn der Emittent nicht mehr dem Bild des in dem Wachstumssegment Neuer Markt erwartbarer Unternehmen entsprochen hätte und sicher war, dass der Emittent auch künftig nicht mehr diesem Bild entsprechen würde.

II. Die Beendigung der Zulassung ohne Ermessensspielraum

Erfüllte der Emittent eines der in Abschnitt II, Ziff. 2.1.5 (II) RNM genannten Kriterien, kam der Deutsche Börse AG kein Ermessensspielraum zu. Stattdessen musste sie die Zulassung zum Neuen Markt ohne weitere Berücksichtigung des Einzelfalls beenden. Auch der Zeitpunkt der Wirksamkeit der Beendigung stand nicht in ihrem Ermessen, sondern erfolgte gemäß Abschnitt II, Ziff. 2.1.5 (III) RNM einen Monat nach der Bekanntmachung der Beendigungsentscheidung durch die Deutsche Börse AG. Die Beendigungsgründe ohne Ermessensspielraum wurden erst nachträglich im Jahr 2001 in das RNM aufgenommen, um den Ausschluss ungeeigneter Emittenten aus dem Neuen Markt zu ermöglichen und damit der negativen Entwicklung des Neuen Marktes entgegen zu wirken.[294]

1. *Eröffnung des Insolvenzverfahrens*

Die Deutsche Börse AG beendete die Zulassung zum Neuen Markt, wenn über das Vermögen des Emittenten das Insolvenzverfahren eröffnet oder die Eröffnung des Insolvenzverfahrens mangels Masse abgewiesen worden war.[295] Der Emittent war verpflichtet, der Deutsche Börse AG das Vorliegen dieser Tatbestände unverzüglich mitzuteilen.[296] Unterließ der Emittent eine erforderliche Mitteilung, musste er neben

291 *Kümpel*, Rn. 62.
292 *Gutte*, Das reguläre Delisting von Aktien, Kapitalmarktrecht–Gesellschaftsrecht–Ökonomie, 2009, S. 106.
293 *Gutte*, S. 106.
294 *Bachmann*, WM 2001, 1793. Sehr umstritten war in diesem Zusammenhang, ob die Deutsche Börse AG berechtigt war, durch einseitige Änderung neue Beendigungsgründe in das RNM aufzunehmen, dazu: *Gutte*, S. 108 ff.
295 Abschnitt II, Ziff. 2.1.5 (II) Nr. 1 HS. 1 RNM.
296 Abschnitt II, Ziff. 2.1.5 (V) HS. 2 RNM.

der Beendigung der Zulassung aufgrund der Insolvenz mit einer Geldstrafe rechnen (vgl. Abschnitt II, Ziff. 2.1.4 (I) RNM).

2. Marktkapitalisierung und Aktienpreis, sog. Penny Stock-Regelung[297]

Eine Beendigung der Zulassung durch die Deutsche Börse AG war außerdem erforderlich, wenn der durchschnittliche Börsenpreis der Aktie an 30 aufeinanderfolgenden Börsentagen im Tagesdurchschnitt bei unter einem Euro lag und die Marktkapitalisierung 20 Millionen Euro unterschritt.[298] Das galt nicht, wenn der durchschnittliche Börsenkurs der zugelassenen Aktien innerhalb weiterer 90 Börsentage an mindestens 15 aufeinanderfolgenden Börsentagen mindestens einen Euro und die Marktkapitalisierung mehr als 20 Millionen Euro betrug. Die Deutsche Börse AG unterrichtete den Emittenten unverzüglich, sobald die 30-Tage-Frist erfüllt war (vgl. Abschnitt II, Ziff. 2.1.5 (IV) RNM).

C. Ausgestaltung des Anlegerschutzes in den einzelnen Börsenordnungen – Ein historischer Überblick

Auf Basis der Ermächtigungsgrundlage in § 39 Abs. 2 S. 5 BörsG a.F.[299] hatten alle deutschen Börsen Regelbeispiele geschaffen, bei deren Vorliegen der Anlegerschutz einem freiwilligen Delisting nicht entgegenstand. Nach der Gesetzesbegründung zu § 39 BörsG a.F. hatten die Bestimmungen der Börsenordnungen zum freiwilligen Delisting den Interessen der Anleger und des Emittenten Rechnung zu tragen.[300] Nicht zu berücksichtigen bei ihrer Entscheidung hatte die Geschäftsführung hingegen die Interessen des Kapitalmarkts und der anderen Marktteilnehmer, also die Interessen der Börsen, ihrer Börsenträger und der an der Börse tätigen Handelsteilnehmer.[301]

Zwischenzeitlich ließen sich drei Konzepte zur Wahrung des Anlegerschutzes unterscheiden. Dazu zählten das Konzept der reinen Fristenlösung, das Konzept

---

297 OLG Frankfurt am Main, NJW 2002, 903.

298 Abschnitt II, Ziff. 2.1.5 (II) Nr. 2 RNM.

299 *§ 39 Abs. 2 BörsG a.F.: Die Geschäftsführung kann die Zulassung im Sinne des Absatzes 1 auch auf Antrag des Emittenten widerrufen. Der Widerruf darf nicht dem Schutz der Anleger widersprechen. Die Geschäftsführung hat einen solchen Widerruf unverzüglich im Internet zu veröffentlichen. Der Zeitraum zwischen der Veröffentlichung und der Wirksamkeit des Widerrufs darf zwei Jahre nicht überschreiten. Nähere Bestimmungen über den Widerruf sind in der Börsenordnung zu treffen.*

300 BT-Drucks. 13/9874, S. 131; dazu: VG Frankfurt am Main, Urteil vom 17.06.2002–9 E 2285/01 (V), Macrotron-Hauptverfahren, NJOZ 2002, S. 1907, 1910.

301 Gemäß § 39 Abs. 2 S. 5 a.F. waren in der Börsenordnung nähere Bestimmungen über den Widerruf zu treffen. Die Bestimmungen haben den Interessen der Betroffenen, d.h. der Anleger und der Emittenten, Rechnung zu tragen. Für die Entscheidung über den Widerruf unerheblich sind entgegen der Auffassung des Bundesrates die Interessen der Börsen, ihrer Träger und der an der Börse tätigen Handelsteilnehmer; BT-Drucks. 13/9874, S. 131.

der Fristenlösung kombiniert mit einem Erwerbsangebot, sowie das Konzept, das neben einem Erwerbsangebot einen Beschluss der Hauptversammlung forderte.

I. Reine Fristenlösung

Die Börsenordnungen der Wertpapierbörse Frankfurt sowie der Baden-Württembergischen Wertpapierbörse sahen für den vollständigen Rückzug vom regulierten Markt eine reine Fristenlösung vor.[302]

Der Widerruf gemäß § 46 Abs. 1 BörsO-FWB setzte einen Antrag der emittierenden Gesellschaft voraus. In § 46 Abs. 1 Nr. 1 und Nr. 2 BörsO-FWB[303] fand sich eine Konkretisierung des Ermessensspielraums der Geschäftsführung, die festlegte, wann der Anlegerschutz einem Widerruf der Börsenzulassung von Wertpapieren zum regulierten Markt nicht entgegenstand.

§ 46 Abs. 2 BörsO-FWB[304] umfasste das sogenannte Teil-Delisting. Der Anlegerschutz stand dem Widerruf gemäß § 46 Abs. 1 Nr. 1 „insbesondere dann nicht entgegen, wenn auch nach dem Wirksamwerden des Widerrufs die Zulassung und der Handel des Wertpapiers an einem organisierten Markt oder an einem entsprechenden Markt in einem Drittstaat gewährleistet erscheint." Wenn die Wertpapiere nach

---

302 § 46 Abs. 1 Nr. 2 i.V.m. Abs. 2 S. 3 Börsenordnung der Frankfurter Wertpapierbörse in der Fassung vom 01.07.2015, § 22 Abs. 1 Nr. 2 i.V.m. Abs. 2 S. 3 Börsenordnung der Baden-Württembergischen Wertpapierbörse in der Fassung vom 01.01.2014. Wenn im folgenden Abschnitt auf Regelungen aus den entsprechenden BörsO Bezug genommen wird, handelt es sich um diese Fassungen.

303 Beispielhaft wird die genannte Fassung der BörsO-FWB wiedergegeben, auf die im Folgenden Bezug genommen wird: *(1) Die Geschäftsführung kann die Zulassung von Wertpapieren zum regulierten Markt (General Standard) auf Antrag des Emittenten widerrufen, wenn der Schutz der Anleger einem Widerruf nicht entgegensteht. Der Schutz der Anleger steht einem Widerruf insbesondere dann nicht entgegen, wenn 1. auch nach dem Wirksamwerden des Widerrufs die Zulassung und der Handel des Wertpapiers an einem organisierten Markt oder an einem entsprechenden Markt in einem Drittstaat gewährleistet erscheint, oder*
2. das betreffende Wertpapier nach dem Wirksamwerden des Widerrufs weder an einer anderen inländischen Börse noch an einem ausländischen organisierten Markt oder an einem entsprechenden Markt in einem Drittstaat zugelassen ist und gehandelt wird, aber nach der Bekanntgabe der Widerrufsentscheidung den Anlegern ausreichend Zeit verbleibt, die vom Widerruf betroffenen Wertpapiere im regulierten Markt der FWB zu veräußern.

304 *(2) Ein Widerruf nach Absatz 1 Nr. 1 erfolgt mit sofortiger Wirkung, sofern das betreffende Wertpapier bei Bekanntgabe des Widerrufs an zumindest einer anderen inländischen Börse zugelassen ist und gehandelt wird. Ist das Wertpapier bei Bekanntgabe des Widerrufs ausschließlich an einem ausländischen organisierten Markt oder an einem entsprechenden Markt in einem Drittstaat zugelassen und wird es dort gehandelt, wird der Widerruf mit einer Frist von drei Monaten nach dessen Veröffentlichung wirksam. In Fällen des Absatz 1 Nr. 2 wird der Widerruf sechs Monate nach dessen Veröffentlichung wirksam.*

dem Widerruf der Zulassung weiterhin an einem organisierten Markt gehandelt werden konnten, war der Anlegerschutz folglich nicht berührt. Die Handelsmöglichkeiten waren vergleichbar, wenn es sich bei dem ausländischen Markt um einen organisierten Markt im Sinne von § 2 Abs. 5 WpHG handelte.[305] Der Verweis auf den organisierten Markt war materiell und nicht lokal zu verstehen.[306] Es kam also nicht darauf an, dass der Markt in Europa angesiedelt war, sondern dass die Organisations- und Überwachungsstrukturen mit denen eines organisierten Marktes inhaltlich vergleichbar waren.[307] Hierzu gehörten Informations- und Mitteilungspflichten sowie die Pflichten, sowohl die Preisfindung als auch die Preisbildung zu kontrollieren und für deren Herstellung vergleichbare Regeln zu haben.[308] Aus diesem Grund handelt es sich nur beim regulierten Markt um einen organisierten Markt i.S.v. § 2 Abs. 5 WpHG, nicht hingegen beim Freiverkehr. Daher umfasste § 46 Abs. 1 Nr. 1 BörsO-FWB nur das Teil-Delisting, aber nicht das Downlisting vom regulierten Markt in den Freiverkehr. Wenn sich der Emittent von allen organisierten Märkten in Deutschland zurückzog, aber weiterhin im Ausland an einem entsprechenden Markt notiert war, war der Anlegerschutz aufgrund der vergleichbaren Handelsmöglichkeit an der ausländischen Börse gewährleistet.[309]

Ein vollständiger Rückzug lag gemäß § 46 Abs. 1 Nr. 2 BörsO-FWB vor, wenn die Wertpapiere nach dem Wirksamwerden des Widerrufs an keiner anderen inländischen deutschen Börse, an keinem anderen regulierten europäischen Markt und auch an keinem vergleichbaren nicht EU-regulierten Markt im EU-Ausland mehr zugelassen und gehandelt wurden. Den Anlegern musste „nach der Bekanntgabe der Widerrufsentscheidung ausreichend Zeit verbleiben, die vom Widerruf betroffenen Wertpapiere im regulierten Markt der FWB zu veräußern." Konkretisiert wurde die Frist in § 46 Abs. 2 S. 3, wonach der Widerruf sechs Monate nach dessen Veröffentlichung wirksam wurde. Die FWB hielt folglich eine Zeitspanne von sechs Monaten für ausreichend, damit sich die Anleger innerhalb dieses Zeitraums von ihren Wertpapieren trennen konnten. Die Frist konnte verkürzt werden, wenn der Emittent oder der Großaktionär den Inhabern der Wertpapiere ein Kaufangebot unterbreitete (vgl. § 46 Abs. 3 BörsO-FWB).[310] Weitere Ermessensgesichtspunkte,

---

305 Die BörsO-FWB hat mit dieser Regelung das ursprünglich für § 43 Abs. 4 BörsG vorgesehene Regelbeispiel übernommen, dass die Wahrung des Anlegerschutzes bejahte, wenn auch nach dem Wirksamwerden des Widerrufs ein ordnungsgemäßer Börsenhandel in dem Wertpapier an einem organisierten Markt i.S.d. WpHG gewährleistet erscheint, siehe: BT-Drucks. 13/9874, S. 131.

306 *Groß*, Kapitalmarktrecht, § 39 BörsG Rn. 18.

307 *Groß*, Kapitalmarktrecht, § 39 BörsG Rn. 18.

308 *Groß*, Kapitalmarktrecht, § 39 BörsG Rn. 18.

309 *Groß*, Kapitalmarktrecht, § 39 BörsG Rn. 18.

310 *(3) Die Geschäftsführung kann die Fristen nach Absatz 2 Satz 2 und 3 auf Antrag des Emittenten verkürzen, wenn den Inhabern der Wertpapiere seitens des Emittenten oder des Großaktionärs ein Kaufangebot unterbreitet wird, dessen Höhe im Wege eines gesonderten Verfahrens (z.B. Spruchverfahren) überprüft werden kann, oder*

die die Geschäftsführung bei ihrer Widerrufsentscheidung berücksichtigen musste, enthielt die BörsO-FWB nicht.

Dem Emittenten oblag es, die Voraussetzungen, aufgrund derer ein Zulassungswiderruf erfolgen sollte, darzulegen und ausreichend zu begründen.[311] Die Formulierung („kann die Zulassung [...] auf Antrag des Emittenten widerrufen“) in § 46 Abs. 1 S. 1 BörsO-FWB entsprach derjenigen in § 39 Abs. 2 S. 1 BörsG und diente der Klarstellung, dass es sich bei der Widerrufsentscheidung um eine Ermessensentscheidung der Geschäftsführung handelt. Die Ermessensentscheidung setzte zwingend die Berücksichtigung des Anlegerschutzes voraus (vgl. § 46 Abs. 1 S. 2 BörsO-FWB).

Die ausreichende Gewährleistung des Anlegerschutzes beim Widerruf durch Fristablauf wurde für die Fälle als kritisch angesehen, in denen noch ein ordnungsgemäßer Börsenhandel stattfand.[312] Das galt umso mehr, wenn im Anschluss an das Delisting keine Einbeziehung in den Freiverkehr geplant war. Daher wurde vertreten, die Geschäftsführung der Börse müsse im Rahmen ihrer Ermessensentscheidung auch das tatsächliche Handels- bzw. Marktgeschehen berücksichtigen.[313] Auch das Verwaltungsgericht Frankfurt am Main vertrat die Auffassung, dass das Vertrauen der Anleger auf den Fortbestand des regulierten Marktes solange zu berücksichtigen sei, folglich einem Widerruf der Zulassung entgegenstehe, wie ein vernünftiger Börsenhandel noch zu erwarten sei.[314] Das LG Berlin lehnte hingegen einen Vertrauenstatbestand aus der bestehenden Zulassung im regulierten Markt ab.[315]

Die BörsO der Baden-Württembergischen Börse sah in § 22 Abs. 1 Nr. 2 für den vollständigen Rückzug vom regulierten Markt ebenfalls eine reine Fristenlösung

---

bereits aufgrund der Bedingungen der Wertpapiere eine Rücknahme der Wertpapiere gegen angemessenen Barausgleich seitens des Emittenten gesichert ist. Die Frist nach Absatz 2 Satz 2 kann auf maximal einen Monat und die Frist nach Absatz 2 Satz 3 auf maximal drei Monate verkürzt werden.

311 (4) *Der Nachweis des Vorliegens der Voraussetzungen für einen Widerruf der Zulassung und für die Bemessung der Fristen obliegt dem Emittenten. Die Geschäftsführung kann hierzu insbesondere die Vorlage geeigneter Erklärungen und Unterlagen verlangen. Liegt eine der Voraussetzungen des Absatz 1 nach der Bekanntgabe des Widerrufs und vor dessen Wirksamwerden nicht mehr vor, kann die Geschäftsführung ihre Entscheidung widerrufen.*

312 *Schulz,* Der Rückzug von der Börse auf Antrag des Emittenten in Deutschland und in Frankreich: eine rechtsvergleichende Untersuchung unter Einbeziehung des Minderheitenschutzes, 2014, S. 254. Der Verfasser bemerkt jedoch, dass die Praxisrelevanz solcher Fälle fraglich scheint, da solche Fälle bei der Frankfurter Wertpapierbörse nicht bekannt seien.

313 *Rubel/Kunz,* AG 2011, S. 399, 406; *Schulz,* S. 254.

314 VG Frankfurt am Main, Urteil vom 17.06.2002–9 E 2285/01 (V), Macrotron-Hauptverfahren, NJOZ 2002, S. 1907, 1913 f.

315 LG Berlin, Urteil vom 20.03.2013–99 O 103/12 in: ZIP 2013, 1531, 1532.

vor.[316] Die Frist betrug abhängig davon, ob die Papiere bei Bekanntgabe des Widerrufs noch an einem ausländischen Markt gehandelt wurden, drei Monate, oder wenn ein vollständiges Delisting erfolgte, sechs Monate ab dessen Veröffentlichung und konnte auf Antrag des Emittenten verkürzt werden, wenn der Anlegerschutz dem nicht entgegenstand.[317] Daneben war, wie in der BörsO der FWB, ein Teil-Delisting ohne die Beachtung einer Frist zulässig (vgl. § 22 Abs. 1 Nr. 1 BörsO Baden-Württembergische Wertpapierbörse).[318]

II. Fristenlösung mit Erwerbsangebot

Die Börsenordnungen der Hanseatischen Wertpapierbörse Hamburg, der niedersächsischen Börse zu Hannover sowie der Börse Berlin verfolgten für das reguläre Delisting eine Fristenlösung in Verbindung mit einem Erwerbsangebot.[319] Nach § 51 Abs. 2 S. 1 BörsO der Berliner Börse kam *insbesondere* einem Kaufangebot an die Inhaber der Wertpapiere eine anlegerschützende Wirkung zu.[320] Wenn die Aktionäre

---

316 *Ein Widerruf nach Abs. 1 wird zu einem von der Geschäftsführung bestimmten Zeitpunkt wirksam. Ist das Wertpapier im Falle eines Widerrufs nach Abs. 1 Nr. 1 und 2 bei Bekanntgabe des Widerrufs an keiner anderen inländischen Börse zugelassen oder in den Handel im regulierten Markt einbezogen und wird es ausschließlich an einem ausländischen organisierten Markt gehandelt, wird der Widerruf frühestens mit einer Frist von drei Monaten nach dessen Veröffentlichung wirksam. Ist das betreffende Wertpapier bei Bekanntgabe des Widerrufs an keiner anderen inländischen Börse zugelassen oder in den Handel im regulierten Markt einbezogen und wird es auch nicht an einem ausländischen organisierten Markt gehandelt, wird der Widerruf frühestens mit einer Frist sechs Monaten ab dessen Veröffentlichung wirksam. Im Falle eines Widerrufs nach Abs. 1 Nr. 3 wird der Widerruf frühestens mit einer Frist von sechs Monaten nach dessen Veröffentlichung wirksam. Die Geschäftsführung kann die Frist nach Satz 2 bis 4 auf Antrag des Emittenten verkürzen, wenn dies dem Interesse der Anleger nicht zuwiderläuft.*

317 § 22 Abs. 2 BörsO Baden-Württembergische Börse.

318 *Der Schutz der Anleger steht einem Widerruf in der Regel dann nicht entgegen, wenn auch nach dem Wirksamwerden des Widerrufs der Handel des Wertpapiers an einem inländischen oder ausländischen organisierten Markt im Sinne von § 2 Abs. 5 WpHG gewährleistet erscheint.*

319 § 43 Abs. 2 b Börsenordnung der Niedersächsischen Börse zu Hannover in der Fassung vom 10.11.2014, § 42 Abs. 2 b Hanseatische Wertpapierbörse Hamburg in der Fassung vom 29.11.2013, § 51 Abs. 2 S. 1 Börsenordnung der Börse Berlin in der Fassung vom 08.11.2013. Wenn im Folgenden Abschnitt auf Regelungen aus den entsprechenden BörsO Bezug genommen wird, handelt es sich um diese Fassungen.

320 § 51 Abs. 2 S. 1, 2 BörsO- Börse Berlin: *Dem Widerruf der Zulassung auf Antrag des Emittenten steht der Schutz der Anleger insbesondere nicht entgegen, wenn den Inhabern der Wertpapiere ein Kaufangebot unterbreitet wird. Erhalten die Inhaber der Wertpapiere einen Ausgleich für ihre Wertpapiere, wird der Widerruf sofort mit seiner Veröffentlichung wirksam.*

einen Ausgleich für ihre Papiere erhielten, wurde der Widerruf sofort mit seiner Veröffentlichung wirksam. Blieb nach dem Zulassungswiderruf die Zulassung an einer anderen Börse bestehen, entschied die Börsengeschäftsführung nach eigenem Ermessen, wann der Zulassungswiderruf wirksam wurde.[321] Nicht geregelt war, in welchen Fällen der Anlegerschutz gewährleistet war, wenn der Emittent kein Kaufangebot unterbreitete.

Die Börsen Hannover und Hamburg sahen den Anlegerschutz bei einem regulären Delisting als gewahrt an, wenn den Anlegern ein Kaufangebot nach der WpÜG-AV unterbreitet wurde.[322] Der Anlegerschutz war weiterhin gewahrt, wenn auch nach dem Zulassungswiderruf der Handel in einem inländischen oder ausländischen organisierten Markt i.S.v. § 2 Abs. 5 WpHG gewährleistet war[323] oder ein Downgrading in das qualifizierte Freiverkehrssegment *Mittelstandsbörse Deutschland* an der Börse Hannover bzw. Börse Hamburg erfolgte.[324] Wurde kein Kaufangebot unterbreitet, belief sich die Frist bis zum Wirksamwerden des Zulassungswiderrufs auf zwei Jahre,[325] konnte jedoch auf Antrag des Emittenten verkürzt werden, wenn keine anlegerschützende Bedenken entgegenstanden.[326]

III. Erwerbsangebot und Hauptversammlungsbeschluss

Von den oben genannten Konzepten abweichend verlangte die Börse Düsseldorf auch nach der Frosta-Entscheidung des BGH als einzige Börse für den Fall eines vollständigen Börsenrückzugs neben einem Erwerbsangebot einen Beschluss der Hauptversammlung.[327] Die Börsenordnung der Börse Düsseldorf enthielt bereits vor der Frosta-Entscheidung das Erfordernis eines Hauptversammlungsbeschlusses sowie die Erforderlichkeit eines Kaufangebots nach § 31 WpÜG i.V.m. der WpÜG-Angebots VO. Das Kaufangebot war gemäß § 56 Abs. 4 BörsO Düsseldorf vom Mehrheitsaktionär zu unterbreiten. Die Einhaltung einer Frist war nicht ausreichend. Bei einem Downgrading in das eigene qualifizierte Freiverkehrssegment Primärmarkt war hingegen kein weiterreichender Schutz der Aktionäre vorgesehen.[328] Nach Auffassung der Börse Düsseldorf führt ein Delisting, anders als es der BGH in seiner

321 § 51 Abs. 2 S. 3 BörsO- Börse Berlin: *Werden die Wertpapiere des Emittenten auch nach dem Widerruf der Zulassung an einer anderen Börse gehandelt, entscheidet die Geschäftsführung unter Berücksichtigung des Schutzes der Anleger über den Zeitpunkt des Wirksamwerdens des Widerrufs der Zulassung.*

322 § 42 Abs. 2 b) BörsO Hamburg; § 43 Abs. 2 b) BörsO Hannover.

323 § 42 Abs. 2 a) BörsO Hamburg; § 43 Abs. 2 a) BörsO Hannover.

324 § 42 Abs. 2 d) BörsO Hamburg; § 43 Abs. 2 d) BörsO Hannover.

325 § 42 Abs. 7 S. 3 BörsO Hamburg; § 43 Abs. 7 S. 3 BörsO Hannover.

326 § 42 Abs. 7 S. 4 BörsO Hamburg; § 43 Abs. 7 S. 4 BörsO Hannover.

327 § 56 Abs. 4 BörsO Düsseldorf.

328 § 56 Abs. 3 Nr. 3 BörsO Düsseldorf, in der Fassung vom 04.06.2014. Wenn im folgenden Abschnitt auf Regelungen aus der entsprechenden BörsO Bezug genommen wird, handelt es sich um diese Fassung.

Frosta-Entscheidung gesehen hat, sehr wohl zu einem Kursverlust, der mit einer erhöhten Schutzbedürftigkeit der Aktionäre einhergeht. Mit dieser Ansicht stand die Börse Düsseldorf auf einer Linie mit einem Teil der Literatur, die die Auffassung des BVerfG und des BGH in Zweifel zog, dass die Ankündigung eines Delisting regelmäßig keinen Kursverlust zur Folge hat.[329]

Die Börse München hatte sich für eine Kombination aus reiner Fristenlösung und verkürzter Frist in Verbindung mit einem Hauptversammlungsbeschluss und einem Abfindungsangebot entschieden und auf die Frosta-Entscheidung mit der Einführung von § 51 Abs. 2 Nr. 3 BörsO München n. F. reagiert.[330] Sie verlangte einen Hauptversammlungsbeschluss und ein Kaufangebot nach § 31 WpÜG. Im Unterschied zur BörsO Düsseldorf konnte das Kaufangebot jedoch auch vom Emittenten unterbreitet werden. Diese Regelung diente als Alternative zur Fristenlösung, die in der BörsO München ebenfalls vorgesehen war, und verkürzte bei Vorliegen eines Kaufangebots und eines Hauptversammlungsbeschlusses die Frist (vgl. § 51 Abs. 2 Nr. 4 BörsO München). Ein Downgrading in den qualifizierten Freiverkehr m: access widersprach nach der BörsO der Münchener Börse nicht dem Anlegerschutz und wurde ohne die Einhaltung einer Frist zwischen Bekanntgabe und Durchführung des Zulassungswiderrufs wirksam.[331]

IV. Ergebnis

§ 39 Abs. 2 BörsG a. F. überließ den einzelnen Börsenordnungen einen weiten Spielraum zur Regelung des Anlegerschutzes bei einem freiwilligen Delisting. Dieser Spielraum führte zwangsläufig zu inhomogenen Regelungen hinsichtlich der Anforderungen an ein freiwilliges Delisting. Die Übertragung der Wahrung des Anlegerschutzes auf die einzelnen Börsen schien wegen der größeren Sachnähe der Börsengeschäftsführung geeignet zu sein, den Anlegerschutz zu gewährleisten, was sich jedoch im Rückblick als nicht zutreffend herausgestellt hat. Insbesondere die von den meisten Regionalbörsen favorisierte reine Fristenlösung war nicht dazu geeignet, den Anlegerschutz angemessen zu gewährleisten, weil die Aktionäre insbesondere keine Kompensation für den Verlust der Handelbarkeit ihrer Anteile erhielten. Außerdem barg eine reine Fristenlösung das Risiko eines Kursverlustes ab dem Moment der Ankündigung des Delistings.

Gemeinsam war den die Regelungen der einzelnen Börsenordnungen, dass sie den qualifizierten Freiverkehr gegenüber dem einfachen Freiverkehr privilegierten und bei einem Downgrading in ein qualifiziertes Freiverkehrssegment den Anlegerschutz regelmäßig als gewahrt ansahen. Diese Privilegierung fußte auf der

---

329 *Bayer/Hoffmann*, AG 2013, R 371, R 373; *Habersack*, JZ 2014, 147, 148; *Glienke/Röder*, BB 2014, 899, 903; *Paschos/Klaaßen*, AG 2014, 33,36.

330 In der Fassung vom 08.04.2014. Wenn im folgenden Abschnitt auf Regelungen aus der entsprechenden BörsO Bezug genommen wird, handelt es sich um diese Fassung.

331 § 51 Abs. 2 Nr. 2 BörsO München.

Annahme, dass der Wechsel vom regulierten Markt in ein qualifiziertes Freiverkehrssegment den Anlegerinteressen nicht entgegenstehe.[332]

Die BörsO der Börse Düsseldorf forderte als einziges Regularium für ein erfolgreiches reguläres Delisting sowohl einen Hauptversammlungsbeschluss als auch ein Abfindungsangebot an die Minderheitsaktionäre und besaß damit die strengsten anlegerschützenden Voraussetzungen.

Die Normierung der Rückzugsvoraussetzungen in den einzelnen Börsenordnungen war im Vergleich zu einer parlamentsgesetzlichen Regelung aufgrund der jederzeitigen Abänderbarkeit der Börsenordnungen weniger zur Gewährleistung des Anlegerschutzes geeignet, da hier beispielsweise eine Abfindungspflicht in vergleichsweise kurzer Zeit durch eine bloße Fristenregelung ersetzt werden konnte.[333] Bedingt durch den verhältnismäßig langwierigen Gesetzgebungsprozess verblieb sowohl den Anlegern als auch den Emittenten mehr Zeit, als sie bei einer Satzungsänderung durch die Börse selbst gehabt hätten. Dem war jedoch entgegen zu halten, dass die Anforderungen in Bezug auf die Ermessensausübung durch die Börsengeschäftsführung über §§ 40 VwVfG, 39 Abs. 2 S. 2 BörsG und Art. 3 Abs. 1 GG in Verbindung mit dem Grundsatz der Selbstbindung der Verwaltung größtenteils einheitlich ausgestaltet waren. Den Anlegern, die ihre Anlageentscheidung treffen, muss außerdem bewusst sein, dass die Börsenzulassung keine Einbahnstraße ist, sondern es auch eine Rückzugsmöglichkeit geben muss, die die einzelnen Börsen nach dem Willen des Gesetzgebers autonom ausgestalten können, solange der Anlegerschutz durch diese Regelungen gewahrt wird. Außerdem besitzen die Anleger die Entscheidungsfreiheit hinsichtlich Anlageobjekt und Anlageort, sodass die Unterschiede der jeweiligen Börsenordnungen in diese Entscheidung miteinbezogen werden können.

D. Die Abfindungspflicht vor der Einführung von § 39 Abs. 2 bis 6 BörsG n.F.

Das BörsG enthielt bis zur Neufassung von § 39 BörsG keine Anspruchsgrundlage für einen Abfindungsanspruch der Minderheitsaktionäre bei einem regulären Delisting. Bereits vor der Macrotron-Entscheidung des BGH aus dem Jahr 2002 wurde seit der Einführung von § 43 Abs. 4 BörsG (jetzt § 39 BörsG) von Teilen der Literatur,[334] ein im Spruchverfahren überprüfbares Abfindungsangebot gefordert, um den Verlust auszugleichen, den die Aktionäre durch einen Börsenrückzug durch den Wegfall dieser Handelsmöglichkeit erfahren. Die Gegenansicht in der Literatur

---

332 § 51 Abs. 2 Ziff. 2 BörsO Börse München i.d.F. vom 08.04.2014; § 22 Abs. 1 Nr. 3 BörsO der Baden-Württembergischen WP-Börse i.d.F. vom 5. Dezember 2013; § 42 Abs. 2 c) BörsO Hanseatische WP-Börse Hamburg i.d.F. vom 29. November 2013.

333 BGHZ 153, 47, 56 f. (Macrotron); *Thomale*, ZGR 2013, 686, 721.

334 *Lutter*, in: Festschrift für Zöllner, 1998, S. 381; *Hopt*, in: Festschrift für Drobnig, 1998, S. 521, 536 f.; *Vollmer/Grupp*, ZGR 1995, 459, 476; *Zetzsche*, NZG 2000, 1065, 1068; *Hellwig*, ZGR 1999, 781, 800.

sah § 43 Abs. 4 BörsG a.F. hingegen in Bezug auf die anlegerschützenden Voraussetzungen als abschließend an.[335]

Der BGH forderte in seiner Macrotron-Entscheidung erstmals ein im Spruchverfahren überprüfbares Kaufangebot an die Minderheitsaktionäre, weil ein ausreichender Aktionärsschutz durch die gesetzliche Regelung im BörsG und den einzelnen Börsenordnungen nicht ausreichend sei.[336] Sowohl in der Rechtsprechung als auch in der Literatur war das Abfindungserfordernis seitdem weitgehend anerkannt, unterschied sich jedoch hinsichtlich der rechtlichen Fundierung dieses Abfindungsangebots. Fast genau zehn Jahre nach seinem Macrotron-Urteil entschied sich der BGH in seiner Frosta-Entscheidung für die Aufhebung seiner Macrotron-Grundsätze und lehnte das Erfordernis eines Abfindungsanspruchs für zukünftige Delisting-Verfahren ab.[337]

Im Folgenden werden die bis zur Neufassung von § 39 BörsG in Literatur und Rechtsprechung diskutierten rechtlichen Grundlagen für das Abfindungsangebot nachgezeichnet.

I. Die Abfindungspflicht in der Macrotron-Entscheidung

In seinem Macrotron-Urteil hat der BGH eine Abfindungspflicht statuiert und mit einem Eingriff in das Eigentumsgrundrecht der Minderheitsaktionäre aus Art. 14 Abs. 1 GG begründet.

1. Im Spruchverfahren überprüfbares Abfindungsangebot

Neben einem Beschluss der Hauptversammlung erforderte ein adäquater Schutz der Minderheitsaktionäre nach Auffassung des BGH ein im Spruchverfahren überprüfbares Pflichtangebot, das durch die Gesellschaft (in den Grenzen von § 71 AktG)[338] oder vom Großaktionär stammen konnte.[339] Die Höhe des Abfindungsangebots musste dem vollen Anteilswert entsprechen.[340] Da sich der nach den Börsenordnungen regelmäßig zu erstattende Betrag nach dem Börsenkurs der letzten drei Monate und nicht am Wert der Aktien orientierte, war eine volle Entschädigung der Minderheitsaktionäre nicht sichergestellt.[341] Das Kapitalmarktrecht, insbesondere die Börsenordnungen konnten nicht verhindern, dass den Minderheitsaktionären durch das Delisting ein vermögensrechtlicher Nachteil entstand.

---

335 *Bungert,* BB 2000, 53, 56 mit Verweis auf das Urteil des LG München I, BB 1999, 2634; *Martinius/Schiffer,* DB 2001, 2460, 2461; *Mülbert,* ZHR 165 (2001), 104, 127; *Schiessl,* AG 1999, 442, 452.

336 BGHZ 153, 47 (Macrotron).

337 BGH, NJW 2014, 146, 147 (Frosta).

338 *Cahn,* in: Spindler/Stilz, Komm. AktG, Bd. 1, 3. Aufl. 2015, § 71 AktG Rn. 155.

339 BGHZ 153, 47, 57 (Macrotron).

340 BGHZ 153, 47, 56 (Macrotron).

341 BGHZ 154, 47, 57 (Macrotron).

2. *Kritik*

Die Macrotron-Entscheidung war hinsichtlich ihres für die Minderheitsaktionäre neu geschaffenen Schutzniveaus zu begrüßen, konnte jedoch in Bezug auf ihre rechtliche Begründbarkeit nicht überzeugen. Die vom BGH postulierten Anforderungen haben mehrere Fragen unbeantwortet gelassen. Der BGH äußerte sich nicht ausdrücklich zu der gesetzlichen Grundlage, auf die er das Abfindungserfordernis stützte. Er verwies aber auf die DAT/Altana-Entscheidung des BVerfG, nach der „der Verkehrswert und die jederzeitige Möglichkeit seiner Realisierung [...] Eigenschaften des Aktieneigentums" sind.[342] Bezüglich der Höhe des Abfindungsangebots verwies der BGH wiederum auf das BVerfG.[343] Da den Minderheitsaktionären nach der Rechtsprechung des BVerfG eine volle Entschädigung für ihren Anteil zustehe, müsse der Kaufpreis dem Anteilswert entsprechen.

Unklar blieb außerdem, was mit dem Begriff des *Pflichtangebots* gemeint war.[344] Der Begriff des Pflichtangebots findet sich lediglich in § 35 WpÜG, dessen Voraussetzungen vom BGH jedoch nicht geprüft wurden. § 35 WpÜG findet nur Anwendung, wenn jemand unmittelbar oder mittelbar die Kontrolle über eine Zielgesellschaft erlangt, also mehr als 30 % der Stimmrechte der Zielgesellschaft hält (vgl. § 29 Abs. 2 WpÜG). Eine solche Sachverhaltskonstellation lag im Macrotron-Fall nicht vor, sodass ein Analogieschluss, zu dem sich der BGH auch gar nicht äußert, nicht in Betracht kommt.[345]

Weiterhin könnte es sich um ein freiwilliges Angebot gemäß §§ 2 ff. WpÜG handeln. Hierfür gelten aber die Vorschriften über die angemessene Gegenleistung in § 31 i.V.m. §§ 3 ff. WpÜG nicht, sodass auch eine Analogie zu diesen Vorschriften nicht in Betracht kommt.[346] Ein Pflichtangebot nach dem WpÜG führt außerdem nicht zu der gewollten Rechtsfolge eines Spruchstellenverfahrens. Das WpÜG sieht nämlich für keines der genannten Abfindungsangebote ein Spruchverfahren zur Überprüfung des Angebots vor.

Das Erfordernis des Kaufangebots an die Minderheitsaktionäre ergibt sich nach der Macrotron-Entscheidung unmittelbar aus Art. 14 Abs. 1 GG, der den Bürger vor Eigentumseingriffen schützen soll und ihm Ausgleichsansprüche in Folge eines Eigentumseingriffs zuspricht. In dem Fall, der der Macrotron-Entscheidung zugrunde lag, liegt jedoch möglicherweise bereits kein Eingriff in das Eigentum der Aktionäre vor, sodass der Beschlussvorbehalt hier eine rechtsbegründende Wirkung entfaltet hätte, indem er die Basis für einen Zahlungsanspruch der Aktionäre gegen die Gesellschaft bildete.[347] Der BGH hat weiterhin offengelassen, wer unter den

---

342 BGHZ 153, 47, 55 (Macrotron), verweist auf BVerfGE 100, 289, 305 f. (DAT/Altana).

343 BGHZ 153, 47, 57 (Macrotron).

344 *Eßers/Weisner/Schlienkamp*, DStR 2003, 985, 987 ff.; *Krämer/Theiß*, AG 2003, 225, 239; *Land/Behnke*, DB 2003, 2531; *Riehmer*, BGH-Report 2003, 438.

345 *Krämer/Theiß*, AG 2003, 225, 239.

346 So *Krämer/Theiß*, AG 2003, 225, 239.

347 *Ekkenga*, ZGR 2003, 878, 890.

Begriff des Großaktionärs zu fassen ist. Das AktG spricht nur vom Hauptaktionär und vom Mehrheitsaktionär.[348] Der Begriff des Großaktionärs findet sich weder im WpÜG noch im AktG.

Auch die Berechnung des Abfindungsangebots war umstritten. Nach dem BGH musste sich die Höhe des Abfindungsangebots an dem Wert der Aktie orientieren.[349] Unklar ist jedoch geblieben, wie der Wert der Aktie zu ermitteln war, ob also der durchschnittliche Börsenkurs oder der mittels einer Unternehmensbewertung festzustellende Unternehmenswert maßgeblich sein sollte.

Die Macrotron-Entscheidung hat ebenfalls offengelassen, ob das Pflichtangebot als Voraussetzung für einen rechtmäßigen Delisting-Beschluss anzusehen war, oder der Abfindungsanspruch kraft Gesetzes entstand. Im Anschluss daran stellte sich die Frage, wie zu verfahren war, wenn ein Pflichtangebot fehlte. Unklar war, ob der Delisting-Beschluss rechtswidrig oder das Spruchverfahren eröffnet war. Offen geblieben war außerdem, unter welchen Voraussetzungen die Aktionäre abfindungsberechtigt und im Spruchverfahren antragsberechtigt sein konnten.

II. Der Abfindungsanspruch in der instanzgerichtlichen Rechtsprechung

Die Vorinstanzen des BGH in der Macrotron-Entscheidung waren der Auffassung, § 43 Abs. 4 BörsG a. F. habe abschließende Wirkung.[350] Ein weitergehender gesellschaftsrechtlicher Schutz sei nicht erforderlich, da durch ein Delisting weder das Innenverhältnis der Aktionäre zu der Gesellschaft eine Beeinträchtigung erfahre, noch ein Struktureingriff vorliege.

Zwischen der Macrotron-Entscheidung des BGH aus dem Jahr 2002 und der MVS/Lindner-Entscheidung des BVerfG aus dem Jahr 2012 sind insgesamt vier landes- und oberlandesgerichtliche Entscheidungen ergangen, die sich im Wesentlichen mit der Anwendbarkeit und Weiterentwicklung der Macrotron-Grundsätze auf Fälle des Downlisting und Downgrading auseinandergesetzt haben.[351] Die Instanzgerichte stützten das Abfindungserfordernis jedoch nicht wie der BGH in seiner Macrotron-Rechtsprechung auf Art. 14 GG, sondern auf eine Gesamtanalogie zu gesellschaftsrechtlichen Normen (§§ 305, 320b, 327b AktG, §§ 29, 207 UmwG).[352] Zusammengefasst hielten die Gerichte die Macrotron-Grundsätze bei einem Wechsel vom regulierten Markt in den einfachen Freiverkehr für erforderlich, bei einem

---

348 Der Hauptaktionär wird beispielsweise in §§ 327 a, 327 b und die Mehrheitsbeteiligung in § 16 AktG erwähnt.

349 BGHZ 153, 47, 56 (Macrotron).

350 LG München I, ZIP 1999, 2017 ff.; OLG München, DB 2001, 747 ff.

351 OLG München vom 21.05.2008, WM 2008, 1602; KG Berlin vom 30.04.2009, NZG 2009, 752, 753; LG Köln vom 24.07.2009, BeckRS 2009, 69439; OLG Frankfurt am Main vom 20.12.2011, BeckRS 2012, 04838.

352 KG Berlin, Beschluss vom 31.10.2007, ZIP 2007, S. 2352; LG Köln, Beschluss vom 24.07.2009, NZG 2010, S. 229; OLG Frankfurt am Main vom 20.12.2011, AG 2012, 330.

Wechsel in den qualifizierten Freiverkehr wurde die Anwendbarkeit hingegen verneint.[353]

III. Das Abfindungserfordernis in der Literatur

In der Literatur wurde das Abfindungserfordernis im Wesentlichen auf die analoge Anwendung von aktien- bzw. umwandlungsrechtlichen Vorschriften gestützt und damit eine gesellschaftsrechtliche Lösung favorisiert. Überwiegend wurde das Abfindungserfordernis auf eine Analogie zu den umwandlungsrechtlichen Vorschriften gestützt, insbesondere zu § 29 oder § 207 UmwG. Daneben wurde eine Analogie zu aktienrechtlichen Normen, insbesondere §§ 305, 320b und § 243 Abs. 2 S. 2 AktG vertreten.

1. Gesamtanalogie zu §§ 305, 320b, 327b AktG, §§ 29, 207 UmwG

Eine weitverbreitete Auffassung stützte das Erfordernis für ein Pflichtangebot auf eine Gesamtanalogie zu den gesetzlichen Vorschriften.[354] Dazu gehören § 305 AktG für den Abschluss eines Beherrschungs- oder Gewinnabführungsvertrags, § 320b AktG für die Eingliederung, § 327b AktG für den Squeeze-Out, § 29 UmwG für die Verschmelzung sowie § 207 UmwG für den Formwechsel. Die genannten Maßnahmen haben die Folge, dass den Aktionären der wirtschaftliche Wert ihrer Aktien entzogen wird, was ein den Verlust ausgleichendes Abfindungsangebot erforderlich macht. Im Ergebnis war eine Gesamtanalogie abzulehnen. Zum einen konnten mit ihr die Fälle des Delisting und Downlisting nicht unterschieden werden, zum anderen weisen die unterschiedlichen Anspruchsgrundlagen unterschiedliche Schuldner als Anspruchsverpflichtete auf.

2. Analogie zu § 243 Abs. 2 S. 2 AktG

Eine weitere Ansicht in der Literatur stützte das Abfindungsangebot auf eine analoge Anwendung von § 243 Abs. 2 S. 2 AktG, weil – so wurde gesagt – das Delisting einen Sondervorteil für den Großaktionär darstelle.[355] Durch das Delisting würden die Minderheitsaktionäre von der Kapitalmarktpublizität abgeschnitten und erlitten dadurch einen Schaden gemäß § 243 Abs. 2 S. 1 AktG. Der Verlust der Kapitalmarktpublizität stelle sich gleichsam als Vorteil für den Großaktionär dar, da er auf die mit der Börsenzulassung verbundenen Publizitätspflichten nicht angewiesen sei und damit allein die Kostenvorteile aus dem Börsenrückzug genieße.[356] Freilich bringt das

---

353 Zu den Gründen: *Rutz,* Delisting und Downgrading, Voraussetzungen und Rechtstatsachen, 2015, S. 45 ff.

354 *Benecke,* WM 2004, 1122, 1125; *Hellwig/Bormann,* ZGR 2002, 465, 487 ff.; *Hoffmann,* in: Spindler/Stilz, Komm. AktG, Bd. 1, 2. Aufl. 2010, § 119 Rn. 42; *Langenbucher,* Aktien- und Kapitalmarktrecht, 2. Aufl. 2011, § 20 Rn. 16; Pluskat, WM 2002, 833, 838; Schlitt, ZIP 2004, 533, 536; *Adolff/Tieves,* BB 2003; 797, 802 f.

355 *Wackerbarth,* WM 2012, 2079.

356 *Wackerbarth,* WM 2012, 2079.

Delisting dem Großaktionär jedoch nicht automatisch einen Sondervorteil, sondern sorgt zunächst lediglich für eine erhöhte Beteiligungsquote an der Gesellschaft.[357] Außerdem sieht § 243 Abs. 2 S. 2 AktG mit der Nichtigkeit eine andere Rechtsfolge und auch keine gerichtliche Überprüfung der Abfindung vor. Daher konnte auch diese Herleitung im Ergebnis nicht überzeugen.

3. Analogie zu § 29 Abs. 1 S. 1 Fall 2 UmwG

Eine weitere in der Literatur vertretene Ansicht stützte das Abfindungserfordernis auf eine analoge Anwendung von § 29 Abs. 1 S. 1 Fall 2 UmwG.[358] Die Vorschrift statuiert die Abfindungspflicht bei der Verschmelzung eines Rechtsträgers im Wege der Aufnahme durch einen Rechtsträger anderer Rechtsform und für die Verschmelzung einer börsennotierten Aktiengesellschaft auf eine nicht börsennotierte Aktiengesellschaft. Bis zum Inkrafttreten des 2. UmwGÄndG am 25.04.2007 enthielt das System der aktien- und umwandlungsrechtlichen Abfindungsansprüche weder für das reguläre noch für das kalte Delisting einen Abfindungsanspruch. Erst durch die Einführung von § 29 Abs. 1 S. 1 Fall 2 UmwG wurde der Verlust der Börsennotierung erstmals als abfindungsauslösendes Element normiert.[359] Die analoge Anwendung von § 29 Abs. 1 S. 1 Fall 2 UmwG sei – so wurde argumentiert – auch deshalb geboten, weil damit ein Gleichlauf zwischen dem regulären und dem kalten Delisting erreicht werden könne.[360] Diskutiert wurde insbesondere, ob es für den Begriff der börsennotierten Aktiengesellschaft in § 29 Abs. 1 S. 1 UmwG wie in § 3 Abs. 2 AktG allein auf die Notierung im regulierten Markt ankomme, oder ob der Verlust der tatsächlichen Verkehrsfähigkeit der Aktien, in Anlehnung an die Macrotron-Rechtsprechung, ausschlaggebend für den Abfindungsanspruch sei.[361] Richtigerweise kommt es spätestens seit der Frosta-Rechtsprechung auf die Notierung im regulierten Markt i.S.v. § 3 Abs. 2 AktG an.[362]

In Rede stand auch, ob § 29 Abs. 1 S. 1 Fall 2 UmwG überhaupt analogiefähig sei. Fraglich war, ob der Gesetzgeber § 29 Abs. 1 S. 1 Hs. 1 Fall 2 UmwG bewusst auf das kalte Delisting beschränkt oder absichtlich auf eine Regelung für das reguläre Delisting verzichtet hatte, weil er von der Geltung der Macrotron-Grundsätze ausging.[363] Da es im Gesetzentwurf der Bundesregierung zum Zweiten Gesetz zur

357 OLG München, NZG 2001, 519, 522; *Thomale*, ZGR 2013, 686, 715.

358 *Klöhn*, NZG 2012, 1041; bereits vor Inkrafttreten von § 29 Abs. 1 S. 1 2. Alt. UmwG für eine analoge Anwendung umwandlungsrechtlicher Vorschriften: *Hellwig/Bormann*, ZGR 2002, 465, 487 ff; *Krämer/Theiß*, AG 2003, 225, 240; *Kruse*, WM 2003, 1843, 1845 ff; *Land/Behnke*, DB 2003, 2531, 2533; *Zetzsche*, NZG 2000, 1065, 1068 f.

359 *Klöhn*, NZG 2012, 1041, 1043.

360 *Klöhn*, NZG 2012, 1041, 1045.

361 *Klöhn*, NZG 2012, 1041, 1045 f.

362 *Auer*, JZ 2015, 71, 77.

363 So *Klöhn*, Das System der aktien- und umwandlungsrechtlichen Abfindungsansprüche, S. 316; *Stöber*, BB 2014, 9, 16.

Änderung des UmwG heißt, § 29 UmwG solle neben dem gesetzlich normierten Fall wegen der faktisch erschwerten Veräußerungsmöglichkeit der Anteile nur auf den Fall der Verschmelzung auf eine nicht börsennotierte Gesellschaft Anwendung finden, ist die Analogiefähigkeit der Vorschrift zu verneinen.[364] Dem kann auch nicht entgegengehalten werden, der Gesetzgeber habe bewusst von einer gesetzlichen Regelung einer Abfindungspflicht für das reguläre Delisting abgesehen hat, weil dafür die Macrotron-Grundsätze Anwendung fanden.[365] Für eine solche Vermutung bietet der Gesetzesentwurf keine Anhaltspunkte. Es handelt sich vielmehr um eine Ausnahme von dem Grundsatz der Abfindungsfreiheit bei formwahrenden Verschmelzungen.[366]

4. Analogie zu § 207 UmwG

Ebenfalls in der Literatur vertreten wurde die Auffassung, in der Diskussion um die gesellschaftsrechtlichen Anforderungen an ein Delisting würden die rechtlichen Unterschiede zwischen börsennotierter und nicht börsennotierter Gesellschaft nicht ausreichend berücksichtigt.[367] Die börsennotierte und die nicht börsennotierte Aktiengesellschaft müssten vielmehr als Gesellschaften mit unterschiedlicher Rechtsform angesehen und auch rechtlich unterschiedlich behandelt werden. Bei einem Delisting handele es sich deshalb um einen Formwechsel, auf den die umwandlungsrechtlichen Vorschriften in §§ 190 ff. UmwG Anwendung finden müssten.[368] Die Abfindungspflicht ergebe sich dann aus einer entsprechenden Anwendung von § 207 UmwG.

Grundsätzlich ist das Aktienrecht auf die einheitliche Behandlung sämtlicher Aktiengesellschaften zugeschnitten, unabhängig von der Größe, dem Unternehmensgegenstand, der Aktionärszahl und der Beteiligungsstruktur.[369] Durch die Schaffung des Konzernrechts im Jahr 1965 wurden jedoch bereits eine Ausnahme von dem Grundsatz des Aktieneinheitsrechts gemacht und Regelungen geschaffen, die nur für bestimmte Aktiengesellschaften gelten.[370] Vorschriften, die an die Unterschiede zwischen börsennotierten und nicht börsennotierten Gesellschaften anknüpften, gab es jedoch seinerzeit nicht. Erst im Jahre 1998 wurde mit dem Gesetz zur Kontrolle und Transparenz im Unternehmensbereich eine Bestimmung (§ 3 Abs. 2 AktG)

---

364 BT-Drucks. 16/2919, S. 13, Entwurf eines Zweiten Gesetzes zur Änderung des Umwandlungsgesetzes.

365 a.A. *Klöhn*, NZG 2012, 1041, 1045.

366 BGH, NJW 2014, 146, 148 (Frosta); *Auer*, JZ 2015, 71, 77 sieht die Vorschrift als eine systemwidrige Ausnahme vom Grundsatz der Abfindungsfreiheit formwahrender Verschmelzungen an und plädiert für deren ersatzlose Abschaffung; ebenfalls für deren Abschaffung: *Wasmann/Glock*, DB 2013, 105, 107.

367 *Drygala/Staake*, ZIP 2013, 905, 908.

368 *Drygala/Staake*, ZIP 2013, 905, 912; *Rutz*, Delisting und Downgrading, S. 233 ff.

369 *Drygala/Staake*, ZIP 2013, 905, 908.

370 Siehe §§ 15 ff., 291 ff. und 311 ff. AktG.

in das Aktiengesetz aufgenommen, die erstmalig eine Definition des Begriffs der börsennotierten Gesellschaft enthielt. Börsennotiert im Sinne von § 3 Abs. 2 AktG sind sämtliche Gesellschaften, deren Aktien zu einem Markt zugelassen sind, der von staatlich anerkannten Stellen geregelt und überwacht wird, regelmäßig stattfindet und für das Publikum mittelbar oder unmittelbar zugänglich ist. Gemeint sind damit der regulierte Markt sowie vergleichbare Handelsplätze im Ausland. Nicht börsennotiert im Sinne dieser Vorschriften sind Gesellschaften, deren Anteile lediglich im Freiverkehr gehandelt werden. § 3 Abs. 2 AktG trifft jedoch keine Entscheidung in Bezug auf die verbandsrechtlichen Folgen, die mit dieser Unterscheidung einhergehen. Solche Regelungen finden sich nur punktuell im AktG. Dasselbe gilt für das Kapitalmarktrecht, das ebenfalls punktuell Sonderregelungen für börsennotierte Gesellschaften vorsieht. Fraglich ist also, ob diese punktuellen Regelungen ausreichen, um die Existenz eines spezifischen Börsengesellschaftsrechts bejahen zu können.[371]

Gegen eine solche Differenzierung spricht, dass der überwiegende Teil der aktien- und kapitalmarktrechtlichen Vorschriften die börsennotierte und die nicht börsennotierte Gesellschaft einheitlich behandelt. Ebenfalls dagegen spricht die Einführung der Regelung in § 29 Abs. 1 S. 2 UmwG im Jahre 2009, die erstmalig das abfindungsauslösende Moment in dem Verlust der Börsennotierung sah. Da der Gesetzgeber für den Fall der Verschmelzung einer börsennotierten auf eine nicht börsennotierte Gesellschaft eine Abfindungspflicht bestimmt, war im Umkehrschluss der Verlust der Börsennotierung aufgrund einer anderen Maßnahme nicht abfindungspflichtig. Das hat sich erst durch die Einführung von § 39 Abs. 3 BörsG n. F. geändert, der eine Abfindungspflicht an den Rückzug aus dem regulierten Markt knüpft.

5. Zwischenergebnis

Für die Herleitung eines Abfindungsangebots an die Minderheitsaktionäre bei einem Delisting konnte im Ergebnis keine der diskutierten Ansichten überzeugen.

IV. Das MVS/Lindner-Urteil des BVerfG

Am 11.7.2012 hatte das BVerfG über zwei Verfassungsbeschwerden zu entscheiden, die die rechtlichen Folgen des freiwilligen Rückzugs aus dem regulierten Markt betrafen.[372] In der einen Verfassungsbeschwerde ging es um ein vollständiges Delisting, bei dem der Hauptaktionär das von den Minderheitsaktionären initiierte Spruchverfahren zur Überprüfung der Höhe der Barabfindung für unzulässig hielt.

Mit der zweiten Verfassungsbeschwerde wandte sich eine Minderheitsaktionärin gegen den Wechsel vom regulierten Markt in das Segment m: access der Börse

---

371 Zur Entstehung eines Börsengesellschaftsrechts: *Drygala/Staake*, ZIP 2013, 905, 911; *Fleischer*, ZHR 165 (2001), 513, 514; *Fleischer*, ZIP 2006, 451, 454; *Merkt*, AG 2003, 126, 128, *Hommelhoff*, ZGR 2000, 748, 769 ff.

372 BVerfGE 132, 99 ff. (MVS/Lindner).

München, ohne dass eine Barabfindung angeboten wurde. Die Minderheitsaktionärin hatte daraufhin versucht, mittels eines Spruchverfahrens eine Barabfindung durchzusetzen. Nach dem Vorbringen der Minderheitsaktionärin gehe der Schutz der Aktionäre bei einem Downlisting nicht weit genug.

Beide Verfassungsbeschwerden blieben erfolglos. Das BVerfG entschied, dass weder ein reguläres Delisting noch ein Downlisting in den qualifizierten Freiverkehr den Schutzbereich des Eigentumsgrundrechts der Aktionäre aus Art. 14 GG berühren. Das BVerfG trennt zwischen rechtlicher und tatsächlicher Verkehrsfähigkeit.[373] Vom Schutzbereich des Art. 14 GG werde zwar das in der Aktie verkörperte Anteilseigentum in seiner mitgliedschaftsrechtlichen und vermögensrechtlichen Ausgestaltung erfasst, wozu auch die Verkehrsfähigkeit der Aktie gehöre.[374] Nicht umfasst sei hingegen die tatsächliche Verkehrsfähigkeit, also die durch eine Börsennotierung möglicherweise gesteigerte Fungibilität einer Aktie, die lediglich eine wirtschaftliche Marktchance für die Aktionäre darstelle, selbst aber keinen grundrechtlichen Schutz genieße.[375] Den verfassungsrechtlichen Schutz durch Art. 14 GG genieße nur die rechtliche Verkehrsfähigkeit der Aktie, also die rechtliche Befugnis, die Aktie jederzeit zu veräußern.[376] Die gesteigerte Verkehrsfähigkeit durch eine Börsennotierung ist, wie schon in der DAT/Altana-Entscheidung herausgearbeitet, nur ein Faktor, der in die Berechnung einer angemessenen Abfindung einbezogen werden muss.

Der Schutzbereich des Eigentumsgrundrechts ist betroffen, wenn der Aktionär seine in der Aktie verkörperte Rechtsposition verliert oder wenn diese in ihrer Substanz verändert wird, beispielsweise bei der Eingliederung einer Aktiengesellschaft, einem Squeeze-out oder dem Abschluss eines Beherrschungs- und Gewinnabführungsvertrages.[377] Durch ein Delisting wird die rechtliche Verkehrsfähigkeit einer Aktie nicht beeinträchtigt, da auch nicht börsennotierte Aktien jederzeit und formfrei veräußert werden können. Dass für börsennotierte Unternehmen eine Vielzahl an Sondervorschriften gilt, erhebe die Börsenzulassung nicht zu einem Bestandteil des Aktieneigentums.[378] Die für börsennotierte Aktiengesellschaften geltenden Sonderregeln dienen nur mittelbar den Vermögens- und Mitgliedschaftsinteressen der einzelnen Aktionäre, führen aber nicht dazu, dass die Börsennotierung zu einem Schutzgegenstand des Aktieneigentums wird.

In der das Spruchverfahren betreffenden Entscheidung entschied das BVerfG außerdem, die Fachgerichte hätten im Hinblick auf die Begründung einer Barabfindungspflicht bei einem vollständigen Delisting nicht die Grenzen richterlicher Rechtsfortbildung überschritten.[379] Die richterliche Rechtsfortbildung sei gemessen

373 BVerfGE 132, 99, 121, (MVS/Lindner).
374 BVerfGE 132, 99, 118 ff. (MVS/Lindner).
375 BVerfGE 132, 99, 118 ff. (MVS/Lindner).
376 BVerfGE 132, 99, 119 (MVS/Lindner).
377 BVerfGE 132, 99, 119 (MVS/Lindner).
378 BVerfGE 132, 99, 120 (MVS/Lindner).
379 BVerfGE 132, 99, 127 (MVS/Lindner).

am Maßstab von Art. 2 I i.V.m. Art. 20 III GG nicht zu beanstanden. Nach der Auffassung des BVerfG waren die vom BGH in der Macrotron-Entscheidung aufgestellten Grundsätze zum vollständigen Delisting zwar von Verfassung wegen zulässig, aber nicht geboten.[380] Damit erklärte das BVerfG die Macrotron-Rechtsprechung für verfassungsgemäß.

V. Der Frosta-Beschluss des BGH

In der Frosta-Entscheidung vom 8.10.2013 ging es der Sache nach um einen Wechsel einer Aktiengesellschaft vom regulierten Markt der Wertpapierbörse Berlin in den Entry Standard der Frankfurter Wertpapierbörse.[381] Die Antragsteller hatten daraufhin ein Spruchverfahren zur Festlegung einer angemessenen Barabfindung beantragt, dessen Durchführung vom Landgericht abgelehnt worden war.

Der BGH verneinte die Erforderlichkeit eines Abfindungsangebots, wiederholte hierzu die Rechtsprechung des BVerfG, nach der Art. 14 GG bei einem Delisting nicht als Rechtsgrundlage für einen Abfindungsanspruch herangezogen werden kann, und erteilte sämtlichen in der Literatur diskutierten Anspruchsgrundlagen für einen möglichen Abfindungsanspruch der Minderheitsaktionäre eine Absage.[382] Das Gericht lehnte zunächst die analoge Anwendung der umwandlungsrechtlichen Vorschriften ab. Weder der für einen Formwechsel geltende § 207 UmwG noch der für eine Verschmelzung geltende § 29 Abs. 1 S. 1 Alt. 2 UmwG könnten zur Begründung einer Barabfindungspflicht herangezogen werden.[383] Nach § 207 UmwG analog haben die einem Formwechsel widersprechenden Gesellschafter einen Anspruch auf ein Barabfindungsangebot. Der BGH hat einer analogen Anwendung dieser Vorschriften eine Absage erteilt, weil durch ein Delisting weder die Organisations- noch die Beteiligungsstruktur einer Aktiengesellschaft betroffen sei. Außerdem passe § 207 UmwG auch von seiner Intention her nicht, da ein Formwechsel nach § 207 UmwG immer eine Entscheidung der Gesellschafter voraussetze, die Börsenzulassung hingegen auch gegen den Willen der Gesellschaft widerrufen werden könne.

Auch § 29 Abs. 1 S. 1 Hs. 1, 2. Fall UmwG kann nach der Rechtsprechung des BGH nicht zur Begründung der Abfindungspflicht herangezogen werden. Diese Vorschrift stellte lediglich eine Ausnahme zu dem Grundsatz dar, dass formwahrende Verschmelzungen grundsätzlich abfindungsfrei seien. Aus ihr lasse sich deshalb kein allgemeines Prinzip herleiten, wonach jeder Verlust der Handelbarkeit von Aktien im regulierten Markt abfindungspflichtig sei.[384] Schließlich gibt es auch andere Fälle des kalten Delisting, in denen keine Abfindungspflicht besteht. Dazu gehört der Fall der Eingliederung in eine nicht börsennotierte AG (§ 320b Abs. 1 S. 2 AktG). Für den Charakter einer Ausnahmeregelung spricht auch, dass der Gesetzgeber des 2.

380 BVerfGE 132, 99, 133 (MVS/Lindner).
381 BGH, NJW 2014, 146, 147 (Frosta).
382 BGH, NJW 2014, 146, 147 (Frosta).
383 BGH, NJW 2014, 146, 147 (Frosta).
384 BGH, NJW 2014, 146, 148 (Frosta).

UmwGÄndG bewusst davon abgesehen hat, die Abfindungsregelung in § 29 Abs. 1 S. 1 Alt. 2 UmwG auf andere Fälle des kalten Delisting auszudehnen.[385] Der Gesetzgeber wollte gerade keinen allgemeinen Rechtsgrundsatz aufstellen, der einen Rückzug von der Börse immer mit einem Barabfindungsangebot an die Aktionäre verknüpft.[386] Gegen eine entsprechende Anwendung von § 29 Abs. 1 S. 1 Hs. 1 Fall 2 UmwG auf das reguläre Delisting spricht auch die Normierung des freiwilligen Börsenrückzugs in § 39 Abs. 2 BörsG, die keine Abfindungspflicht statuiert, obwohl der Gesetzgeber mit der Einführung von § 29 Abs. 1 S. 1 Hs. 1 Fall 2 UmwG die Regelung in § 39 Abs. 2 BörsG ebenfalls hätte anpassen können, um einen Gleichlauf der beiden Vorschriften zu erreichen. Das ist jedoch nicht erfolgt. Hinzu kommt die Entscheidung des Gesetzgebers, das reguläre Delisting nicht in § 1 SpruchG zu ergänzen, als § 29 Abs. 1 S. 1 Alt. 2 UmwG erlassen wurde.

Einer Gesamtanalogie zu den gesetzlichen Abfindungsbestimmungen (§§ 305, 320 b, 327 b AktG; §§ 29 Abs. 1, 207 UmwG) erteilte der BGH ebenfalls eine Absage, da ein Delisting weder eine Strukturmaßnahme sei noch einer Strukturmaßnahme ähnele. Durch ein Delisting verändere sich nicht die Binnenstruktur der Gesellschaft. Es handele sich vielmehr um einen kapitalmarktrechtlichen Vorgang, dem mit kapitalmarktrechtlichen Regelungen zu begegnen sei.[387]

E. Voraussetzungen für ein reguläres Delisting

Mit der Frosta-Entscheidung des BGH im Jahre 2013 waren sämtliche anlegerschützende Voraussetzungen, die der BGH in seiner Macrotron-Entscheidung aufgestellt hatte, weggefallen. Geschützt wurden die Minderheitsaktionäre seitdem nur durch die Vorschriften in den einzelnen Börsenordnungen, die den Anlegerschutz, wie bereits gesehen, sehr unterschiedlich ausgestaltet hatten. Aufgrund dieses zersplitterten Schutzkonzepts für die Minderheitsaktionäre wurde in der Literatur eine Vielzahl von Regelungsvorschlägen bezüglich des Anlegerschutzes beim freiwilligen Delisting diskutiert. Der Gesetzgeber nahm sich dieser Problematik an und verabschiedete Ende 2015 ein neues Regelungskonzept zur Vereinheitlichung des Anlegerschutzes.

Zweifelhaft war neben der gesetzlichen Verortung der Delisting-Regelung insbesondere, welche Arten des Delisting überhaupt von der Regelung erfasst werden sollten, ob eine potenzielle Abfindung anhand des durchschnittlichen Börsenkurses oder des Unternehmenswerts zu berechnen sei, zudem die Erforderlichkeit eines Hauptversammlungsbeschlusses sowie die Frage nach dem geeignetsten Rechtsweg für die Aktionäre.

Die grundsätzliche Zulässigkeit des freiwilligen Börsenrückzugs ergibt sich aus § 39 Abs. 2 bis 5 BörsG.[388] § 39 BörsG ist Ausdruck der gesetzgeberischen Wertung,

---

385 OLG München, NZG 2008, 755, 758; a.A. *Klöhn*, NZG 2012, 1041, 1045.

386 BGH, NJW 2014, 146, 148 (Frosta) unter Hinweis auf BT-Drucks. 16/2919, S. 28.

387 BGH, NJW 2014, 146, 148 (Frosta).

388 *§ 39 Abs. (2) Die Geschäftsführung kann die Zulassung im Sinne des Absatzes 1 auch auf Antrag des Emittenten widerrufen. Der Widerruf darf nicht dem Schutz der*

dass für die Wahrung des Anlegerschutzes keine dauerhafte Aufrechterhaltung der

---

Anleger widersprechen. Bei Wertpapieren im Sinne des § 2 Absatz 2 des Wertpapiererwerbs- und Übernahmegesetzes ist ein Widerruf nur zulässig, wenn
1. bei Antragstellung unter Hinweis auf den Antrag eine Unterlage über ein Angebot zum Erwerb aller Wertpapiere, die Gegenstand des Antrags sind, nach den Vorschriften des Wertpapiererwerbs- und Übernahmegesetzes veröffentlicht wurde oder
2. die Wertpapiere weiterhin zugelassen sind
a) an einer anderen inländischen Börse zum Handel im regulierten Markt oder
b) in einem anderen Mitgliedstaat der Europäischen Union oder einem anderen Vertragsstaat des Abkommens über den Europäischen Wirtschaftsraum zum Handel an einem organisierten Markt, sofern für einen Widerruf der Zulassung zum Handel an diesem Markt Nummer 1 entsprechende Voraussetzungen gelten.
(3) Im Fall des Absatzes 2 Satz 3 Nummer 1 darf das Angebot nicht von Bedingungen abhängig gemacht werden. Auf das Angebot ist § 31 des Wertpapiererwerbs- und Übernahmegesetzes mit der Maßgabe entsprechend anzuwenden, dass die Gegenleistung in einer Geldleistung in Euro bestehen und mindestens dem gewichteten durchschnittlichen inländischen Börsenkurs der Wertpapiere während der letzten sechs Monate vor der Veröffentlichung nach § 10 Absatz 1 Satz 1 oder § 35 Absatz 1 Satz 1 des Wertpapiererwerbs- und Übernahmegesetzes entsprechen muss. Hat während dieses Zeitraums
1. der Emittent entgegen Artikel 17 Absatz 1 der Verordnung (EU) Nr. 596/2014 oder einer entsprechenden Vorschrift des anwendbaren ausländischen Rechts eine Insiderinformation, die ihn unmittelbar betrifft, nicht so bald wie möglich veröffentlicht oder in einer Mitteilung nach Artikel 17 Absatz 1 dieser Verordnung oder einer entsprechenden Vorschrift des anwendbaren ausländischen Rechts eine unwahre Insiderinformation, die ihn unmittelbar betrifft, veröffentlicht, oder
2. der Emittent oder der Bieter in Bezug auf die Wertpapiere, die Gegenstand des Antrags sind, gegen das Verbot der Marktmanipulation nach Artikel 15 der Verordnung (EU) Nr. 596/2014 verstoßen,
so ist der Bieter zur Zahlung des Unterschiedsbetrags zwischen der im Angebot genannten Gegenleistung und der Gegenleistung verpflichtet, die dem anhand einer Bewertung des Emittenten ermittelten Wert des Unternehmens entspricht; dies gilt nicht, soweit die in den Nummern 1 und 2 bezeichneten Verstöße nur unwesentliche Auswirkungen auf den nach Satz 2 errechneten Durchschnittskurs hatten. Sind für die Wertpapiere des Emittenten, auf die sich das Angebot bezieht, während der letzten sechs Monate vor der Veröffentlichung nach § 10 Absatz 1 Satz 1 oder § 35 Absatz 1 Satz 1 des Wertpapiererwerbs- und Übernahmegesetzes an weniger als einem Drittel der Börsentage Börsenkurse festgestellt worden und weichen mehrere nacheinander festgestellte Börsenkurse um mehr als 5 Prozent voneinander ab, so ist der Bieter zur Zahlung einer Gegenleistung verpflichtet, die dem anhand einer Bewertung des Emittenten ermittelten Wert des Unternehmens entspricht.
(4) Auf Emittenten mit Sitz im Ausland finden im Hinblick auf das Angebot nach Absatz 2 die Vorschriften des Wertpapiererwerbs- und Übernahmegesetzes nach Maßgabe des Absatzes 3 entsprechende Anwendung.
(5) Die Geschäftsführung hat einen Widerruf nach Absatz 2 unverzüglich im Internet zu veröffentlichen. Der Zeitraum zwischen der Veröffentlichung und der Wirksamkeit

Börsenzulassung notwendig ist.[389] Geschützt wird nur das Desinvestitionsinteresse der Anleger, also das Vertrauen auf den Fortbestand der börslichen Handelbarkeit zum Zwecke einer späteren Desinvestition zu einem angemessenen Börsenpreis, nicht hingegen das Vertrauen der Anleger auf den Fortbestand der Notierung.[390]

I. Gesetzgebungsverfahren

Die nähere Ausgestaltung des Anlegerschutzes hatte der Gesetzgeber bis zur Änderung von § 39 Abs. 2 BörsG am 1. Oktober 2015, gemäß § 39 Abs. 2 S. 5 BörsG a. F., den einzelnen Börsen überlassen, die, wie oben erläutert, in ihren Börsenordnungen unterschiedlich hohe Anforderungen zur Gewährleistung des Anlegerschutzes bei einem freiwilligen Delisting statuiert hatten.

1. Anlegerschutz mittels gesellschaftsrechtlicher Lösung

Für die Wahrung des Anlegerschutzes durch die Gewährung einer Abfindung bot sich zunächst eine gesellschaftsrechtliche Lösung an, durch die Normierung der Abfindung im Aktien- oder Umwandlungsgesetz.[391] Diese Ansicht stützt sich auf die Betroffenheit der mitgliedschaftlichen Gesellschafterstellung durch ein Delisting. Der Aktionär verliere nicht nur die Desinvestitionsmöglichkeit über die Börse, sondern wird aufgrund der eingeschränkten Handelbarkeit zum Verkauf *gezwungen*, sodass er an künftigen Kursgewinnen nicht mehr partizipieren kann.[392] Diese Lösung hätte einen Gleichlauf mit sonstigen Strukturänderungen (§§ 305 ff., 327a ff. AktG, § 29 UmwG) bewirkt, für die sowohl ein Beschluss der Hauptversammlung als auch eine angemessene Barabfindung an die Minderheitsaktionäre erforderlich sind. Die Angemessenheit der Barabfindung hätte sich dann nach dem tatsächlichen Wert der Aktien gerichtet und wäre im Spruchverfahren überprüfbar gewesen.

2. Anlegerschutz mittels kapitalmarktrechtlicher Lösung

Demgegenüber hat sich der Gesetzgeber für den Schutz des Aktionärs in seiner Stellung als Kapitalanleger und dementsprechend für die sogenannte kapitalmarkt-

---

des Widerrufs darf zwei Jahre nicht überschreiten. Nähere Bestimmungen über den Widerruf sind in der Börsenordnung zu treffen.

389 *Heidelbach*, in: Schwark/Zimmer, KMRK, § 39 BörsG Rn. 4; *Schäfer/Eckhold*, in: Marsch-Barner/Schäfer (Hrsg.), § 61 Rz. 12.

390 BVerfGE 100, 289, 305 f. (DAT/Altana); VG Frankfurt am Main, Urteil vom 17.06.2002–9 E 2285/01 (V), Macrotron-Hauptverfahren, NJOZ 2002, S. 1907, 1910; *Schäfer/Eckhold*, in: Marsch-Barner/Schäfer (Hrsg.) § 61 Rz. 12; *Gebhard*, in: Schäfer/Hamann, KMG, § 38 Rn. 52.

391 *Bayer*, ZfPW 2015, 163, 221 f.; *Bayer*, ZIP 2015, 853, 857; *Hellwig/Bormann*, ZGR 2002, 465 (491 ff.).

392 *Bayer*, ZfPW 2015, 163 (221 f.); *Bayer*, ZIP 2015, 853 (857).

rechtliche Lösung entschieden und dafür § 39 BörsG a. F. erheblich überarbeitet.[393] Da es sich nach seiner Auffassung bei einem regulären Delisting nicht um eine Strukturveränderung handelt, durch die die Aktionäre ihre Mitgliedschaft *verlieren*, sondern sie *nur* die Desinvestitionsmöglichkeit über die Börse einbüßen, erfolgt eine sachgerechte Normierung im BörsG. Deshalb erfolgte die Normierung der Abfindung im BörsG.[394] Sowohl ein Hauptversammlungsbeschluss als auch die Durchführung eines Ertragswertverfahrens stellen nach Auffassung des Gesetzgebers eine unangemessene Belastung für die rückzugswilligen Gesellschaften dar und wurden aus diesem Grund nicht gesetzlich normiert.[395] Bei der kapitalmarktrechtlichen Lösung wiederum umstritten war, ob die Abfindung auf Basis des durchschnittlichen Börsenkurses[396] oder des Unternehmenswerts bestimmt werden sollte.[397] Der Gesetzgeber hat sich in § 39 Abs. 3 BörsG dafür entschieden, grundsätzlich den durchschnittlichen Börsenkurs der letzten sechs Monate als Berechnungsgrundlage für die Gegenleistung heranzuziehen und verweist dafür auf die Vorschriften für eine Angebotsunterlage nach dem WpÜG.

II. Anlegerschützende Voraussetzungen

§ 39 BörsG normiert in Abs. 2 bis einschließlich Abs. 6 die kapitalmarktrechtlichen Voraussetzungen für den Widerruf der Zulassung von Wertpapieren im Sinne des § 2 Abs. 2 WpÜG.

1. Erwerbsangebot

Für das Erwerbsangebot gelten gemäß § 39 Abs. 2 S. 1 BörsG grundsätzlich die Anforderungen an ein einfaches Erwerbsangebot, aber nicht sämtliche Voraussetzungen an ein Übernahme- oder Pflichtangebot nach dem WpÜG. § 31 WpÜG findet gemäß § 39 Abs. 3 S. 2 BörsG ausdrücklich Anwendung.[398]

---

393 Für eine kapitalmarktrechtliche Lösung: *Brellochs*, AG 2014, 633 (644 ff.); *Bungert/Leyendecker-Langner*, DB 215, 2251, 2254 f.; *Casper*, in: Festschrift für Köndgen, 2016, 117, 141; *Habersack, JZ 2014, 147, 149;* Vgl. auch die Stellungnahmen von *Habersack*, *J. Koch* und *Noack* zur Aktienrechtsnovelle 2014; vor der Frosta-Entscheidung des BGH bereits: *Gutte*, 227 f.; *Probst*, Rechtsfragen des regulären Börsenrückzugs, 2013, 300 f.

394 Zustimmend: *Groß*, AG 2015, 812 ff.

395 Die seit der Macrotron-Entscheidung des BGH aus dem Jahr 2002 für den Schutz der Minderheitsaktionäre erforderlich waren.

396 *Buckel/Glindemann/Vogel*, AG 2015, 373, 379; *Bungert/Leyendecker-Langner*, DB 2015, 2251, 2254; *Habersack*, JZ 2014, 147, 148 f.

397 *Bayer*, ZfPW 2015, 163, 221 f.; *ders.*, ZIP 2015, 853, 857; BRAK, Stellungnahme Nr. 37/2015 vom 01.10.2015, S. 4 f.; *Koch*, Stellungnahme vom 06.05.2015, S. 7 f.; *Koch/Harnos*, NZG 2015, 729, 732 f.

398 Gemäß § 31 Abs. 7 WpÜG kann das Bundesministerium der Finanzen durch Rechtsverordnung nähere Bestimmungen über die Angemessenheit der Gegenleistung treffen.

Für die Berechnung der Gegenleistung gelten die §§ 3 bis 7 der WpÜG-Angebotsverordnung entsprechend. Aus § 31 Abs. 4, Abs. 5 WpÜG, § 4 WpÜG-Angebotsverordnung kann sich die Pflicht des Bieters zur Erhöhung der Gegenleistung bei Parallelerwerben und Nacherwerben innerhalb eines Jahres ergeben. § 39 Abs. 3 S. 2 Hs. 2 BörsG verdrängt § 3 S. 2 WpÜG-AngVO, nach dem die Höhe der Gegenleistung „den nach den §§ 4–6 festgelegten Mindestwert nicht unterschreiten" darf, und modifiziert die Berechnungsgrundlage in § 5 Abs. 1 WpÜG-AngVO dahingehend, „dass die Gegenleistung in einer Geldleistung in Euro bestehen und mindestens dem gewichteten durchschnittlichen inländischen Börsenkurs der Wertpapiere während der letzten sechs Monate vor der Veröffentlichung [...] entsprechen muss." Damit weicht § 39 Abs. 3 BörsG von § 31 Abs. 2 S. 1 WpÜG und § 5 Abs. 1 WpÜG-Angebotsverordnung ab, wonach die Berechnung anhand des durchschnittlichen Börsenkurses der letzten drei Monate vorzunehmen ist.

Wie der durchschnittliche inländische Börsenkurs zu bestimmen ist, ergibt sich aus § 5 Abs. 3 WpÜG-AngVO. Für die Berechnung des durchschnittlichen inländischen Börsenkurses „ist der nach Umsätzen gewichtete Durchschnittskurs der der Bundesanstalt für Finanzdienstleistungsaufsicht nach § 9 des Wertpapierhandelsgesetzes als börslich gemeldeten Geschäfte" maßgeblich (vgl. § 5 Abs. 3 WpÜG-AngVO). Folglich ist nur die BaFin in der Lage, den Börsenkurs exakt zu bestimmen. Es werden lediglich im regulierten Markt getätigte Geschäfte berücksichtigt, nicht hingegen die im Freiverkehr getätigten Geschäfte.[399] Durch die Orientierung am durchschnittlichen Börsenkurs und an Vorerwerben soll nach Auffassung des Gesetzgebers „ein transparentes und rechtssicheres Verfahren" ermöglicht werden.[400] Das Erwerbsangebot muss auf die Übernahme aller Wertpapiere gerichtet sein.[401] Angebote, nur Teile der Wertpapiere zu übernehmen, reichen demnach nicht aus. Das Angebot darf gemäß § 39 Abs. 3 S. 1 BörsG nicht von Bedingungen abhängig gemacht werden.

2. *Ausnahme: Erforderlichkeit einer Unternehmensbewertung*

Hat der Emittent gegen seine sich aus Artikel 17 Absatz 1 der Verordnung (EU) Nr. 596/2014 ergebenden Informationspflichten oder der Emittent beziehungsweise der Bieter gegen das Verbot der Marktmanipulation nach Artikel 15 der Verordnung (EU) Nr. 596/2014[402] verstoßen, so ist der Bieter gemäß § 39 Abs. 3 S. 3 BörsG „zur Zahlung des Unterschiedsbetrags zwischen der im Angebot genannten Gegenleistung und der Gegenleistung verpflichtet, die dem anhand einer Bewertung des Emittenten ermittelten Wert des Unternehmens entspricht". In diesem Fall spielt also ausnahmsweise der Börsenkurs keine wesentliche Rolle für die Berechnung

---

399 *Krause*, in: Assmann/Pötzsch/Schneider (Hrsg.), WpÜG, 2. Aufl. 2013, § 5 WpÜG-AngVO, Rz. 15 f.

400 BT-Drucks. 18/6220, S. 92.

401 BT-Drucks. 18/6220, S. 92.

402 *Market Abuse Regulation*, in Kraft getreten am 03.07.2016, im Folgenden MAR.

der anzubietenden Gegenleistung, sondern stattdessen der Unternehmenswert, der dann zur Gewährleistung eines effektiven Anlegerschutzes bestimmt werden muss, da nicht oder falsch veröffentlichte Informationen regelmäßig einen großen Einfluss auf die Aussagekraft des Börsenkurses haben können und die Anleger folglich ansonsten nicht ausreichend geschützt wären.[403] Der Anleger ist in diesem Fall, abweichend von § 37b bzw. § 37c WpHG nicht auf die Geltendmachung eines Schadensersatzanspruchs angewiesen.[404]

3. *Rückausnahme in § 39 Abs. 3 S. 3 2. Hs. BörsG*

Sollte ein Verstoß gegen Art. 17 bzw. Art. 15 MAR nur geringfügige Auswirkungen auf den durchschnittlichen Börsenkurs gehabt haben, bemisst sich die Abfindung gemäß § 39 Abs. 3 S. 3 2. Hs. BörsG trotz des Verstoßes nach dem durchschnittlichen Börsenkurs und nicht nach dem Unternehmenswert. Die Durchführung einer Unternehmensbewertung ist demnach nur erforderlich, wenn der Verstoß wesentliche Auswirkungen auf den durchschnittlichen Börsenkurs der letzten sechs Monate gehabt hat.

Eine Unternehmensbewertung ist gemäß § 39 Abs. 3 S. 4 BörsG ferner vorzunehmen, wenn kumulativ innerhalb der letzten sechs Monate vor der Veröffentlichung nach § 10 Abs. 1 S. 1 oder § 35 Abs. 1 S. 1 WpÜG „an weniger als einem Drittel der Börsentage Börsenkurse festgestellt worden" sind und „mehrere nacheinander festgestellte Börsenkurse um mehr als 5 Prozent voneinander" abweichen, also innerhalb der für die Berechnung maßgeblichen Zeitspanne eine sogenannte Marktenge vorgelegen hat.[405]

4. *Entbehrlichkeit des Erwerbsangebots bei einem partiellen Delisting*

Gemäß § 39 Abs. 2 Nr. 2 BörsG ist ein Widerruf auch ohne ein Übernahmeangebot zulässig, wenn „die Wertpapiere weiterhin zugelassen sind a) an einer anderen inländischen Börse zum Handel im regulierten Markt oder b) in einem anderen Mitgliedstaat der Europäischen Union oder in einem anderen Vertragsstaat des Abkommens über den Europäischen Wirtschaftsraum zum Handel an einem organisierten Markt, sofern für einen Widerruf der Zulassung zum Handel an diesem Markt Nummer 1 oder Nummer 2 entsprechende Voraussetzungen gelten."

5. *Bekanntmachung*

Der Zulassungswiderruf wird im Übrigen nicht sofort wirksam. Gemäß § 39 Abs. 5 S. 1 BörsG hat die Geschäftsführung den Widerruf unverzüglich im Internet zu veröffentlichen. Der Zeitraum zwischen Veröffentlichung und Wirksamkeit des

---

403 BT-Drucks. 18/6220, S. 92.
404 BT-Drucks. 18/6220, S. 93.
405 Entspricht der Regelung in § 5 Abs. 4 WpÜG-AngVO. Dazu: *Krause,* in: Assmann/Pötzsch/Schneider, WpÜG, § 5 WpÜG-AngVO Rn. 20 ff.

Widerrufs kann gemäß § 39 Abs. 5 S. 2 BörsG, abhängig von den Bestimmungen der jeweiligen Börsenordnung, bis zu zwei Jahre betragen. Hierin liegt eine Abweichung zu § 43 Abs. 1 VwVfG, nach dem ein Verwaltungsakt wirksam wird, sobald er dem Betroffenen bekannt gegeben wird.

6. *Rückwirkende Geltung*

Die Neuregelung in § 39 BörsG n.F. erstreckt sich auf alle Delisting-Anträge, die nach dem Inkrafttreten von § 39 Abs. 2 bis 6 BörsG gestellt worden sind. Von Unternehmen, die nach dem 07.09.2015 und vor dem 26.11.2015 ihren Widerrufsantrag gestellt haben und unter die Übergangsvorschrift des § 52 Abs. 9 BörsG fallen, kann die Angebotsunterlage auch erst nach Antragstellung veröffentlicht werden.[406] Begründet wurde diese echte Rückwirkung vom Finanzausschuss dahin gehend, dass spätestens seit der öffentlichen Anhörung im Finanzausschuss für die rückzugswilligen Emittenten kein Vertrauensschutz mehr bestand.[407]

F. Bewertung

Die Neufassung des regulären Delistings in § 39 Abs. 2 bis 6 BörsG ist grundsätzlich zu begrüßen. Sie bewirkt zukünftig größere Rechtssicherheit hinsichtlich der anlegerschützenden Voraussetzungen sowohl für den Emittenten als auch für die Aktionäre, weil durch die neue Regelung für beide Parteien künftig zumindest kalkulierbar ist, dass dem Aktionär ein Kaufangebot für seine Aktien zu unterbreiten ist, das sich im Grundsatz am durchschnittlichen Börsenkurs der letzten sechs Monate bemisst. Die Entscheidung des Gesetzgebers, für die Berechnung der Abfindungshöhe den durchschnittlichen Börsenkurs heranzuziehen, liegt auf einer Linie mit der DAT/Altana-Entscheidung des BVerfG, die ebenfalls den Börsenkurs zur gesellschaftsrechtlichen Abfindungsbemessung herangezogen hat.[408] Mit der Festlegung des Börsenkurses als maßgeblichem Abfindungsbetrag statt als bloßer Untergrenze für das Erwerbsangebot folgt der Gesetzgeber der überwiegenden Auffassung in der Literatur.[409]

Bei dem freiwilligen Rückzug aus dem regulierten Markt handelt es sich jedoch keineswegs, wie aber vom Gesetzgeber durch die Regelung im BörsG indiziert, allein um einen kapitalmarktrechtlichen Vorgang. Es ist zutreffend, dass der Aktionär auf die Börsennotierung der Gesellschaft keinen Anspruch hat und der Börsenrückzug sich grundsätzlich auch nicht auf seine Mitgliedschaft in der Gesellschaft auswirkt. Nicht

---

406 *Mense/Klie*, DStR 2015, 2782, 2784.

407 BeschlussE des Finanzausschusses, BT-Drucks. 18/6220, S. 87.

408 BVerfGE 100, 289, 305 (DAT/Altana).

409 *Busse von Colbe*, in: Festschrift für Lutter, 2000, S. 1064, 1065; *Müller*, in: Festschrift für Bezzenberger, 2000, S. 714 ff.; *Mülbert*, in: Festschrift für Hopt, 2010, S. 1067. a.A. *Ruthardt/Hachmeister*, Corporate Finance 2014, 174, wonach der Börsenkurs nur eine Untergrenze der Abfindung sein kann.

unberücksichtigt gelassen werden darf aber die Tatsache, dass der Aktionär durch die Delisting-Ankündigung einen Wertverlust erleidet, dem er nur dadurch begegnen kann, dass er das Kaufangebot des Bieters annimmt und damit seine mitgliedschaftliche Stellung in der Gesellschaft aufgibt.[410] Der Aktionär ist somit nicht nur in seiner Funktion als Kapitalanleger betroffen, sondern auch in seiner mitgliedschaftlichen Stellung. Dies wurde durch bei der Neufassung von § 39 Abs. 2 bis 6 BörsG vom Gesetzgeber nicht ausreichend berücksichtigt, weil diese Regelung sich allein auf den Ausgleich der weggefallenen Handelsmöglichkeit über den regulierten Markt konzentriert.

Aus systematischer Sicht wäre eine Normierung im Aktiengesetz oder seinen Nebengesetzen wünschenswert gewesen.[411] Schließlich geht es bei der Regelung des freiwilligen Börsenrückzugs nicht primär um die Organisation der Börse, sondern um die Gewährleistung des Anlegerschutzes.[412] § 39 Abs. 2 BörsG stellt außerdem die einzige Abfindungsregelung im Börsengesetz dar, im Gegensatz zu den Abfindungspflichten die für kompensationspflichtige Strukturmaßnahmen gelten, die im Aktiengesetz und im Umwandlungsgesetz normiert sind (vgl. § 29 Abs. 1 S. 1 UmwG, §§ 305, 320b, 327b AktG). Der Gesetzgeber unterläuft mit der Neufassung von § 39 BörsG „das Regelungssystem aller kompensationspflichtigen Strukturmaßnahmen."[413]

Der Gesetzgeber hat den Versuch unternommen, eine Mittellösung zwischen Anlegerschutz und Funktionsschutz des Marktes zu finden, die jedoch aus mehreren Gründen unbefriedigend ist. Einerseits verlangt er zur Wahrung des Anlegerschutzes ein Abfindungsangebot an die Minderheitsaktionäre und setzt das Delisting an dieser Stelle mit einer abfindungspflichtigen Strukturmaßnahme gleich, andererseits haben die Aktionäre keine gesetzlich fixierten Teilhaberechte, die ihnen eine Beteiligung an der Entscheidung über den Rückzug von der Börse ermöglichen.[414] Auch inhaltlich bleibt die neue Vorschrift an mehreren Stellen, was im Folgenden gezeigt wird, zu ungenau.

I. Dogmatische Einordnung von § 39 BörsG n.F.

Die durch § 39 Abs. 3 BörsG n.F. statuierte Abfindungspflicht folgt aus systematischer Sicht auf den ersten Blick den Regelungen zum Squeeze-out (§§ 327 a ff. AktG) und § 29 Abs. 1 S. 1 Hs. 1 UmwG, dem sog. kalten Delisting, indem sie für den Verlust der Börsennotierung eine Ausgleichszahlung an die ausscheidenden Aktionäre vorsieht, um deren Verlust in Bezug auf die faktische Veräußerungsmöglichkeit ihrer Aktien auszugleichen. Auf den zweiten Blick wird indes eine fehlende Abstimmung mit den Abfindungsangeboten bei Strukturmaßnahmen sichtbar. Das liegt unter anderem an der fehlenden Harmonisierung von § 39

410 *Koch/Harnos*, NZG 2015, 729, 730.
411 *Hammen*, ZBB 2016, 398, 402.
412 *Hammen*, ZBB 2016, 398, 402.
413 Delisting: Stellungnahme der Verbraucherzentrale für Kapitalanleger (VzfK) zum Änderungsvorschlag von CDU/CSU und SPD vom 21. September 2015.
414 *Goetz*, BB 2015, 2691, 2693.

BörsG mit den Vorschriften zum Squeeze-out und zu den Erscheinungsformen des sog. kalten Delisting. Bei diesen Strukturmaßnahmen ist zur Berechnung der Abfindungshöhe eine Unternehmensbewertung erforderlich. Einerseits betont der Gesetzgeber durch den Verweis in § 39 Abs. 3 S. 2 BörsG die sachliche Nähe des Delisting zum Übernahmerecht, andererseits entscheidet er sich nicht wie bei übernahmerechtlichen Vorschriften üblich für eine Unternehmensbewertung zur Berechnung der Angebotsunterlage.[415] In der Gesetzesbegründung zum WpÜG hat der Gesetzgeber die Vergleichbarkeit von Übernahme und Umwandlung betont[416], sodass es folgerichtig gewesen wäre, Strukturmaßnahmen wie die Umwandlung und Übernahmen (und das reguläre Delisting) bezüglich der Abfindungsberechnung gleich zu behandeln und in § 39 Abs. 2 BörsG von einer angemessenen Abfindung zu sprechen, anstatt von einer Angebotsunterlage nach § 31 WpÜG.[417] Daneben stellt § 39 Abs. 2 BörsG weitaus höhere Anforderungen an die Wahrung des Anlegerschutzes bei einem freiwilligen Börsenrückzug, als es § 39 Abs. 1 BörsG für ein Delisting von Amts wegen erfordert.

II. Gleichbehandlung von Delisting und Downlisting

Anknüpfungspunkt für die Abfindungspflicht ist der Rückzug aus dem regulierten Markt. § 39 Abs. 2 BörsG differenziert nicht danach, ob ein reguläres Delisting oder ein bloßes Downlisting stattfindet. Die Pflicht zur Unterbreitung eines Kaufangebots in § 39 Abs. 2 und 3 BörsG gilt sowohl für ein reguläres Delisting als auch für den Wechsel vom regulierten Markt in ein Freiverkehrssegment, das sog. Downlisting.

Die Aktionäre verlieren durch ein vollständiges Delisting die Möglichkeit, ihre Aktien an der Börse als einem organisierten Markt i.S.v. § 2 Abs. 5 WpHG zu veräußern, was grundsätzlich eine Abfindungspflicht rechtfertigt. Je geringer der Eingriff in die Rechte der Aktionäre ist, desto weniger schutzwürdig sind sie. Dem folgt auch der Gesetzgeber in § 39 BörsG n.F., indem er eine Abfindungspflicht nur für den vollständigen Rückzug aus dem organisierten Markt statuiert. Ein Downgrading, also ein Wechsel innerhalb des regulierten Marktes, greift nur geringfügig in die Aktionärsinteressen ein, sodass eine Abfindung an dieser Stelle entbehrlich ist.

Anders sieht es für den Wechsel vom regulierten Markt in ein Segment des Freiverkehrs aus. Der Gesetzgeber differenziert in § 39 Abs. 2 BörsG nicht zwischen dem völligen Börsenrückzug und dem Wechsel in ein Freiverkehrssegment. Deshalb ist er auch nicht der oberlandesgerichtlichen Rechtsprechung gefolgt, die für einen Wechsel vom regulierten Markt in ein qualifiziertes Freiverkehrssegment weder ein Abfindungsangebot noch einen Hauptversammlungsbeschluss zum Schutz der Minderheitsaktionäre für erforderlich gehalten hat.[418] Erfolgte im Anschluss

415 *Harnos*, ZHR 179 (2015), 750, 759.

416 Reg-Begr. WpÜG, BT-Drucks. 14/7034, S. 55.

417 *Harnos*, ZHR 179 (2015), 750, 759 f.

418 LG München, NZG 2007, 951 f.; OLG München, NZG 2008, 755, 757 f.; KG Berlin, NZG 2009, 752.

jedoch ein Downgrading vom qualifizierten in den einfachen Freiverkehr, wurden die Macrotron-Grundsätze zum Schutz der Aktionäre schlussendlich doch angewendet.[419] Für die Zukunft erübrigt sich eine Unterscheidung zwischen regulärem Delisting und Downlisting, da beide Gestaltungsmöglichkeiten vom Gesetz gleich behandelt werden, indem in beiden Konstellationen eine Abfindungspflicht besteht.

Fraglich ist, inwieweit es aus Anlegerschutzgesichtspunkten erforderlich ist, für jede Art des Rückzugs vom regulierten Markt eine Abfindungspflicht insbesondere eine Abfindungspflicht bei einem Wechsel vom regulierten Markt in den qualifizierten Freiverkehr zu statuieren. Für eine Abfindungspflicht bei einem Wechsel vom regulierten Markt in ein Freiverkehrssegment spricht, dass so die Umgehung der Abfindungspflicht verhindert wird. Wäre der Wechsel in den Freiverkehr nicht abfindungspflichtig, könnte der Emittent zunächst abfindungsfrei in ein Freiverkehrssegment wechseln um sich anschließend abfindungsfrei aus dem Freiverkehr zurückzuziehen. Außerdem knüpft eine Vielzahl von Vorschriften aus dem AktG, dem WpHG (§§ 21 ff. WpHG) und den Vorschriften des WpÜG, die dem Schutz der Aktionäre dienen, an die Zulassung zum Handel in einem regulierten Markt an.

Gegen die Abfindungspflicht bei einem Wechsel vom regulierten Markt jedenfalls in den qualifizierten Freiverkehr spricht jedoch, dass zumindest im qualifizierten Freiverkehr die Liquidität der Aktien weiterhin gegeben ist, sodass das Argument der Ausgleichsfunktion der Abfindung wegen einer faktischen Erschwerung der Veräußerungsmöglichkeit in diesem Fall nicht greift.[420] Empirische Studien haben zudem gezeigt, dass die Ankündigung eines Downlistings nicht zwingend mit negativen Kapitalmarktreaktionen einhergeht.[421] Auch das Argument, im Freiverkehr bestehe ein niedrigeres Schutzniveau, hat sich spätestens mit dem Inkrafttreten der Marktmissbrauchsverordnung im Juli 2016 erledigt. Schon zuvor waren Auswirkungen eines niedrigen Schutzniveaus auf den Anlegerschutz empirisch nicht nachweisbar.[422]

III. Das Widerrufsverfahren

Das börsenrechtliche Marktentlassungsverfahren wird durch den Antrag des Emittenten auf Widerruf der Börsenzulassung gemäß § 39 Abs. 2 S. 1 BörsG eingeleitet. Für die Antragstellung ist gemäß §§ 78 Abs. 1, 82 AktG der Vorstand der Aktiengesellschaft zuständig. Bereits vor der Antragstellung sind die Informationspflichten der §§ 30 a bis g WpHG zu beachten. Über den Antrag auf Zulassungswiderruf

---

419 Für eine Anwendung der Macrotron-Grundsätze: *Habersack*, ZHR 176 (2012), 463, 465; *Seibt/Wollenschläger*, AG 2009, 807, 815 f.; *Holzborn/Hilpert*, WM 2010, 1347, 1352.

420 So bereits nach der Macrotron-Entscheidung: OLG München, NUG 2008, 755, 756 – Lindner II (m: access); KG, NZG 2009, 752, 753 (Entry Standard); ebenso *Feldhaus*, BB 2008, 1307; *Goslar*, EWiR 2008, 461, 462; *Linnerz*, EWiR 2009, 603; *Seibt/Wollenschläger*, AG 2009, 807, 811; *Rubel/Kunz*, AG 2011, 399, 404 ff.; *Heldt/Royé*, AG 2012, 660 ff.

421 *Karami/Schuster*, Corporate Finance 2016, 106, 113.

422 *Karami/Schuster*, Corporate Finance 2016, 106, 114.

entscheidet gemäß § 39 Abs. 2 S. 1 BörsG die Geschäftsführung der jeweiligen Börse. Aus dem Wortlaut von § 39 Abs. 2 BörsG („Die Geschäftsführung kann die Zulassung [...] auf Antrag des Emittenten widerrufen") ergibt sich, dass der Emittent kein Recht auf den Widerruf der Zulassung hat, sondern die Börse den Antrag auch ablehnen kann. Die Geschäftsführung trifft keine Pflicht, die Zulassung zu widerrufen.[423] Sie darf die Zulassung gemäß § 39 Abs. 2 S. 2 BörsG nur widerrufen, wenn der Anlegerschutz einem Widerruf nicht entgegensteht.

1. *Veröffentlichung nach § 10 Abs. 1 S. 1 WpÜG oder § 35 Abs. 1 S. 1 WpÜG*

Wesentliches Kriterium zur Wahrung des Anlegerschutzes ist die Unterbreitung eines Kaufangebots an die Aktionäre. Der Bieter hat die Entscheidung zur Abgabe eines Angebots gemäß § 10 Abs. 1, Abs. 3 WpÜG (ggf. i.V.m. § 35 WpÜG) zu veröffentlichen, nachdem er seine Entscheidung gemäß § 10 Abs. 2 WpÜG der Geschäftsführung der Börse und der BaFin mitgeteilt hat. Die Absichtserklärung des Bieters stellt noch keine rechtsgeschäftliche Willenserklärung dar, sodass aus der Absichtserklärung keine Ansprüche der Aktionäre auf die Durchführung des Angebots bestehen.[424] Die Entscheidung zur Abgabe eines Angebots ist selbst noch kein Angebot.[425] Anschließend muss der Bieter seine Entscheidung zur Abgabe eines Angebots in deutscher Sprache im Internet und über ein elektronisch betriebenes Informationsverbreitungssystem der Bereichsöffentlichkeit zugänglich machen (vgl. § 10 Abs. 1 S. 1 i.V.m. Abs. 3 S. 1 WpÜG). Der Bieter hat die Veröffentlichung nach § 10 Abs. 3 WpÜG unverzüglich der Börsengeschäftsführung und der BaFin zu übermitteln (vgl. § 10 Abs. 4 WpÜG). Ebenfalls unverzüglich nach der Veröffentlichung gemäß § 10 Abs. 3 WpÜG hat der Bieter, wenn er nicht identisch mit dem Emittenten ist, unverzüglich der Zielgesellschaft seine Entscheidung zur Abgabe eines Angebots schriftlich mitzuteilen (vgl. § 10 Abs. 5 WpÜG). Der Zeitpunkt der Veröffentlichung nach § 10 Abs. 1 S. 1 WpÜG oder § 35 Abs. 1 S. 1 WpÜG ist maßgeblich für den Beginn der sechsmonatigen Referenzperiode zur Berechnung des durchschnittlichen Börsenkurses (vgl. § 39 Abs. 3 S. 2 BörsG).

Umstritten ist, welche Informationen der Bieter zum Zeitpunkt der Mitteilung nach § 10 WpÜG oder nach § 35 WpÜG bekannt geben muss.[426] Mindestens mitgeteilt werden muss jedoch die Entscheidung zur Abgabe eines Angebots bzw. die Erlangung der Kontrolle über die Zielgesellschaft.[427]

Der beabsichtigte Zulassungswiderruf muss dem Wortlaut der Vorschriften nach nicht schon zum Zeitpunkt der Ankündigung nach § 10 beziehungsweise § 35

---

423 *Wilsing/Kruse,* NZG 2002, S. 807, 808 f.

424 *Assmann,* in: Assmann/Pötzsch/Schneider, WpÜG, § 10 Rz. 11; *Hirte,* in: KölnKomm. WpÜG, 2. Aufl. 2010, § 10 Rn 23; *Hassan/Sohbi* in: Heidel, § 10 WpÜG Rn. 3; *Oechsler,* ZIP 2003, 1330, 1333.

425 *Hassan/Sohbi* in Heidel, § 10 WpÜG Rn. 3.

426 *Assmann,* in: Assmann/Pötzsch/Schneider, WpÜG, § 10 Rn. 45 ff. m.w.N.; *Wackerbarth,* in: MüKo AktG, Bd. 6, 4. Aufl. 2016, § 10 WpÜG Rz. 59.

427 *Assmann,* in: Assmann/Pötzsch/Schneider, WpÜG, § 10 Rn. 45.

WpÜG mitgeteilt werden. Ebenfalls nicht mitgeteilt werden müssen Art und Höhe der Gegenleistung.[428] An dieser Stelle stellt sich die Frage, ob bereits feststehende Eckdaten des Angebots schon zum Zeitpunkt der Veröffentlichung der Entscheidung zur Abgabe eines Angebots mitgeteilt werden müssen, weil es sich um Insiderinformationen gemäß § 15 WpHG handelt.[429] Gemäß § 10 Abs. 6 WpÜG findet § 15 WpHG keine Anwendung auf die Entscheidung zur Abgabe eines Angebots. Das bedeutet im Umkehrschluss, dass § 10 WpÜG nur solche Tatsachen privilegiert, die die Veröffentlichung nach § 10 Abs. 1 WpÜG betreffen.[430] Alle außerhalb der Entscheidung zur Abgabe eines Angebots liegenden Umstände unterliegen der Ad hoc-Publizitätspflicht nach § 15 WpHG.[431] Andere Insiderinformationen, die geeignet sind, den Kurs zu beeinflussen, sind von der Veröffentlichungspflicht nicht ausgenommen.[432] Die Entscheidung, ob ein Delisting-Angebot nach § 39 Abs. 3 BörsG oder ein Übernahmeangebot beabsichtigt wird, ist dazu geeignet, den Börsenkurs zu beeinflussen, sodass aufgrund der Gefahr eines Verstoßes gegen § 15 WpHG bereits in der Ankündigung mitgeteilt werden sollte, um welche Art des Angebots es sich handeln wird.

Zudem wird ein Manipulationspotenzial für den Bieter geschaffen, der sich theoretisch erst nach der Ankündigung, ein Angebot abgeben zu wollen, entscheiden kann, ob er ein Angebot nach § 39 Abs. 3 BörsG mit sechsmonatigem Referenzzeitraum oder ein Angebot mit dreimonatigem Referenzzeitraum abgeben will. Das hat eine Verunsicherung des Marktes in dem Zeitraum zwischen Ankündigung und tatsächlichem Angebot zur Folge, da nicht klar ist, ob es sich um ein den Börsenkurs positiv beeinflussendes Übernahmeangebot oder ein den Börsenkurs sinken lassendes Delisting-Angebot handelt. Das spricht dafür, bereits in der Veröffentlichung nach § 10 oder § 35 WpÜG angeben zu müssen, ob es sich um ein Delisting-Angebot gemäß § 39 Abs. 3 BörsG handelt oder nicht. Das gebietet das Verbot der Marktmanipulation gemäß § 20a WpHG.[433]

2. Erstellung der Angebotsunterlage

Im Anschluss an die Veröffentlichung, ein Angebot abgeben zu wollen, ist die Angebotsunterlage gemäß § 11 WpÜG i.V.m. § 2 WpÜG-AngVO zu erstellen. Für die Erstellung der Angebotsunterlage gelten die Spezifikationen aus § 39 Abs. 3 BörsG. Der Bieter hat gemäß § 13 WpÜG sicherzustellen, dass die Finanzierung der Gegenleistung gewährleistet ist. Für die Berechnung der anzubietenden Gegenleistung gelten gemäß § 39 Abs. 3 S. 2 BörsG in Verbindung mit § 31 Abs. 7 WpÜG die §§ 3

---

428 *Wackerbarth,* in: MüKo AktG, Bd. 6, § 10 WpÜG Rn. 68.

429 *Hassan/Sohbi,* in: Heidel, Aktienrecht, § 10 WpÜG, Rn. 12.

430 *Assmann,* in: Assmann/Pötzsch/Schneider, WpÜG, § 10 Rn. 78; *Hirte,* in: KölnKomm. WpÜG, § 10 Rz. 100; *Sohbi* in: Heidel, § 12 WpÜG.

431 *Assmann,* in: Assmann/Pötzsch/Schneider, WpÜG, § 10 Rn. 78.

432 *Assmann,* in: Assmann/Pötzsch/Schneider, WpÜG, § 10 Rn. 78.

433 *Wackerbarth,* WM 2016, 385, 386.

bis 7 WpÜG-AngVO entsprechend. In der Angebotsunterlage muss der Bieter entsprechend § 2 Nr. 7 a WpÜG-AngVO Angaben zum bevorstehenden Widerruf der Zulassung machen und die Anleger ausdrücklich auf die mögliche Einschränkung der Handelbarkeit und mögliche Kursverluste hinweisen. Der Wortlaut von § 2 Nr. 7a WpÜG-AngVO schließt nicht aus, dass der Bieter lediglich eine gewisse Wahrscheinlichkeit für die Abgabe der Widerrufserklärung angibt.[434] Das Angebot bleibt auch wirksam, wenn der Emittent später keinen Antrag auf Widerruf der Zulassung stellt. Hinsichtlich des Zeitpunkts des Abfindungsangebots ist zu beachten, dass die Angebotsunterlage vor Stellung des Delisting-Antrags veröffentlicht worden sein muss. Nicht erforderlich ist, dass das Abfindungsangebot zum Zeitpunkt der Stellung des Delisting-Antrags schon vollzogen worden ist.[435] Innerhalb von vier Wochen nach der Veröffentlichung ist die Angebotsunterlage vom Bieter an die BaFin zu übermitteln (vgl. § 14 Abs. 1 WpÜG).

3. *Veröffentlichung des Erwerbsangebots*

Die neue Regelung lässt offen, zu welchem Zeitpunkt vor der Antragstellung auf Widerruf der Zulassung das Erwerbsangebot zu veröffentlichen ist. An dieser Stelle weichen der Gesetzeswortlaut und die Gesetzesbegründung voneinander ab. Dem Wortlaut des Gesetzes nach ist es ausreichend, wenn bei Antragstellung eine Angebotsunterlage veröffentlicht worden ist (vgl. § 39 Abs. 2 S. 2 Nr. 1 BörsG). Nach der Gesetzesbegründung handelt es sich bei dem aktuellen Erwerbsangebot hingegen selbst um eine Zulässigkeitsvoraussetzung für den Delisting-Antrag.[436] Fraglich ist, ob es ausreichend ist, wenn das Erwerbsangebot zum Zeitpunkt der Antragstellung veröffentlicht ist, oder ob das Übernahmeangebot bereits erfolgreich beendet worden ist.[437] Im Vorfeld der gesetzlichen Neuregelung wurde diskutiert, ob die Abfindungspflicht entfallen sollte, wenn innerhalb von sechs Monaten vor Stellung des Delisting-Antrags ein Übernahmeangebot erfolgreich durchgeführt wurde.[438] Da sich der Gesetzgeber gegen eine solche Regelung entschieden hat, liegt es im konkreten Fall nahe anzunehmen, dass ein veröffentlichtes Angebot vorliegen muss, das bei Stellung des Delisting-Antrags noch nicht beendet worden ist.[439]

4. *Inhaltliche Prüfung der Angebotsunterlage*

Der Delisting-Antrag darf erst gestellt werden, wenn eine Angebotsunterlage nach § 14 Abs. 2 WpÜG veröffentlicht worden ist. Die Überprüfung der Angebotsunterlage wird nach dem Willen des Gesetzgebers von der BaFin übernommen. Die BaFin prüft nach, ob „die nach § 31 WpÜG zu gewährende Gegenleistung nicht gemäß

---

434 *Wackerbarth,* WM 2016, 385, 386.
435 BaFin Journal, Januar 2016, 23, 24.
436 BT-Drucks. 18/6220, S. 92.
437 Dazu: *Bungert/Leyendecker-Langner,* ZIP 2016, 49, 52.
438 *Bayer,* ZfPW 2015, 165, 220; *Bayer,* NZG 2015, 1169, 1171.
439 *Bungert/Leyendecker-Langner,* ZIP 2016, 49, 52; *Groß,* AG 2015, 812, 817.

§ 15 WpÜG untersagt wurde und damit nicht offensichtlich unangemessen ist und eine entsprechende Finanzierungsbestätigung vorliegt."[440]

a) Überprüfung der Angebotsunterlage durch die BaFin

Bei der Überprüfung der Angebotsunterlage untersucht die BaFin, ob der Börsenkurs zutreffend berechnet worden ist.[441] Außerdem überprüft sie, ob eine Marktenge vorliegt, die die Durchführung einer Unternehmensbewertung erforderlich machen würde. Sobald die BaFin die Angebotsunterlage gestattet hat oder eine Untersagung des Angebots nicht innerhalb von zehn Werktagen erfolgt ist, ist die Angebotsunterlage unverzüglich zu veröffentlichen (vgl. § 14 Abs. 2, Abs. 3 WpÜG).

b) Prüfungskompetenz der Börsengeschäftsführung

Der Börsengeschäftsführung kommt hinsichtlich der Überprüfung des Antrags auf Zulassungswiderruf nur eine eingeschränkte Prüfungskompetenz zu.[442] Wird ein Antrag auf ein vollständiges Delisting gemäß § 39 Abs. 3 BörsG gestellt, prüft die Geschäftsführung, ob gleichzeitig mit der Antragstellung ein Angebot nach § 39 Abs. 2 S. 3 Nr. 1 BörsG veröffentlicht worden ist. Wenn es sich um ein partielles Delisting handelt, wird der Emittent einen entsprechenden Antrag auf Widerruf der Zulassung gemäß § 39 Abs. 2 S. 3 Nr. 2 lit. a oder § 39 Abs. 2 S. 3 Nr. 2 lit. b BörsG stellen. Die Geschäftsführung muss dann prüfen, ob ein Angebot an die Minderheitsaktionäre entbehrlich ist, weil einer der in § 39 Abs. 2 S. 3 Nr. 2 BörsG genannten Ausnahmetatbestände vorliegt, ob also die Wertpapiere weiterhin an einer inländischen Börse zum Handel im regulierten Markt oder dem europäischen Äquivalent in einem Vertragsstaat des Abkommens über den Europäischen Wirtschaftsraum zugelassen sind, wenn dort für den Zulassungswiderruf § 39 Abs. 2 Nr. 1 oder Nr. 2 BörsG entsprechende Voraussetzungen bestehen. Für die Geschäftsführung wird unproblematisch möglich sein herauszufinden, ob eine weitere Zulassung an einer inländischen Börse vorliegt. Deutlich schwieriger wird sich die Untersuchung bei einem Antrag nach § 39 Abs. 2 Nr. 2 b) BörsG gestalten, da die Geschäftsführung prüfen muss, ob der Emittent nach dem Widerruf der Zulassung weiterhin an einer EU-/EWR-Börse zugelassen ist und wenn das zutreffen sollte, ob an dieser Börse dem regulierten Markt in Deutschland entsprechende Schutzstandards herrschen.[443]

Aus § 39 Abs. 6 BörsG, wonach im Hinblick auf die Anforderungen von § 39 Abs. 3 BörsG die Rechtmäßigkeit des Widerrufs unberührt bleibt, ergibt sich eine erhebliche Einschränkung der Prüfungskompetenz dahin gehend, dass eine Überprüfung der Abfindungshöhe durch die Geschäftsführung nicht stattfindet. Die Überprüfung der Angemessenheit der Angebotsunterlage ist der BaFin und nicht

440 BT-Drucks. 18/6220, S. 94.
441 BT-Drucks. 18/6220, S. 94.
442 *Mense/Klie*, DStR 2015, 2782, 2785 f.
443 *Harnos*, ZHR 179 (2015), 750, 775.

der Geschäftsführung zugewiesen. Die Geschäftsführung entscheidet durch Verwaltungsakt, dass die Zulassung zum regulierten Markt widerrufen wird.

Fraglich ist, ob es sich bei der Entscheidung der Geschäftsführung um eine gebundene Entscheidung handelt oder die Geschäftsführung die Widerrufsentscheidung nach pflichtgemäßem Ermessen trifft.[444] Bis zur Neufassung von § 39 Abs. 2 bis 6 BörsG enthielt § 39 Abs. 2 BörsG a.F. eine Generalklausel, die den Widerruf der Börsenzulassung nur zuließ, wenn der Widerruf nicht dem Anlegerschutz widersprach, wobei die Vorschrift für die inhaltliche Ausgestaltung des Anlegerschutzes auf die einzelnen Börsenordnungen verwies. Bei einer so offen gehaltenen Regelung und den infolgedessen unterschiedlich ausgestalteten Anlegerschutzklauseln in den Börsenordnungen konnte es sich nicht um eine gebundene Entscheidung handeln, sondern um eine Entscheidung, die der Geschäftsführung eigene Zweckmäßigkeitserwägungen abverlangte.[445] Anders sieht es seit der Neufassung von § 39 Abs. 2 bis 6 BörsG aus. Zwar wird weiterhin für einen erfolgreichen Zulassungswiderruf die Wahrung des Anlegerschutzes verlangt. Im Unterschied zur Vorgängervorschrift konkretisiert die neue Regelung jedoch die Anforderungen an den Anlegerschutz. Der Geschäftsführung bleibt nach dem Wortlaut kein Spielraum für eigene Ermessenserwägungen, sodass sie dem Emittenten den Widerruf der Zulassung nicht verweigern darf, wenn die in § 39 Abs. 2 BörsG genannten Voraussetzungen erfüllt wurden.[446] Es handelt sich folglich nicht länger um eine Ermessensentscheidung, sondern um eine gebundene Entscheidung.

IV. Umgehungspotenzial/Gestaltungsmöglichkeiten durch ein Delisting-Angebot

Beabsichtigt der Bieter eine Übernahme, gewinnt er durch das Delisting-Angebot eine weitere Möglichkeit, die Aktien der Minderheitsaktionäre zu erwerben. Der Bieter kann unabhängig von der Zustimmung des Vorstands den Minderheitsaktionären ein Kaufangebot unterbreiten, ohne die Gesellschaft vorher über seine Absichten zu informieren. Gleichzeitig kann er die Gesellschaft nicht dazu verpflichten, im Anschluss an das Kaufangebot den Zulassungswiderruf zu beantragen.[447] Der Bieter ist jedoch umgekehrt auch dann an sein Kaufangebot gebunden, wenn der Vorstand den Zulassungswiderruf nicht beantragt.[448] Wegen der Regelung in § 39 Abs. 3 BörsG besteht zukünftig ein gewisses Umgehungspotenzial, da ein potenzieller Bieter sich frei entscheiden kann, ob er ein Pflichtangebot anhand des dreimonatigen Börsendurchschnittskurses oder ein Kaufangebot anhand des sechsmonatigen Börsendurchschnittskurses unterbreiten will, in Abhängigkeit da-

444 *Harnos*, ZHR 179 (2015), 750, 775.
445 *Harnos*, ZHR 179 (2015), 750, 775.
446 *Brellochs*, Stellungnahme Finanzausschuss, S. 20; *Groß*, AG 2015, 812, 815; *Harnos*, ZHR 179 (2015), 750, 776; *Koch/Harnos*, NZG 2015, 729, 731.
447 *Wackerbarth*, WM 2016, 385.
448 *Wackerbarth*, WM 2016, 385.

von, welche Berechnungsmethode einen geringen Kostenaufwand zur Folge hat.[449] Diese Möglichkeit besteht jedenfalls, solange der Bieter das Angebot nicht mit einer Bedingung gemäß § 18 WpÜG verknüpft, sonst bleibt ihm nur die Variante eines Pflichtangebots nach dem WpÜG.[450]

V. Bedingungsfeindlichkeit des Angebots

Das Angebot ist gemäß § 39 Abs. 3 S. 1 BörsG bedingungsfeindlich. Es darf insbesondere weder unter die Bedingung eines Beschlusses der Gesellschafterversammlung des Bieters gestellt, noch vom Erreichen einer bestimmten Mindestannahmequote abhängig gemacht werden.[451] Fraglich ist, ob dieses Bedingungsverbot unter bestimmten Umständen eingeschränkt werden kann.[452] Eine Einschränkung ist insbesondere im Hinblick darauf sinnvoll, dass es dem Bieter möglich sein sollte, sein Kaufangebot unter die Bedingung stellen zu dürfen, dass der Vorstand den Widerruf der Zulassung tatsächlich beantragt.[453]

Eine Einschränkung der Bedingungsfeindlichkeit sollte auch zulässig sein, wenn regulatorische Zustimmungen bzw. Freigabeerfordernisse einem Delisting entgegenstehen können, sodass es möglich sein sollte, das Kaufangebot unter die Bedingung der erfolgreichen Freigabeentscheidung zu stellen.[454]

VI. Der Börsenkurs als Berechnungsgrundlage für die Abfindungshöhe

Grundsätzlich bemisst sich das Angebot an die Minderheitsaktionäre nach dem durchschnittlichen Börsenkurs der letzten sechs Monate. In den in § 39 Abs. 3 BörsG genannten Fällen erfolgt stattdessen eine Berechnung der Abfindung nach dem Unternehmenswert.

Der Widerruf der Zulassung zum regulierten Markt ist nur zulässig, wenn den austrittswilligen Aktionären ein Angebot zum Erwerb ihrer Aktien unterbreitet wird (vgl. § 39 Abs. 2 BörsG). Bis zum Ende des Gesetzgebungsprozesses war die Grundlage für die Berechnung der Angebotshöhe umstritten. Diskutiert wurden eine Abfindung in Anlehnung an § 31 WpÜG[455] und eine Abfindung nach dem

---

449 *Wackerbarth,* WM 2016, 385, 386.

450 Da das Angebot gemäß § 39 Abs. 3 S. 1 BörsG bedingungsfeindlich ist.

451 BT-Drucks. 18/6220, S. 93.

452 *Bungert/Leyendecker-Langner,* ZIP 2016, 49, 52 f.; *Kocher/Seiz,* DB 2016, 153, 156; Dagegen: *Wackerbarth,* WM 2016, 385.

453 *Kocher/Seiz,* DB 2016, 153, 156.

454 *Kocher, Seiz,* DB 2016, 153, 156; *Mense/Klie,* DStR 2015, 2782, 2784.

455 *Buckel/Glindemann/Vogel,* AG 2015, 373, 379; *Bungert/Leyendecker-Langner,* DB 2015, 2251, 2254; *Habersack,* Stellungnahme für die Anhörung im Rechtsausschuss am 06.05.2015, S. 6; *Habersack,* JZ 2014, 147, 148 f.; *Noack,* Stellungnahme für die Anhörung im Rechtsausschuss am 06.05.2015, S. 8; *Ruthardt/Hachmeister,* Corporate Finance 2014, 174 ff.;

inneren Unternehmenswert.[456] Der Gesetzgeber hat sich gegen eine Berechnung anhand des inneren Unternehmenswerts und für die Maßgeblichkeit des durchschnittlichen Börsenkurses entschieden, indem er in § 39 Abs. 3 S. 2 BörsG auf § 31 WpÜG verweist, der nach Maßgabe von § 39 Abs. 3 BörsG entsprechend anzuwenden ist. Die wesentliche Abweichung zu der Berechnung nach § 31 WpÜG i.V.m. §§ 3 ff. WpÜG-AngebVO besteht darin, dass der maßgebliche Referenzzeitraum für die Berechnung der Angebotshöhe von drei auf sechs Monate ausgedehnt wird.

Entscheidend für die Heranziehung des durchschnittlichen Börsenkurses war nach der Gesetzesbegründung, dass durch ein Delisting „lediglich die leichtere Handelbarkeit der Aktie" beeinträchtigt wird, wohingegen die Mitgliedschaft der Aktionäre unberührt bleibt.[457] Daher sei es ausreichend, die Höhe der Gegenleistung mittels des durchschnittlichen Börsenkurses zu ermitteln. Eine Berechnung auf Basis einer Unternehmensbewertung sei anders als in den Fällen der Umwandlung oder des Squeeze-outs „im Grundsatz weder geboten noch systemgerecht."[458] Die Gesetzesbegründung stützt sich folglich auf die MVS/Lindner-Entscheidung des BVerfG, die von der Prämisse ausging, dass ein Delisting die Mitgliedschaft der Aktionäre als solche nicht beeinträchtigt, weil zu dem Zeitpunkt der Entscheidung ein Kursverlust nach einer Delisting-Ankündigung nicht empirisch nachgewiesen sei.[459] Die Entscheidung des Gesetzgebers für ein anhand des durchschnittlichen Börsenkurses zu berechnendes Angebot folgt der DAT/Altana-Entscheidung des BVerfG, die den Börsenkurs als Untergrenze für eine Barabfindung bei dem Verlust des Aktieneigentums festgelegt hat, da der Börsenkurs in der Regel den Verkehrswert der in der Aktie verkörperten Mitgliedschaft zutreffend wiedergibt.[460]

Der Gesetzgeber hat sich durch die geschilderte Normierung im BörsG für eine rechtspolitische anstatt einer dogmatischen Lösung entschieden.[461] Für die Abfindung

---

456 *Aders/Muxfeld/Lill,* Corporate Finance 2015, 389, 399; *Bayer,* NZG 2015, 1169, 1174; *Bayer,* ZfPW 2015, 163, 221 f.; *Bayer,* ZIP 2015, 853, 857; *BRAK,* Stellungnahme Nr. 37/2015, S. 8 ff.; *Koch,* Stellungnahme für die Anhörung im Rechtsausschuss am 06.05.2015, S. 7; *Koch/Harnos,* NZG 2015, 729, 732 f.

457 BT-Drucks. 18/6220, S. 92, verweist auf das Urteil MVS/Lindner des BVerfG vom 11. Juli 2012, BVerfGE 132, 99.

458 BT-Drucks. 18/6220, S. 92.

459 BVerfGE 132, 99, 116 (MVS/Lindner).

460 BVerfGE 100, 289, 305 (DAT/Altana); auch der Bezug des Referenzzeitraums auf die Bekanntgabe der Delisting-Entscheidung befindet sich auf einer Linie mit den Entscheidungen der Oberlandesgerichte zur Berechnung der Abfindung in dem Zeitraum, in der das Delisting mit einer Strukturmaßnahme verglichen wurde: OLG Stuttgart, NZG 2007, 111; OLG Stuttgart, NJOZ 2007, 4728; KG, NZG 2007, 71; OLG München, FGPrax 2007, 197; OLG Stuttgart, AG 2008, 783; OLG Düsseldorf, NZG 2009, 1427; OLG Stuttgart, WM 2009, 654; OLG Frankfurt am Main, BeckRS 2010, 11181; BVerfG, NZG 2011, 869; OLG Stuttgart, BeckRS 2011, 24586= NZG 2011, 1346.

461 *Hirte,* Plenarprotokoll 18/127 vom 1. Oktober 2015, S. 12384, 12385: „haben wir uns im Interesse der Verfahrensvereinfachung dafür entschieden, zunächst einmal an

zum Börsenkurs spricht insbesondere dessen leichte Feststellbarkeit. Die Berechnung der Abfindungshöhe anhand des durchschnittlichen Börsenkurses ist jedoch aus mehreren Gründen zu kritisieren.[462] Anders als es der Gesetzgeber angenommen hat, verliert der Aktionär bei einem Delisting nicht nur eine Handelsmöglichkeit, sondern büßt bei Annahme des Abfindungsangebots auch seine Stellung als Gesellschafter ein.[463] Daher stellt das Erwerbsangebot an die Minderheitsaktionäre nicht nur einen Ausgleich für den Fungibilitätsverlust dar, sondern sorgt faktisch für die freiwillige Aufgabe der Gesellschafterstellung durch die Minderheitsaktionäre.[464]

Durch die Bestimmung eines Referenzzeitraums von sechs Monaten und die Festlegung eines fixen Berechnungszeitpunkts soll möglichen Missbräuchen vorgebeugt werden, indem Manipulationsmöglichkeiten durch die Marktteilnehmer reduziert werden.[465] Dem ist jedoch entgegen zu halten, dass sich Manipulationshandlungen auch auf den Durchschnittskurs auswirken. Ein gemittelter Durchschnittskurs erweist sich nur als sinnvoll, um mögliche zufällige Kursschwankungen ausgleichen zu können.[466] Daher erscheint das Mittel der Fristverlängerung, in Abweichung zu der dreimonatigen Frist in § 31 WpÜG, nicht geeignet, um potenzielle Kursmanipulationen auszugleichen.

Gegen eine Abfindung zum durchschnittlichen Börsenkurs der letzten sechs Monate spricht, dass ein Durchschnittskurs weder „dem gleichgewichtigen Börsenkurs vor Bekanntwerden der neuen Information [...] noch dem gleichgewichtigen Börsenkurs nach Bekanntwerden der neuen Information“ entspricht.[467] Der Durchschnittsbörsenkurs kann entweder höher als der Kurs zum Zeitpunkt der Delisting-Ankündigung sein, was einen Nachteil für den Emittenten bedeutet, oder niedriger als zum Zeitpunkt der Delisting-Ankündigung sein, was dem Minderheitenschutz, der mit dieser Regelung bezweckt wurde, zuwiderlaufen würde.[468] Ein Unternehmen, das sich freiwillig von der Börse zurückziehen will, kann regelmäßig keine Börsenkurse vorweisen, die den tatsächlichen Unternehmenswert wiedergeben. Zweifelhaft ist, ob ein Erwerbsangebot auf Basis des durchschnittlichen Börsenkurses den objektiven Wert der Beteiligung abbilden kann und dementsprechend geeignet ist, den Verlust der Anleger angemessen auszugleichen.[469] Die Lösung des Gesetzgebers lässt unberücksichtigt, dass dem Aktionär nach dem Rückzug aus dem regulierten Markt die

---

den Börsenkurs [...] anzuknüpfen“; kritisch zur systematischen Gebotenheit der Regelung: *Gegler*, BKR 2016, 273, 277.

462 *Gegler*, BKR 2016, 273, 276 f.

463 *Koch/Harnos*, NZG 2015, 729, 733; *Bayer*, NZG 2015, 1169, 1173; *Bayer*, ZIP 2015, 853, 857.

464 *Gegler*, BKR 2016, 273, 276.

465 *Ruthardt/Hachmeister*, Corporate Finance 2014, 174, 176.

466 *Ruthardt/Hachmeister*, Corporate Finance 2014, 174, 177.

467 *Ruthardt/Hachmeister*, Corporate Finance 2014, 174, 177.

468 *Große*, DB 2016, 1330, 1331.

469 Stellungnahme des *deutschen Notarvereins*, BT-Drucks. 18/5010, Änderung von § 39 Abs. 2 BörsenG.

Möglichkeit genommen wird, eine höhere Gegenleistung für den Fall zu erlangen, dass es nach der Ankündigung des Delisting zu einem Kursanstieg kommt.[470]

VII. Unternehmensbewertung bei Kursbeeinflussung

Zutreffend geht der Gesetzgeber davon aus, dass Verstöße gegen die ad-hoc-Publizität gemäß Art. 17 MAR und gegen das Verbot der Marktmanipulation gemäß Art. 15 MAR geeignet sind, die Aussagekraft des Börsenkurses zu schmälern.[471] Kritisch zu betrachten ist auch, dass nur Manipulationen, die innerhalb des sechsmonatigen Referenzzeitraums verübt wurden, zu berücksichtigen sind.[472] Hat die Manipulation vor diesem Zeitraum stattgefunden, bleibt sie unberücksichtigt, auch wenn sie sich negativ auf den Durchschnittskurs ausgewirkt hat. Rechtspraktisch sprechen aber der hohe Aufwand und die Kosten gegen die Durchführung einer Unternehmensbewertung.

Die Praktikabilität der Kriterien, anhand derer eine Unternehmensbewertung stattfindet, ist zweifelhaft. Von der ökonomischen Seite betrachtet „ist eine Analyse des täglichen Handelsvolumens im Verhältnis zu den im Streubesitz gehaltenen Aktien grundsätzlich aussagekräftiger als in Bezug zur Gesamtzahl der ausgegebenen Aktien."[473] Neben dem Vorliegen einer sogenannten Marktenge haben nur Verstöße gegen Art. 17 und Art. 15 MAR eine Unternehmensbewertung zur Folge und das auch nur dann, wenn der Verstoß mehr als nur unwesentliche Auswirkungen auf den Durchschnittkurs hatte.

Soweit die Verstöße nur unwesentliche Auswirkungen auf den Börsenkurs hatten, bleibt der Börsenkurs das maßgebliche Kriterium für die Berechnung des Angebots. Fraglich ist an dieser Stelle, wann ein Verstoß lediglich *unwesentliche* Auswirkungen hat. Weder § 39 BörsG noch die Gesetzesbegründung konkretisieren diesen Begriff.[474] Umgekehrt bedeutet die Nichtberücksichtigung *unwesentlicher* Auswirkungen, dass die Aktionäre in diesen Fällen das Risiko negativer Kurseffekte tragen müssen.

Da ein Verstoß gegen Art. 17 oder Art. 15 MAR in der Regel nicht zum Zeitpunkt der Prüfung der Angebotsunterlage durch die BaFin oder bei der Veröffentlichung der Angebotsunterlage feststehen wird, werden die Aktionäre zunächst das Angebot auf Basis des durchschnittlichen Börsenkurses erhalten, das nach der Feststellung des Verstoßes und der anschließenden Berechnung des Unternehmenswerts um den Unterschieds-

---

470 *Bayer,* NZG 2015, 1169, 1173.

471 BeschlussE des Finanzausschusses, BT-Drucks. 18/6220, S. 84 f.; Diese Ausnahmen wurden auf Initiative der Aktionärsverbände in den Gesetzentwurf eingefügt um geringe Abfindungen an die Minderheitsaktionäre aufgrund eines künstlich niedrigen Börsenkurses zu vermeiden; Dazu: DSW, Stellungnahme für die Anhörung im Finanzausschuss am 07.09.2015, S. 6 ff.; *SdK,* Stellungnahme für die Anhörung im Finanzausschuss am 07.09.2015, S. 9 f.

472 *Casper,* Festschrift für Köndgen, S, 117, 143.

473 *Aders/Muxfeld/Lill,* Corporate Finance 2015, 389, 397.

474 Zur Erheblichkeit der Kursbeeinflussung und den diskutierten Schwellenwerten: *Assmann,* in: Assmann/Schneider (Hrsg.), WpHG, 6. Aufl. 2012, § 13 Rn. 62 ff.

betrag erhöht wird. Dieser Anspruch auf Erhöhung des Angebots muss im Rahmen des Musterverfahrens geltend gemacht werden.[475] Rechtstatsächlich wird es schwierig sein, die Kausalität zwischen Rechtsverstoß und Kursauswirkung nachzuweisen. Die Aktionäre könnten daher in diesem Fall nur unzureichend geschützt sein.

1. Verstoß gegen die Ad-hoc-Publizität gemäß Art. 17 MAR

Eine erste Ausnahme enthält der Verweis in § 39 Abs. 3 S. 3 Nr. 1 BörsG auf Art. 17 MAR.[476] Emittenten sind gemäß Art. 17 (1) MAR verpflichtet, der Öffentlichkeit Insiderinformationen, die den Emittenten unmittelbar betreffen, sobald wie möglich bekannt zu geben.[477] Eine Insiderinformation ist gemäß Art. 7 (1) a) MAR „eine nicht öffentlich bekannte präzise Information, die direkt oder indirekt einen oder mehrere Emittenten oder ein oder mehrere Finanzinstrumente betrifft und die, wenn sie öffentlich bekannt würde, geeignet wäre, den Kurs dieser Finanzinstrumente oder den Kurs damit verbundener derivativer Finanzinstrumente erheblich zu beeinflussen." „Die Information [ist] dann als präzise anzusehen, wenn eine Reihe von Umständen bereits gegeben ist oder bei denen man vernünftigerweise erwarten kann, dass sie in Zukunft gegeben sein werden, oder ein Ereignis bereits eingetreten ist oder von dem vernünftigerweise erwartet werden kann, dass es in Zukunft eintreten wird, und diese Information darüber hinaus spezifisch genug ist, um einen Schluss auf die mögliche Auswirkung dieser Reihe von Umständen oder dieses Ereignisses auf die Kurse der Finanzinstrumente [...] zuzulassen" (vgl. Art. 7 (2) 1 MAR).

Ein Verstoß gegen Art. 17 (1) MAR liegt nicht vor, wenn die Veröffentlichung einer Insiderinformation durch den Emittenten gemäß Art. 17 (4) MAR zulässigerweise aufgeschoben wird.[478] Adressat von Art. 17 (4) MAR ist jeder Emittent, im Gegensatz zu dem Adressanten in Art. 17 (5) MAR, der den Aufschub der Veröffent-

---

475 BT-Drucks. 18/6220, S. 95.

476 Näher bestimmt wird Art. 17 MAR durch eine delegierte Verordnung gemäß Art. 17 Abs. 2 Unterabs. 3 und Abs. 3 MAR sowie begleitende ITS (Implementing Technical Standards = Durchführungsstandards) gemäß Art. 17 Abs. 10 MAR, die ebenfalls unmittelbar anwendbar sind, und auch durch Guidelines (Leitlinien) gemäß Art. 17 Abs. 11 MAR. Siehe: Delegierte Verordnung EU 2016/522 der Kommission vom 17.12.2015; ITS on public disclosure (derzeit in der Fassung Annex XII zum ESMA Final Report – ESMA/2015/1455 vom 28.09.2015 sowie unter Berücksichtigung der ESMA Opinion, veröffentlicht am 17.06.2016; Guideline on legitimate interest to delay public disclosure (derzeit in der Fassung Consultation Paper ESMA/2016/162 vom 28.01.2016).

477 Entspricht dem bis zum 03.07.2016 geltenden § 15 Abs. 1 S. 1 WpHG, nach dem Inlandsemittenten verpflichtet waren, Insiderinformationen, die sie unmittelbar betrafen, unverzüglich zu veröffentlichen. Die BaFin versteht, was den Zeitpunkt der Veröffentlichung betrifft, unter „so bald wie möglich" in Art. 17 Abs. 1 S. 1 MAR „unverzüglich" im Sinne von § 15 Abs. 1 WpHG a. F.

478 Entspricht § 15 Abs. 3 WpHG, auf den in BT-Drucks. 18/6220, S. 85 verwiesen wurde.

lichung speziell für Emittenten regelt, bei denen es sich um Kredit- und Finanzinstitute handelt, wobei ein Risiko der Destabilisierung des Emittenten und des Finanzsystems vorliegen muss. Zulässig ist die Aufschiebung, wenn die unverzügliche Veröffentlichung geeignet wäre, die berechtigten Interessen des Emittenten zu beeinträchtigen (Art. 17 (1) a MAR), die Aufschiebung der Offenlegung nicht geeignet ist, die Öffentlichkeit irrezuführen (Art. 17 (1) b MAR) und die Geheimhaltung sichergestellt ist (Art. 17 (1) c MAR). Eine Aufschiebung ist zulässig, wenn berechtigte Interessen des Emittenten vorliegen, bei laufenden Verhandlungen und bei Entscheidungen des Vorstands, die noch der Zustimmung anderer Organe bedürfen.[479]

Ein Aufschub wird unzulässig, wenn die Vertraulichkeit nicht länger gewährleistet ist (Art. 17 (7) MAR), die berechtigten Interessen des Emittenten entfallen sind, bei Irreführung des Marktes (Umkehrschluss aus Art. 17 (4) MAR) sowie faktisch auch mit Weitergabe der Insiderinformation an einen nicht zur Vertraulichkeit verpflichteten Dritten (Art. 17 (8) MAR). Die zuständige Behörde muss unmittelbar nach Veröffentlichung der Insiderinformation (Art. 17 (4) 2 MAR) über den Aufschub der Offenlegung und dessen Gründe informiert werden.

Fraglich ist, inwieweit die Rechtmäßigkeit der Inanspruchnahme dieser Befreiung einer gerichtlichen Überprüfung zugänglich ist oder ob der Emittent sich in einem nicht überprüfbaren Beurteilungsspielraum bewegt.[480] Stünde dem Emittenten ein weitreichender, nicht gerichtlich überprüfbarer Ermessensspielraum zu,[481] so müsste dies auch für § 39 Abs. 3 S. 3 Nr. 1 BörsG gelten, was sich nachteilig auf die Aktionäre auswirken würde, weil diese nachweisen müssten, dass der Emittent gegen seine Ad-hoc-Publizitätspflicht verstoßen hat und infolgedessen eine Unternehmensbewertung durchzuführen ist.

Für § 15 WpHG war umstritten, *wie* die Befreiung von der Ad-hoc-Publizitätspflicht eintrat. Erfolgte sie ipso iure bei Vorliegen der Tatbestandsvoraussetzungen von § 15 WpHG, oder bedurfte die Selbstbefreiung eines Beschlusses des zuständigen Gesellschaftsorgans?[482] Der ESMA Final Report äußert sich dahingehend, dass eine Person innerhalb der Gesellschaft bestimmt werden muss, um eine solche Entscheidung über den Aufschub zu treffen.[483] Das deutet darauf hin, dass nicht bereits das Vor-

---

479 ESMA erstellt Leitlinien für die Erstellung eines nicht abschließenden Katalogs berechtigter Interessen Art. 17 (11), laufende Verhandlung insb. bei finanzieller Überlebensfähigkeit und Vereitelung des Abschlusses und mehrstufige Entscheidungsprozesse: Erwägungsgrund 50 MAR.

480 Diese Frage hat sich bereits bei der Anwendbarkeit von § 15 WpHG gestellt, dazu: *Harnos*, ZHR 179 (2015), 750, 761.

481 Dafür: OLG Frankfurt NJW 2009, 1520, 1521; *Klöhn*, in: KölnKomm. WpHG, 2. Aufl. 2014, § 15 Rn. 217 ff.; *Klöhn*, ZHR 178 (2014), 55, 85 ff.; Dagegen: *Kruse*, in: Schwark/Zimmer, KMRK, § 15 WpHG Rn. 74; *Zimmer*, in: Festschrift für Schwark, 2009, S. 669, 671 f.

482 Dazu: *Harnos*, ZHR 179 (2015), 750, 761 f.

483 Dazu ESMA Final Report Punkt 239 S. 52: *MAR specifies that the disclosure is delayed under the issuer's responsibility. Delays in disclosure of inside information*

liegen der Ausnahmeregelung in Art. 17 (4) MAR den Aufschub auslöst. Vielmehr muss die zuständige Person das Vorliegen der Tatbestandsvoraussetzungen für eine zulässige Aufschiebung feststellen.

Der Gesetzgeber hat keine anderslautende Regelung für die Sachverhalte getroffen, in denen ein Verstoß gegen die Ad-hoc-Publizitätspflicht vorliegt, weil der Emittent eine Information nicht veröffentlicht, die aller Voraussicht nach einen negativen Einfluss auf den Börsenkurs haben wird. Die Durchführung einer Unternehmensbewertung im Falle eines Verstoßes dient schließlich dazu, einen Kursabfall auszugleichen und nicht generell jeden Verstoß, der nicht durch § 15 Abs. 3 WpHG gerechtfertigt ist, zu sanktionieren. Der Gesetzgeber differenziert bei der Anwendung von § 39 Abs. 3 S. 3 Nr. 1 BörsG nicht zwischen den Auswirkungen der fehlerhaften Ad-hoc-Publizität, sodass in beiden Fällen eine Unternehmensbewertung erfolgen muss, auch wenn dies nicht dem Schutz der Aktionäre dient.[484]

2. *Marktmanipulation gemäß Art. 15 MAR*

Eine Unternehmensbewertung ist ferner durchzuführen, wenn der Emittent oder der Bieter gegen das Verbot der Marktmanipulation gemäß Art. 15 MAR verstoßen hat. Art. 12 MAR listet sämtliche Handlungen auf, die unter den Begriff der Marktmanipulation fallen. Marktmanipulationen und deren Versuch sind gemäß Art. 15 MAR verboten. Der Durchführung einer Unternehmensbewertung aufgrund eines Verstoßes gegen Art. 15 MAR ist grundsätzlich angebracht, da eine Marktmanipulation dazu geeignet ist, negative Auswirkungen auf den Börsenkurs zu haben, der dann nicht länger als Bemessungsgrundlage für das Abfindungsangebot an die Aktionäre taugt. Probleme können sich daraus er-

---

are decided by the issuers themselves. The issuers are therefore expected to have in place a minimum level of organisation and a process to conduct a prior assessment whether an information is an inside information, whether its disclosure needs to be delayed and for how long. There should be person(s) appointed within the issuer responsible for taking such decision. This person(s) should be clearly identified within the issuer and should have the necessary decision-making power (e.g. a managing board member or a senior executive director), considering the major importance of the decision. ESMA does not consider appropriate to specify which positions such person(s) should have within the issuer, considering the variety of organisational structures issuers may have, but the issuer should ensure that a person responsible for the delay is always clearly identified. In addition, before taking a decision allowing the delay of publication of inside information, this person(s) should conduct an assessment on whether the three conditions set forth in Article 17(4) for delaying are fulfilled The three conditions are:
– the immediate disclosure would likely prejudice his legitimate interests;
– the omission would not be likely to mislead the public; and
– the issuer of a financial instrument or emission allowance market participant is able to ensure the confidentiality of that information.

484 Dazu: *Harnos*, ZHR 179 (2015), 750, 762 f.

geben, dass gemäß § 39 Abs. 3 S. 3 Nr. 2 BörsG nur Verstöße des Emittenten oder des Bieters gegen Art. 15 MAR eine Unternehmensbewertung zur Folge haben, nicht jedoch Verstöße Dritter.[485]

a) Marktmanipulation durch Dritte

Erfolgt die Marktmanipulation nicht durch den Emittenten bzw. Bieter, sondern durch einen Dritten und kann die Manipulation weder dem Emittenten noch dem Bieter zugerechnet werden, bleibt es bei der Berechnung nach dem durchschnittlichen Börsenkurs der letzten sechs Monate.[486]

Bei der Zurechnung ist zu berücksichtigen, dass es sich bei dem Emittenten als einer Aktiengesellschaft immer und im Regelfall auch bei dem Bieter um nicht handlungsfähige rechtsfähige Verbände handelt, denen das Verhalten natürlicher Personen zugerechnet werden muss.[487] Der Gesetzgeber hat offengelassen, nach welchen Grundsätzen die Marktmanipulation eines Dritten zugerechnet werden kann. Näheres ergibt sich auch nicht aus Art. 15 MAR, der die Marktmanipulation generell untersagt, unabhängig davon, welche Person sie vornimmt. Das resultiert wiederum aus dem Zweck des Verbots der Marktmanipulation, der in der Gewährleistung einer vollständigen und ordnungsgemäßen Markttransparenz liegt.[488] Zweck dieser Verordnung sind außerdem der Schutz der Integrität des Finanzmarkts sowie die Stärkung des Investorenvertrauens.[489] Für die Erfüllung dieser Zwecke ist unerheblich, von welcher Seite die Marktmanipulation erfolgt. Die überwiegende Meinung in der Literatur lehnte einen Schutz der Vermögensinteressen einzelner Anleger durch § 20a WpHG a.F. ab, weil es sich lediglich um einen Rechtsreflex handele, der mittelbare Folge des Funktionenschutzes sei.[490]

Da eine kapitalmarktrechtliche Zurechnungsvorschrift nicht existiert, sind die allgemeinen Vorschriften des BGB nutzbar zu machen. Für die Zurechnung kommt grundsätzlich § 31 BGB in Betracht. Gegen die Anwendbarkeit von § 166 BGB als Zurechnungsvorschrift spricht, dass diese Vorschrift der Zurechnung rechtsgeschäftlicher Handlungen dient,[491] und es bei der Marktmanipulation um manipulatives Verhalten geht, das dem Emittenten oder dem Bieter zugerechnet werden soll.

§ 31 BGB dient mittlerweile nicht mehr ausschließlich der Organhaftung der juristischen Personen, sondern hat sich zu einer Repräsentantenhaftung rechtlich verselbstständigter Organisationen weiterentwickelt.[492] Die entsprechende Anwendbarkeit

---

485 Das ergibt sich auch aus dem Beschluss des Finanzauschusses, BT-Drucks. 18/6220, S. 85.

486 Beschluss des Finanzauschusses, BT-Drucks. 18/6220, S. 85.

487 *Harnos,* ZHR 179 (2015), 750, 763.

488 Erwägungsgrund 7 MAR.

489 Erwägungsgrund 24 MAR.

490 *Schwark*/Zimmer, KMRK, § 20a WpHG Rn. 7 m.w.N.

491 *Schubert,* in: MüKo BGB, Bd. 1, § 164 Rn. 1.

492 *Arnold,* in: MüKo BGB, Bd. 1, § 31 Rn. 3.

von § 31 BGB auf natürliche Personen und juristische Personen des Privatrechts, die Aktiengesellschaft eingeschlossen, ist unstreitig.[493] Die Repräsentantenhaftung erstreckt sich auf alle Personen, denen „bedeutsame, wesensmäßige Funktionen der juristischen Person zur selbständigen, eigenverantwortlichen Erfüllung zugewiesen sind" und die infolgedessen die juristische Person im Rechtsverkehr repräsentieren.[494] Da es sich bei der in § 39 Abs. 3 S. 3 Nr. 2 BörsG genannten Marktmanipulation nicht um ein zum Schadensersatz verpflichtendes Verhalten handelt, ist der Anwendungsbereich von § 31 BGB nicht direkt berührt.[495] Manipulatives Verhalten wird jedoch von der Rechtsprechung als mit zum Schadensersatz verpflichtenden Handlungen als vergleichbar angesehen.[496] Wendet man diese Erkenntnisse auf § 39 Abs. 3 S. 3 Nr. 2 BörsG an, ist eine Marktmanipulation durch den Emittenten oder den Bieter der Aktiengesellschaft entsprechend § 31 BGB zurechenbar, wenn die Marktmanipulation entweder von einem Vorstandsmitglied oder einer Person, die von der Repräsentantenhaftung erfasst ist, verübt wird. Marktmanipulationen von Dritten, die nicht unter die genannten Kategorien fallen, können folglich nicht zugerechnet werden, sodass der Ausnahmetatbestand des § 39 Abs. 3 S. 3 Nr. 2 BörsG nicht eingreift und infolgedessen keine Unternehmensbewertung durchgeführt werden muss.[497]

Fraglich ist darüber hinaus die Zurechnung im Konzernverband, wenn ein mit dem Emittenten verbundenes Unternehmen gegen Art. 15 MAR verstößt. Eine Repräsentantenhaftung entsprechend § 31 BGB muss in diesem Fall ausscheiden, da das verbundene Unternehmen keine wesensmäßigen bedeutsamen Funktionen des Emittenten wahrnimmt.[498] Das bedeutet jedoch nicht, dass eine Zurechnung in diesen Konstellationen ausscheiden muss, weil ansonsten die Marktmanipulation auf ein mit dem Emittenten verbundenes Unternehmen übertragen werden könnte und somit eine Unternehmensbewertung trotz einer kursrelevanten Marktmanipulation entbehrlich ist. Um derartige Umgehungsmöglichkeiten zu vermeiden, ist eine Zurechnung des Verstoßes eines verbundenen Unternehmens entsprechend § 31 BGB in derartigen Sachverhalten erforderlich.

Der Umstand, dass § 39 Abs. 3 BörsG für die Berechnung der Angebotsunterlage auf die Vorschriften des WpÜG verweist, legt nahe, auch für die Zurechnung von Marktmanipulationen durch Dritte auf übernahmerechtliche Grundsätze zurückzugreifen. Auch bei Art. 15 MAR handelt es sich um eine in das Übernahmerecht eingebettete Vorschrift.[499] Das Übernahmerecht berücksichtigt an mehreren Stellen die Gefahren von Umgehungsversuchen innerhalb eines Konzerns, beispielsweise

493 *Arnold*, in: MüKo BGB, Bd. 1, § 31 Rn. 11.

494 *Arnold*, in: MüKo BGB, Bd. 1, § 31 Rn. 20.

495 *Arnold*, in: MüKo BGB, Bd. 1, § 31 Rn. 30.

496 OLG Braunschweig, NJW-RR 2016, 624, 626; *Harnos*, ZHR 179 (2015), 750, 765 verweist auf BGHZ 192, 90, NJW 2012, 1800, Rn. 27 ff.

497 *Harnos*, ZHR 179 (2015), 750, 764 f.

498 BGH BeckRS 2014, 23725 Rn. 16.

499 *Harnos*, ZHR 179 (2015), 750, 766.

in § 31 Abs. 4 bis 6 WpÜG, § 4 WpÜG-AngVO.[500] § 31 WpÜG bestimmt zusammen mit den entsprechenden Vorschriften in der WpÜG-AngVO die Art und Höhe der Gegenleistung bei einem öffentlichen Angebot.[501] Danach sind bei der Berechnung der Gegenleistung unter Umständen Erwerbe des Bieters, mit ihm gemeinsam handelnder Personen oder deren Tochtergesellschaften zu berücksichtigen. Rechtsfolge ist, dass sich die Gegenleistung um den Unterschiedsbetrag erhöht.

Gemäß § 2 Abs. 5 S. 1 WpÜG sind gemeinsam handelnde Personen „natürliche oder juristische Personen, die ihr Verhalten im Hinblick auf ihren Erwerb von Wertpapieren der Zielgesellschaft oder ihre Ausübung von Stimmrechten aus Aktien der Zielgesellschaft mit dem Bieter aufgrund einer Vereinbarung oder in sonstiger Weise abstimmen." Tochterunternehmen sind gemäß § 2 Abs. 6 WpÜG Unternehmen, „die als Tochterunternehmen im Sinne des § 290 des Handelsgesetzbuchs gelten oder auf die ein beherrschender Einfluss ausgeübt werden kann, ohne dass es auf die Rechtsform oder den Sitz ankommt." § 2 Abs. 5 S. 3 WpÜG stellt klar, dass Tochterunternehmen als mit der sie kontrollierenden Person und untereinander als gemeinsam handelnde Person gelten.[502] Der Gesetzgeber hat mit den in § 2 Abs. 5 und 6 WpÜG getroffenen Regelungen versucht, Umgehungen in Übernahmesituationen zu unterbinden.[503] Die Höhe der Gegenleistung richtet sich folglich nicht nur nach den Erwerben des Bieters selbst, sondern auch nach Erwerben durch mit ihm gemeinsam handelnde Personen bzw. Tochterunternehmen. Überträgt man diese Wertungen auf § 39 Abs. 3 S. 3 Nr. 2 BörsG, so ist eine Unternehmensbewertung nicht nur bei Verstößen des Emittenten oder des Bieters selbst erforderlich, sondern auch dann, wenn ein mit dem Emittenten verbundenes Unternehmen gegen das Verbot der Marktmanipulation gemäß Art. 15 MAR verstoßen hat.[504]

b) Haftung des Bieters für fremdes Verschulden

Problematisch an dieser Regelung ist weiterhin, dass nicht nur die Kursmanipulation durch den Bieter eine Unternehmensbewertung zur Folge hat, sondern dass der Bieter, der nicht identisch mit dem Emittenten ist und möglicherweise nichts von der Kursmanipulation wusste, zur Zahlung des Unterschiedsbetrages verpflichtet werden kann.[505] Der Verstoß gegen die Ad-hoc-Bestimmungen muss dem Bieter nach der Gesetzesbegründung nicht notwendigerweise bekannt sein.[506] Der Bieter muss sich also

500 *Harnos*, ZHR 179 (2015), 750, 766 f.

501 *Wackerbarth*, in: MüKo AktG, Bd. 6, § 31 WpÜG Rn. 1.

502 Nach der herrschenden Ansicht in der Literatur handelt es sich bei § 2 Abs. 5 S. 3 WpÜG um eine unwiderlegliche Vermutung, vgl. *Angerer*, in: Geibel/Süßmann, WpÜG, 2. Aufl. 2008, § 2 Rn. 43; *Thaeter*, in: Thaeter/Abbas, WpÜG, § 2 Rn. 5.

503 *Wackerbarth*, in: MüKo AktG, Bd. 6, § 2 WpÜG Rn. 63.

504 Zur behördlichen Feststellung des Verstoßes siehe: Kapitel 4: Rechtsschutz, Verfahren nach dem KapMuG.

505 BT-Drucks. 18/6220, S. 85.

506 BT-Drucks. 18/6220, S. 85.

den Kapitalmarktrechtsverstoß des Emittenten zurechnen lassen. Das ist insbesondere deshalb fragwürdig, weil der Bieter sich nicht notwendigerweise vor Abgabe des Angebots an die Minderheitsaktionäre mit dem Vorstand der Zielgesellschaft abgesprochen haben muss.[507] Eine Zurechnung fremden Verschuldens wird von Stimmen in der Literatur für verfassungswidrig gehalten, weil ein damit verbundener Nachzahlungsanspruch gegen den Bieter gegen Art. 20 Abs. 3, Art. 3 Abs. 1 GG verstoße.[508]

Eine Zurechnung fremden Verschuldens ohne Kenntnis des Bieters von dem Verstoß ist willkürlich, da es sich bei den Verstößen gegen Art. 17 bzw. 15 MAR um Handlungen des Emittenten bzw. Repräsentanten handeln kann, die vom Bieter nicht kontrollierbar sind.

VIII. Ausnahme in § 39 Abs. 3 S. 4 BörsG

Der Bieter ist gemäß § 39 Abs. 3 S. 4 BörsG zur Zahlung einer Gegenleistung, die dem Unternehmenswert entspricht, verpflichtet, wenn der Börsenkurs nicht in aussagekräftiger Weise festgestellt werden kann.[509] Die Vorschrift lehnt sich an die Bestimmung in § 5 Abs. 4 WpÜG-AngVO an, die beim Vorliegen einer Marktenge ebenfalls die Durchführung einer Unternehmensbewertung vorsieht, wenn der durchschnittliche Börsenkurs nicht in aussagekräftiger Weise festgestellt werden kann. Im Gegensatz zu dem in § 5 Abs. 4 WpÜG-AngVO geregelten dreimonatigen Referenzzeitraum wurde in § 39 Abs. 3 S. 4 BörsG der Referenzzeitraum auf sechs Monate erweitert.

Es ist jedoch weder gesetzlich noch höchstrichterlich festgelegt, wann eine Marktenge vorliegt.[510] In der Literatur wird die Aussagekraft des Börsenkurses in Anlehnung an § 5 Abs. 4 WpÜG-AngVO verneint, wenn in dem sechsmonatigen Referenzzeitraum an weniger als einem Drittel der Börsentage Börsenkurse festgestellt werden konnten und von den festgestellten Börsenkursen mehrere um 5 % voneinander abweichen.[511] Die Rechtsprechung stellt teilweise auf das Handelsvolumen, den Streubesitz, etwaige Kurssprünge oder den Anteil an Börsentagen ohne Handel ab.[512] Ein geringer Streubesitz soll hingegen für das Vorliegen einer Marktenge keine entscheidende Bedeutung besitzen.[513]

---

507 *Wackerbarth*, WM 2016, 385, 387.

508 *Wackerbarth*, WM 2016, 385, 388.

509 BT-Drucks. 18/6220, S. 93.

510 Ausführlich zu den Kriterien für das Vorliegen einer Marktenge: *Land/Hallermayer*, AG 2015, 659, 660 ff.

511 *Schnorbus*, in: K. Schmidt/Lutter, AktG, § 327b Rn. 3; *Singhof*, in: Spindler/Stilz, § 327b Rn. 5.

512 OLG Düsseldorf, ZIP 2009, 2055, 2056; OLG Frankfurt, NZG 2010, 664; OLG München, ZIP 20606, 1722 f.; OLG Stuttgart, ZIP 2008, 883 f.

513 OLG Düsseldorf, AG 2008, 498, 501 f.; OLG Stuttgart, AG 2011, 560, 561 f. Dazu auch die graphische Aufarbeitung der Entscheidungen der Instanzgerichte von *Land/Hallermayer*, AG 2015, 659, 661, die die Maßgeblichkeit des Handelsvolumens und des Streubesitzes für das Vorliegen einer Marktenge darstellen.

Anders als bei Verstößen gegen Art. 17 beziehungsweise Art. 15 MAR wird das Vorliegen einer Marktenge schon zum Zeitpunkt der Erstellung der Angebotsunterlage festgestellt werden können, sodass es nahe liegt, in diesem Fall bereits für die Erstellung der Angebotsunterlage eine Unternehmensbewertung durchzuführen, um einer Ablehnung der Angebotsunterlage durch die BaFin vorzubeugen.[514] Diese Regelung belastet insbesondere kleine und mittelständische Unternehmen, die sich vom regulierten Markt zurückziehen wollen, weil ihre Wertpapiere nur noch eine eingeschränkte Fungibilität aufweisen und sie deshalb eine kosten- und zeitintensive Unternehmensbewertung durchführen lassen müssen.[515]

Empirische Untersuchungen haben gezeigt, dass in den meisten Fällen ein Delisting durchgeführt worden ist, weil aufgrund einer geringen Marktkapitalisierung und eines geringen Handelsvolumens die Kosten der Börsennotierung deren Nutzen überstiegen.[516] Schließt man aus diesen Erkenntnissen auf die zukünftige Entwicklung, ist anzunehmen, dass eine Vielzahl von rückzugswilligen Emittenten das Kriterium der Marktenge erfüllen wird, was die Durchführung einer Unternehmensbewertung zur Bestimmung der Angebotsunterlage an die Minderheitsaktionäre erforderlich macht. Dementsprechend sinkt die wirtschaftliche Attraktivität eines freiwilligen Börsenrückzugs für Unternehmen mit geringer Marktkapitalisierung und geringem Handelsvolumen.[517]

Grund für die Anordnung der Durchführung einer Unternehmensbewertung bei Vorliegen einer Marktenge ist die eingeschränkte Liquidität der Aktien.[518] Von Teilen der Praxis wird jedoch zu recht angezweifelt, ob das Vorliegen einer Marktenge zwingend ein anhand einer Unternehmensbewertung zu ermittelndes Kaufangebot erfordern sollte, um dem Anlegerschutz Rechnung zu tragen, da nicht in jedem Fall von einer mangelnden Aussagekraft des durchschnittlichen Börsenkurses ausgegangen werden kann.[519] Statt bei Vorliegen einer Marktenge in jedem Fall eine Unternehmensbewertung zu verlangen, könnte es stattdessen sinnvoller sein, eine Einzelfallbetrachtung vorzunehmen und einen Mindestumsatz für den Streubesitzhandel zu definieren, bei dessen Vorliegen von einem liquiden Aktienhandel ausgegangen wird.[520] Stellt sich heraus, dass eine ausreichende Aktienliquidität nicht mehr gegeben ist, existiert kein schutzwürdiges Vertrauen der Anleger, das die Unterbreitung eines Kaufangebots zum Erwerb ihrer Aktien

514 So auch: *Mense/Klie*, DStR 2015, 2782, 2785.

515 *Zwirner/Kähler*, BB 2016, 171, 173.

516 *Aders/Muxfeld/Lill*, Corporate Finance Nr. 11 2015, S. 399; *Karami/Schuster*, Eine empirische Analyse, S. 33 ff.

517 *Bungert/Leyendecker-Langner*, ZIP 2016, 49, 51.

518 *Bayer*, NZG 2015, 1169, 1175; *Harnos*, ZHR 179 (2015), 750, 770 f.

519 *Casper*, in: Festschrift für Köndgen, S. 117, 144 f.; *Karami/Schuster*, Stellungnahme zum Änderungsantrag vom 29. September 2015, S. 7.

520 *Karami/Schuster*, Stellungnahme zum Änderungsantrag vom 29. September 2015, S. 7.

rechtfertigt.[521] Der Aktionär erhält bei einem Zulassungswiderruf einen höheren Preis für seine Anteile, als er über eine Veräußerung über den regulierten Markt hätte erzielen können. Eine solche Regelung führt zu einer ungerechtfertigten Besserstellung der Aktionäre zulasten der Emittenten, die ein Delisting aus Gründen der Kostenreduzierung anstreben und erschwert damit wirtschaftlich sinnvolle Börsenrückzüge.[522] Daher wird in der Literatur zutreffend darauf verwiesen, dass in solchen Fällen die Minderheitsaktionäre das Liquiditätsrisiko tragen sollten und statt einer Abfindung eine Fristenlösung angemessener wäre.[523] Dafür spricht auch die Vergleichbarkeit mit dem Delisting von Amts wegen gemäß § 39 Abs. 1, 1. Alt. BörsG. Die Börse kann die Zulassung widerrufen, wenn kein nennenswerter Handel mehr stattfindet, ohne dass die Minderheitsaktionäre eine Abfindung für den Verlust der Handelsmöglichkeit erhalten.[524]

IX. Methode zur Berechnung des Unternehmenswertes

Die Neufassung von § 39 BörsG lässt offen, anhand welcher Berechnungsmethode die Bestimmung des Unternehmenswerts erfolgen soll. Näheres ergibt sich auch nicht aus § 5 Abs. 4 WpÜG-AngVO, der die Durchführung einer Unternehmensbewertung anordnet. Zur Bestimmung des Unternehmenswerts werden heute in Abhängigkeit vom Bewertungsanlass das Ertragswertverfahren beziehungsweise Discounted Cashflow-Verfahren oder die Multiplikatormethode angewendet.[525] Bei dem DCF-Verfahren und der Multiplikatormethode handelt es sich um Zukunftserfolgmethoden, wohingegen beim Ertragswertverfahren mittels verschiedener Faktoren der Wert des Eigenkapitals zum Bewertungsstichtag ermittelt wird.[526] In Deutschland beruhen die Unternehmensbewertungen, deren Durchführung gesetzlich vorgeschrieben ist, üblicherweise auf einem Ertragswertverfahren nach dem Bewertungsstandard des Instituts der Wirtschaftsprüfer, dem IDW-Standard *Grundsätze zur Durchführung von Unternehmensbewertungen* (IDW S 1).[527] Zu berücksichtigen ist dabei, dass es den einen richtigen Unternehmenswert im Gegensatz zu einem *relativ einfach* bestimmbaren durchschnittlichen Börsenkurs nicht gibt, weil der Unternehmenswert davon abhängig ist, welche Einflussfaktoren als maßgeblich festgelegt werden.[528] Die Durchführung

---

521 So *Karami/Schuster*, Stellungnahme zum Änderungsantrag vom 29. September 2015, S. 7.

522 *Karami/Schuster*, Corporate Finance 2016, 106, 119.

523 *Casper*, in: Festschrift für Köndgen, S. 117, 145.

524 *Casper*, in: Festschrift für Köndgen, S. 117, 145.

525 *Krause*, in: Assmann/Pötzsch/Schneider, WpÜG, § 5 WpÜG-AngVO Rn. 30 ff. m.w.N.

526 Zur Ertragswertmethode: Hüffer/*Koch*, AktG, § 305 Rn. 24 ff.

527 Zur Ertragswertmethode: Hüffer/*Koch*, AktG, § 305 Rn. 24 ff.

528 *Zwirner/Kähler*, BB 2016, 171, 173; zur „Scheingenauigkeit" der Ertragswertmethode: LG Frankfurt a.M., NZG 2009, 553, 557.

einer Unternehmensbewertung bedeutet für das Unternehmen einen deutlich höheren Zeit- und Kostenaufwand als die Ermittlung des durchschnittlichen Börsenkurses.

X. Unwesentliche Auswirkungen auf den Börsenkurs

Eine Unternehmensbewertung ist gemäß § 39 Abs. 3 S. 3 2. Hs. BörsG nicht erforderlich, wenn der Verstoß gegen Art. 15 beziehungsweise Art. 17 MAR nur unwesentliche Auswirkungen auf den durchschnittlichen Börsenkurs gehabt hat oder nachgewiesen werden kann, dass der Verstoß nicht kausal für die Kursbewegung war. Die Beweislast tragen in diesem Fall der Emittent beziehungsweise der Bieter, die nachweisen müssen, dass sich der Verstoß nicht auf den Börsenkurs ausgewirkt hat. Der Bieter soll in dieser Konstellation die Möglichkeit haben, den Nachweis zu erbringen, dass der Verstoß gegen Art. 15 oder 17 MAR nur unwesentliche Auswirkungen auf den Durchschnittskurs hatte und daher eine Gegenleistung die sich am Unternehmenswert bemisst, nicht erforderlich ist.[529] Der Gesetzgeber hat wiederum offengelassen, wann eine nur unwesentliche Auswirkung auf den Börsenkurs vorliegt. Da es an einer starren Grenze fehlt, ist eine Bewertung im Einzelfall erforderlich.[530]

Sollte der Verstoß gegen Art. 15 beziehungsweise Art. 17 MAR erst nach dem Widerruf der Börsenzulassung festgestellt werden, müssten wiederum der Emittent oder der Bieter den Nachweis erbringen, dass die Auswirkungen auf den Börsenkurs nur unwesentlich waren, was sich zu diesem Zeitpunkt nicht mehr wird feststellen lassen können, sodass in diesem Fall zum Nachteil des Emittenten oder des Bieters eine Unternehmensbewertung durchgeführt werden müsste.

XI. Abschließende Wirkung von § 39 Abs. 3 S. 3 und 4 BörsG?

Aus § 39 Abs. 3 S. 3 und 4 BörsG ergibt sich nicht, ob die aufgezählten Ausnahmen, die die Durchführung einer Unternehmensbewertung erfordern abschließend sind, oder noch weitere Ausnahmen in Betracht kommen, die eine Unternehmensbewertung erforderlich machen.[531] Da § 39 Abs. 3 S. 2 BörsG für die Berechnung des Angebots auf § 31 WpHG verweist, ist es denkbar, auch in Bezug auf die abschließende Wirkung von § 39 Abs. 3 S. 3 und 4 BörsG auf die übernahmerechtlichen Regelungen zurückzugreifen.[532] Eine Ansicht stützt sich auf den Wortlaut des § 31 Abs. 1 S. 2 WpÜG, wonach für die Bestimmung einer angemessenen Gegenleistung grundsätzlich der durchschnittliche Börsenkurs als Berechnungsgrund-

529 BT-Drucks. 18/6220, S. 93.

530 *Harnos*, ZHR 179 (2015), 750, 769.

531 Eine abschließende Wirkung geht auch nicht ausdrücklich aus den Gesetzesmaterialien zu § 39 BörsG n. F. hervor.

532 *Harnos*, ZHR 179 (2015), 750, 771.

lage dient, aber daneben auch andere Berechnungsmethoden zulässig sind.[533] Von einem anderen Teil der Literatur wird die abschließende Wirkung des § 5 Abs. 4 WpÜG-AngebVO betont, sodass eine Unternehmensbewertung nur erforderlich ist, wenn § 5 Abs. 4 WpÜG-AngebVO erfüllt ist.[534] Ist das nicht der Fall, erfolgt die Bestimmung der Gegenleistung anhand des durchschnittlichen Börsenkurses. Die letztgenannte Ansicht kann nicht überzeugen. Das Wort „grundsätzlich" in § 31 Abs. 1 S. 2 WpÜG, in Bezug auf die Berücksichtigung des Börsenkurses, spricht nicht für eine abschließende Wirkung, sondern lässt den Schluss zu, dass eine andere Berechnungsart zugelassen ist, wenn der durchschnittliche Börsenkurs nicht dazu geeignet ist, eine angemessene Gegenleistung zu bestimmen. Der Gesetzgeber hat bewusst offengelassen, welche Kriterien für die Bestimmung der Angemessenheit zu berücksichtigen sind und auf die umwandlungsrechtlichen Vorschriften verwiesen, die ebenfalls auf eine Konkretisierung der Kriterien für die Bestimmung der Angemessenheit verzichten.[535] Auch enthält § 5 Abs. 4 WpÜG-AngebVO lediglich ein Regelbeispiel, das zeigt, wann der Börsenkurs nicht geeignet ist, als Grundlage für eine angemessene Gegenleistung herangezogen zu werden.[536]

Will man diese Erkenntnisse auf § 39 Abs. 3 S. 3 und 4 BörsG übertragen, sodass eine Unternehmensbewertung auch in ungeschriebenen Fällen ausnahmsweise zulässig wäre, wenn dies zum Schutz der Anleger erforderlich ist, stellt sich das Problem, dass § 39 Abs. 3 BörsG nicht auf die Angemessenheit der Gegenleistung des Emittenten oder des Bieters abstellt. Das lässt neben der Tatsache, dass § 39 Abs. 3 S. 3 Nr. 1 und 2 BörsG in den genannten Fällen ausdrücklich die Durchführung einer Unternehmensbewertung anordnet, den Schluss zu, dass die Regelung abschließend sein soll und neben den ausdrücklich genannten Varianten keine weiteren Sachverhaltskonstellationen in Betracht kommen sollen, in denen eine Unternehmensbewertung zur Berechnung der Höhe der Gegenleistung zulässig ist.[537]

XII. Kritik an der Abfindungspflicht und der Person des Bieters

§ 39 Abs. 2 BörsG lässt in Bezug auf die Person des Bieters offen, wer den Minderheitsaktionären das Abfindungsangebot unterbreiten muss. In Betracht kommen neben dem Emittenten der Groß- beziehungsweise Mehrheitsaktionär und im Prinzip auch jeder Dritte. Es stellt sich jedoch die Frage, wie sinnvoll es in Fällen ist, in denen kein Hauptaktionär vorhanden ist und sich die Anteile mehrheitlich im Streubesitz befinden, ein Übernahmeangebot zu fordern. Denn die Unterbreitung eines Abfindungsangebots durch den Emittenten bei einem Delisting ist nur ausnahms-

533 *Noack,* in: Schwark/Zimmer, KMRK, § 31 WpÜG, Rn. 41.

534 *Krause,* in: Assmann/Pötzsch/Schneider, WpÜG, § 31 Rz. 34 ff.; § 5 WpÜG-AngebVO Rz. 28; *Kremer/Oesterhaus,* in: KölnKomm. WpÜG, § 31 Rn. 20, § 5 AngebVO Rn. 18; *Wackerbarth,* in: MüKo AktG, Bd. 6, § 31 WpÜG Rn. 19.

535 RegBegr WpÜG, BT-Drucks. 14/7034, S. 55.

536 *Harnos,* ZHR 179 (2015), 750, 772.

537 *Harnos,* ZHR 179 (2015), 750, 772.

weise möglich, soweit für das Erwerbsangebot die gesetzlichen Kapitalschutzvorschriften eingehalten werden (vgl. § 71 ff. AktG). Hierdurch wurden nämlich die Erwerbsmöglichkeiten des Emittenten erheblich eingeschränkt, da die Stückzahl der zu erwerbenden Aktien zehn Prozent des Grundkapitals nicht überschreiten darf (vgl. § 71 Abs. 2 S. 1 AktG). Bei einem Streubesitz von mehr als zehn Prozent kommt ein Erwerbsangebot durch den Emittenten folglich nicht in Betracht. Damit wird eine erhebliche Abhängigkeit des Emittenten von dem Hauptaktionär begründet.[538]

Die Gesellschaft darf eigene Aktien gemäß § 71 AktG nur erwerben, wenn sie aufgrund gesetzlicher Vorschriften (§ 71 Abs. 1 Nr. 1 bis 6), bei Vorliegen des Sonderfalls des § 71 Abs. 1 Nr. 7 oder durch Beschluss der Hauptversammlung (§ 71 Abs. 1 Nr. 8) dazu ermächtigt wurde. § 71 Abs. 1 Nr. 3 AktG ermächtigt die Gesellschaft zum Erwerb eigener Aktien, wenn der Erwerb der Abfindung der Aktionäre in einem der dort genannten Fälle vorliegt. Das gilt aber nur, wenn eine der Maßnahmen „nach § 305 Abs. 2, § 320b oder nach § 29 Abs. 1, § 125 Satz 1 in Verbindung mit § 29 Abs. 1, § 207 Abs. 1 Satz 1 des Umwandlungsgesetzes" vorgenommen werden soll. Die Abfindung bei einem regulären Delisting gemäß § 39 Abs. 2 BörsG bleibt in dieser Auflistung unerwähnt. Da bei einem Delisting keine der geschriebenen Sachvoraussetzungen der Nr. 1 bis 7 vorliegen, kommt ein Aktienerwerb durch den Emittenten nur nach der Generalklausel des § 71 Abs. 1 Nr. 8 AktG in Betracht. Hieraus folgt, dass ein Erwerbsangebot durch den Emittenten gemäß § 71 Abs. 1 Nr. 8 AktG eine Ermächtigung durch die Hauptversammlung voraussetzt. Der Wortlaut von Nr. 8 („aufgrund") spricht dafür, dass ein rechtmäßiger Erwerb nur dann möglich ist, wenn bereits vor dem Erwerb ein Ermächtigungsbeschluss vorlag.[539]

Erwerb eigener Aktien ist jedes dingliche Rechtsgeschäft, das die Gesellschaft zumindest zum Mitinhaber der Aktie macht, sowie dass die Rechte und Pflichten begründende schuldrechtliche Geschäft.[540] Der Hauptversammlungsbeschluss muss nicht zwingend einen Erwerbszweck vorgeben, sondern kann auch eine unbeschränkte Ermächtigung vorsehen.[541] In diesem Fall ist es die Aufgabe der Geschäftsführung, den Erwerbszweck festzulegen.[542]

Hinsichtlich des Mindestinhalts des Beschlusses ist § 71 Abs. 1 Nr. 8 AktG, insbesondere bezüglich des maximalen Anteils am Grundkapital, zu beachten. Verstößt der Beschluss gegen diese Anforderungen, ist er gemäß § 241 Nr. 3 Alt. 2 AktG nichtig. Die Hauptversammlung muss in ihrem Beschluss den Minimal- und Maximalpreis für die zu erwerbenden Aktien festlegen, der an den Börsenwert angeknüpft werden darf. Dieser Wert muss nicht schon zum Zeitpunkt der Beschluss-

538 Bafin Journal, Januar 2016, S. 23, 24.

539 *Oechsler*, in: MüKo zum AktG, Bd. 1, § 71 Rn. 193.

540 *Bezzenberger*, in: K. Schmidt/Lutter, 3. Aufl. 2015, AktG, § 71 Rn. 1; *Cahn*, in: Spindler/Stilz, Komm. AktG, Bd. 1, § 71 Rn. 35; Hüffer/*Koch*, AktG, *§ 71* Rn. 4; *Lutter/Drygala*, in: KölnKomm. AktG, Bd. 1, 3. Aufl. 2015, § 71 Rn. 32.

541 *Bezzenberger*, in: K. Schmidt/Lutter, § 71 AktG Rn. 18; *Cahn*, in: Spindler/Stilz, Komm. AktG, Bd. 1, § 71 Rn. 93.

542 *Lange*, in: Henssler/Strohn, Gesellschaftsrecht, 3. Aufl. 2016, § 71 AktG Rn. 11.

fassung feststehen, sondern kann sich auf einen Börsenkurs zu einem zukünftigen festgelegten Zeitpunkt beziehen. Zudem muss festgelegt werden, wie viel Prozent des Grundkapitals die Gesellschaft in eigenen Aktien erwerben darf.[543]

Das Problem des Ermächtigungsbeschlusses liegt darin, dass er den „niedrigsten und den höchsten Gegenwert und damit den Preisrahmen für den Rückerwerb der eigenen Aktien festsetzen“ muss.[544] Es ist jedoch denkbar und nicht unwahrscheinlich, dass der festgelegte Preisrahmen niedriger ist als der durchschnittliche Börsenkurs der letzten sechs Monate, anhand dessen sich die Höhe des gegenüber den Minderheitsaktionären abzugebenden Kaufangebots bemisst. Ein Erwerbsangebot setzt außerdem gemäß § 71 Abs. 2 S. 2 AktG voraus, dass die Gesellschaft im Erwerbszeitpunkt eine Rücklage in Höhe der Aufwendungen für den Erwerb bilden kann, ohne das Grundkapital oder eine nach Gesetz oder Satzung zu bildende Rücklage zu mindern.

Kann der Emittent die Kapitalschutzvorschriften nicht einhalten, so kommt nur ein Erwerbsangebot des Mehrheits- bzw. Großaktionärs oder eines Dritten in Betracht. Fraglich ist, ob der Emittent einem Bieter finanzielle Unterstützung zukommen lassen kann, der das Erwerbsangebot nicht selbst finanzieren kann.[545] Als Unterstützung sind die Übernahme von Transaktionskosten oder die Gewährung eines Darlehens denkbar.[546] Auch in diesem Fall sind jedoch von dem Emittenten die aktienrechtlichen Kapitalschutzvorschriften zu beachten. Der Gewährung von Darlehen an den Bieter kann § 57 Abs. 1 AktG entgegenstehen. Diese Vorschrift dient der Kapitalerhaltung und erstreckt sich auf das gesamte Gesellschaftsvermögen.[547]

Nach einer überzeugenden Ansicht in Literatur und Rechtsprechung handelt es sich bei § 57 AktG um ein Verbotsgesetz im Sinne von § 134 BGB, dessen Verstoß die Nichtigkeit des schuldrechtlichen Geschäfts zur Folge hat.[548] Fraglich ist, ob sich etwas Anderes ergibt, wenn es sich bei dem außenstehenden Dritten nicht um einen Aktionär handelt, da § 57 Abs. 1 AktG die Einlagenrückgewährung ausdrücklich nur an die Aktionäre verbietet. Anerkannt ist aber, dass auch Leistungen an Dritte die nicht formal aber faktisch Aktionäre der Aktiengesellschaft sind, dem Verbot aus § 57 Abs. 1 AktG unterfallen.[549] Stellt sich die Einlagenrückgewährung bei einer wirtschaftlichen Betrachtung als Leistung an den Aktionär dar, so kann für die Nichtigkeit des schuldrechtlichen Geschäfts bei Darlehensgewährung an einen Dritten nichts Anderes gelten.[550] § 5 Abs. 1 S. 3 AktG normiert indes eine Ausnahme für das Verbot der Einlagenrückgewähr für den Fall, dass die Leistung

543 *Lange*, in: Henssler/Strohn, Gesellschaftsrecht, § 71 AktG Rn. 12.
544 *Vetter*, AG 2003, 478, 480 ff.; *Cahn*, in: Spindler/Stilz, Komm. AktG, Bd. 1, § 71 Rn. 109.
545 *Hasselbach/Pröhl*, NZG 2015, 209, 214.
546 *Hasselbach/Pröhl*, NZG 2015, 209, 214.
547 *Drinhausen*, in: Heidel, § 57 AktG Rn. 1.
548 *Drinhausen*, in: Heidel, § 57 AktG Rn. 46 ff. m.w.N.
549 *Drygala*, in: AktG, Bd. 1, § 57 Rn. 123.
550 *Drinhausen*, in: Heidel, § 57 AktG Rn. 56 ff.

durch einen vollwertigen Gegenleistungs- oder Rückgewähranspruch gegen den Aktionär gedeckt ist. Eine Darlehensgewährung wäre folglich dann zulässig, wenn sie durch einen vollwertigen Rückgewähranspruch gedeckt ist.[551]

Selbst wenn das zutreffen sollte, kann die Darlehensgewährung jedoch noch gegen § 71 a Abs. 1 S. 1 AktG verstoßen. Diese Vorschrift dient dazu, den durch § 71 AktG normierten Schutz vor Umgehung des Verbots des Erwerbs eigener Aktien zu schützen.[552] Daneben hat § 71 a AktG auch die Funktion eines eigenständigen Kapitalschutzes und dient dem Schutz des Gesellschaftsvermögens „vor Heranziehung zur Erwerbsfinanzierung außerhalb der legalen Gewinnausschüttung."[553] Die Gewährung eines Darlehens durch den Emittenten ist somit weitgehenden Einschränkungen unterworfen und folglich in der Regel unzulässig.

Daneben ist die finanzielle Unterstützung durch einen außenstehenden Dritten im Wege der Übernahme von Transaktionskosten, aber wiederum nur in den engen Grenzen der Kapitalerhaltungsvorschriften, denkbar. Ein solches Geschäft verstößt im Grundsatz gegen das Verbot der Einlagenrückgewähr aus § 57 Abs. 1 AktG.[554] Die Übernahme der Transaktionskosten ist nur in Ausnahmefällen zulässig, wenn die Gesellschaft ein betriebliches Interesse am Wechsel der Beteiligungsverhältnisse besitzt.[555] Liegt also das Delisting im Interesse des Emittenten, wäre der Schutzzweck von § 57 Abs. 1 AktG nicht berührt, da der Emittent mit der Zahlung der Transaktionskosten das Delisting ermöglichen will.[556] Es kann in diesem Fall keinen Unterschied machen, ob der Emittent oder ein außenstehender Dritter als Bieter auftritt, da die Interessenlage in beiden Konstellationen dieselbe ist, soweit das Delisting im Interesse des Emittenten liegt.[557]

Die vorstehenden Ausführungen haben gezeigt, dass ein Emittent wegen der Angebotspflicht ein reguläres Delisting nur betreiben kann, wenn ein Hauptaktionär existiert, der bereit ist, den Minderheitsaktionären ein Abfindungsangebot zu unterbreiten. Damit wird ein Rückzug aus dem regulierten Markt für die Gesellschaften faktisch unmöglich, die einen hohen Streubesitzanteil und keinen Hauptaktionär aufweisen. Sie sind dann auf die Unterbreitung des Abfindungsangebots durch einen außenstehenden Dritten angewiesen, wobei unklar bleibt, welche Person das sein sollte.

Das Gesetz lässt außerdem die Frage unbeantwortet, wie der Vorstand der Aktiengesellschaft sich zu verhalten hat, wenn durch den Großaktionär oder einen Dritten ein Kaufangebot abgegeben wird, das der Vorstand nicht für angemessen hält, oder wenn er eine weitere Börsennotierung für sinnvoll erachtet und somit ein Konflikt mit seinen Pflichten gemäß §§ 76, 93 AktG entsteht. Gemäß § 76 Abs. 1

551 *Cahn/v. Spannenberg*, in: Spindler/Stilz, Komm. AktG, Bd. 1, § 57 Rn. 34.
552 *Cahn*, in: Spindler/Stilz, Komm. AktG, Bd. 1, § 71a Rn. 7.
553 *Cahn*, in: Spindler/Stilz, Komm. AktG, Bd. 1, § 71a Rn. 7.
554 *Bayer*, in: MüKo AktG, Bd. 1, § 57 Rn. 8, 81 ff.
555 *Bayer*, in: MüKo AktG, Bd. 1, § 57 Rn. 87; *Sigle/Zinger*, NZG 2003, 301, 304 ff.
556 *Hasselbach/Pröhl*, NZG 2015, 209, 214.
557 *Hasselbach/Pröhl*, NZG 2015, 209, 214.

AktG hat der Vorstand die Gesellschaft in eigener Verantwortung zu leiten und die Vorstandsmitglieder haben gemäß § 93 Abs. 1 S. 1 AktG „bei ihrer Geschäftsführung die Sorgfalt eines ordentlichen und gewissenhaften Geschäftsleiters anzuwenden." Der Vorstand ist verpflichtet, bei seinen Entscheidungen das Wohle der Gesellschaft zu wahren.

XIII. Erstreckung übernahmerechtlicher Vorschriften auf Auslandsemittenten

Gemäß § 39 Abs. 4 BörsG finden in Bezug auf das Angebot nach Abs. 2 unter Berücksichtigung von Abs. 3 die übernahmerechtlichen Vorschriften auf Auslandsemittenten entsprechende Anwendung. Damit wollte der Gesetzgeber sichergehen, dass ausländische Emittenten, deren Aktien im Inland in einem regulierten Markt notiert sind, zur Erfüllung der übernahmerechtlichen Pflichten verpflichtet sind, wenn sie ein Delisting im Inland beantragen.[558] Zur Zeit der Geltung der Macrotron-Grundsätze waren ausländische Gesellschaften nicht dazu verpflichtet, die Macrotron-Trias einzuhalten, weil die Rechtsprechung nur für deutsche Emittenten Wirkung entfaltete.[559]

Zweifelhaft ist die Erforderlichkeit einer ausdrücklichen Erstreckung der übernahmerechtlichen Vorschriften auf Auslandsemittenten.[560] Zutreffend ist, dass diese Emittenten nur eingeschränkt dem deutschen Übernahmerecht unterliegen,[561] Das bedeutet jedoch nicht, dass sie, soweit ihre Aktien im regulierten Markt zugelassen sind, von den Anforderungen in § 39 Abs. 2 und Abs. 3 BörsG ausgenommen wären. Die Eröffnung des Anwendungsbereiches des WpÜG ist hierfür nicht erforderlich, da sie als Emittenten im regulierten Markt zur Einhaltung aller börsenrechtlichen Vorschriften verpflichtet sind.[562] Daher war die Erstreckung der übernahmerechtlichen Vorschriften auf Auslandsemittenten in § 39 Abs. 4 BörsG nicht erforderlich.

Teil 2: Verfassungsrechtliche Relevanz des regulären Delisting

Neben der kapitalmarktrechtlichen und der gesellschaftsrechtlichen Komponente besitzt das Delisting auch eine verfassungsrechtliche Komponente. Der BGH ging in seiner Macrotron-Entscheidung von der Gesetzesauslegung in die Rechtsfortbildung über. Das Gericht bejahte die Existenz ungeschriebener gesellschaftsrechtlicher Voraussetzungen für ein reguläres Delisting, leitete sowohl die Kompetenz der Hauptversammlung als auch das Erfordernis eines Pflichtangebots an die Min-

558 BeschlussE des Finanzausschusses, BT-Drucks. 18/6220, S. 88.
559 *Bungert/Leyendecker-Langner*, DB 2015, 2251, 2252.
560 *Harnos*, ZHR 179 (2015), 750, 757.
561 *Pötzsch/Favoccia*, in: Assmann/Pötzsch/Schneider, WpÜG, § 1 Rz. 44 ff.
562 *Harnos*, ZHR 179 (2015), 750, 758.

derheitsaktionäre aus Art. 14 Abs. 1 GG ab und berief sich auf die vorangegangenen Entscheidungen des BVerfG zur Ausgestaltung des grundrechtlichen Schutzes des Aktieneigentums.[563]

A. Fragestellung

Das Aktieneigentum ist nach mehreren Entscheidungen des BVerfG dadurch gekennzeichnet, dass es mitgliedschaftliche Herrschafts- und Vermögensrechte vermittelt und durch die ausgeprägte Verkehrsfähigkeit „eine Sphäre individueller Freiheit in finanzieller Hinsicht" vermittelt.[564] Das BVerfG setzte sich erstmals im Feldmühle-Urteil aus dem Jahr 1962 mit der inhaltlichen Ausgestaltung des Aktieneigentums auseinander und konkretisierte dessen Reichweite im Wesentlichen in der DAT/Altana- und der MVS/Lindner-Entscheidung.[565]

Überraschend war, dass der 2. Senat des BGH in der Macrotron-Entscheidung die Rechtsgrundlage für die gesellschaftsrechtlichen Voraussetzungen in Art. 14 Abs. 1 GG sah, statt diese Voraussetzungen auf eine einfachgesetzliche Grundlage zu stützen. Schließlich handelt es sich bei einem Delisting um einen Vorgang zwischen privaten Rechtsträgern, an dem die Börse als Anstalt des öffentlichen Rechts erst auf Initiative des Emittenten beteiligt wird.

Erst im Jahr 2012 hatte das BVerfG die Gelegenheit, sich in der Entscheidung MVS/Lindner zu der Grundrechtsbetroffenheit der Aktionäre durch ein Delisting zu äußern. Dabei verneinte es einen Eingriff in das Aktieneigentum der Aktionäre.[566] Hiernach konnten die im Macrotron-Urteil des BGH aufgestellten ungeschriebenen Voraussetzungen für ein reguläres Delisting nicht mehr mit einem ausgleichspflichtigen Eingriff in das Aktieneigentum begründet werden.

Um nachvollziehen zu können, warum der BGH in der Macrotron-Entscheidung die ungeschriebenen gesellschaftsrechtlichen Voraussetzungen aus einem Eingriff in das Aktieneigentum abgeleitet hat, ist ein Blick auf die vorangegangenen, das Aktienverfassungsrecht ausgestaltenden Entscheidungen des BVerfG notwendig. Bereits vor der Macrotron-Entscheidung des BGH hatte das BVerfG dem Aktieneigentum der Aktionäre einen grundrechtlichen Schutz aus Art. 14 Abs. 1 GG eingeräumt.

Im Folgenden wird sich zeigen, wie weitreichend die Rechtsprechung des BVerfG den Inhalt des Aktieneigentums in den letzten Jahrzehnten konkretisiert hat. Es sollen die Prinzipien des grundrechtlichen Aktieneigentumsschutzes dargestellt und

---

563 BGHZ 153, 47 (Macrotron); *Thomale*, ZGR 2013, 686, 687.

564 BVerfGE 100, S. 289 (DAT/Altana).

565 BVerfGE 14, 263, 277 (Feldmühle); BVerfGE 100, S. 289 (DAT/Altana); BVerfGE 132, 99, 119 (MVS/Lindner); außerdem in: BVerfG ZIP 1999, 1804 ff. (Hartmann & Braun); BVerfG AG 2001, 42 ff. (Moto Meter); BVerfG ZIP 1999, 1798 ff. (Wenger/Daimler-Benz); BVerfG ZIP 1999, 1801 (Scheidemandel II); BVerfG ZIP 1999, 532 (SEN); BVerfG NJW 2007, 3268 ff. (Edscha AG).

566 BVerfGE 132, 99 (MVS/Lindner).

dann in den Kontext des Mehrheits- und Minderheitskonflikts bei einem regulären Delisting eingeordnet werden.[567]

B. Die Konkretisierung des Aktieneigentums durch die Rechtsprechung

In seinem Feldmühle-Urteil aus dem Jahr 1962 konkretisierte das BVerfG erstmals das Aktieneigentum dahin gehend, dass die Aktie sowohl Mitgliedschafts- als auch Vermögensrecht ist und unterstellte im konkreten Fall nur den vermögensrechtlichen Teil dem Eigentumsschutz aus Art. 14 GG.[568] „Dem Gesetzgeber muß es überlassen bleiben, die eine oder andere Seite der Aktie zum wesentlichen Kriterium seiner Entscheidung zu machen."[569] In der Begründung des Regierungsentwurfs zum AktG 1965 heißt es, das Aktienrecht müsse von dem wirtschaftlichen Eigentum der Aktionäre an dem auf ihren Kapitalbeiträgen beruhenden Unternehmen ausgehen.[570]

In der Literatur wurde daraufhin die tatsächliche Schutzfähigkeit der Aktie angezweifelt und auf die faktische „Beschränktheit des Aktionärseigentums" hingewiesen.[571] Zumindest bei Kleinaktionären überwiege die vermögensrechtliche Seite, weshalb das Aktieneigentum als funktionslos anzusehen sei.[572] Spätestens seit dem DAT/Altana-Beschluss des BVerfG aus dem Jahr 1999 ist jedoch allgemein anerkannt, dass die aktienrechtliche Mitgliedschaft grundsätzlich selbst eine eigentumsfähige Position darstellt.[573]

Bereits die frühe verfassungsrechtliche Judikatur zum Aktieneigentum hat eine mitgliedschaftliche und eine vermögensrechtliche Komponente des Aktieneigentums bestätigt, die durch die gesellschaftsrechtlichen Teilnahme- und Teilhaberechte einfachgesetzlich ausgestaltet werden.[574] Von Art. 14 Abs. 1 GG werden jedoch nicht sämtliche mit dem Anteilseigentum verbundenen Vermögensinteressen geschützt. Da es sich um ein normgeprägtes Grundrecht handelt, das durch das Gesellschafts-

---

567 Zum Konflikt zwischen Hauptaktionär und Minderheitsaktionären: *Morell*, ZBB 2016, 67, 70 ff.; *Vollmer/Grupp*, ZGR 1995, 459, 474.

568 BVerfGE 14, 263, 276 f. (Feldmühle).

569 BVerfG, NJW 1962, 1667 (Feldmühle).

570 Begr. RegE AktG 1965, Drucksache IV/171, S. 93.

571 *Däubler*, in: Däubler, Wolfgang/Sieling-Wendeling, Ulrike/Welkoborsky, Horst, Eigentum und Recht, Die Entwicklung des Eigentumsbegriffs im Kapitalismus, 1976, Eigentum und Recht in der BRD, S. 141, 217.

572 *Däubler, in:* Däubler, Wolfgang/Sieling-Wendeling, Ulrike/Welkoborsky, Horst, S. 141, 216 ff.; *Rittstieg, Helmut*, Eigentum als Verfassungsproblem, 2. Aufl. 1976, S. 362 f.

573 BVerfGE 14, 263 ff. (Feldmühle); BVerfGE 100, 289 ff. (DAT/Altana); BVerfG ZIP 1999, 1804 ff. (Hartmann & Braun); BVerfG AG 2001, 42 ff. (Moto Meter); BVerfG ZIP 1999, 1798 ff. (Wenger/Daimler-Benz); BVerfG ZIP 1999, 1801 (Scheidemandel II); BVerfG ZIP 1999, 532 (SEN); BVerfG NJW 2007, 3268 ff. (Edscha AG).

574 BVerfGE 14, 263, 276 ff. (Feldmühle); 25, 371, 407 (Rheinstahl); 50, 290, 342 (Mitbestimmung).

recht ausgeformt wird, reicht der Schutz des Anteilseigentums nur so weit wie die aus der Mitgliedschaft erwachsenen Rechte und Befugnisse im Verband.[575] Durch die Doppelstellung des Aktionärs wirkt sich der Schutz des Aktieneigentums sowohl auf die mittelbare Unternehmensträgerschaft als auch auf das unmittelbare Mitgliedschaftsrecht des Aktionärs aus.[576] Aus der Doppelstellung des Aktionärs soll ein System der verfassungsrechtlichen Meistbegünstigung folgen, in dem der Aktionär sich je nachdem, welche Komponente seines Aktieneigentums durch die Maßnahme mehr beeinträchtigt wird, in erster Linie auf diese Beeinträchtigung stützen kann.[577]

Für den Schutz der Aktionäre kommt es darauf an, inwieweit die durch die Aktie verkörperte Mitgliedschaft dem Aktionär Rechte in Bezug auf die Börsennotierung der Aktien vermittelt.[578]

I. Das Feldmühle-Urteil

Das Feldmühle-Urteil bildet die Grundlage für den durch das BVerfG in ständiger Rechtsprechung konkretisierten Schutzbereich des Aktieneigentums. In der Sache ging es um eine Mehrheitsumwandlung, die eine Auflösung der Aktiengesellschaft und ein zwangsweises Ausscheiden der Aktionäre zur Folge hatte.[579] Dabei wurde eine Kapitalgesellschaft auf einen bisherigen Hauptgesellschafter umgewandelt.[580] Das BVerfG musste darüber entscheiden, ob § 15 UmwG a.F. i.V.m. §§ 9, 12 UmwG a.F. verfassungsgemäß gemäß Art. 14 Abs. 1 S. 3 GG war.

Das BVerfG bejahte die Verfassungsmäßigkeit der Vorschrift und verneinte eine Enteignung i.S.v. Art. 14 Abs. 3 GG durch die Mehrheitsumwandlung, da diese weder vom Staat noch von einem „mit staatlichen Zwangsrechten beliehenen Unternehmer" ausgehe.[581] Als Prüfungsmaßstab kam somit nur Art. 14 Abs. 1 GG in Betracht.[582] Das BVerfG betonte den komplexen Charakter der Aktie, der sowohl eine vermögensrechtliche als auch eine mitgliedschaftliche Komponente innewohne.[583] Daraus resultiere ein Spannungsverhältnis zwischen Mehrheits- und Minderheitsaktionär. Im konkreten Fall trete der Schutz des Eigentums der Minderheitsaktionäre hinter „die Interessen der Allgemeinheit an einer freien Entfaltung der unternehmerischen Initiative im Konzern" zurück.[584] Die hinter § 15 UmwG a.F. stehenden gesetzgeberischen Wertungen seien verfassungsrechtlich zulässig, wenn den aus-

575 BVerfGE 14, 263, 276 (Feldmühle).
576 *Schön,* Festschrift für Ulmer, 2003, S. 1359, 1370 f.
577 *Schön,* Festschrift für Ulmer, S. 1371.
578 *Papier,* in: Maunz/Dürig, Grundgesetz, Kommentar, Loseblattsammlung, 53. Ergänzungslieferung, 2009, Art. 14 Rn. 193.
579 BVerfGE 14, 263 (Feldmühle).
580 BVerfGE 14, 263, (Feldmühle).
581 BVerfGE 14, 263, 277 (Feldmühle).
582 BVerfGE 14, 263, 277 (Feldmühle).
583 BVerfGE 14, 263, 278 (Feldmühle).
584 BVerfGE 14, 263, 282 (Feldmühle).

scheidenden Gesellschaftern wirksame Rechtsbehelfe gegen missbräuchliche Entscheidungen zur Verfügung stünden und sie für den Verlust ihrer Rechtsposition eine volle Entschädigung erhalten würden.[585] Diese Voraussetzungen erfüllte die Mehrheitsumwandlung im konkreten Fall.[586]

II. Der DAT/Altana-Beschluss

Im DAT/Altana-Beschluss vom 27.04.1999 befasste sich das BVerfG mit Fragen des Ausgleichs und der Abfindung von Aktionären im Fall eines Unternehmensvertrages sowie einer Mehrheitseingliederung.[587] Die Eingliederung gemäß § 320 AktG erfolgt durch Beschluss und hat den Verlust der Mitgliedschaft der Aktionäre der einzugliedernden Gesellschaft, gegen eine Abfindung in Form von Aktien der Hauptgesellschaft, zur Folge.[588] Im Speziellen ging es um die Frage, ob für die Bestimmung eines angemessenen Ausgleichs für die Minderheitsaktionäre der Börsenkurs oder „tatsächlich gezahlte Preise für Aktien der abhängigen Gesellschaft", die bereits vor Unterbreitung des Abfindungsangebots außerbörslich gezahlt wurden, des beteiligten Unternehmens zu berücksichtigen seien.[589] Die Beschwerdeführerin rügte eine Verletzung ihres Eigentumsgrundrechts aus Art. 14 GG durch die fehlende Berücksichtigung des Börsenkurses bei der Berechnung der nach § 320 b AktG angebotenen Abfindung. Das BVerfG bejahte eine Beeinträchtigung des Anteilseigentums durch die Beschlüsse des Oberlandesgerichts, das die Auffassung vertreten hatte, dass der Börsenkurs keine Aussage über den inneren Wert des Unternehmens treffe.[590]

Die Verfassungsrichter betonten, dass sich der eigentumsrechtliche Grundrechtsschutz auf die vermögensrechtliche Stellung des Anteilseigners erstrecke.[591] Vom Schutzbereich des Art. 14 GG sei das in der Aktie verkörperte Anteilseigentum umfasst, das durch Privatnützigkeit und Verfügungsbefugnis gekennzeichnet sei.[592] Es sei gesellschaftsrechtlich ausgestaltet und schütze sowohl die mitgliedschaftsrechtliche als auch die vermögensrechtliche Ausgestaltung des Anteilseigentums.[593] Sollte ein Minderheitsaktionär seine mitgliedschaftliche Stellung verlieren oder diese durch eine Strukturmaßnahme in relevantem Maße eingeschränkt werden, so stehe ihm für den Verlust seiner Eigentumsposition eine Entschädigung zu.[594] Das Herausdrängen einer Aktionärsminderheit werde durch Art. 14 Abs. 1 S. 1 GG nicht

585 BVerfGE 14, 263, 283 (Feldmühle).
586 BVerfGE 14, 263, 283 f. (Feldmühle).
587 BVerfGE 100, 289 (DAT/Altana).
588 Hüffer/*Koch*, AktG, § 320 Rn. 1.
589 BVerfGE 100, 289 (DAT/Altana).
590 BVerfGE 100, 289 (DAT/Altana).
591 BVerfGE 100, 289, 301 f, 305 f. (DAT/Altana).
592 BVerfGE 100, 289 (DAT/Altana).
593 BVerfGE 100, 289, 301 (DAT/Altana).
594 Vgl. BVerfGE 100, 289, 304, 306 (DAT/Altana); BVerfG, WM 2012, 1374,1375.

ausgeschlossen, müsse jedoch durch die Zahlung einer Abfindung kompensiert werden.[595] Die Entschädigung müsse dabei den „wirklichen" oder „wahren" Wert des Anteilseigentums widerspiegeln.[596]

Für die Höhe der Abfindung solle es maßgeblich auf den inneren Wert des Unternehmens, nicht aber auf den Börsenkurs ankommen.[597] „Die von Art. 14 Abs. 1 GG geforderte ‚volle' Entschädigung dürfe jedenfalls nicht unter dem Verkehrswert liegen. Dieser könne bei börsennotierten Unternehmen nicht ohne Rücksicht auf den Börsenkurs festgesetzt werden."[598] Die Verkehrsfähigkeit der Aktie sei folglich in Bezug auf die Wertbestimmung des Aktieneigentums bei der Berechnung der Abfindung zu berücksichtigen.[599] Bei einem börsennotierten Unternehmen bilde der Börsenkurs die Untergrenze bei der Berechnung, da sich durch den Handel an der Börse anhand von Angebot und Nachfrage der Wert einer Aktie bestimmen lasse, den Investoren für ihre Investitionsentscheidung berücksichtigen.[600] Die Entschädigung dürfe nicht niedriger als der Börsenkurs ausfallen, weil die Minderheitsaktionäre sonst weniger als bei einer freien Desinvestitionsentscheidung erhielten. Der Vermögensverlust, den die Aktionäre durch den Unternehmensvertrag bzw. die Eingliederung erleiden, stelle sich für sie als Verlust des Verkehrswertes der Aktie dar, der mit dem Börsenkurs regelmäßig identisch ist. Der Verkehrswert bilde die Untergrenze der den Aktionären nach Art. 14 Abs. 1 GG zustehenden wirtschaftlich vollen Entschädigung. Das Gebot der Berücksichtigung des Börsenkurses schließe dabei aber nicht ein Über- oder Unterschreiten im Einzelfall aus, wenn der Börsenkurs ausnahmsweise nicht den Verkehrswert der Aktie widerspiegelt, z. B. im Fall einer Marktenge.[601]

III. Das Macrotron-Urteil des BGH

In der instanzgerichtlichen und der höchstrichterlichen Rechtsprechung bestanden unterschiedliche Auffassungen in Bezug auf die Betroffenheit des Schutzbereichs von Art. 14 GG bei einem freiwilligen Delisting. Sowohl das LG München I als auch das OLG München lehnten im Macrotron-Fall bei einem vollständigen Delisting einen Eingriff in den Schutzbereich von Art. 14 I GG ab.[602] Den Kern des Aktieneigentums bilde der Anteil am Unternehmen, aber nicht die Veräußerungsmöglichkeit von Unternehmensanteilen an der Börse.[603]

---

595 BVerfGE 100, 289, 302 f. (DAT/Altana).
596 BVerfGE 100, 289, 304, 306 (DAT/Altana).
597 Vgl. OLG Düsseldorf, AG 1995, 85, 86 f. (DAT/Altana I).
598 BVerfGE 100, 289, (DAT/Altana).
599 BVerfGE 100, 289, 305 f. (DAT/Altana).
600 BVerfGE 100, 289, 305 f. (DAT/Altana).
601 BVerfGE 100, 289, (DAT/Altana).
602 OLG München, ZIP 2001, 700, 705; LG München I, DB 1999, 2458, 2460.
603 LG München I, AG 2000, 140, 142.

a) *Sachverhalt und Entscheidungen der Instanzgerichte*

In der Macrotron-Entscheidung ging es um eine Anfechtungsklage der Deutschen Schutzvereinigung für Wertpapierbesitz gegen einen Hauptversammlungsbeschluss der deutschen Macrotron AG. Die Hauptaktionärin der Macrotron AG, eine US-amerikanische Gesellschaft, besaß 95,11 % des Stammkapitals. Der Rest der Aktien befand sich im Streubesitz. Die Hauptversammlung beschloss am 21.05.1999, den Vorstand zu ermächtigen, einen Zulassungswiderruf an der Frankfurter und der Münchener Börse zu beantragen. In der Einladung zur Hauptversammlung kündigte die Hauptaktionärin ein Kaufangebot an die Minderheitsaktionäre an. Die Klägerin widersprach auf der Hauptversammlung erfolglos dem Beschluss, den Vorstand zu ermächtigen, ein reguläres Delisting durchzuführen. Daraufhin erhob die Klägerin Anfechtungsklage am LG München I, mit der Begründung, der Beschluss sei mangels zeitlicher Befristung der Ermächtigung zur Beantragung des Zulassungswiderrufs, wegen fehlender sachlicher Rechtfertigung und wegen Unverhältnismäßigkeit fehlerhaft. Hilfsweise wurde die Überprüfung der Höhe des Abfindungsangebotes im Spruchverfahren beantragt. Die Klage wurde erstinstanzlich abgewiesen. Auch die eingelegte Berufung an das OLG München und der Hilfsantrag hatten keinen Erfolg.

Bereits das LG München I hat im Jahr 1999 die Auffassung vertreten, die Börsennotierung sei kein rechtliches Wesensmerkmal einer AG.[604] Durch ihre Mitgliedschaft in einer Aktiengesellschaft besitzen die Aktionäre grundsätzlich einen Anspruch auf Bezugsrechte, aber nicht auf die Börsenzulassung dieser AG.[605] Bei einem Delisting wird anders als beim Verkauf wesentlicher Beteiligungen oder bei einem Bezugsrechteausschluss nicht in die Struktur der Gesellschaft eingegriffen.[606] Es verändern sich weder der gesellschaftliche Rahmen der Gesellschaft noch die Mitgliedschaftsrechte der Aktionäre. Gleichwohl handelt es sich bei dem Widerruf der Börsenzulassung um eine Strukturmaßnahme von herausragender Bedeutung, die grundsätzlich die Zustimmung der Hauptversammlung erfordert.[607] Ein schriftlicher Bericht analog §§ 186 Abs. 4 S. 2 AktG, § 8 UmwG ist hingegen nicht erforderlich. Der Delisting-Beschluss soll nur eingeschränkt überprüfbar sein, weil ein Hauptversammlungsbeschluss, der mit einer ausreichenden Mehrheit beschlossen wird, seine Rechtfertigung in sich trägt.[608]

Der Widerruf der Börsenzulassung stellte nach der Auffassung des LG München I keinen Eigentumseingriff dar. Zur Begründung zog das Gericht die Regelungen zur Formumwandlung im UmwG heran, die zeigen, dass „nicht die Veräußerungsmöglichkeit von Unternehmensanteilen an der Börse der Kern des Eigentums [ist], sondern der Anteil am Unternehmen."[609] § 43 Abs. 4 BörsG a.F. i.V.m. den Börsen-

604 LG München I, NZG 2000, 273, 274.
605 LG München I, NZG 2000, 273, 274.
606 LG München I, NZG 2000, 273, 274.
607 LG München I, NZG 2000, 273, 274.
608 LG München I, NZG 2000, 273, 275.
609 LG München I, NZG 2000, 273, 275.

ordnungen der Regionalbörsen enthalte eine grundsätzlich abschließende Regelung zum Delisting, die nur eine begrenzte aktienrechtliche Kontrolle zulasse. Die Marktteilnehmer sollen auf eine abschließende Regelung des Delisting durch den Gesetzgeber vertrauen dürfen.[610]

Das OLG München als Berufungsinstanz ist der Auffassung des LG München I gefolgt und bejahte die Zuständigkeit der Hauptversammlung für einen Delisting-Beschluss.[611] Es berief sich dabei auf die Grundsätze der Holzmüller-Entscheidung, nach denen ein Delisting in seiner Eingriffsintensität denjenigen Maßnahmen ähnlich sei, für die das Gesetz eine Entscheidung der Hauptversammlung vorsehe.[612] Das Erfordernis eines Hauptversammlungsbeschlusses resultiert aus der mit einem Delisting verbundenen hohen Intensität des Eingriffs in die Mitgliedschaftsrechte der Aktionäre. Durch ein going private wird die Handelbarkeit der Geschäftsanteile soweit eingeschränkt, dass die wirtschaftlichen Interessen der Aktionäre massiv beeinträchtigt werden. Diese Beeinträchtigung soll auch nicht durch die Einbeziehung der Aktien in den Freiverkehr ausgeglichen werden können.[613] Die Handelbarkeit wurde als Eigenschaft des Aktieneigentums angesehen, die es zu schützen galt.

b) Die Entscheidung des BGH

Der 2. Senat des BGH stellte in der Macrotron-Entscheidung fest, bei einem Rückzug vom amtlichen Markt (heute: regulierter Markt) sei der Anlegerschutz durch die kapitalmarktrechtlichen Vorschriften nicht ausreichend gewährleistet.[614] Es bedürfe zusätzlicher gesellschaftsrechtlicher Anforderungen, um den Anlegerschutz zu gewährleisten. Nach Auffassung des 2. Senats kann nur die Hauptversammlung mit einfacher Mehrheit über ein Delisting entscheiden.[615] Die Entscheidung über ein Delisting falle nicht in die Zuständigkeit des Vorstandes. Es seien weder eine qualifizierte Mehrheit für die Beschlussfassung noch eine sachliche Rechtfertigung des Beschlusses erforderlich.[616] Auch ein Vorstandsbericht soll entbehrlich sein.[617]

Zur Begründung seiner Rechtsfortbildung berief sich der 2. Senat auf die Rechtsprechung des BVerfG zu Art. 14 GG in Sachen DAT/Altana, Moto Meter sowie Hartmann und Braun, wonach die Verkehrsfähigkeit der Aktie ein von Art. 14 GG geschützter Aspekt des Eigentums ist.[618] Der BGH betonte, dass die besondere Bedeutung der Verkehrsfähigkeit der Aktie und dessen jederzeitige Realisierbarkeit Eigenschaften des Aktieneigentums seien und aus diesem Grund selbst verfassungsrechtlichen Schutz

---

610 LG München I, NZG 2000, 273, 274.
611 OLG München, ZIP 2001, 700.
612 OLG München, ZIP 2001, 700, 703.
613 OLG München, ZIP 2001, 700, 703.
614 BGHZ 153, 47, 56 (Macrotron).
615 BGHZ 153, 47, 53 (Macrotron).
616 BGHZ 153, 47, 58 f. (Macrotron).
617 BGHZ 153, 47, 59 (Macrotron).
618 BGHZ 153, 47, 55 (Macrotron).

genössen. Für den Schutz des Aktieneigentums sei die Hauptversammlung und nicht die Verwaltung zuständig.[619] Durch ein Delisting werde die Verkehrsfähigkeit einer Aktie soweit eingeschränkt, dass dies zu einer Beeinträchtigung des Aktieneigentums führe. Dem Aktionär werde durch ein Delisting vom amtlichen Markt die Möglichkeit genommen, den Wert seiner Aktien durch Veräußerung zu realisieren.[620]

Das Urteil lässt sich wie folgt zusammenfassen: Der BGH sieht das von Art. 14 GG geschützte Aktieneigentum durch die Verkehrsfähigkeit der Aktie geprägt, die durch den Wegfall der Börsennotierung durch ein Delisting maßgeblich beeinträchtigt werde.[621] Die jederzeitige Möglichkeit der Realisierung des Verkehrswertes muss, wie das Aktieneigentum selbst, verfassungsrechtlichen Schutz genießen.[622] Der durch Art. 14 GG gewährleistete Schutz des Aktieneigentums muss sich somit auf die Börsennotierung erstrecken. Die Verkehrsfähigkeit der Aktie ist bei börsennotierten Gesellschaften wesentlicher Bestandteil des Rechtsverhältnisses des Emittenten und dessen Aktionären. Die Hauptversammlung, nicht die Verwaltung hat darüber zu befinden, ob das Delisting als eine die Verkehrsfähigkeit der Aktie und damit den Verkehrswert des Anteils beeinträchtigende Maßnahme im Hinblick auf den Minderheitenschutz durchgeführt werden darf und soll.[623] Zur Gewährleistung eines hinreichenden Schutzes der Minderheitsaktionäre sind die kapitalmarktrechtlichen Regelungen nicht ausreichend, da § 38 Abs. 4 BörsG a. F. die Ausgestaltung des Anlegerschutzes den einzelnen Börsen überlässt. Die Börsenordnungen können zum einen jederzeit geändert werden und müssen zum anderen nicht zwingend die Erstattung des Wertes der Aktien vorsehen.[624] Daher bedarf es neben eines Beschlusses der Hauptversammlung eines im Spruchverfahren überprüfbaren Pflichtangebots der Aktiengesellschaft oder des Großaktionärs.[625]

IV. Das MVS/Lindner-Urteil des BVerfG

Wie bereits ausgeführt, bildete das MVS/Lindner-Urteil des BVerfG den vorläufigen verfassungsrechtlichen Schlusspunkt in Bezug auf die Betroffenheit des Aktieneigentums bei einem freiwilligen Delisting.[626]

C. Bewertung und Anwendbarkeit auf das reguläre Delisting

Die beleuchteten Entscheidungen des BVerfG zur Ausgestaltung des Aktieneigentums haben gezeigt, dass es für den Aktionär keinen unbegrenzten Schutz davor gibt, Teile oder sogar das vollständige Aktieneigentum zu verlieren, solange er für seinen

619 BGHZ 153, 47, 55 (Macrotron).
620 BGHZ 153, 47, 54 (Macrotron).
621 BGHZ 153, 47, 55 (Macrotron).
622 BGHZ 153, 47, 55 (Macrotron).
623 BGHZ 153, 47, 55 (Macrotron).
624 BGHZ 153, 47, 55 (Macrotron).
625 BGHZ 153, 47, 47 f. (Macrotron).
626 Für weitere inhaltliche Ausführungen wird auf S. 93 ff. verwiesen.

Verlust eine volle Entschädigung erhält. Die Macrotron-Entscheidung des BGH hat daher hinsichtlich ihres Ergebnisses Zustimmung verdient, da sie den Minderheitsaktionären einen über § 39 Abs. 2 BörsG a.F. hinausgehenden Schutz zugesprochen hat. Hinsichtlich ihrer verfassungsrechtlichen Begründung der ungeschriebenen gesellschaftsrechtlichen Voraussetzungen für ein Delisting vermag sie jedoch nicht zu überzeugen. Der BGH darf Gesetze verfassungskonform auslegen. Angreifbar wird es aber, wenn der BGH von der Gesetzesauslegung zur Rechtsfortbildung übergeht und dies dann mit Art. 14 GG begründet, da ihm hinsichtlich verfassungsrechtlicher Normen jedenfalls keine letztverbindliche Kognitionsbefugnis zusteht.[627] Genau dies hat der BGH in seinem Macrotron-Urteil getan, als er von einer von Art. 14 Abs. 1 GG geschützten Verkehrsfähigkeit des Aktieneigentums ausgegangen ist.

Kernproblem einer verfassungsrechtlichen Einordnung des regulären Delisting ist die Frage, ob vom Schutzgehalt der Eigentumsgarantie des Art. 14 Abs. 1 GG nicht nur die allgemeine freie Übertragbarkeit der Aktie, sondern im speziellen deren börsliche Handelbarkeit umfasst ist. Ob die durch die Börsenzulassung erhöhte Verkehrsfähigkeit vom verfassungsrechtlichen Schutzumfang von Art. 14 Abs. 1 GG erfasst ist, hängt davon ab, ob die erhöhte Verkehrsfähigkeit selbst ein subjektiv-öffentliches Recht darstellt beziehungsweise ob ihr diese von der privaten Rechtsordnung zugeordnet wird.

I. Grundrechtsgeltung in Privatrechtsbeziehungen

Fraglich ist zunächst, ob ein freiwilliges Delisting, dass durch einen Emittenten und folglich nicht durch eine staatliche Institution beantragt wird, überhaupt einen Eingriff in den Schutzbereich des Eigentumsgrundrechts darstellen kann, da die Grundrechte grundsätzlich als Abwehrrechte des Grundrechtsträgers gegen den Staat ausgestaltet sind und darüber hinaus aber die gesamte Rechtsordnung prägen.[628] Grundrechte sind demnach nicht nur Abwehrrechte, sondern wirken auch in die Rechtsbeziehungen von Privaten hinein. Diese *Drittwirkung* der Grundrechte resultiert aus dem Verständnis der einzelnen Grundrechte als objektive Wertentscheidungen und der Gesamtheit der Grundrechte als Ausdruck einer objektiven Werteordnung.[629] Zutreffend handelt es sich nicht um eine unmittelbare, sondern um eine mittelbare Drittwirkung, weil anderenfalls die vom Grundgesetz gewollte Privatautonomie ausgehöhlt werden würde und die Grundrechte eine umfassende Pflichtenordnung bilden würden.[630] Diese Ausstrahlungswirkung der Grundrechte müssen die Zivilgerichte bei ihrer Entscheidungsfindung berücksichtigen.

627 *Thomale*, ZGR 2013, 686, 687, 690 ff.

628 *Dreier*, in: Dreier (Hrsg.) Grundgesetz-Kommentar, Bd. I, 3. Aufl. 2013, Vorbemerkungen vor Artikel 1 GG, Rn. 96.

629 BVerfGE 7, 198, 205 (Lüth); *Dreier, in:* Dreier GG-Kommentar, Vorbemerkungen vor Artikel 1 GG, Rn. 94; *Hopfauf*, in: GG-Kommentar, 13. Aufl. 2013, Einleitung, Rn. 198.

630 *Dreier*, in: Dreier GG-Kommentar, Vorbemerkungen vor Artikel 1 GG, Rn. 98.

Durch die Grundrechte gibt das Grundgesetz zu erkennen, dass bestimmte Rechte wie beispielsweise das Eigentumsgrundrecht über das Interesse des Einzelnen hinaus objektiv wertvoll und damit vom Staat über die reine Abwehrfunktion hinaus besonders geschützt werden müssen.[631] Die Drittwirkung der Grundrechte hat zum einen zur Folge, dass Gesetze nicht gegen die Verfassung verstoßen dürfen und zum anderen, dass unbestimmte Rechtsbegriffe und Generalklauseln von den Gerichten verfassungskonform ausgelegt werden müssen.[632]

Dadurch, dass der Gesetzgeber in § 39 Abs. 2 BörsG dem Emittenten die Möglichkeit eröffnet hat, den Widerruf der Börsenzulassung zu beantragen und damit die Verkaufsmöglichkeiten für die Minderheitsaktionäre in erheblichem Maße einzuschränken, könnte das verfassungsrechtliche Aktieneigentum der Minderheitsaktionäre betroffen sein.

II. Die Wesensmerkmale des Aktieneigentums

Charakteristisch für das von Art. 14 GG geschützte Grund- und Fahrniseigentum ist die bei körperlichen Gegenständen klare Abgrenzbarkeit nach außen. Die Bestimmung des Aktieneigentums birgt Schwierigkeiten, weil Art. 14 GG das Eigentum gegenstandsbezogen gewährleistet. Die für das Sacheigentum typische Verknüpfung von Rechtsinhaberschaft und der sich daraus ergebenden Herrschaft und Haftung auf der anderen Seite sind beim Aktieneigentum nicht derart verfestigt. Das zeigt sich beispielsweise bei den verschiedenen Aktiengattungen, die eine Aktiengesellschaft ausgeben kann. Die Einwirkungsmöglichkeiten des Aktionärs hängen im Wesentlichen davon ab, ob es sich bei seinen Aktien um Stamm- oder Vorzugsaktien handelt, da nur Stammaktien voll gewinn- und stimmberechtigt sind, wohingegen Vorzugsaktien nur gewinnberechtigt sind.[633] Für das Aktieneigentum sind stattdessen die unternehmensbezogenen Mitbestimmungsmöglichkeiten prägend, die der Aktionär nur in bestimmten Situationen geltend machen kann.[634] Rechtstatsächlich ist das Aktieneigentum wenig homogen, da eine Vielzahl von Aktiengesellschaften existiert, die unterschiedliche Aktionärsstrukturen aufweisen, börsennotiert oder nicht börsennotiert sind und divergierende wirtschaftliche oder nichtwirtschaftliche Ziele verfolgen. Diesen Unterschieden muss die verfassungsrechtliche Konzeption des Aktieneigentums gerecht werden.

Auf der anderen Seite unterscheidet sich das Aktieneigentum durch die grundsätzlich mit dem Aktieneigentum verbundenen Mitbestimmungsrechte wesentlich von den meisten kapitalmarktrechtlichen Finanzprodukten. Zu den Art. 14 GG unterfallenden Finanzprodukten zählen unter anderem Anleihen und Derivate, die im Gegensatz zu Aktien als Schuldverschreibungen ausgestaltet sind, die keine un-

631 *Dreier*, in: Dreier GG-Kommentar, Vorbemerkungen vor Artikel 1 GG, Rn. 101.

632 Vgl. BVerfGE 7, 198, 208 (Lüth); 51, 304, 323; 60, 348, 357 ff. (Auslieferung III); 63, 45, 67 f.; 65, 196, 215; 68, 256, 267; 70, 297, 317; 85, 1, 16.

633 *Schröer*, in: MüKo AktG, Bd. 3, § 139 Rn. 2 ff.

634 *Dreier*, in: Dreier GG-Kommentar, Art. 14 Rn. 60.

ternehmerischen Mitbestimmungsrechte vermitteln, sondern reine Finanzierungsinstrumente darstellen.[635]

Normativ betrachtet repräsentiert die Aktie auf der einen Seite die Mitgliedschaft des Aktionärs und seine damit verbundenen Rechte und Pflichten in der Aktiengesellschaft. Auf der anderen Seite ist sie Ausdruck seines Anteils am Grundkapital der Aktiengesellschaft, das durch Wertpapiere verkörpert wird. Die Mitgliedschaft vereint nach gesellschaftsrechtlicher Begrifflichkeit korporative Verwaltungs- und Vermögensrechte.[636] Zu den von Art. 14 GG geschützten mitgliedschaftlichen Rechten zählen beispielsweise das Recht zur Teilnahme an der Hauptversammlung gemäß § 118 Abs. 1 AktG, das Stimmrecht gemäß §§ 134 ff. AktG, sowie das Recht gegen Hauptversammlungsbeschlüsse mittels Anfechtungs- und Nichtigkeitsklage gemäß §§ 254, 249 AktG vorzugehen.[637] Von dem geschützten vermögensrechtlichen Teil sind der Anspruch auf den Bilanzgewinn gemäß § 58 Abs. 4 AktG, das Bezugsrecht bei der Ausgabe junger Aktien gemäß § 186 Abs. 1 AktG, der Anspruch auf den Liquidationserlös nach § 271 AktG bei Auflösung bzw. Liquidation der Gesellschaft sowie Ausgleichs-, Umtausch- und Abfindungsrechte nach Konzern- und Umwandlungsrecht umfasst.[638] Daneben tritt die Eigenschaft der aktienrechtlichen Mitgliedschaft als eigenständige Rechtsposition, die einen eigenen Vermögenswert besitzt.[639]

III. Verfassungsrechtliches Entschädigungsgebot

Der verfassungsrechtliche Schutz des Aktieneigentums ist nach den vorstehend erläuterten Entscheidungen des BVerfG dahin gehend zusammenzufassen, dass eine gesellschaftsrechtliche Strukturmaßnahme, die den zwangsweisen Ausschluss von Minderheitsaktionären zur Folge hat, nicht gegen Art. 14 GG verstößt, wenn die schutzwürdigen Interessen der Minderheitsaktionäre gewahrt werden.[640] Bei den Strukturmaßnahmen handelt es sich nach Auffassung des BVerfG und der überwiegenden Ansicht in der Literatur nicht um Enteignungen im Sinne von Art. 14 Abs. 3 GG. Vielmehr enthalten die diesbezüglichen Vorschriften Inhalts- und Schrankenbestimmungen im Sinne von Art. 14 Abs. 1 S. 2 GG.[641] Die schutzwürdigen Interessen der Minderheitsaktionäre werden gewahrt, wenn die Minderheitsaktionäre eine

---

635 Zur Definition des Begriffs der Finanzinstrumente: *Bayer,* in: MüKo AktG, Bd. 1, § 25 WpHG Rn. 2.

636 *Wiedemann,* Gesellschaftsrecht I, S. 365 ff.; *K. Schmidt,* Gesellschaftsrecht, S. 557 ff.; *Wilhelm,* Kapitalgesellschaftsrecht, 3. Aufl. 2009, S. 232 ff.

637 *Schön,* Festschrift für Ulmer, S. 1359, 1371 ff.

638 *Wilhelm,* S. 242 ff.

639 *Wilhelm,* S. 232.

640 BVerfG, NJW 2001, 279, 280 (Moto Meter).

641 BVerfGE 14, 263, 284 (Feldmühle); BVerfGE 100, 289, 303 (DAT/Altana); *Klöhn,* 2009, 95; *Schön,* in: Festschrift für Ulmer, 2003, S. 1359, 1384; *Schroeder,* DB 1978, 246; *Wendt,* Eigentum und Gesetzgebung, 1985, 335.

volle Entschädigung für den Verlust ihrer gesellschaftlichen Beteiligung erhalten.[642] Den Aktionären müssen außerdem Rechtsbehelfe gegen möglichen Missbrauch zur Verfügung stehen.[643] Zusätzlich ist erforderlich, dass die Minderheitsaktionäre gerichtlich überprüfen lassen können, ob sie eine volle Entschädigung erhalten haben.[644] Nach dem BVerfG ist es verfassungsrechtlich nicht zu beanstanden, wenn den Interessen des Großaktionärs gegenüber den Interessen der Minderheitsaktionäre der Vorzug gegeben wird, wenn diese mit hinreichenden Schutzrechten ausgestattet sind.[645] Es betont die bei der Anlageentscheidung der Minderheitsaktionäre im Vordergrund stehende Vermögenskomponente, wohingegen die Leitungs- und Herrschaftskomponente nur eine begrenzte Bedeutung besitzt.[646] Dem schwachen aktienrechtlichen Bestandsschutz steht ein starker Vermögensschutz gegenüber, der sich im Gebot der vollen Entschädigung manifestiert.[647] Der Schutz konzentriert sich dann auf einen Vermögensschutz der Aktionäre, hinter der der Bestandsschutz zurückstehen muss.[648]

IV. Betroffenheit des Aktieneigentums beim Delisting

Die Entscheidung, ein Delisting durchzuführen, genießt als unternehmerische Dispositionsentscheidung verfassungsrechtlichen Schutz durch Art 2 Abs. 1 sowie Art. 9, 12 und 14 Abs. 1 GG.[649] Gleichwohl verlieren die Anleger bei einem regulären Delisting die Möglichkeit, ihre Aktien auch zukünftig über den regulierten Markt zu veräußern. Die näher beleuchteten Entscheidungen des BVerfG haben gezeigt, dass die Möglichkeit, Aktien über den regulierten Markt veräußern zu können, richtigerweise keinen verfassungsrechtlichen Schutz genießt, da die mitgliedschaftliche Stellung des Aktionärs anders als beispielsweise bei einem Squeeze-out unberührt bleibt. Das Eigentumsgrundrecht garantiert keine dauerhafte Veräußerbarkeit einer Aktie, die einmal im regulierten Markt zugelassen war. Durch ein Delisting vom regulierten Markt ist allein die Veräußerungschance am Markt betroffen.[650] Die Aktionäre haben aber weiterhin, zumindest theoretisch, die Möglichkeit ihre Aktien über nicht auf börsennotierte Aktien spezialisierte Handelshäuser zu veräußern.[651] Zu denken ist dabei insbesondere an die Einbeziehung von nicht börsennotierten

642 BVerfGE 14, 263, 284 (Feldmühle); BVerfGE 100, 289, 303 (DAT/Altana); BVerfG, NJW 2001, 279, 280 (Moto Meter).
643 BVerfGE 14, 263, 284 (Feldmühle); BVerfGE 100, 289, 303 (DAT/Altana).
644 BVerfGE 14, 263, 284 (Feldmühle); BVerfGE 100, 289, 303 (DAT/Altana).
645 BVerfG NJW 2001, 279 f. (Moto Meter).
646 BVerfG NJW 2001, 279, 280 (Moto Meter).
647 *Rutz*, S. 68.
648 BVerfG, NJW 2001, 279, 280 (Moto Meter).
649 *Henze*, S. 63; *Fluck*, WM 1995, 553, 556 f.; *Schwark/Geiser*, ZHR 161 (1997), 739, 769; *Radtke*, S. 48; *Hopt*, in: Festschrift für Drobnig, 1998, S. 525, 534.
650 *Mülbert*, ZHR 165 (2001), 104, 115.
651 *Heldt/Royé*, AG 2012, 660, 663.

Aktien in den Freiverkehr. Heldt/Royé beschreiben diese faktische Verkehrsfähigkeit zutreffend als das von den Aktionären durch den Kauf der Aktie miterworbene „Liquiditätsrisiko", also das Risiko, die Aktie nicht zu einem ähnlichen Preis wie dem Erwerbspreis ohne größere Verluste wieder veräußern zu können.[652]

Bei der Börsennotierung handelt es sich lediglich um ein maßgebliches Bewertungskriterium für die Bemessung des Wertausgleichs, aber nicht um eine eigentumsrechtlich geschützte Position.[653] Bei der Notierung einer Aktie an der Börse handelt es sich bloß um eine Chance, den wirtschaftlichen Wert der Aktie zu steigern, ähnlich wie bei Aufnahme der Aktien in einen Aktienindex. Hätte das BVerfG die tatsächliche Verkehrsfähigkeit als verfassungsrechtlich geschützt angesehen, hätte es sich mit der Frage konfrontiert gesehen, ob die Börsen infolgedessen verfassungsrechtlich verpflichtet wären, die jederzeitige tatsächliche Verkehrsfähigkeit zu gewährleisten.[654]

Trotz zahlreicher Sondervorschriften, die für börsennotierte Gesellschaften im regulierten Markt gelten, kann die Zulassung zum regulierten Markt nicht als Eigentumsbestandteil qualifiziert werden.[655] Die Schutzstandards, die mit einer Börsenzulassung im regulierten Markt verbunden sind, also die Befugnisse der Börsenaufsicht (§ 3 Abs. 3 BörsG) und die Zulassungsfolgepflichten, dienen nur der Aufrechterhaltung eines ordnungsgemäßen Börsenhandels. Die hohen börsenrechtlichen Schutzstandards im regulierten Markt können jedoch nicht als Begründung dafür dienen, die Notierung in diesem öffentlich-rechtlich regulierten Segment zum verfassungsrechtlich geschützten Bestandteil des Aktieneigentums zu erheben.[656] Vielmehr dienen die Schutzstandards der Transparenz und der Missbrauchsprävention. Die Einschränkung des verfassungsrechtlichen Aktionärsschutzes und damit eines ausufernden Aktienverfassungsrechts in der MVS/Lindner-Entscheidung des BVerfG ist mit Blick auf die bisherigen Entscheidungen folgerichtig. Auch der Verweis auf den nur mittelbaren Schutz der Aktionäre durch die für börsennotierte Aktiengesellschaften geltenden Sondervorschriften überzeugt, da kapitalmarktrechtliche Vorschriften der Aufrechterhaltung der Funktionsfähigkeit des Marktes und nicht primär dem Schutz einzelner Aktionäre dienen.[657]

Der BGH hat in seiner Macrotron-Entscheidung die Reichweite des durch die DAT-Altana-Entscheidung konkretisierten Eigentumsschutzes verkannt, weil sich dieser Entscheidung nicht entnehmen lässt, dass das BVerfG die durch eine Börsennotierung gesteigerte Verkehrsfähigkeit der Aktie in den grundrechtlichen Schutz des Aktieneigentums einbeziehen wollte, sondern die gesteigerte Verkehrsfähigkeit stattdessen als Maßstab für das verfassungsrechtliche Entschädigungsgebot

652 *Heldt/Royé,* AG 2012, 660, 662.

653 BVerfGE 132, 99, 122 (MVS/Lindner); a.A. *Heidel/Lochner,* AG 2012, 169, 170.

654 *Heldt/Royé,* AG 2012, 660, 663.

655 BVerfGE 132, 99, 119 (MVS/Lindner); a.A. *Heidel/Lochner,* AG 2012, 169, 171.

656 *Königshausen,* BB 2012, 2010, 2012.

657 BVerfGE 132, 99, 123 f. (MVS/Lindner).

ansah.[658] Hieraus kann geschlossen werden, dass „die Teilnahme am börslichen Preisbildungssystem“ nicht Gegenstand des Eigentumsschutzes ist.[659] In der DAT/Altana-Entscheidung ging es im Gegensatz zu den Fällen des freiwilligen Börsenrückzugs um Strukturmaßnahmen der Gesellschaft, die sich nachteilig auf die mitgliedschaftlichen Mitwirkungs- und Vermögensrechte der Aktionäre ausgewirkt haben und deshalb entschädigungspflichtig sind.

Das BVerfG hat in der MVS/Lindner-Entscheidung klargestellt, dass das Aktieneigentum sowohl die Mitgliedschaftsrechte des Aktionärs als auch den wirtschaftlichen Wert der Beteiligung erfasst.[660] Der wirtschaftliche Wert der Aktie werde durch einen Rückzug vom regulierten Markt aber nicht vernichtet, da nicht belegt sei, dass ein Widerruf der Zulassung zum regulierten Markt regelmäßig mit Kursverlusten einhergehe.[661] Das BVerfG grenzte in der Entscheidung MVS/Lindner erstmals die eigentumsrechtlich relevante Verbandsverfassung von der kapitalmarktrechtlichen Marktorganisation ab. Nur bei einem drohenden Verlust der Mitgliedschaft im Rahmen einer Strukturmaßnahme ist das Eigentumsgrundrecht der Aktionäre aus Art. 14 Abs. 1 GG betroffen, nicht aber bei einem Verlust, der sich als Folge der kapitalmarktrechtlichen Marktorganisation herausstellt. Kapitalmarktrechtliche Maßnahmen bewegen sich folglich außerhalb des Schutzbereichs von Art. 14 GG. Ein Delisting führt nicht zu einem zwangsweisen Ausschluss der Minderheitsaktionäre, weil das BörsG keinen solchen Ausschluss bei einem Rückzug aus dem regulierten Markt vorsieht und die Aktiengesellschaft auch nach dem Börsenrückzug fortbesteht.

Das BVerfG hat in MVS/Lindner bewusst offengelassen, ob der Schutzbereich von Art. 14 GG betroffen ist, wenn durch den Zulassungswiderruf vom regulierten Markt ein Kursverfall eintritt, der die wirtschaftliche Substanz des Aktieneigentums beeinträchtigt, da ein solcher Effekt für den Zeitraum ab 2004 nicht nachgewiesen werden konnte.[662] Unscharf geblieben ist die Grenze zwischen entschädigungspflichtigen Eingriffen in die Aktionärsstellung, wie das BVerfG sie in der DAT/Altana-Entscheidung bejaht hatte und den Beeinträchtigungen des Aktieneigentums, die ohne Ausgleichszahlungen an die Aktionäre vorgenommen werden dürfen, wie im Fall MVS/Lindner.[663] An dieser Stelle muss dem BVerfG eine gewisse Inkonsequenz bescheinigt werden, wenn es einerseits zwischen rechtlicher und tatsächlicher Verkehrsfähigkeit trennt und nur die rechtliche Verkehrsfähigkeit dem grundrechtlichen Schutz von Art. 14 GG unterstellt, aber gleichzeitig offenlässt, ob ein nachgewiesener Kursverfall nach der Delisting-

---

658 BVerfGE 100, 289 (DAT/Altana); *Adolff/Tieves*, BB 2003, 797, 799 f.; *Ekkenga*, ZGR 2003, 878, 884; *Krämer/Theiß*, AG 2003, 225, 229 f.

659 So *Ekkenga*, ZGR 2003, 878, 884.

660 BVerfGE 132, 99, 119 (MVS/Lindner).

661 BVerfGE 132, 99, 125 (MVS/Lindner); Diese Annahme hat sich in Studien neueren Datums als unzutreffen erwiesen, siehe dazu die Literaturhinweise in Fußnote 652.

662 BVerfGE 132, 99, 125 (MVS/Lindner).

663 *Auer*, JZ 2015, 71, 77 f.

Ankündigung zu einer anderen Bewertung der Grundrechtsbetroffenheit führen könnte.[664] Die der Entscheidung zugrunde gelegte Studie muss sich entgegenhalten lassen, dass die ermittelte Kursstabilität wahrscheinlich nur darauf beruhte, dass die Aktionäre auf Basis der geltenden Macrotron-Grundsätze von einer Abfindungspflicht der Gesellschaft bzw. des Großaktionärs ausgingen und insofern wirtschaftlich abgesichert waren.[665]

Die Nachweisbarkeit eines Kursverfalls wäre auch überraschend gewesen, weil den Minderheitsaktionären seit der Macrotron-Entscheidung aus dem Jahr 2002 ein Abfindungsangebot für den Verlust der börslichen Handelbarkeit zustand.[666] Warum sollten die Minderheitsaktionäre ihre Aktien nach der Delisting-Ankündigung veräußern, wenn sie ohnehin ein im Spruchverfahren überprüfbares Abfindungsangebot erhielten? Auch die Erkenntnisse aus ausländischen Rechtsordnungen, die ein Delisting ohne Abfindungsangebot vorsehen, legen nahe, dass die Delisting-Ankündigung zu Kursverlusten führt.[667] Es gibt jedoch auch vereinzelt Stimmen in der Literatur, die anzweifeln, dass eine Delisting-Ankündigung immer zu Kursverlusten führt.[668] Dem sind jedoch die aktuellen Studienergebnisse entgegenzuhalten, die regelmäßige Kursverluste bei der Delisting-Ankündigung nahelegen.[669] Der verfassungsrechtliche Aktionärsschutz verlangt somit eine weitere Klärung durch das BVerfG. Sollten weitere Studien zu dem Schluss kommen, dass die Ankündigung eines Delisting zu einem Kursverfall der betreffenden Aktien führt, so könnte man nach den Aussagen des BVerfG zu dem Schluss gelangen, dass das Aktieneigentum in diesem Fall doch betroffen wäre.[670] Unscharf geblieben ist jedoch die Grenze zwischen entschädigungspflichtigen Eingriffen in die Aktionärsstellung, wie das BVerfG sie in der DAT/Altana-Entscheidung bejaht hatte, und den Beeinträchtigungen des Aktieneigentums, die ohne Ausgleichszahlungen an die Aktionäre vorgenommen werden dürfen, wie im Fall MVS/Lindner.[671] Insbesondere die vorgenommene Abgrenzung zwischen rechtlicher und tatsächlicher Verkehrsfähigkeit ist durchaus zweifelhaft und deutlich weniger trennscharf, als es das BVerfG vorgibt.

---

664 So auch: *Brellochs*, AG 2014, 633, 635.

665 Vgl. Stellungnahme des deutschen Aktieninstituts zu Delisting und Spruchverfahren – Anfrage des Bundesverfassungsgerichtes, 1 BvR 3142/07, Oktober 2010, S. 18 ff.

666 *Bayer*, ZfPW 2015, 163, 204.

667 *Bayer/Hoffmann*, AG 2013, R 371 ff.

668 *Lampert/Weichsel*, WM 2014, 1024, 1028; *Paschos/Klaaßen*, AG 2014, 33, 35; *Rosskopf*, ZGR 2014, 487, 500.

669 *Aders/Muxfeld/Lill*, Corporate Finance 2015, 389, 393 ff.; *Doumet/Limbach/Theissen*, CFR working paper No. 15–14, S. 1, 4; *Karami/Schuster*, Stellungnahme zur Delisting-Neuregelung, S. 6 f. bezugnehmend auf: *Karami/Schuster*, Eine empirische Analyse des kurs- und Liquiditätseffekts auf die Ankündigung eines Börsenrückzugs am deutschen Kapitalmarkt im Lichte der Frosta-Entscheidung des BGH.

670 *Auer*, JZ 2015, 71, 78.

671 *Auer*, JZ 2015, 71, 77.

Zum jetzigen Zeitpunkt ist ein Eingriff in das Aktieneigentum der Minderheitsaktionäre durch einen Rückzug vom regulierten Markt zu verneinen. Erst wenn nachgewiesen ist, dass die Ankündigung eines regulären Delisting mit Kursverlusten für die Aktionäre verbunden ist, ist eine verfassungsrechtliche Neubewertung geboten.[672] Sollte infolge empirischer Studien ein solcher Kursverlust nachgewiesen werden, müssten die Grundsätze des verfassungsrechtlichen Entschädigungsgebots eingreifen. Durch die Neufassung von § 39 Abs. 2 und 3 BörsG sind Kursverluste aber zukünftig unwahrscheinlicher.

Die bisherigen Ausführungen zu den kapitalmarktrechtlichen Voraussetzungen eines regulären Delisting haben gezeigt, dass den Minderheitsaktionären bei einem vollständigen Rückzug aus dem regulierten Markt ein Abfindungsangebot zusteht, das sich im Grundsatz am durchschnittlichen Börsenkurs der letzten sechs Monate bemisst. Die Abfindungshöhe ist im Rahmen eines Musterverfahrens nach dem KapMuG überprüfbar. Damit hat der Gesetzgeber die Voraussetzungen des verfassungsrechtlichen Entschädigungsgebots grundsätzlich erfüllt, obwohl dessen Gebotenheit noch nicht nachgewiesen worden ist.

Teil 3: Die Hauptversammlungskompetenz bei einem regulären Delisting

Sowohl in der Rechtsprechung als auch in der Literatur war die Entscheidungszuständigkeit der Hauptversammlung bei einem Delisting, die der BGH in seiner Macrotron-Entscheidung aus dem Jahr 2002 mangels vorhandener gesetzlicher Normierung rechtsfortbildend formuliert hatte, bis zum Frosta-Beschluss des BGH überwiegend anerkannt.[673] Ein Teil der Literatur hat indes die Erforderlich-

672 Dazu: *Rutz*, S. 111: Hat festgestellt, dass alle neun Unternehmen, die sich nach dem Frosta-Urteil vom regulierten Markt zurückgezogen haben durchschnittlich acht Prozent ihres Wertes eingebüßt haben.

673 *Adolff/Tieves*, BB 2003, 797, 799; *Baums/Vogel*, in: Handbuch der Konzernfinanzierung, 1998, § 9 Rn 9.64; *de Vries*, S. 89 ff.; *Ekkenga*, ZGR 2003, 878, 883 ff.; *Hellwig*, ZGR 1999, 781, 799 ff.; *Henze*, S. 141 ff.; *Hüffer*, AktG, 10. Aufl. 2012, § 119 Rn. 24; *Grupp*, S. 146 ff.; *Kleindiek*, in: Festschrift für Bezzenberger, 2000, S. 653, 655 f; *Klenke*, WM 1995, 1089, 1099; *Kleppe*, 106 ff.; *Liebscher*, ZGR 2005, 1, 19; *Lutter/Leinekugel*, ZIP 1998, 805, 806; *Lutter/Drygala*, in: Festschrift für Raisch, 1995, S. 239, 241; *Lutter*, in: Festschrift für Zöllner, 1999, S. 363, 376; *Picot/Land*, DB 1999, 570; *Pluskat*, WM 2002, 833, 834 f; *Radtke*, 82 ff.; *Richard/Weinheimer*, BB 1999, 1612, 1617; *Schanz*, § 18 Rn. 32 ff.; *Schiemzik*, Segmentwechsel börsenaktiver Unternehmen, S. 319; *Schlößer*, 188 ff.; *Schwark/Geiser*, ZHR 161 (1997) 739, 761; *Spindler*, in: Festschrift für Goette, 2011, S. 513, 521 f. *Steck*, AG 1998, 460, 461; *Vollmer/Grupp*, ZGR 1995, 459, 565 f.;
a. A. *Bungert*, BB 2000, 53, 55; *Groß*, ZHR 165 (2001), 141, 163 ff.; *Mülbert*, ZHR 165 (2001), 104, 124 ff.; *Streit*, ZIP 2002, 1279, 1287 f.; *Wirth/Arnold*, ZIP 2000, 111, 114 ff.

keit eines Beschlusses der Hauptversammlung bei einem regulären Delisting auch nach der Macrotron-Entscheidung abgelehnt.[674] Begründet wurde diese Ansicht mit dem mangelnden Bedürfnis und einer fehlenden gesetzlichen Grundlage, um die Kompetenz der Hauptversammlung annehmen zu können. Eines über den kapitalmarktrechtlichen Schutz hinausgehenden gesellschaftsrechtlichen Anlegerschutzes bedürfe es nicht.[675]

Sehr umstritten war die rechtliche Grundlage für eine Kompetenz der Hauptversammlung. Die Stimmen, die eine Kompetenz bejaht haben, lassen sich grob in zwei Gruppen einteilen, nämlich zum einen diejenigen, die in dem Widerruf der Börsenzulassung eine faktische Strukturänderung sahen[676], und diejenigen, für die die Folgen eines Delistings für die mitgliedschaftliche Stellung des Aktionärs im Fokus standen.[677] Der BGH verneinte in Macrotron eine Änderung der Gesellschaftsstruktur und stützte sich auf die durch den Wegfall der Börsennotierung beeinträchtigte Fungibilität der Aktien und bejahte deshalb eine Verletzung des Aktieneigentums, die zur Folge habe, dass die Aktionäre im Rahmen der Hauptversammlung an der Entscheidung über einen freiwilligen Zulassungswiderruf beteiligt werden müssten.[678]

Obwohl der Gesetzgeber im Anschluss an die Entscheidung MVS/Lindner des BVerfG und das Frosta-Urteil des BGH bei der Neufassung von § 39 Abs. 2 bis 6 BörsG kein Erfordernis einer Zustimmung der Hauptversammlung für einen freiwilligen Zulassungswiderruf vorgesehen hat, bedeutet das keineswegs, dass der Anlegerschutz die Durchführung eines Hauptversammlungsbeschlusses künftig nicht mehr gebietet.[679]

---

674 *Arnold,* ZIP 2005, 1573, 1576; *Arnold/Rothenburg,* DStR 2014, 150; *Bungert,* BB 2000, 53, 55; *Groß,* ZHR 2001, 141, 161 ff.; *Habersack,* AG 2005, 137, 141; *Martinius/Schiffer,* DB 1999, 2460, 2461; *Mülbert,* ZHR 2001, 104, 129 ff.; *Schiessl,* AG 1999, 442, 452; *Wirth/Arnold,* ZIP 2000, 111, 113 f.

675 *Bungert,* BB 2000, 53, 55 f., *Groß,* ZHR 165, 141, 161 f. *Mülbert,* ZHR 165, 104, 129 ff.

676 *Hellwig,* ZGR 1999, 781, 799; *Henze,* S. 144 f.; *Hüffer,* in: Festschrift für Ulmer, S. 286 ff.; *Kleindiek,* in: Festschrift für Bezzenberger, S. 653, 656; *K. Schmidt,* NZG 2003, 601, 602; *Schwark/Geiser,* ZHR 161 (1997), 739, 759, 761; *Vollmer/Grupp,* ZGR 1995, 459, 475; *Zetzsche,* NZG 2000, 1065, 1068.

677 BGH, Urteil v. 25.11.2002 – II ZR 133/01, BGHZ 153, 47; *Adolff/Tieves,* BB 2003, 797, 798; *Henze,* in: Festschrift für Raiser, 2005, S. 145, 147 f.; *Bungert,* BB 2000, 53, 55; *Groß,* ZHR 165 (2001), 141, 163 ff.; *Henze,* in: Festschrift Ulmer, 2003, S. 211, 239 ff.; *Mülbert,* ZHR 165 (2001), 194, 129 ff.

678 BGHZ 153, 47 (Macrotron).

679 *Bayer,* ZfPW 2015, 165, 223; *Heidel,* Vor §§ 327a ff. AktG Rn. 19; *Krieger,* VGR, Gesellschaftsrecht in der Diskussion 2013, S. 19 f. *Drygala/Staake,* ZIP 2013, 905, 912 ff.; *Stöber,* BB 2014, 9 (13 ff.); Wicke, DNotZ 2015, 488, 494; im Einzelfall soll ein Hauptversammlungsbeschluss erforderlich sein: *Karami/Schuster,* Stellungnahme zur Delisting-Neuregelung, S. 6. Gegen die Erforderlichkeit eines Hauptversammlungsbeschlusses: *Auer,* JZ 2015, 71; *Brellochs,* AG 2014, 633; *Buckel/Glindemann/Vogel,* AG 2015, 373; *Bungert,* Editorial DB 2015, Heft 25, 5; *Habersack,* JZ 2014, 147;

Bevor mögliche einfachrechtliche Begründungen für eine Kompetenz der Hauptversammlung diskutiert werden können, muss zunächst untersucht werden, ob das reguläre Delisting im BörsG abschließend geregelt ist oder nicht. Im Anschluss werden die in Literatur und Rechtsprechung diskutierten Begründungsansätze für das Erfordernis einer Befassung der Hauptversammlung dargestellt.

A. Abschließende Regelung des regulären Delisting im BörsG?

Ein reguläres Delisting ist regelmäßig mit Nachteilen für den Aktionär verbunden, da ihm durch den Börsenrückzug die Möglichkeit genommen wird, seine Wertpapiere über eine regulierte Handelsplattform zu veräußern. Die das Delisting betreffenden Streitigkeiten sind dabei von den widerstreitenden Interessen der Kleinaktionäre und des Emittenten und/oder des Hauptaktionärs geprägt. Der Aktionär hat dabei eine mehrdimensionale Stellung inne.[680] Der Aktionär ist, wenn er Kapital an der Börse investiert, Kapitalanleger und handelt in dieser Stellung allein aus finanziellen Interessen. Gleichzeitig ist er Mitgesellschafter eines Unternehmens. Als Aktionär ist er eines von mehreren Mitgliedern einer Gesellschaft, die einen gemeinsamen unternehmerischen Zweck verfolgen.[681]

Durch einen Börsenrückzug auf Initiative des Emittenten wird dem Aktionär die Möglichkeit genommen, seine finanziellen Interessen, die mit der Investition verbunden waren, zu verwirklichen. Aus diesem Grund wurden bereits vor der Einführung von § 38 Abs. 4 BörsG a.F. in der Literatur ein Hauptversammlungsbeschluss und ein Abfindungsangebot an die Minderheitsaktionäre gefordert, um die Benachteiligung der Minderheitsaktionäre bei einem Börsenrückzug auf Initiative des Emittenten auszugleichen.[682]

I. Verhältnis von Gesellschafts- und Kapitalmarktrecht

Kapitalmarktrecht und Gesellschaftsrecht stehen in einer Wechselwirkung zueinander, verfolgen allerdings unterschiedliche Ziele und weisen verschiedene Regelungsgegenstände auf.[683] Das Kapitalmarktrecht regelt das Verhältnis zwischen Aktionär und Emittent am Kapitalmarkt und soll einen Ausgleich zwischen deren entgegen-

Habersack, Stellungnahme für BT, S. 6 f.; *Kaetzler*, Kreditwesen 2015, 400; *Koch/Harnos*, NZG 2015, 729; *Noack*, Stellungnahme für die Anhörung im Rechtsausschuss am 06.05.2015, S. 8.

680 *Opitz*, Rechtliche Bewertung von Börsenrückzügen auf Antrag des Emittenten im Hinblick auf die Macrotron-Entscheidung des BGH, S. 40.

681 BVerfGE 14, 263, 273 (Feldmühle).

682 Auch der Bundesrat hatte in seiner Stellungnahme zum Entwurf eines Gesetzes zur weiteren Fortentwicklung des Finanzplatzes Deutschland (Drittes Finanzmarktförderungsgesetz), BT-Drucks. 13/8933, S. 165 angeregt, das Erfordernis eines Hauptversammlungsbeschlusses in die jeweiligen Börsenordnungen einzufügen.

683 *Buck-Heeb*, Rn. 43.

gesetzten Interessen schaffen.[684] Primäres Regelungsziel des Kapitalmarktrechts ist der Funktionenschutz des Kapitalmarktes, wobei dem individuellen Schutz der Anleger ebenfalls eine hohe Bedeutung zukommt.[685] Im Gegensatz zum Gesellschaftsrecht ist das Kapitalmarktrecht weitgehend europaweit harmonisiert.[686] Nach der Definition von Kümpel handelt es sich beim Kapitalmarktrecht um „die Gesamtheit der Gesetzesbestimmungen, Geschäftsbedingungen und anerkannten Standards, die die Organisation des Kapitalmarktes, die marktbezogenen Dienstleistungen der Banken sowie die marktbezogenen Verhaltenspflichten der Marktteilnehmer oder sonstiger Dritter regeln."[687]

Das Gesellschaftsrecht hingegen dient primär dem Schutz von Individualinteressen innerhalb privater Vereinigungen.[688] Es regelt die Verbandsordnung und die Ordnung des verbandseigenen Sondervermögens.[689] Beim Gesellschaftsrecht handelt es sich um Verbandsrecht, das den Zweck hat, die Interessen der an der Zweckverfolgung privater wirtschaftlicher Organisationen Beteiligten miteinander abzustimmen.[690] Dafür stellt es Struktur-, Organisations- und Verhaltensnormen im Verband auf und regelt folglich die Verhältnisse innerhalb der Gesellschaft. Es ist rechtsformspezifisches Recht und als solches im Gegensatz zum Kapitalmarktrecht in weiten Teilen dispositiv.[691] Es schützt den Aktionär, wie auch das Kapitalmarktrecht, als Anleger.[692] Davon umfasst sind die Vermögensanlage des Aktionärs und seine Mitgliedschaft in einem Verband.[693] Es handelt sich zu großen Teilen um Innenrecht, wohingegen das Kapitalmarktrecht für die Funktionsfähigkeit des Marktes sorgt, indem es Regulative für einen funktionsfähigen und effizienten Kapitalmarkt schafft.[694] Durch den gemeinsamen Zweck, den die Aktionäre verfolgen, trifft sie untereinander die Pflicht zur gegenseitigen Rücksichtnahme sowie ein Mitbestimmungsrecht aller Aktionäre an grundlegenden die Gesellschaft betreffenden Entscheidungen.[695]

---

684 *Kümpel,* Rn. 30.

685 *Kümpel,* Rn. 30; *Oulds,* in: Kümpel/Wittig, Rz. 14.141, 14.170; *Assmann,* in: Assmann/Schütze, Handbuch des Kapitalanlagerechts, 4. Aufl. 2015, § 1 Rn. 3.

686 *Kümpel,* Rn. 26 ff.; zuletzt erneut durch die Verordnung (EU) Nr. 596/2014 des Europäischen Parlaments und des Rates vom 16. April 2014 über Marktmissbrauch (Marktmissbrauchsverordnung).

687 *Kümpel,* Rn. 14.

688 *Schwark,* in: Festschrift für Stimpel, 1985, S. 1087, 1090.

689 *Assmann,* in: Großkomm. AktG, 1. Band, 5. Aufl. 2015, Einl. Rn. 353.

690 *Hopt,* ZHR 141 (1977), 389, 390; *Assmann,* in: Großkomm. AktG, 1. Band, Einl. Rn. 353, 356.

691 *Schwark,* in: Festschrift für Stimpel, S. 1087, 1090 ff.;

692 *Buck-Heeb,* S. 15 f. Rn. 43.

693 *U.H. Schneider,* AG 2001, 269, 271.

694 *Assmann,* in: Großkomm. AktG, 1. Band, Einl. Rn. 354, 356.

695 *Opitz,* S. 40.

II. Zwischenergebnis

Die bisherigen Ausführungen zeigen, dass gesellschafts- und kapitalmarktrechtliche Regelungen nicht isoliert nebeneinanderstehen, sondern sich teilweise überlagern und auch ergänzen. Eine trennscharfe Abgrenzung zwischen Gesellschaftsrecht und Kapitalmarktrecht ist dementsprechend nicht möglich. Vielmehr überschneiden sich beide Rechtsgebiete teilweise und wirken wechselseitig aufeinander ein.[696] Aufgrund ihrer unterschiedlichen Regelungsziele ist das Kapitalmarktrecht folglich nicht als abschließend anzusehen.

Die gesellschafts- und die kapitalmarktrechtlichen Anforderungen an ein reguläres Delisting sind dabei klar voneinander zu trennen. Funktionaler Anlegerschutz ist grundsätzlich von beiden Seiten denkbar und möglich. Die einzelnen Vorschriften dürfen sich im Hinblick auf den Anlegerschutz jedoch nur ergänzen und dabei nicht verdoppeln.[697]

III. Abschließende Regelung von § 39 Abs. 2 bis 6 BörsG

Wie vorstehend festgestellt, ist das Kapitalmarktrecht nicht als abschließend anzusehen, sodass grundsätzlich die Hinzunahme gesellschaftsrechtlicher Vorschriften zur Verwirklichung des Anlegerschutzes zulässig ist. Das führt zu der Folgefrage, ob § 39 Abs. 2 bis 6 BörsG in Bezug auf die Voraussetzungen für ein reguläres Delisting als abschließend anzusehen ist. Ein Teil in Literatur und Rechtsprechung, insbesondere der BGH in seiner Macrotron-Entscheidung, verfolgte eine aktienrechtliche Lösung, wonach § 39 Abs. 2 BörsG für das Delisting nicht als abschließend anzusehen sei. Die Vertreter dieser Auffassung forderten über § 39 Abs. 2 BörsG hinausgehende anlegerschützende Mechanismen.[698]

Für § 39 Abs. 2 BörsG a. F. wurde die abschließende Wirkung überwiegend verneint. Weder aus der Gesetzeshistorie noch der Gesetzessystematik ließ sich ent-

---

696 Vgl. *Lutter*, in: Festschrift für Zöllner, 1998, S. 363, 364 ff.

697 *Kumpan*, in: Baumbach/Hopt, HGB, § 39 BörsG Rn. 2.

698 BGH, 8.10.2013 – II ZB 26/12, BB 2013, 3022, Rn. 13 ff.; *Bungert*, BB 2000, 53, 55; *Bürgers*, NJW 2003, 1642, 1643 ff.; *de Vries*, S. 103; Groß, ZHR 165 (2001), 141, 163 ff.; *Henze*, S. 147; *Holzborn*, WM 2003, 1105, 1106 ff.; *Hopt*, in: Festschrift für Drobnig, 525, 537; *Hüffer*, AktG, § 119 Rn. 23; *Kleppe*, S. 121; *Klöhn*, ZBB 2003, 208, 210 ff.; *Zetzsche*, NZG 2000, 1065, 1066; *Kleindiek*, in: Festschrift für Bezzenberger, S. 653, 656; *Land/Hasselbach*, DB 2000, 557, 558; *Hellwig*, ZGR 1999, 781, 799; *Krämer/Theiß*, AG 2003, 225, 235 ff.; *Martinius/Schiffer*, DB 2001, 750, 750 f.; *Mülbert*, ZHR 165 (2001) 104, 124 ff.; *Pluskat*, Rechtsprobleme beim Going Private, 2002, S. 98 ff.; *Scharpf*, Ausschluss von Minderheitsaktionären, S. 170 f.; *Schiessl*, AG 1999, 442, 452; *Vollmer/Grupp*, ZGR 1995, 459, 475; *Wirth/Arnold*, ZIP 2000, 111, 113 ff.; bereits gegen eine abschließende Wirkung von § 43 Abs. 4 BörsG a. F.: BGHZ 153, 47 (Macrotron); OLG München NJOZ 2001, 1028, 1033; LG München I AG 2000, 140; *Kruse*, BB 2000, 2271, 2273; *Mülbert* ZHR 165 (2001), 104, 116 f; *Schwark/Geiser*, ZHR 161 (1997), 739, 752 ff. *Zetzsche*, NZG 2000, 1065, 1066.

nehmen, dass § 39 Abs. 2 BörsG a.F. für das Delisting als abschließend anzusehen sei.[699] Nach Wortlaut, systematischem Standort, und vor allem der Entstehungsgeschichte sollte § 39 Abs. 2 BörsG a.F. den Rückzug der Gesellschaften von der Börse mittels einseitiger Erklärung zugunsten eines Marktentlassungsverfahrens verhindern. Auch die Entstehungsgeschichte von § 43 BörsG a.F. (jetzt § 39 Abs. 2 bis 6 BörsG n.F.) sprach dafür, die Regelung als nicht abschließend anzusehen.[700] Zweck der Delisting-Regelung sollte sein, die bis dahin geltende restriktive Praxis in Bezug auf den Widerruf der Börsenzulassung zu lockern. Damit war eine abschließende Regelung des freiwilligen Delisting durch § 39 Abs. 2 BörsG a.F. abzulehnen.

Die Neufassung von § 39 BörsG erfordert jedoch eine erneute Bewertung hinsichtlich der abschließenden Wirkung. Der Gesetzgeber hat dieser Diskussion durch die Neufassung von § 39 Abs. 2 bis Abs. 6 BörsG neues Potenzial verliehen, indem der Anlegerschutz zukünftig nicht mehr durch die einzelnen Börsenordnungen zu gewährleisten ist, sondern einheitlich gemäß § 39 Abs. 2 BörsG n.F. durch die Abgabe eines Erwerbsangebots an die Minderheitsaktionäre, das sich grundsätzlich am durchschnittlichen Börsenkurs der letzten sechs Monate orientiert. Für eine abschließende Wirkung von § 39 BörsG spricht zunächst, dass der Gesetzgeber in der Gesetzesbegründung erweiterte Mitentscheidungsrechte der Aktionäre nicht für erforderlich gehalten hat, da diese ausreichend durch die kapitalmarktrechtlichen Bestimmungen geschützt seien.[701]

Aus dem Umstand, dass § 39 Abs. 2 bis 6 keine Hauptversammlungskompetenz vorsieht, kann aber keine abschließende Aussage des Gesetzgebers darüber herausgelesen werden, ob ein Beschluss der Hauptversammlung aktienrechtlich erforderlich ist.[702] Für eine fehlende abschließende Wirkung des § 39 Abs. 2 bis 6 BörsG spricht weiterhin, dass es sich um eine kapitalmarktrechtliche Regelung handelt, die, wie oben erläutert, der Erhaltung der Funktionsfähigkeit dient. Die Vorschrift regelt die Voraussetzungen für die Zulassung zum Börsenhandel und deren Widerruf, nicht aber die Entscheidungszuständigkeit innerhalb der Gesellschaft.[703] Zudem nimmt das Kapitalmarktrecht keine Unterscheidung zwischen Groß- und Minderheitsaktionären vor, die in der Diskussion in Literatur und Rechtsprechung eine große Bedeutung einnimmt und ein wesentliches Problem des Anlegerschutzes bei einem regulären Delisting darstellt. Wie oben gezeigt, weist das Kapitalmarktrecht auch keinen abschließenden Charakter auf, sodass die Hinzunahme gesellschaftsrechtlicher Regelungen grundsätz-

---

699 BT-Dr 13/8933, S. 182; *Adolff/Tieves*, BB 2003, 797, 798; *Mülbert*, ZHR 165 (2001), 104, 116 f.; *Kruse*, BB 2000, 2271, 2273; *Zetzsche*, NZG 2000, 1065, 1066; für eine abschließende Wirkung: *Wilsing/Kruse*, WM 2003, 1110, 1113; *Wirth/Arnold*, ZIP 2000, 111, 113.

700 *Zetzsche*, NZG 2000, 1065, 1066.

701 BT-Drucks. 18/6220, S. 94.

702 Für die nicht abschließende Wirkung des Kapitalmarktrechts in Bezug auf die Kompetenzverteilung innerhalb der Gesellschaft: *Mülbert*, ZHR 165 (2001), 104, 116 f.; *Spindler*, in: K. Schmidt/Lutter, AktG, § 119 Rn. 50.

703 *Stöber*, WM 2014, 1757, 1760.

lich zulässig ist. § 39 Abs. 2 bis 6 BörsG bestimmt lediglich, welche Voraussetzungen erfüllt sein müssen, damit ein Widerruf der Zulassung zum regulierten Markt nicht dem Anlegerschutz widerspricht. Die Regelung hat nur in Bezug auf die normierte Abfindungspflicht eine abschließende Wirkung. Hieraus kann aber kein genereller Ausschluss der Anwendbarkeit aktienrechtlicher Vorschriften erschlossen werden.

Der Gesetzgeber hat bei der Neuregelung von § 39 BörsG unberücksichtigt gelassen, dass bei einem Delisting die aktienrechtlichen Grundsätze betreffend den Erwerb eigener Aktien gemäß §§ 71 ff. AktG eingehalten werden müssen. Indem § 39 Abs. 2 BörsG die Person des Bieters nicht näher bestimmt und diese folglich sowohl der Emittent als auch ein Mehrheitsaktionär oder ein außenstehender Dritter sein kann, gleichzeitig aber kein Hauptversammlungsbeschluss erforderlich ist, hat nur der Emittent die Erwerbsgrenzen der §§ 71 ff. AktG einzuhalten, nicht aber weitere Personen, die als Bieter in Betracht kommen. Wenn das nach § 39 Abs. 2 BörsG erforderliche Angebot vom Emittenten abgegeben wird, ist ohnehin ein Beschluss der Hauptversammlung gemäß § 71 I S. 1 Nr. 8 AktG erforderlich. Wenn kein allgemeiner Ermächtigungsbeschluss, der auch das Übernahmeangebot beim Delisting abdeckt, vorliegt, schafft erst der Beschluss die Rechtsgrundlage für den Erwerb eigener Aktien durch die Gesellschaft selbst.

Hinzu kommt, dass der Anleger als Aktionär zum einen Anteile als Kapitalanlage erwirbt, zum anderen aber auch vollwertiges Mitglied der Gesellschaft wird. Der dualen Stellung des Anlegers wird die Regelung im BörsG nicht gerecht, indem sie die Mitgliedschaft des Aktionärs in der Gesellschaft ausblendet und den Aktionär nicht als Mitglied der Gesellschaft, sondern lediglich als Kapitalanleger betrachtet. Deshalb ist aus den genannten Gründen eine abschließende Wirkung von § 39 Abs. 2 bis 6 BörsG zu verneinen.

B. Das Hauptversammlungserfordernis in Rechtsprechung und Literatur

Im Folgenden wird zunächst die Entwicklung des Hauptversammlungserfordernisses in Literatur und Rechtsprechung nachgezeichnet, um im Anschluss auf die künftige Erforderlichkeit des Hauptversammlungsbeschlusses und dessen rechtliche Begründbarkeit einzugehen.

I. Rechtliche Ausgangslage

Das AktG enthält keine ausdrücklichen Regelungen zur Zuständigkeit bei einem freiwilligen Delisting gemäß § 39 Abs. 2 bis 6 BörsG. Für die Bestimmung des für einen Delisting-Beschluss zuständigen Organs muss daher auf die allgemeinen Regeln zurückgegriffen werden. Im Folgenden sind daher zwei Fragen zu klären. Erstens muss untersucht werden, wer Vertretungsmacht nach außen besitzt um einen Delisting-Antrag stellen zu können. Zweitens ist zu klären, wem im Innenverhältnis die Entscheidung über das Delisting zukommt.

1. *Zuständigkeit im Außenverhältnis*

Im Außenverhältnis vertritt der Vorstand die Gesellschaft (vgl. § 78 Abs. 1 AktG). Die Vertretungsmacht des Vorstands ist nicht beschränkbar (vgl. § 82 Abs. 1 AktG). Eine spezialgesetzliche Regelung für die Zuständigkeit für einen Antrag auf Delisting existiert nicht. Somit besitzt der Vorstand der Aktiengesellschaft grundsätzlich die Alleinzuständigkeit zur Stellung des Widerrufsantrags.

2. *Zuständigkeit im Innenverhältnis*

Innergesellschaftlich regelt § 76 Abs. 1 AktG die Zuständigkeit des Vorstands für Geschäftsführungsaufgaben. Da die Hauptversammlung nur dann zuständig ist, wenn einer der in § 119 Abs. 1 AktG genannten Fälle oder eine Zuständigkeit aufgrund Satzungsbestimmung vorliegt,[704] wäre im Grundsatz der Vorstand das zuständige Organ. Fehlt wie beim Delisting eine ausdrücklich bestimmte Zuständigkeit, stellt sich die Frage, welches Organ im Innenverhältnis zu der Entscheidung über ein Delisting berufen ist. Die Zuständigkeit der Hauptversammlung wäre dann nur gegeben, wenn der Vorstand die Hauptversammlung gemäß. § 119 Abs. 2 AktG ausdrücklich befasst. Daneben existieren ungeschriebene Zuständigkeiten der Hauptversammlung für Grundlagenentscheidungen nach den Holzmüller- und Gelatine-Grundsätzen.[705] Im Folgenden wird untersucht, ob sich eine Kompetenz der Hauptversammlung aus ungeschriebenen Hauptversammlungskompetenzen ergibt. Dazu werden die Grundsätze der Holzmüller- und der Gelatine-Entscheidungen des BGH dargestellt, die die Grundlage ungeschriebener Hauptversammlungskompetenzen bilden, und im Anschluss die in Rechtsprechung und Literatur diskutierten Rechtsgrundlagen, einschließlich der Macrotron-Entscheidung des BGH, analysiert und dahin gehend untersucht, inwieweit die gesellschaftsrechtlichen Hauptversammlungskompetenzen auf das reguläre Delisting übertragen werden können.

Sollte es für das reguläre Delisting keine geschriebenen oder ungeschriebenen Hauptversammlungszuständigkeiten geben, ist zu fragen ob die Gesellschaft die Zuständigkeit der Hauptversammlung beziehungsweise die Börsennotierung in der Satzung festschreiben kann.

II. *Frühere Rechtsprechung des BGH*

Der BGH hatte im Jahr 2002 und elf Jahre später im Jahr 2013 die Gelegenheit, sich zu den rechtlichen Voraussetzungen eines regulären Delisting zu äußern. In dem Kontext der ungeschriebenen Hauptversammlungskompetenzen grundlegend sind die im Folgenden näher zu beleuchtenden Holzmüller- und Gelatine- Entscheidungen des BGH.

---

704 Hüffer/*Koch*, AktG, § 119 Rn. 1.

705 *Kubis*, in: MüKo AktG, Bd. 3, § 119 Rn. 2.

1. Die Holzmüller-und Gelatine-Entscheidungen

Bereits 1973 wurde von Lutter die Existenz ungeschriebener Kompetenzen der Hauptversammlung anerkannt.[706] In seiner Holzmüller-Entscheidung aus dem Jahr 1982 hat der BGH erstmals höchstrichterlich die Voraussetzungen für eine ungeschriebene Kompetenz der Hauptversammlung festgelegt. In seiner Gelatine-Entscheidung hat der BGH im Jahr 2004 die in der Holzmüller-Entscheidung aufgestellten Grundsätze wieder aufgegriffen und ihren Anwendungsbereich auf wenige Ausnahmefälle konkretisiert.

a) Grundsätze der Holzmüller-Entscheidung

In der Holzmüller-Entscheidung des BGH vom 25.02.1982 ging es um eine Ausgliederung von 80 % des Betriebsvermögens einer Aktiengesellschaft, das den wertvollsten Betriebszweig darstellte, auf eine 100 %ige-Tochtergesellschaft.[707] Kern der Entscheidung war, dass es gesetzlich nicht geregelte Sachverhalte geben soll, in denen der Vorstand für eine Entscheidung die Zustimmung der Hauptversammlung einholen muss, obwohl die Zuständigkeit des Vorstands formal gegeben ist. Eine ungeschriebene Zuständigkeit der Hauptversammlung ist bei grundlegenden Entscheidungen gegeben, „die so tief in die Mitgliedschaftsrechte der Aktionäre und deren im Anteilseigentum verkörpertes Vermögensinteresse eingreifen, dass der Vorstand vernünftigerweise nicht annehmen kann, er dürfe sie in ausschließlich eigener Verantwortung treffen, ohne die Hauptversammlung zu beteiligen."[708] Eine solche grundlegende Entscheidung, die die Zustimmung der Hauptversammlung erfordert, liegt vor, wenn sich die betreffende Maßnahme im Kernbereich der Unternehmenstätigkeit abspielt, den wertvollsten Betriebszweig betrifft und die Unternehmensstruktur von Grund auf verändert.[709]

Aufgrund einer Reduktion des Vorstandsermessens auf null ist der Vorstand bei solchen Maßnahmen gemäß § 119 Abs. 2 AktG verpflichtet, einen Beschluss der Hauptversammlung herbeizuführen.[710] Das Vorlageermessen des Vorstands wandelt sich so in eine Vorlagepflicht.[711] Sollte der Vorstand davon absehen, die Hauptversammlung an der Entscheidung zu beteiligen, verletzt er seine Sorgfaltspflicht. Die Wirksamkeit der Maßnahme bleibt davon aber unberührt.[712]

706 *Lutter*, DB 1973, Beilage 21 zu Heft 48, S. 2 ff.; *Lutter*, in: Festschrift für Barz, 1974, S. 199, 210 ff.; *Lutter*, in: Festschrift für Westermann, 1974, S. 347, 357 ff.

707 BGHZ 83, 122 (Holzmüller).

708 BGHZ 83, 122 ff. (Holzmüller).

709 BGHZ 83, 122, 131 f. (Holzmüller).

710 Andere Ansicht: *Mülbert*, Aktiengesellschaft, Unternehmensgruppe und Kapitalmarkt, 2. Aufl., 1996, S. 394.

711 *Arnold*, ZIP 2005, 1573.

712 BGHZ 83, 122 ff. (Holzmüller); *Timm*, Die AG als Konzernspitze, S. 175 ff.

b) Die Gelatine-Entscheidungen

Im Jahre 2004 hat der BGH in den inhaltlich weitgehend identischen Gelatine-Entscheidungen[713] die Möglichkeit genutzt, seine im Holzmüller-Urteil aufgestellten Grundsätze zu konkretisieren. In der Sache ging es um die Einbringung einer Beteiligung an einer Tochtergesellschaft in eine andere Tochtergesellschaft, in deren Folge die Tochtergesellschaft zur Enkelgesellschaft wurde.[714] Der BGH verneinte die Zuständigkeit der Hauptversammlung, da die Maßnahmen nicht die Wesentlichkeitsschwelle überschritten.[715] Der 2. Senat betonte in dieser Entscheidung den Ausnahmecharakter der Holzmüller-Grundsätze und stellte klar, dass ungeschriebene Hauptversammlungszuständigkeiten nur dann in Betracht kommen, „wenn eine von dem Vorstand in Aussicht genommene Umstrukturierung der Gesellschaft an die Kernkompetenz der Hauptversammlung, über die Verfassung der Aktiengesellschaft zu bestimmen, rührt, weil sie Veränderungen nach sich zieht, die denjenigen zumindest nahe kommen, welche allein durch eine Satzungsänderung herbeigeführt werden können."[716] Wenn das Gesetz oder die Satzung des Unternehmens nicht ausdrücklich eine Kompetenz der Hauptversammlung für eine Entscheidung vorsieht, handelt es sich um Leitungsaufgaben des Vorstands, die dieser grundsätzlich eigenverantwortlich wahrnimmt. Im Gegensatz zur Holzmüller-Entscheidung stützt der 2. Senat die Kompetenz der Hauptversammlung nicht auf § 119 Abs. 2 BGB, sondern auf eine offene Rechtsfortbildung.[717]

Ein Eingriff in die Mitgliedschaftsrechte der Aktionäre setzt voraus, dass die Auswirkungen der Maßnahme „so tief in die Mitgliedschaftsrechte der Aktionäre und deren im Anteilseigentum verkörpertes Vermögensinteresse eingreifen"[718], dass diese Auswirkungen an die Wirkungen einer Satzungsänderung heranreichen. Für die Anwendung der Holzmüller/Gelatine-Grundsätze kommt es entscheidend auf eine Mediatisierung der Mitgliedschaftsrechte der Aktionäre an.[719] Damit wurde klargestellt, dass nicht jede wirtschaftliche bedeutende Maßnahme auch eine Zuständigkeit der Hauptversammlung begründet.[720]

Die wirtschaftliche Bedeutung der Maßnahme muss eine vergleichbare Intensität wie in der Holzmüller-Entscheidung aufweisen und einen gewissen Schwellenwert überschreiten, also etwa 80 % der Aktiva der Gesellschaft betreffen.[721] Der 2. Senat erteilte sämtlichen Auffassungen in der Literatur eine Absage, in der unter

713 BGHZ 159, 30 = NZG 2004, 571 und 575 (Gelatine).
714 BGHZ 159, 30 = NZG 2004, 571 und 575 (Gelatine).
715 BGHZ 159, 30 = NZG 2004, 571 und 575 (Gelatine).
716 BGHZ 159, 30 = NZG 2004, 571, 573 (Gelatine).
717 BGHZ 159, 30, 42 (Gelatine).
718 BGHZ 83, 122, 131 (Holzmüller); BGHZ 159, 30 = NZG 2004, 571, 573 (Gelatine).
719 BGHZ 159, 30 = NZG 2004, 571, 573 (Gelatine).
720 *Wirth*, ZIP 2005, 1573, 1575.
721 Der 2. Senat hat keinen konkreten Schwellenwert genannt; die 80 %-Grenze wird aus der Holzmüller-Entscheidung abgeleitet, in der es um die Ausgliederung von 80 % des Betriebsvermögens ging, BGHZ 159, 30 = NZG 2004, 571, 574 (Gelatine);

Bezugnahme auf unterschiedliche Bezugsgrößen Schwellenwerte von 10 % bis 50 % diskutiert worden waren.[722] Weiterhin hat der 2. Senat klargestellt, dass der Zustimmungsbeschluss mit einer Dreiviertelmehrheit des vertretenen Grundkapitals gefasst werden muss.[723]

2. Die Macrotron-Entscheidung

Der BGH begründete in der Macrotron-Entscheidung ungeschriebene gesellschaftsrechtliche Voraussetzungen für ein reguläres Delisting und leitete die Zuständigkeit der Hauptversammlung unmittelbar aus Art. 14 Abs. 1 GG ab.[724]

Die Macrotron-Entscheidung konnte im Ergebnis überzeugen, indem sie den durch die Vorschriften im BörsG unzureichend gewährleisteten Anlegerschutz um weitere Schutzkomponenten ergänzt hat, nicht aber in Bezug auf die rechtliche Begründung der ungeschriebenen Voraussetzungen für diese Rechtsfolgen. Die dogmatische Begründung über Art. 14 GG war wenig überzeugend. Zudem bewirkte die durch den BGH postulierte Hauptversammlungszuständigkeit im Ergebnis wenig, weil der Beschluss keiner qualifizierten Mehrheit und keiner sachlichen Rechtfertigung bedurfte und ein Vorstandsbericht entbehrlich war. Das bedeutete einen zusätzlichen Aufwand für die Gesellschaft, die die Hauptversammlung einberufen und die entsprechenden Bekanntmachungen vornehmen musste, für die Aktionäre im Ergebnis jedoch ein geringes Schutzniveau, insbesondere im Hinblick darauf, dass ein Delisting der Gesellschaft regelmäßig nur angestrebt worden ist, wenn ein Mehrheitswille hinter der Rückzugsentscheidung stand.[725] Zu vermuten ist, dass sich der BGH nur deshalb für ein Zustimmungserfordernis der Hauptversammlung ausgesprochen hat, weil ansonsten das von ihm geforderte Abfindungsangebot an die Minderheitsaktionäre hinsichtlich seiner Höhe nicht gerichtlich hätte überprüft werden können.[726] Der Beschluss diente einzig der Legitimation des Vorstandshandelns, war aber tatsächlich nicht dazu geeignet, den Anlegerschutz in diesem Fall zu gewährleisten.[727]

---

für diesen Schwellenwert: Fuhrmann, AG 2004, 339, 341; Liebscher, ZGR 2005, 1, 13; Wirth, ZIP 2005, 1573, 1575.

722 *Lutter*, in: Festschrift für Stimpel, S. 825, 850; *ders.* AG 2000, 342; *Wollburg/Gehling*, in: Festschrift für Lieberknecht, 1997, 133, 149 f.; *Geßler*, in: Festschrift für Stimpel, 1985, S. 771, 787; *Veil*, ZIP 1998, 361, 369; *Zimmermann/Pentz*, in: Festschrift für Müller, 2001, S. 151, 156 mit weiteren Nachweisen.

723 BGHZ 159, 30 = NZG 2004, 571, 572 (Gelatine).

724 BGHZ 153, 47 ff. (Macrotron); einen Eingriff in Art. 14 GG ebenfalls bejahend: *Adolff/Tieves*, BB 2003, 797, 798; *Bungert*, BB 2000, 53, 55; *Krämer/Theiß*, AG 2003, 225, 235 ff.; *Mülbert*, ZHR 165 (2001), 104, 129; *Streit*, ZIP 2002, 1279, 1287; *Zetzsche*, NZG 2000, 1065, 1066; Für weitere Ausführung zur Macrotron-Entscheidung des BGH siehe Gliederungspunkt Teil 2, B, III.

725 *K. Schmidt*, NZG 2003, 601, 603.

726 *Habersack*, AG 2005, 137, 141; *Hüffer*, AktG, § 119 Rn. 23.

727 So auch *K. Schmidt*, NZG 2003, 601, 603.

Der BGH hat in der Macrotron-Entscheidung die Reichweite der Eigentumsgarantie verkannt und das bei einem Delisting sich realisierende Marktrisiko, das die Aktionäre durch ihre Investition übernehmen, als Eingriff in das Aktieneigentum der Minderheitsaktionäre interpretiert.[728] Dieser Inhalt kann aus der DAT/Altana-Entscheidung, auf die der BGH in der Macrotron-Entscheidung Bezug nahm, nicht herausgelesen werden.[729] Die DAT/Altana-Entscheidung hat dem Verkehrswert keinen grundrechtlichen Eigentumsschutz unterstellt, sondern ihn nur als Indiz für die Berechnung der Abfindungshöhe genutzt, für die der Börsenkurs nicht gänzlich außer Betracht gelassen werden darf. Die Berücksichtigung der Verkehrsfähigkeit ist erst in der Folge eines Eingriffs in das Aktieneigentum zu berücksichtigen.

3. *Die Frosta-Entscheidung des BGH*

Nach der schließlich geänderten Auffassung des 2. Senats sind die Grundsätze der Macrotron-Entscheidung nicht länger anwendbar, da ihnen durch das BVerfG die rechtliche Grundlage entzogen worden ist, indem es die Betroffenheit des Aktieneigentums bei einem Rückzug aus dem regulierten Markt verneint hat, da die Substanz des Anteilseigentums bei einem Widerruf der Börsenzulassung unberührt bleibt und lediglich eine Handelsmöglichkeit wegfällt.[730] Der 2. Senat des BGH hat die Möglichkeit, die ihm das BVerfG in der Entscheidung MVS/Lindner eröffnet hatte, die Zuständigkeit der Hauptversammlung zukünftig auf eine einfachrechtliche Begründung zu stützen, ungenutzt gelassen und stattdessen die Erforderlichkeit eines Hauptversammlungsbeschlusses für ein reguläres Delisting verneint. Der Rückzug von der Börse soll auch keine Mediatisierung der Mitgliedschaftsrechte zur Folge haben, wie es für die Anwendung der Holzmüller-/Gelatine-Grundsätze erforderlich wäre.[731]

Die Frosta-Entscheidung des BGH ist dahin gehend zu kritisieren, dass sie sämtliche einfachrechtliche Begründungen für die Zuständigkeit der Hauptversammlung abgelehnt hat, obwohl sich an der Situation der Anleger de lege lata seit der Macrotron-Entscheidung nichts verändert hatte und die Aktionäre de facto nur durch die Macrotron-Entscheidung ausreichend geschützt waren.

In seiner Frosta-Entscheidung hat der BGH sich von seinem bisherigen Standpunkt distanziert, dass die Vorschriften im BörsG und in den einzelnen Börsenordnungen ungeeignet seien, einen angemessenen Anlegerschutz zu gewährleisten. Diese Ansicht ist als falsch einzustufen, da sie von der unzutreffenden Prämisse ausging, dass eine Delisting-Ankündigung kein Absinken des Börsenkurses und damit keinen Wertverlust für die Minderheitsaktionäre zur Folge hat.[732] Die Studie des Deutschen Aktieninstituts (DAI), auf die sich sowohl der BGH als auch das BVerfG

728 *Ekkenga,* ZGR 2003, 878, 883.
729 Siehe Kapitel 3 Teil 2, S. 132 ff.
730 BGH, NJW 2014, 146, 147 (Frosta).
731 BGH, NJW 2014, 146, 147 (Frosta).
732 Die Studie des DAI zusammenfassend: *Heldt/Royé,* AG 2012, 660, 667 ff.

in der Entscheidung MVS/Lindner gestützt haben, bezog sich auf die Zeitspanne, in der durch die Macrotron-Grundsätze ein hohes Schutzniveau für die Minderheitsaktionäre vorhanden war, sodass keine Notwendigkeit bestand, die Aktien bei einer Delisting-Ankündigung zu veräußern, da ihnen ohnehin ein Abfindungsangebot zustand und ein Wertverlust somit nicht zu befürchten war, sodass größere Kursverluste nicht feststellbar waren.[733]

III. Das Hauptversammlungserfordernis in der Literatur

Die herrschende Meinung in der Literatur vertrat schon vor der Macrotron-Entscheidung die Auffassung, ein vollständiges Delisting bedürfe eines zustimmenden Beschlusses der Hauptversammlung.[734] Umstritten war jedoch bereits damals, ob das Delisting der Holzmüller-Doktrin unterfalle, im Delisting ein Holzmüller-Fall zu sehen ist[735] oder ob sich die Zuständigkeit der Hauptversammlung aus Normen des AktG oder UmwG ergebe.[736]

1. Hauptversammlungszuständigkeit auf Basis der Holzmüller-Doktrin

Eine weitverbreitete Ansicht in Literatur und Rechtsprechung stützte die Kompetenz der Hauptversammlung auf die Grundsätze der Holzmüller- und Gelatine-Entscheidungen und sah in dem Delisting-Beschluss eine Grundlagenentscheidung, die einen Beschluss der Hauptversammlung über die in § 119 Abs. 1 AktG hinausgehenden Fälle erfordert.[737] In der Literatur existieren jedoch verschiedene Begründungsansätze für die Anwendbarkeit der Holzmüller-Grundsätze auf den freiwilligen Börsenrückzug.[738]

Der erste Ansatz lehnte eine Grundlagenkompetenz der Hauptversammlung auf Basis der Holzmüller-Grundsätze ab.[739] Bei den Holzmüller-Grundsätzen handele es sich um einen übergesetzlichen Schutz der Aktionäre, soweit deren individuelle Schutzzone betroffen sei. Das Hauptversammlungserfordernis ergibt sich daraus, dass eine „Individualschutzzone der Aktionäre" existiert, die eine Holzmüller-Zuständigkeit der Hauptversammlung begründet.[740] Eine wie mit der Holzmüller-Konstellation vergleichbare Mediatisierung der Mitgliedschaftsrechte erfolge bei einem freiwilligen Delisting jedoch nicht, sodass kein vergleichbarer Eingriff vor-

---

733 *Heldt/Royé,* AG 2012, 660, 667 ff.

734 *Hellwig,* ZGR 1999, 781, 799; *Land/Behnke,* DB 2003, 2531; a.A. *Krämer/Theiß,* AG 2003, 225, 236 ff.

735 *Kleindiek,* in: Festschrift für Bezzenberger, S. 653, 655 ff., *Lutter,* in: Festschrift für Zöllner, S. 363, 380.

736 *Drygala/Staake,* ZIP 2013, 905, 912; *Klöhn,* NZG 2012, 1041, 1046; *Rutz,* 236 f.; Zetzsche, NZG 2000, 1065, 1070.

737 *de Vries,* S. 87 f.; *Kleppe,* S. 102 ff.; *Spindler,* in: K. Schmidt/Lutter, AktG, § 119 Rn. 60.

738 *K. Schmidt,* NZG 2003, 601, 602.

739 *Hüffer,* in: Festschrift für Ulmer, S. 279, 286 ff.

740 *Hüffer,* in: Festschrift für Ulmer, S. 279, 294.

liege und eine Zuständigkeit der Hauptversammlung nicht über die Holzmüller-Grundsätze begründet werden könne.

Der zweite Ansatz ging davon aus, dass die Holzmüller-Grundsätze nur in einem begrenzten Rahmen auf das Delisting anwendbar sind, wenn durch rechtliche Maßnahmen die rechtliche und wirtschaftliche Situation der Aktionäre maßgeblich verändert wird.[741] Dies sei nur dann der Fall, wenn sich die Gesellschaft durch ein going private von allen Märkten, an denen sie notiert sei, zurückziehe.[742]

2. *Hauptversammlungserfordernis auf Basis einer Analogie zu existierenden Hauptversammlungskompetenzen*

Die Mehrzahl der Literaturstimmen leitete die Hauptversammlungszuständigkeit aus einer Analogie zu bereits existierenden Hauptversammlungskompetenzen ab.

a) Analogie zu umwandlungsrechtlichen Vorschriften

Die Auffassungen, die das Hauptversammlungserfordernis auf eine analoge Anwendung umwandlungsrechtlicher Vorschriften stützen, gehen davon aus, dass es sich bei der börsennotierten und der nicht börsennotierten Gesellschaft um zwei unterschiedliche Gesellschaftstypen handelt.[743] Die Entscheidung, ob eine Aktiengesellschaft börsennotiert bleibt oder nicht, steht nicht der Verwaltung zu, sondern muss der Hauptversammlung überlassen werden, da sie den verbandsrechtlichen Rahmen der Gesellschaft betrifft.[744]

In Betracht kommen Analogien zu den Vorschriften über die Verschmelzung einer börsennotierten auf eine nichtbörsennotierte Gesellschaft gemäß §§ 13, Abs. 1, 65 Abs. 1 UmwG,[745] zur Aufspaltung gemäß §§ 125, 13 Abs. 1 UmwG, über den Formwechsel einer AG in eine KG gemäß §§ 193 Abs. 1, 233 Abs. 2 S. 1 UmwG und über den Formwechsel einer AG in eine GmbH gemäß §§ 193 Abs. 1, 240 Abs. 1 UmwG.[746]

---

741 *Schwark/Geiser,* ZHR 161 (1997), 739, 761.

742 *Schwark/Geiser,* ZHR 161 (1997), 739, 763.

743 *Drygala/Staake,* ZIP 2013, 905, 912; *Rutz,* 236 f.; *Wackerbarth,* WM 2012, 2077, 2079; *Mense/Klie,* GWR 2013, 505, 509. Diese Ansicht ist inspiriert von dem „Drei-Stufen-Modell" von *Albach/Lutter,* in: Albach/Corte/Friedewald/Lutter/Richter, Deregulierung des Aktienrechts: Das Drei-Stufen-Modell, 1988, S. 33 ff., die die Einführung drei unterschiedlicher Typen von Aktiengesellschaften propagiert haben. Dieses Modell sah vor, den Typ der Aktiengesellschaft in der Satzung festzuschreiben, sodass es sich bei einem Delisting um eine satzungsänderungspflichtige Tatsache gehandelt hätte, die einem Hauptversammlungsbeschluss erforderlich gemacht hätte. Der Gesetzgeber hat jedoch davon abgesehen, dieses Modell gesetzlich zu fixieren; a.A. *Kiefner/Gillessen,* AG 2012, 645, 653; *Thomale,* ZGR 2013, 686, 706 f; *Rosskopf,* ZGR 2014, 487, 498; *Wasmann/Glock,* DB 2014, 105, 107.

744 *Drygala/Staake,* ZIP 2013, 905, 912.

745 *Klöhn,* NZG 2012, 1041, 1046.

746 *Drygala/Staake,* ZIP 2013, 905, 912; *Rutz,* 236 f.; *Zetzsche,* NZG 2000, 1065, 1070.

Die genannten formwechselnden Umwandlungen haben gemeinsam, dass sie alle einen Hauptversammlungsbeschluss erfordern. Das Beschlusserfordernis besteht akzessorisch zum Abfindungsanspruch. Der Beschluss bedarf einer ¾-Mehrheit und unterliegt keiner materiellen Beschlusskontrolle.[747] Der Beschluss bedarf keiner sachlichen Rechtfertigung, aber einer qualifizierten Beschlussmehrheit von 75 % des bei der Beschlussfassung vertretenen Grundkapitals, wenn die Satzung nichts Anderes vorsieht, sowie zusätzlich die Mehrheit der abgegebenen Stimmen (vgl. § 240 Abs. 1 UmwG, § 133 Abs. 1 AktG). Da sich durch den Börsenrückzug Art und Umfang des Anteilsbesitzes nicht verändern, müsste der gemäß § 194 Abs. 1 Nr. 4 UmwG erforderliche Beschlussinhalt dahingehend modifiziert werden, dass er keine Informationen, hinsichtlich Zahl, Art und Umfang der Anteile oder der Mitgliedschaften, welche die Anteilsinhaber durch den Formwechsel erlangen sollen oder die einem beitretenden persönlich haftenden Gesellschafter eingeräumt werden sollen, enthält.

Für eine vergleichbare Situation des Delisting mit dem Formwechsel spricht zunächst, dass die Anteile der Aktionäre nach einem Delisting vom regulierten Markt nur noch eine eingeschränkte Umlauffähigkeit besitzen und gleichzeitig weiterhin verkehrsfähig sind.[748] Die Aktionäre verlieren bei einem Delisting jedoch nur die Möglichkeit, ihre Aktien über einen organisierten Markt zu veräußern. Die innere Struktur der Gesellschaft bleibt bei einem Delisting unberührt. Von einer Änderung der Gesellschaftsform kann daher nicht gesprochen werden. Für die börsennotierte AG gelten lediglich kapitalmarktrechtliche Sonderregeln, die an die Börsennotierung anknüpfen, die aber nicht die Gesellschaftsform an sich verändern. Die Gesellschaft und die Aktionärsrechte erfahren keine derartige Umgestaltung, dass eine analoge Anwendung der Vorschriften zum Formwechsel gerechtfertigt wäre.

Ferner kommt eine Analogie zu den Vorschriften über die Verschmelzung gemäß §§ 13, 65 Abs. 1 UmwG in Betracht.[749] Dafür müsste die Verschmelzung einer börsennotierten auf eine nichtbörsennotierte AG mit dem Delisting vergleichbar sein. Eine Vergleichbarkeit ist jedoch nicht gegeben, da die Aktionäre bei einem Formwechsel mit der Eintragung der Verschmelzung in das Handelsregister Aktionäre der übernehmenden Gesellschaft werden und die übertragende Gesellschaft erlischt (vgl. § 20 Abs. 1 Nr. 2, 3 UmwG). Demgegenüber erlischt eine Gesellschaft durch ein reguläres Delisting nicht. Ferner erfolgt keine Eintragung des Delistings in das Handelsregister, so wie es bei der Verschmelzung gemäß §§ 19,20 UmwG aber erforderlich ist, um die rechtlichen Wirkungen der Verschmelzung herbeizuführen. Daher ist eine analoge Anwendung der Vorschriften über die Verschmelzung ebenfalls abzulehnen.

Weiterhin ist eine Analogie zu den Vorschriften über die Aufspaltung gemäß §§ 125 S. 1, 13 UmwG denkbar, aber im Ergebnis ebenfalls abzulehnen. Wie bei

---

747 *Klöhn*, NZG 2012, 1041, 1046.
748 *Thomas*, S. 173.
749 *Klöhn*, NZG 2012, 1041, 1046.

der Verschmelzung erlischt bei der Aufspaltung der übertragende Rechtsträger gemäß § 131 Abs. 1 Nr. 2 UmwG und die Aktionäre werden Anteilsinhaber des übernehmenden Rechtsträgers. Demgegenüber erlischt bei einem Delisting die börsennotierte Gesellschaft nicht, sondern sie zieht sich lediglich vom regulierten Markt zurück, besteht aber weiterhin als Aktiengesellschaft fort, ohne dass sich der Inhalt der Anteile der Aktionäre an der Gesellschaft verändert. Die Aktionäre bleiben weiterhin Anteilsinhaber der Gesellschaft und sehen sich nur mit einer eingeschränkteren Verkehrsfähigkeit ihrer Anteile konfrontiert. Aus diesen Gründen ist eine analoge Anwendung von §§ 125 S. 1, 13 UmwG aufgrund nicht vergleichbarer Interessenlage ebenfalls abzulehnen.

Analogien zum Squeeze-out, zur übertragenden Auflösung, zur Mehrheitseingliederung und zu den Regelungen über Unternehmensverträge sind im Ergebnis ebenfalls abzulehnen.[750]

b) Delisting als vinkulierungsähnliche Maßnahme

Einige Stimmen in der Literatur sehen das reguläre Delisting als eine vinkulierungsähnliche Maßnahme an, für die analog §§ 179 Abs. 1, 180 Abs. 2 AktG die Zustimmung der Hauptversammlung erforderlich ist.[751] Wenn der Aktionär nicht einfach dulden muss, dass seine bisher frei veräußerlichen Anteile zukünftig nur noch eingeschränkt übertragbar sind, dann muss dies erst recht bei einem völligen Verlust der Börsennotierung gelten. Wenn die betroffenen Aktionäre einer nachträglichen Vinkulierung gemäß § 180 Abs. 2 AktG zustimmen müssen, dann muss für ein Delisting mindestens die Zustimmung der Aktionäre im Rahmen der Hauptversammlung erforderlich sein. Die Vertreter dieser Ansicht sehen in den Vorschriften über die Vinkulierung den Willen des Gesetzgebers, die Verkehrsfähigkeit der Aktie unter besonderen Schutz zu stellen.[752]

Auch diese Ansicht ist im Ergebnis abzulehnen.[753] Im Gegensatz zur Vinkulierung, die unmittelbar in den rechtlichen Gehalt der Mitgliedschaft eingreift, bleibt die Mitgliedschaft bei einem Delisting unverändert bestehen.[754] Nur die Handelsmöglichkeiten werden durch ein Delisting eingeschränkt, nicht aber die Mitgliedschaft selbst.

Außerdem ist bei einer Vinkulierung gemäß § 180 Abs. 2 AktG die Zustimmung jedes einzelnen Aktionärs erforderlich und nicht nur die Zustimmung der Mehrheit der Aktionäre. Eine Zustimmung jedes einzelnen Aktionärs passt bei einem Delisting nicht. Die Minderheitsaktionäre hätten sonst die Macht, ein Delisting zu blockieren, um ein höheres Abfindungsangebot zu erpressen. Dazu kommt, dass

---

750 Dazu *Thomas*, S. 175 ff.

751 *de Vries*, S. 91; *Heidel*, DB 2003, 548; *Kleppe*, S. 112; *Grupp*, S. 192; *Schwark/Geiser*, ZHR 161 (1997), 739, 762 f.

752 *Ekkenga*, ZGR 2003, 878, 886.

753 *de Vries*, S. 91; *Kleppe*, S. 112; *Schwark/Geiser*, ZHR 1997, 739, 759.

754 *Ekkenga*, ZGR 2003, 878, 886.

der Aktionär bei einer Maßnahme im Sinne von § 180 Abs. 2 AktG die Verfügungsbefugnis über seine Anteile aus der Hand gibt, während er diese Befugnis bei einem Delisting behält und sich nur der Markt verkleinert, an dem er seine Aktien veräußern kann.[755] Aus diesen Gründen handelt es sich bei einem regulären Delisting nicht um eine vinkulierungsähnliche Maßnahme. Mangels vergleichbarer Sachverhalte ist eine Analogie zu § 180 Abs. 2 AktG abzulehnen.

c) Gesamtanalogie zu Finanzierungs- und Strukturentscheidungen

Ebenfalls diskutiert wurde, die Zuständigkeit der Hauptversammlung für die Entscheidung über einen Rückzug von der Börse aufgrund der Vergleichbarkeit mit den in § 119 Abs. 1 AktG genannten Sachverhalten, auf eine Gesamtanalogie zu Vorschriften über Finanzierungs- und Strukturentscheidungen zu stützen,[756] da die Frosta-Entscheidung des BGH unberücksichtigt ließ, dass sich zwar nicht die innere Struktur der Gesellschaft, aber sehr wohl die äußere Struktur einer Gesellschaft verändert, wenn sie ein Delisting betreibt.[757] Demzufolge hätte der BGH die Kompetenzverteilung zwischen Hauptversammlung und Vorstand verkannt, indem er die Aktionäre auf den verwaltungsrechtlichen Rechtsweg verweist, anstatt ihnen schon vor der Beantragung eines Zulassungswiderrufs durch den Vorstand eine Möglichkeit an die Hand zu geben, durch die Verweigerung ihrer Zustimmung ein Delisting zu verhindern.[758] Begründet wird das Beschlusserfordernis mit einer Gesamtanalogie zu den in § 119 Abs. 1 Nr. 2, 6, 8 AktG genannten und den in Bestimmungen des AktG und UmwG normierten Strukturmaßnahmen.[759] Die Möglichkeit einer Gesamtanalogie zu den Vorschriften über Finanzierungs- und Strukturentscheidungen wird unter Teil 3, Buchstabe C, III. einer genauen Betrachtung unterzogen.

3. *Treuepflichtverstoß des Vorstandes*

Denkbar ist ferner, in der Stellung eines Antrags auf ein freiwilliges Delisting ohne eine vorherige Anrufung der Hauptversammlung einen Treuepflichtverstoß des Vorstandes zu erblicken, weil der Vorstand nicht dazu berechtigt ist, eigenständig die auf ihn anwendbaren Rechtsvorschriften, insbesondere die mit der Börsennotierung verbundenen Vorstandspflichten, zu ändern.[760] In der Literatur wird die Auffassung vertreten, dass ein Delisting ohne Hauptversammlungsbeschluss in jedem Fall eine

---

755 *Ekkenga*, ZGR 2003, 878, 886.

756 *Stöber*, BB 2014, 9 ff.; *Stöber*, WM 2014, 1757, 1761.; für eine Annexkompetenz zu § 119 Abs. 1 Nr. 6 AktG: *Reiff*, Gesellschaftsrechtliche Aspekte des regulären Delistings, 2004, S. 101 ff.

757 *Stöber*, BB 2014, 9, 14 f.

758 *Stöber*, BB 2014, 9, 13.

759 Aufzählung in: *Liebscher*, in: Henssler/Strohn, Gesellschaftsrecht, § 119 Rn. 5.

760 *Wackerbarth*, WM 2012, 2077, 2079; bejaht in Einzelfällen einen Treuepflichtverstoß des Vorstandes: *de Vries*, S. 111, beispielsweise, wenn das Delisting genutzt wird, um „Druck auf unliebsame Minderheitsaktionäre auszuüben."

Pflichtverletzung gemäß § 93 Abs. 1 AktG darstelle und zu einer Ersatzpflicht des Vorstandes führe.[761] Begründet wird diese Auffassung mit der systematischen Nähe von § 39 Abs. 2 BörsG zu § 39 Abs. 1 BörsG. Handlungen, die ein Delisting von Amts wegen herbeiführen, beispielsweise durch einen vorsätzlichen Verstoß gegen Emittentenpflichten, stellen innergesellschaftliche Pflichtverletzungen gemäß § 93 Abs. 1 AktG dar.[762]

Die Ansicht mag zutreffen, begründet jedoch keine Zuständigkeit für die Hauptversammlung für die Delisting-Entscheidung.[763] Die §§ 119 Abs. 2, 93 Abs. 4 S. 1 AktG betreffen nicht die Kompetenzverteilung innerhalb der Gesellschaft, sondern stellen nur eine Haftungsprivilegierung für den Vorstand dar.[764] Die Entscheidung des Vorstands, einen Widerruf der Zulassung zu beantragen, kann auch nicht mit der gezielten Provokation eines Delisting von Amts wegen gleichgesetzt werden, da es sich bei dem freiwilligen Delisting um eine Maßnahme handelt, die § 39 Abs. 2 BörsG ausdrücklich zulässt, solange der Anlegerschutz gewährleistet ist.

4. Hauptversammlungserfordernis mittels Satzungsregelung

Sollte sich die Hauptversammlungszuständigkeit weder durch eine Analogie zu ungeschriebenen noch zu geschriebenen Hauptversammlungskompetenzen begründen lassen, wird hilfsweise diskutiert, ob die Mitwirkungsbefugnis der Hauptversammlung durch einen Zustimmungsvorbehalt in der Satzung festgeschrieben werden könnte. Sollten dieser Variante aktienrechtliche Vorschriften entgegenstehen, käme in Betracht, die Börsennotierung selbst in der Satzung festzuschreiben, oder alternativ die Börsennotierung als Teil des Unternehmensgegenstands in der Satzung festzuhalten.[765] Ist eine der genannten Varianten zulässig und wird in die Satzung bzw. den Unternehmensgegenstand aufgenommen, ist der Vorstand daran gebunden und darf keinen Antrag auf ein freiwilliges Delisting stellen, ohne vorher die Hauptversammlung anzurufen.[766]

---

761 *Wackerbarth,* WM 2012, 2077, 2079.

762 *Wackerbarth,* WM 2012, 2077, 2079.

763 Klarstellend: *Wackerbarth,* WM 2012, 2077, 2079.

764 *Kocher/Widder,* NJW 2014, 127, 128.

765 für die Zulässigkeit der Festschreibung der Börsennotierung in der Satzung: *Arnold,* ZIP 2005, 1573, 1576; *Brellochs,* AG 2014, 633, 638; *Habersack,* AG 2005, 137, 141; *Habersack,* in: Emmerich/Habersack, Aktien- und GmbH-Konzernrecht, 7. Aufl. 2013, Vor § 311 AktG, Rn. 38, Fn. 187; *Heidel/Lochner,* in: Heidel, Komm. AktG, 4. Aufl. 2014, 487, 503; *Morell,* ZBB 2016, 67, 75 f.; *Rosskopf,* ZGR 2014, 487, 503; *Schockenhoff,* ZIP 2013, 2429, 2434; Scholz, BB 2015, 2248 (2249); *Spindler,* in: K. Schmidt/Lutter, AktG, § 119, Rn. 54; *Vollmer/Grupp,* ZGR 1995, 459, 467 f.; *Wirth/Arnold,* ZIP 2000, 111, 115; a. A. *Hoffmann,* in: Spindler/Stilz, Komm. AktG, Bd. 1, § 119 Rn. 48a; *Scholz,* BB 2015, 2248, 2251; *von der Linden,* NZG 2015, 176 ff. für eine Festschreibung im Unternehmensgegenstand: *Arnold,* ZIP 2005, 1573, 1576; *Wirth/Arnold,* ZIP 2000, 111, 115; *Habersack,* AG 2005, 137, 141.

766 *von der Linden,* NZG 2015, 176, 177; *Scholz,* BB 2015, 2248, 2249.

5. *Erforderliche Mehrheitsverhältnisse*

Ebenso umstritten wie die Frage nach der rechtlichen Grundlage für einen erforderlichen Beschluss der Hauptversammlung, war die Frage nach der für einen erfolgreichen Beschluss erforderlichen Mehrheit in der Hauptversammlung. Die Forderungen in Literatur und Rechtsprechung reichten von der einfachen Mehrheit[767] über die in § 179 Abs. 2 AktG geregelte Dreiviertel-Mehrheit des vertretenen Grundkapitals,[768] bis zu einer Mehrheit von 90 %.[769] Die Frage nach der erforderlichen Mehrheit führt die Diskussion über die Rechtsgrundlage weiter. Folgt man der Ansicht, die die Nähe des Delisting zu den Strukturmaßnahmen betont, ist eine Dreiviertel-Mehrheit erforderlich.[770] Ergibt sich die Vorlagepflicht hingegen aus § 119 Abs. 2 AktG, ist eine einfache Mehrheit ausreichend.

In seiner Holzmüller-Entscheidung hatte der BGH für Konzernleitungsmaßnahmen die Hauptversammlungskompetenz aus § 119 Abs. 2 AktG abgeleitet aber offen gelassen, ob für den Hauptversammlungsbeschluss eine einfache Mehrheit oder eine Dreiviertel-Mehrheit erforderlich ist.[771] In seinen Gelatine-Urteilen hatte der BGH die Kompetenz der Hauptversammlung auf eine Gesamtanalogie (§§ 179 Abs. 2, 293 Abs. 1, 319 Abs. 2 AktG) gestützt und gemäß § 179 Abs. 2 AktG eine Dreiviertel-Mehrheit des vertretenen Grundkapitals gefordert. Dies entsprach auch der überwiegenden Meinung in der Literatur.[772] In seiner Macrotron-Entscheidung hatte der BGH ohne nähere Begründung eine einfache Mehrheit für den Delisting-Beschluss ausreichen lassen.[773]

C. Zukünftige Begründbarkeit der Hauptversammlungskompetenz

Die vorstehenden Erläuterungen haben gezeigt, dass in der Literatur weitgehend Einigkeit darüber herrschte, dass die Aktionäre mittels eines Hauptversammlungsbeschlusses an der Entscheidung über ein Delisting beteiligt werden müssen. Erst im Nachgang der Frosta-Entscheidung des BGH wurde das Erfordernis eines Be-

767 *Hüffer,* in: Festschrift für Ulmer, S. 279, 298.

768 *Altmeppen,* DB 1998, 49, 51; *Bürgers,* NJW 2003, 1642, 1643; *Fleischer,* NJW 2004, 2335, 2339; *Hellwig,* ZGR 1999, 781, 799; *Hübner,* in: Festschrift für Stimpel, 1985, S. 791, 795–797; *Kleindiek, in:* Festschrift für Bezzenberger, S. 653, 657 ff.; *Lutter,* in: Festschrift für Zöllner, S. 363, 380; *Pluskat,* WM 2002, 833, 835; *Priester,* ZHR 163 (1999), 187, 199; *K. Schmidt,* NZG 2003, 601, 603; *Spindler,* in: K. Schmidt/Lutter, AktG, § 179 Rn 52; *Zetzsche,* NZG 2000, 1065, 1066; *Steck,* AG 1998, 460, 462.

769 *Vollmer/Grupp,* ZGR 1995, 459, 478 f.

770 Vgl. *Priester,* ZHR 163 (1999), 187, 200; *Henze,* in: Festschrift für Ulmer, S. 211, 220 f.

771 BGHZ 83, 122 (Holzmüller).

772 Vgl. *Hüffer,* AktG, § 119 Rn. 20; *Götze,* NZG 2004, 585, 588; *Reichert,* AG 2005, 150, 152 f.; *Simon,* DStR 2004, 1482, 1528; *Fleischer,* NJW 2004, 2335, 2339.

773 BGHZ 153, 47, 53= AG 2003, 273, 274 (Macrotron).

schlusses der Hauptversammlung mehrheitlich abgelehnt.[774] Es existieren jedoch auch heute noch Stimmen, die die Erforderlichkeit bejahen.[775] Wie bereits gesehen, kommt eine Analogie zu bestehenden Vorschriften, die eine Kompetenz der Hauptversammlung für ein freiwilliges Delisting begründen, nicht in Betracht. Im Folgenden wird die zukünftige Begründbarkeit der Hauptversammlungskompetenz untersucht.

I. Übertragbarkeit der Holzmüller-/Gelatine-Grundsätze auf das Delisting

Voraussetzung für eine Übertragbarkeit der Holzmüller/Gelatine-Grundsätze ist, dass durch ein Delisting ein tiefer Eingriff in die Mitgliedschaftsrechte der Aktionäre vorliegt, der hinsichtlich seiner Auswirkungen einer Strukturmaßnahme gleichkommt und an die Wirkungen einer Satzungsänderung heranreicht.[776] Einen konkreten Schwellenwert legte der BGH in den Gelatine-Urteilen nicht fest. Stattdessen kommt es darauf an, ob die Ausmaße der fraglichen Maßnahme in ihren Wirkungen an die das Holzmüller-Urteil betreffende Ausgliederung heranreichen. Damit trägt der BGH der aktienrechtlichen Kompetenzordnung Rechnung, indem nur Eingriffe, die diese beiden Voraussetzungen erfüllen, die geschriebene Zuständigkeit des Vorstands auf die ungeschriebene Zuständigkeit der Hauptversammlung übertragen.[777]

Die Grundlage für eine ungeschriebene Kompetenz der Hauptversammlung sah der BGH in seinen Gelatine-Entscheidungen in einer offenen Rechtsfortbildung, und nicht, wie noch in der Holzmüller-Entscheidung in § 119 Abs. 2 AktG oder in der von der herrschenden Lehre vertretenen Gesamtanalogie.[778] § 119 Abs. 2 AktG kann aufgrund seiner Rechtsfolgen nicht analog angewendet werden, da es dem BGH entscheidend darauf ankam, dass die ungeschriebenen Hauptversammlungszuständigkeiten nur das Innenverhältnis zwischen Vorstand und Hauptversammlung betreffen und die Maßnahme unabhängig vom Beschluss der Hauptversammlung

---

774 *Auer,* JZ 2015, 71, 73 f.; *Brellochs,* AG 2014, 633; *Buckel/Glindemann/Vogel,* AG 2015, 373; *Bungert,* Editorial DB 2015, Heft 25, S. 5; *Habersack,* JZ 2014, 147; *Habersack,* Stellungnahme für BT, S. 6; *Kaetzler,* Kreditwesen 2015, 400; *Koch/Harnos,* NZG 2015, 729; *Noack,* Stellungnahme für die Anhörung im Rechtsausschuss am 06.05.2015, S. 8.

775 *Bayer,* ZfPW 2015, 163 (223); *Drygala/Staake,* ZIP 2013, 905, 912 ff.; *Heidel/Lochner,* in Heidel, Vor §§ 327a ff. AktG Rn. 19; *Krieger,* VGR, Gesellschaftsrecht in der Diskussion 2013, S. 19 f. *Stöber,* BB 2014, 9 (13 ff.); *Wicke,* DNotZ 2015, 488, 494; im Einzelfall soll ein Hauptversammlungsbeschluss erforderlich sein: *Karami/Schuster Stellungnahme zur Delisting-Neuregelung,* S. 6.
Das Beschlusserfordernis soll dazu dienen, das Kräfteverhältnis zwischen Minderheitsaktionär und den Vorständen bzw. Großaktionären wiederherzustellen: *Schlote/Schmitt,* Börsen-Zeitung vom 16.05.2015.

776 Auch nach dem Frosta-Beschluss weiterhin für eine Anwendung der Holzmüller-Doktrin: *Spindler,* in: K. Schmidt/Lutter, AktG, § 119 Rn. 60.

777 *Probst,* Rechtsfragen des regulären Börsenrückzugs, S. 128.

778 Zu den Gründen: *Simon,* DStR 2004, 1482, 1483 f.

im Außenverhältnis wirksam sein soll.[779] Ebenfalls abgelehnt wurde die von der Literatur vertretene Gesamtanalogie, die die Nichtigkeit der getroffenen Maßnahme zur Folge hätte und damit, was die Rechtsfolgen angeht ungeeignet wäre.[780]

Eine ungeschriebene Zuständigkeit der Hauptversammlung könnte daraus abgeleitet werden, dass die Aktionäre durch das Zustimmungserfordernis präventiv vor einer nachhaltigen Schwächung ihrer Beteiligung geschützt werden sollen, die durch grundlegende Entscheidungen des Vorstands herbeigeführt werden kann.[781]. Wie der Senat ausdrücklich betont, hat er keine abschließende Entscheidung darüber getroffen, welche originären Geschäftsführungsmaßnahmen aufgrund des damit verbundenen tiefgreifenden Eingriffs in die mitgliedschaftlichen Befugnisse der Aktionäre eine Zustimmung der Hauptversammlung erfordern.[782] Bei einem freiwilligen Delisting liegt jedoch kein tiefgreifender Eingriff in die Mitgliedschaftsrechte der Aktionäre vor. Zu den aus der Mitgliedschaft folgenden Aktionärsrechten, die sich aus dem Aktiengesetz ergeben, zählen das Stimmrecht (§§ 12, 133 ff. AktG), das Recht zur Teilnahme an der Hauptversammlung (§ 118 Abs. 1 AktG), das Rede-/Frage- und Auskunftsrecht aus §§ 131, 132 AktG und das Recht, Widerspruch zu Protokoll zu erklären (§ 245 Nr. 1 AktG). Diese Rechte bestehen auch nach einem vollständigen Rückzug von der Börse unverändert fort. Weder die mitgliedschaftlichen Vermögensrechte der Aktionäre werden bei einem Delisting beeinträchtigt, noch ihr Einfluss auf das Unternehmen geschmälert. Sowohl das Dividendenrecht (§ 58 Abs. 4 AktG), als auch das Recht zum Bezug neuer Aktien bei Kapitalerhöhungen (§ 186 Abs. 1 S. 1 AktG) sowie der Anspruch auf den Liquidationserlös (§ 271 AktG) bestehen uneingeschränkt fort. Die wesentliche Veränderung für die Aktionäre besteht vielmehr in dem Verlust der Handelsmöglichkeit über die Börse. Da die Aktionäre kein mitgliedschaftliches Recht auf Zulassung zum Börsenhandel haben, besitzen sie im Umkehrschluss auch kein aus der Mitgliedschaft fließendes Recht auf Erhaltung der Börsenzulassung. Folglich bleibt ihre Mitgliedschaft bei Beendigung der Zulassung unberührt.[783]

Eine Anwendung der genannten Grundsätze ist auch aufgrund des Schutzzwecks der Holzmüller-/Gelatine-Entscheidungen abzulehnen. Die in den Entscheidungen behandelten Konstellationen hatten eine Mediatisierung der mitgliedschaftlichen Aktionärsrechte und damit eine erhebliche Beeinträchtigung der Mitgliedschaftsrechte zur Folge. Im amtlichen Leitsatz der Gelatine-Entscheidungen macht der BGH deutlich, dass eine ungeschriebene Kompetenz der Hauptversammlung nicht für jede Beeinträchtigung der Mitgliedschaftsrechte erforderlich ist, sondern nur dann,

779 BGH NZG 2004, 575, 577 (Gelatine I).

780 BGHZ 159, 30 = BGH NZG 2004, 575, 578 (Gelatine I); BGH NJW 2004, 1860, 1863 (Gelatine II).

781 BGH NZG 2004, 575 (Gelatine I); *Simon*, DStR 2004, 1528, 1529.

782 BGH NZG 2004, 575, 577 f. (Gelatine I).

783 *Adolff/Tieves*, BB 2003, 797, 798; *Beck/Hedtmann*, BKR 2003, 190, 191; *Ekkenga*, ZGR 2003, 878, 886; *Krämer/Theiß*, AG 2003, 225, 241, *Mülbert*, ZHR 2001, 104, 114 f.

wenn die Gefahr einer Mediatisierung („Verwässerung“) der mitgliedschaftlichen Aktionärsrechte droht.[784] Es handelt sich bei der ungeschriebenen Hauptversammlungszuständigkeit im Sinne des Holzmüller-Urteils um eine Ausnahmezuständigkeit der Hauptversammlung, die nur dann besteht, wenn die wirtschaftliche Bedeutung der Maßnahme an die im Holzmüller-Urteil entschiedene Maßnahme heranreicht und Veränderungen nach sich zieht, die nur durch eine Satzungsänderung herbeigeführt werden können. Die wirtschaftliche Bedeutung des Delisting reicht aus den genannten Gründen nicht an diese Maßnahmen heran und kommt im Ergebnis auch nicht einer Strukturmaßnahme gleich, sodass eine Hauptversammlungszuständigkeit auf Basis der Holzmüller-/Gelatine-Grundsätze für das freiwillige Delisting abzulehnen ist.

II. Hauptversammlungszuständigkeit mittels Satzungsregelung

Da ein Hauptversammlungserfordernis sich nicht auf die Grundsätze der Holzmüller-/Gelatine-Entscheidungen stützen lässt und nicht mittels Analogie begründet werden kann, bleibt als letzte denkbare Möglichkeit die Verankerung der Hauptversammlungszuständigkeit oder der Börsennotierung in der Satzung der Gesellschaft. Die Festschreibung der Börsennotierung in der Satzung wurde von der Literatur bisher weitgehend unkritisch unproblematisch für zulässig gehalten.[785] Erst seit der Abkehr von den Macrotron-Grundsätzen durch die Frosta-Rechtsprechung und die Neufassung von § 39 Abs. 2 bis 6 BörsG ist diese Thematik vermehrt in den Fokus der Diskussion gerückt.[786]

1. Bedeutung und Grundsätzliches zu § 23 Abs. 5 AktG

Gemäß des in § 23 Abs. 5 AktG Grundsatzes der Satzungsstrenge kann die Satzung nur von den Vorschriften des AktG abweichen, wenn dies ausdrücklich zugelassen ist (S. 1), und diese Bestimmungen nur ergänzen, wenn das Gesetz keine abschließende Regelung trifft (S. 2).[787] Der Grundsatz der Satzungsstrenge schränkt

784 BGH NZG 2004, 575, 578 (Gelatine I).

785 *Arnold*, ZIP 2005, 1573, 1576; *Brellochs*, AG 2014, 633, 638; *Habersack*, AG 2005, 137, 141; *Habersack*, in: Emmerich/Habersack, Aktien- und GmbH-Konzernrecht, Vor § 311 AktG, Rn. 38, Fn. 187; *Heidel/Lochner*, in: Heidel, Komm. AktG, 4. Aufl. 2014, 487, 503; *Schockenhoff*, ZIP 2013, 2429, 2434; *Scholz*, BB 2015, 2248 (2249); *Spindler*, in: K. Schmidt/Lutter, AktG, § 119, Rn. 54; *Vollmer/Grupp*, ZGR 1995, 459, 467 f.; *Wirth/Arnold*, ZIP 2000, 111, 115; a. A. *Hoffmann*, in: Spindler/Stilz, Komm. AktG, Bd. 1, § 119, Rn. 48a.

786 *Scholz*, BB 2015, 2248, 2250 ff.; *von der Linden*, NZG 2015, 176 ff.

787 Mit den „Vorschriften dieses Gesetzes“ ist nur das Aktiengesetz gemeint: *Fabricius*, in: Festschrift für Hilger und Stumpf, 1983, S. 155, 148 f.; Hüffer/*Koch*, AktG, § 23 Rn. 34; *Luther*, in: Freundesgabe für Hengeler, 1972, S. 167, 171; *Röhricht/Schall*, in: Großkomm. AktG, 2. Band, Teilband 1, 5. Aufl. 2016, § 23 Rn. 172.

die Satzungsautonomie und damit die Vertragsfreiheit stark ein[788] und dient damit dem Schutz sowohl von Gläubigern als auch künftigen Aktionären.[789] *Abweichung* bedeutet, dass das Gesetz bereits eine entsprechende Regelung enthält, die durch die Satzung gezielt geändert wird.[790] Das AktG muss dann eine solche Abweichung ausdrücklich zulassen, also eine positive Aussage darüber treffen, dass eine Abweichung erlaubt ist.[791] Im Schrifttum vertreten wird, dass Regelungen, die die Kompetenzverteilung zwischen den Gesellschaftsorganen betreffen, einer Abweichung beziehungsweise Ergänzung unzugänglich sind.[792]

Eine Ergänzung gemäß § 23 Abs. 5 S. 2 AktG liegt vor, wenn das Gesetz keine Bestimmungen in Bezug auf die Satzungsänderung enthält oder die Ergänzung eine gesetzliche Bestimmung nur weiterführt, die aber in ihrem Inhalt unangetastet bleibt.[793] Es wird keine andere Rechtsfolge angeordnet, sondern eine weitere Regelung hinzugefügt.[794] Hierdurch hat der Gesetzgeber klargestellt, dass Ergänzungen der Satzung grundsätzlich zulässig sind, also keiner ausdrücklichen Zulassung im AktG bedürfen.[795] Ergänzungen sind nur möglich, wenn die Vorschriften, die sie ergänzen bzw. die aufgrund Sachzusammenhangs ebenfalls zu berücksichtigen sind, keine abschließende Regelung für den zu ergänzenden Sachverhalt enthalten.[796] Zudem darf die Ergänzung nicht im Widerspruch zu anderen Vorschriften des AktG stehen, wenn diese Regelungen keine Abweichung bzw. Ergänzung erlauben.[797] Werden diese Grenzen eingehalten, ist eine Ergänzung bestehender gesetzlicher Vorschriften im Grundsatz zulässig.[798]

2. Verankerung des Hauptversammlungserfordernisses in der Satzung

Denkbar ist zunächst, die Zuständigkeit der Hauptversammlung für die Delisting-Entscheidung in der Satzung zu verankern.[799] Gemäß § 119 Abs. 1 AktG kann sich die Zuständigkeit der Hauptversammlung auch aus der Satzung ergeben. Damit

---

788 *Röhricht/Schall,* in: Großkomm. AktG, 2. Band, Teilband 1, § 23 Rn. 173.

789 Hüffer/*Koch,* AktG, § 23 Rn. 34; *Arnold,* in: KölnKomm. AktG, Bd. 1, 3. Aufl. 2009, § 23 Rn. 129.

790 Hüffer/*Koch,* AktG, § 23 Rn. 35; *Röhricht/Schall,* in: Großkomm. AktG, 2. Band, Teilband 1, § 23 Rn. 176.

791 *Pentz,* in: MüKo AktG, Bd. 1, § 23 Rn. 161.

792 *Timm,* DB 1980, 1201, 1204; Wiesner, in: Münchner Handbuch AG, § 6 Rz. 10; Hüffer/*Koch,* AktG, § 23 Rn. 36; a.A. *Arnold,* in: KölnKomm. AktG, Bd. 1, § 23 Rn. 148; *Seibt,* in: K. Schmidt/Lutter, AktG, § 23 Rn. 55.

793 Hüffer/*Koch,* AktG, § 23 Rn. 37.

794 *Röhricht/Schall,* in: Großkomm. AktG, 2. Band, Teilband 1, § 23 Rn. 242.

795 *Schockenhoff,* ZIP 2013, 2429, 2434.

796 *Röhricht/Schall,* in: Großkomm. AktG, 2. Band, Teilband 1, § 23 Rn. 247.

797 *Röhricht/Schall,* in: Großkomm. AktG, 2. Band, Teilband 1, § 23 Rn. 247.

798 *Röhricht/Schall,* in: Großkomm. AktG, 2. Band, Teilband 1, § 23 Rn. 248.

799 Dagegen: *Spindler* in: K. Schmidt/Lutter, AktG, § 119 Rn. 54; *Hoffmann,* in: Spindler/Stilz, Komm. AktG, Bd. 1, § 119 AktG Rn. 48a; *Rosskopf,* ZGR 2014, 487, 503

lässt § 119 Abs. 1 AktG ausdrücklich zu, ergänzende Einberufungsgründe für die Hauptversammlung in der Satzung festzuhalten, sodass es an dieser Stelle keiner Auslegung von § 119 Abs. 1 AktG bedarf, ob die Vorschrift hinsichtlich der Hauptversammlungskompetenzen als abschließend anzusehen ist.[800] Daneben sind §§ 118, 119 AktG nicht als abschließend in Bezug auf die Hauptversammlungskompetenzen zu sehen.[801] Das hat schon der BGH in seiner Holzmüller-Entscheidung klargestellt. Offengelassen hat er jedoch, welche Maßnahmen konkret in die ungeschriebene Kompetenz der Hauptversammlung fallen sollen.

Dieser Sachlage könnte der in § 23 Abs. 5 AktG normierte Grundsatz der Satzungsstrenge entgegenstehen. Diese Vorschrift bezweckt die Erhaltung der Fungibilität der Aktie, die beträchtlich gemindert werden würde, wenn sich jeder Anleger vor der Investitionsentscheidung zunächst über den Inhalt der Satzung informieren müsste.[802] Beschlusskompetenzen für die Hauptversammlung können nur in der Satzung verankert werden, wenn dem Vorstand oder dem Aufsichtsrat hierdurch keine ihnen vom Gesetz übertragene Kompetenzen entzogen werden.[803]

Die Zuständigkeit der Hauptversammlung kann nur in der Satzung festgelegt werden, wenn die Delisting-Entscheidung nicht in die Kompetenz der Geschäftsführung fällt. Um eine Maßnahme der Geschäftsführung gemäß § 77 AktG handelt es sich bei jeder rechtlichen oder tatsächlichen Tätigkeit des Vorstands für die Gesellschaft.[804] Die Geschäftsführungskompetenz kommt allein dem Vorstand zu.[805] Nach der Frosta-Entscheidung des BGH gehört die Entscheidung über den Antrag auf Widerruf der Zulassung zur Kompetenz der Geschäftsführung.[806] Eine Verlagerung der Zuständigkeit auf die Hauptversammlung würde einen Eingriff in das aktienrechtliche Kompetenzgefüge bedeuten, der nach allgemeiner Ansicht unzulässig ist.[807] Dasselbe gilt für die Statuierung einer Pflicht des Vorstandes gemäß § 119 Abs. 2 AktG zur Vorlage an die Hauptversammlung.[808] Zulässig sind nur Satzungsklauseln, die nicht in die Kompetenzordnung eingreifen, beispielsweise wenn die Satzung die Zuständigkeit der Hauptversammlung für die Bildung fakultativer Gremien bestimmt, soweit diese nicht in die Kompetenzordnung der Aktiengesellschaft ein-

800 *Röhricht/Schall*, in: Großkomm. AktG, 2. Band, Teilband 1, § 23 Rn. 244.

801 Hüffer/*Koch*, AktG, § 119 Rn. 5.

802 Hüffer/*Koch*, AktG, § 23 Rn. 34; *Röhricht/Schall*, in: Großkomm. AktG, 2. Band, Teilband 1, § 23 Rn. 174.

803 *Hoffmann*, in: Spindler/Stilz, Komm. AktG, Bd. 1, § 119 AktG Rn. 48.

804 Hüffer/*Koch*, AktG, § 77 Rn. 3; *Seibt*, in: K. Schmidt/Lutter, AktG, § 77 Rn. 4

805 *Spindler*, in: MüKo AktG, Bd. 2, 4, Aufl. 2014, § 77 AktG Rn. 7.

806 BGH, NJW 2014, 146, 148 (Frosta).

807 Hüffer/*Koch*, AktG, § 119 Rn. 10; *Kubis*, in: MüKo AktG, Bd. 3, § 119 Rn. 17; *Spindler*, in: K. Schmidt/Lutter, AktG, § 119 AktG Rn. 1.

808 *Kubis*, in: MüKo AktG, Bd. 3, § 119 Rn. 17; *Spindler*, in: K. Schmidt/Lutter, AktG, § 119 Rn 2; Hüffer/*Koch*, AktG, § 119 Rn 10; *Böttcher/Blasche*, NZG 2006, 569, 570.

greift.[809] Daher verstößt die Festschreibung der Hauptversammlungszuständigkeit für die Delisting-Entscheidung gegen den Grundsatz der Satzungsstrenge gemäß § 23 Abs. 5 S. 2 AktG und ist somit unzulässig.

3. Die Börsennotierung als Teil des Unternehmensgegenstands

Denkbar ist ferner die Festschreibung der Börsennotierung als Teil des Unternehmensgegenstands.[810] Gemäß § 23 Abs. 3 Nr. 2 AktG muss in der Satzung der Unternehmensgegenstand festgelegt werden. Bei dem Unternehmensgegenstand handelt es sich um „die Art der Tätigkeit, welche die Gesellschaft zu betreiben beabsichtigt."[811] Der Inhalt des Unternehmensgegenstands kann nur in den Grenzen gestaltet werden, die die aktienrechtliche Kompetenzordnung zulässt.[812] Das würde bedeuten, dass die Börsennotierung als eine Tätigkeit des Unternehmens begriffen werden müsste. Die Börsennotierung dient jedoch nur dazu, die Verkehrsfähigkeit der Aktien zu erhöhen und der Gesellschaft neue Finanzierungsmöglichkeiten zu eröffnen.[813] Dementsprechend scheidet auch diese Gestaltungsmöglichkeit aus.

4. Verankerung der Börsennotierung in der Satzung

Wenn weder die Zuständigkeit der Hauptversammlung selbst in der Satzung noch die Börsennotierung im Unternehmensgegenstand festgeschrieben werden kann, bleibt als letzte denkbare Möglichkeit die Verankerung der Börsennotierung in der Satzung.[814] Wenn die Börsennotierung in der Satzung verankert ist, muss die betref-

---

809 Hüffer/*Koch*, AktG, § 119 Rn. 10; *Röhricht/Schall*, in: Großkomm. AktG, 2. Band, Teilband 1, 23 Rn. 246; *Pentz*, in: MüKo AktG, Bd. 1, § 23 Rn. 169.

810 *Arnold*, ZIP 2005, 1573, 1576 allerdings ohne nähere Begründung; *Wirth/Arnold*, ZIP 2000, 111, 115; dagegen: *Schockenhoff*, ZIP 2013, 2429, 2434.

811 *Pentz*, in: MüKo AktG, Bd. 1, § 23 AktG Rn. 69 m.w.N.

812 *Scholz*, BB 2015, 2248, 2251; *Schockenhoff*, ZIP 2013, 2429, 2434; *Hoffmann*, in: Spindler/Stilz, Komm. AktG, Bd. 1, § 119 AktG Rn. 48a; a.A. *Spindler*, in: K. Schmidt/Lutter, AktG, § 119 Rn. 54.

813 *Schockenhoff*, ZIP 2013, 2429, 2434; *Scholz*, BB 2015, 2248, 2251 f.

814 Halten die Festschreibung der Börsennotierung in der Satzung für zulässig, allerdings ohne nähere Begründung: *Spindler*, in: K. Schmidt/Lutter, AktG, § 119 Rn. 54; *Rosskopf*, ZGR 2014, 487, 503; *Brellochs*, AG 2014, 633, 638; *Heidel/Lochner*, in: Heidel, Aktienrecht, Vor §§ 327 a ff. AktG Rn. 18; *Habersack*, in: Emmerich/Habersack, Aktien- und GmbH-Konzernrecht, Vor § 311 AktG Rn. 38, Fn. 187; *Habersack*, AG 2005, 137, 141; *Mülbert*, ZHR 165 (2001), 104, 129; mit Begründung: *Schockenhoff*, ZIP 2013, 2429, 2434;
Dagegen: *Kocher/Seiz*, DB 2016, 153, 158; *Scholz*, BB 2015, 2248, 2250 f.; *von der Linden*, NZG 2015, 176, 177;
Verneint die Zulässigkeit der Festschreibung der Börsennotierung in der Satzung es Unternehmens, bejaht aber die Zulässigkeit einer Verschärfung von § 39 Abs. 2, Abs. 3 BörsG dahin gehend, dass ein Hauptversammlungsbeschluss als Voraussetzung für ein freiwilliges Delisting in den Börsenordnungen vorgesehen wird:

fende Klausel mittels Satzungsänderung durch die Hauptversammlung aufgehoben werden, bevor der Vorstand den Delisting-Antrag stellen darf. Die Hauptversammlung müsste dann über die Aufhebung der Börsennotierung entscheiden und zwar mit qualifizierter Mehrheit gemäß § 179 Abs. 1 S. 1, Abs. 2 S. 1 AktG. Das Delisting kann im Anschluss erst erfolgen, wenn die Satzungsänderung in das Handelsregister eingetragen worden ist.[815] Die Satzung erscheint auf den ersten Blick als taugliches Mittel, die Aktionäre in die Entscheidung über ein Delisting einzubeziehen, weil aus dem Blickwinkel der Aktionäre die Beendigung der Börsennotierung so gravierend in die wirtschaftlichen und rechtlichen Interessen der Minderheitsaktionäre eingreift, dass ein freiwilliger Verlust der Börsennotierung die Zustimmung der Hauptversammlung erfordern sollte.[816]

Fraglich ist, ob die Festlegung der Börsennotierung in der Satzung im Rahmen der Privatautonomie zulässig ist oder wiederum gegen den Grundsatz der Satzungsstrenge verstoßen würde und daher unterbleiben muss.[817] Das AktG gibt auf diese Frage keine ausdrückliche Antwort. In Betracht kommt, dass die Verankerung der Börsennotierung der Gesellschaft in der Satzung eine Ergänzung von § 3 Abs. 2 AktG gemäß § 23 Abs. 5 S. 2 AktG darstellt. § 3 Abs. 2 AktG definiert, wann eine Gesellschaft börsennotiert ist. Die Vorschrift steht der Festschreibung der Börsennotierung im Grundsatz nicht entgegen, da ihr lediglich eine klarstellende Wirkung zukommt.[818] Gesetzesergänzende Satzungsbestimmungen sind im Grundsatz zulässig, solange das Gesetz keine abschließende Regelung enthält.[819] Insbesondere trifft das AktG keine abschließende Entscheidung über die Börsennotierung einer Gesellschaft.[820] Die Verankerung der Börsennotierung in der Satzung hätte außerdem eine Klarstellungsfunktion dergestalt, dass auf diese Gesellschaft die Vorschriften des AktG für börsennotierte Gesellschaften Anwendung finden.[821]

Das geltende Recht enthält viele Regelungen, die sich ausschließlich auf börsennotierte Gesellschaften beziehen, die im regulierten Markt zugelassen sind.[822] Die Vorschriften bürden den Gesellschaften nicht nur einen deutlich höheren Verwaltungsaufwand und höhere Kosten auf als nicht börsennotierten Gesellschaften,

---

Hüffer/*Koch*, § 119 Rn. 39; a.A. *Groß*, AG 2015, 812, 814 f., nach dem die Börsen nur formale Aspekte des Delisting-Verfahrens regeln dürfen.

815 *Habersack*, AG 2005, 137, 141.

816 *von der Linden*, NZG 2015, 176, 177.

817 *Schockenhoff*, ZIP 2013, 2429, 2434, vertritt die Auffassung, dass das Aktiengesetz keine Bestimmungen enthält, die einer Festschreibung der Börsennotierung in der Satzung entgegenstehen, geht aber nicht auf die kritischen Einwände ein, die dieser Auffassung entgegenstehen.

818 *Scholz*, BB 2015, 2248, 2250.

819 *Pentz*, in: MüKo AktG, Bd. 1, § 23 Rn. 165.

820 *Schockenhoff*, ZIP 2013, 2429 (2434); vgl. auch *Lutter*, in: Festschrift für Zöllner, Band I 1998, S. 363, 377.

821 *Schockenhoff*, ZIP 2013, 2429 (2434).

822 Dazu: *Drygala/Staake*, ZIP 2013, 905, 908.

sondern bieten auch eine Vielzahl von Informationsmöglichkeiten für die Anleger. Hierdurch hat sich eine Trennlinie zwischen den börsennotierten und den nicht börsennotierten Gesellschaften gebildet, die es gerechtfertigt erscheinen lässt, den Aktionären die Möglichkeit zu geben, die Börsennotierung in der Satzung festzuschreiben.

In der neueren Literatur wird die Zulässigkeit einer solchen Vorgehensweise bezweifelt, weil darin eine unzulässige Machtverschiebung vom Vorstand auf die Hauptversammlung liege, die mangels ausdrücklicher Zulassung gemäß § 23 Abs. 5 S. 1 AktG unzulässig sei.[823] Dem ist zuzustimmen. Eine Festschreibung der Börsennotierung in der Satzung, ist, obwohl das Aktiengesetz eine solche Satzungsregelung nicht ausdrücklich untersagt, unzulässig, weil sie eine faktische Kompetenzverschiebung vom Vorstand an die Hauptversammlung bewirkt. Hiergegen kann auch nicht damit argumentiert werden, dass sich der BGH in seiner Frosta-Entscheidung nicht ausdrücklich von der Zuständigkeitsbestimmung in der Macrotron-Entscheidung losgesagt hat. Nur weil er die Delisting-Entscheidung nicht ausdrücklich als Geschäftsführungsmaßnahme qualifiziert, bedeutet das nicht, dass die Kompetenz hierfür tatsächlich auf die Hauptversammlung übertragen werden kann. Da Geschäftsführungskompetenzen nicht mittels Hauptversammlungsbeschlusses auf die Hauptversammlung übertragen werden können, muss diese Grenze auch für die Festschreibung der Börsennotierung in der Satzung gelten. Daher ist die Verankerung der Börsennotierung in der Satzung wegen eines Verstoßes gegen § 23 Abs. 5 S. 1 AktG unzulässig.

5. Satzungsergänzende Nebenabreden

Kann die Börsennotierung bzw. die Zuständigkeit der Hauptversammlung wegen des Grundsatzes der Satzungsstrenge nicht in der Satzung festgeschrieben werden, bleibt als weitere Möglichkeit eine satzungsergänzende schuldrechtliche Nebenabrede zwischen den Gesellschaftern. Anders als Festlegungen in der Satzung sind solche Abreden nicht körperschaftsrechtlicher Art und binden deshalb die Gesellschaft und die Gesellschaftsorgane nicht selbst, sondern beschränken sich auf das Verhältnis der Gesellschafter untereinander. Schuldrechtliche Nebenabreden werden heute allgemein als Ausfluss der Vertragsfreiheit und damit als zulässig angesehen.[824] Ihre Zulässigkeit wird dadurch begrenzt, dass nur solche Vereinbarungen getroffen werden dürfen, die nicht zwangsweise satzungspflichtig sind oder zwingende gesetzliche Regelungen unterlaufen.[825] Eine Nebenabrede zwischen den Gesellschaftern könnte dahin gehen, dass die Gesellschafter einvernehmlich darauf verzichten, innerhalb einer bestimmten Frist ein Delisting-Angebot gemäß § 39 Abs. 3 BörsG zu unterbreiten. Das funktioniert aber nicht, wenn die Gesellschaft selbst das Angebot unterbreitet.

---

823 *Scholz*, BB 2015, 2248, 2250 f.; *von der Linden*, NZG 2015, 176, 177 f.
824 *Röhricht/Schall*, in: Großkomm. AktG, 2. Band, Teilband 1, § 23 Rn. 314.
825 *Röhricht/Schall*, in: Großkomm. AktG, 2. Band, Teilband 1, § 23 Rn. 314.

Somit ist festzuhalten, dass die Zuständigkeit der Hauptversammlung für die Delisting-Entscheidung weder über die Holzmüller-/Gelatine-Grundsätze begründet, noch über eine Satzungsregelung festgelegt werden kann.

III. Hauptversammlungskompetenz durch Rechtsfortbildung

Der Gesetzgeber und der BGH in seiner Frosta-Entscheidung haben verkannt, dass es sich bei der Frage der Entscheidungszuständigkeit um eine Frage der Kompetenzverteilung zwischen Vorstand und Hauptversammlung handelt, die gesellschaftsrechtlich und nicht kapitalmarktrechtlich zu beantworten ist.[826] Da das Aktienrecht nicht zwischen unterschiedlichen Rechtsstellungen des Aktionärs unterscheidet, kann hinsichtlich der Erforderlichkeit eines Hauptversammlungsbeschlusses auch nicht danach differenziert werden, ob die Maßnahme die kapitalmarktbezogenen Anlegerinteressen betrifft und ohne Hauptversammlungsbeschluss zulässig ist, oder die mitgliedschaftsrechtlichen Herrschafts- und Vermögensinteressen betroffen sind, in die ein Eingriff nur nach der Zustimmung der Hauptversammlung zulässig ist. Ein Hauptversammlungsbeschluss über das Delisting legitimiert das Handeln des Vorstands. Das entspricht der Kompetenzordnung in der Aktiengesellschaft, die durch das AktG vorgeschrieben ist, und dient dazu, dass der Vorstand nur solche Maßnahmen beschließt, die dem Willen der Mehrheit der Aktionäre nicht widersprechen.

Die Herbeiführung eines Hauptversammlungsbeschlusses ist auch aus systematischen Gründen erforderlich, weil im deutschen Recht Abfindungen grundsätzlich nur bei solchen Maßnahmen gezahlt werden, die einen Hauptversammlungsbeschluss erfordern.[827] Gleichzeitig gelten mit dem Widerruf der Börsenzulassung Anleger schützende Vorschriften wie beispielsweise die Ad-hoc-Publizitätspflichten nicht mehr. Außerdem besteht die Gefahr der Umgehung hauptversammlungspflichtiger Strukturmaßnahmen mit dem Ziel, die durch Gesetz vorgeschriebene Abfindung zu senken.

Das Argument, das Hauptversammlungserfordernis stelle – sofern ein Mehrheitsaktionär vorhanden ist – nur eine formale Bedingung dar, überzeugt nicht. Denn in der Konsequenz wäre das Hauptversammlungserfordernis bei Beteiligung eines Hauptaktionärs ganz grundsätzlich infrage zu stellen.[828] Denkbar ist zudem, dass ein Hauptaktionär nicht über eine mehrheitliche Beteiligung verfügt, sodass

826 *Krieger*, VGR, Gesellschaftsrecht in der Diskussion 2013, S. 19 f., vertritt die Auffassung, es handele sich bei Frage, ob ein Delisting durchgeführt werden soll, nicht um eine Geschäftsführungsmaßnahme, sondern betreffe primär die Aktionäre und müsse deshalb in die Zuständigkeit der Hauptversammlung fallen.

827 *Klöhn*, NZG 2012, 1041, 1046; Die Ausnahme von diesem Grundsatz ist § 39a WpÜG.

828 *Ekkenga*, ZGR 2003, 878, 890; *Karami/Schuster*, Stellungnahme zur Delisting-Neuregelung, S. 7; anders: *Bungert*, BB 2000, 53, 58; *Krämer/Theiß*, AG 2003, 225, 237; *Schiessl*, AG 1999, 442, 452; *K. Schmidt*, NZG 2003, 601, 603.

ein Delisting mittels eines Hauptversammlungsbeschlusses abgewendet werden kann. Denn anders, als es von manchen dargestellt wird, führen nicht nur Emittenten mit einem starken Mehrheitsaktionär und einem geringen Streubesitzanteil ein reguläres Delisting durch.[829] Durch den Wegfall der an die Börsennotierung anknüpfenden Informations-, Mitteilungs- und Berichtspflichten und das damit einhergehende Informationsdefizit werden die Minderheitsaktionäre derart beeinträchtigt, dass diese Einschränkung nur gerechtfertigt ist, wenn die Aktionäre in einem qualifizierten Hauptversammlungsbeschluss dem Rückzug aus dem regulierten Markt zugestimmt haben.[830]

Obgleich die innere Struktur der Aktiengesellschaft bei einem freiwilligen Delisting unverändert bleibt und aus diesem Grund eine Analogie zu den umwandlungsrechtlichen Strukturmaßnahmen, die eine Veränderung der inneren Struktur der Gesellschaft voraussetzen, nicht möglich ist, kommt noch eine weitere Möglichkeit zur Begründung der Hauptversammlungskompetenz in Betracht. Die Delisting-Entscheidung könnte – so ist zu prüfen – wertungsmäßig den in § 119 Abs. 1 Nr. 2, 6, 8 AktG genannten Finanzierungs- und Strukturentscheidungen so ähnlich sein, dass eine Gesamtanalogie zulässig wäre.[831] Um eine Gesamtanalogie handelt es sich, wenn aus mehreren gesetzlichen Bestimmungen, die an verschiedene Tatbestände die gleiche Rechtsfolge knüpfen, ein allgemeiner Rechtsgrundsatz abgeleitet werden kann.[832] Aus dem Wort „namentlich" in § 119 Abs. 1 S. 1 AktG ergibt sich die nicht abschließende Wirkung der Vorschrift in Bezug auf die Zuständigkeit der Hauptversammlung.[833] Eine abschließende Wirkung wird auch nicht durch den Zusatz „ausdrücklich" in § 119 Abs. 1 AktG herbeigeführt.[834] Die beispielhafte Aufzählung einzelner Hauptversammlungskompetenzen dient nur der Umgrenzung des „Kompetenzbereich[s] der Hauptversammlung."[835] Demzufolge muss es über § 119 Abs. 1 AktG hinausgehende Kompetenzen der Hauptversammlung geben, sodass § 119 Abs. 1 AktG grundsätzlich einer analogen Anwendung zugänglich ist. Gemeinsam haben die in §§ 119 Abs. 1 Nr. 2, 6, 8 AktG genannten Regelungsbereiche, dass es sich um Entscheidungen der Gesellschaft handelt, die aufgrund ihrer Wichtigkeit für die Gesellschaft nur von der Hauptversammlung beschlossen werden können. Zu den in § 119 Abs. 1 Nr. 2, 6, 8 AktG aufgelisteten Strukturentscheidungen zählen die

829 *Karami/Schuster*, Stellungnahme zur Delisting-Neuregelung, S. 6; VzfK e.V., nach deren Auflistung der Streubesitz in einer Vielzahl von aktuellen Delisting-Ankündigungen bei über 10 % liegt.

830 *Karami/Schuster*, Stellungnahme zur Delisting-Neuregelung, S. 6.

831 *Geßler*, in: Festschrift für Stimpel, S. 771, 785 f.; *Stöber*, BB 2014, 9, 14 f.; *Thomas*, 181.

832 *Larenz/Canaris*, Methodenlehre der Rechtswissenschaft, S. 204.

833 *Benecke*, WM 2004, 1122, 1124; *Spindler* in: K. Schmidt/Lutter, AktG, § 119 Rn. 7 ff.; *Stöber*, BB 2014, 9, 13.

834 *Liebscher*, in: Henssler/Strohn, Gesellschaftsrecht, § 119 AktG Rn. 1; *Stöber*, BB 2014, 9, 14; a.A. *Kubis*, in: MüKo AktG Bd. 3, § 119 Rn. 9.

835 *Liebscher*, in: Henssler/Strohn, Gesellschaftsrecht, § 119 AktG Rn. 1.

Entscheidung über die Verwendung des Bilanzgewinns, Maßnahmen der Kapitalbeschaffung und Herabsetzung sowie die Auflösung der Gesellschaft.

Die potentiell nachteiligen Auswirkungen eines Delisting für die Aktionäre sprechen für eine Vergleichbarkeit mit der in § 119 Abs. 1 Nr. 2 AktG normierten Zustimmungsbedürftigkeit für die Entscheidung über die Verwendung des Bilanzgewinns.[836] Ein Delisting bedeutet für institutionelle Anleger, die nur in börsennotierte Aktiengesellschaften investieren dürfen, einen faktischen Squeeze-out, da sie bei einem Delisting der Gesellschaft gezwungen sind zu desinvestieren.[837] Auch negative Auswirkungen auf die wirtschaftlichen Interessen der Aktionäre können als Begründung für ein Beschlusserfordernis herangezogen werden.[838]

Gemäß § 119 Abs. 1 Nr. 8 AktG ist ein Hauptversammlungsbeschluss für die Auflösung der Gesellschaft erforderlich, wenn sich die bisherige Erscheinungsform der Gesellschaft verändert. Bei einem Delisting verändert sich nicht das innere, aber zumindest das äußere Wesen der Gesellschaft von einer börsennotierten hin zu einer nicht börsennotierten Aktiengesellschaft.[839] Die Veränderung der äußeren Struktur manifestiert sich in dem Wegfall der an die Börsenzulassung geknüpften Pflichten der Gesellschaft. Dazu gehören die Pflicht zur Ad-hoc-Publizität gemäß Art. 17 Abs. 1 MAR, die Pflicht zur Offenlegung von Director's Dealings gemäß Art. 19 Abs. 1 MAR, sowie die Informations- und Veröffentlichungspflichten nach dem WpHG (§§ 21 ff., 30a ff. WpHG). Durch den Wegfall der aufgezählten Pflichten verringern sich die Aktionärsrechte, sodass aus der Perspektive des Aktionärs der Verlust der Börsennotierung daher wertungsmäßig mit der Auflösung der Gesellschaft vergleichbar ist.

Nach § 119 Abs. 1 Nr. 6 AktG beschließt die Hauptversammlung auch über Maßnahmen der Kapitalbeschaffung und Kapitalherabsetzung. § 119 Abs. 1 Nr. 6 AktG lässt sich die Wertung entnehmen, dass die Hauptversammlung über Fragen der Kapitalbeschaffung entscheiden muss.[840] Durch die Beendigung der Notierung beschränkt die Gesellschaft ihre Möglichkeiten der Eigenkapitalbeschaffung über einen organisierten Markt, sodass ein wertungsmäßig vergleichbarer Sachverhalt mit den Maßnahmen der Kapitalbeschaffung und Kapitalherabsetzung vorliegt.

Das reguläre Delisting ist im Ergebnis wertungsmäßig mit den in § 119 Abs. 1 Nr. 2, 6, 8 AktG genannten Strukturmaßnahmen vergleichbar und eine analoge Anwendung auch geboten. Eine Gesamtanalogie zu § 119 Abs. 1 Nr. 2, 6, 8 AktG zur Begründung des Beschlusserfordernisses durch die Hauptversammlung ist daher im Ergebnis zu bejahen. Weil aber die innere Struktur der Aktiengesellschaft durch den Wegfall der Börsennotierung unverändert bleibt, lässt sich nur die einfache

836 *Stöber*, BB 2014, 9, 15.

837 *Glienke/Röder*, BB 2014, 899, 903.

838 *Stöber*, BB 2014, 9, 14.

839 *Drygala/Staake*, ZIP 2013, 905, 911 f., *Heidel/Lochner*, AG 2012, 169, 171 f.; *Thomale*, ZGR 2013, 686, 710 f.; *Stöber*, BB 2014, 9, 14.

840 *Stöber*, BB 2014, 9, 15.

Beschlussmehrheit gemäß § 133 Abs. 1 AktG begründen und nicht das Erfordernis einer satzungsändernden Mehrheit von drei Viertel des bei der Beschlussfassung anwesenden Grundkapitals entsprechend § 179 Abs. 2 AktG.[841]

Teil 4: Rechtsschutzmöglichkeiten der Aktionäre

Wie voranstehend gezeigt worden ist, ist der Bieter verpflichtet, den Minderheitsaktionären bei einem vollständigen Rückzug von der Börse ein Abfindungsangebot zu unterbreiten. Die Frage nach den Rechtsschutzmöglichkeiten stellt sich auf zwei verschiedenen Ebenen. Auf der ersten Ebene ist klärungsbedürftig, ob die Aktionäre bei einem freiwilligen Delisting gegen die Widerrufsentscheidung der Börsengeschäftsführung vorgehen können. Auf der zweiten Ebene ist fraglich, mittels welchen Verfahrens die Aktionäre die Höhe der an sie gezahlten Abfindung gerichtlich überprüfen lassen und gegebenenfalls einen Aufschlag auf die bereits gezahlte Abfindung verlangen können. Auf der Ebene des Rechtsschutzes setzt sich die Überschneidung der Rechtsgebiete beim Delisting fort, da zum Schutz der Aktionäre sowohl kapitalmarktrechtliche als auch öffentlich-rechtliche Rechtsbehelfe in Betracht kommen.

A. Widerspruch und Anfechtungsklage

Fraglich ist, ob die Aktionäre sich gegen die eigentliche Widerrufsentscheidung zur Wehr setzen können. In Betracht kommt die Möglichkeit der Aktionäre, zunächst Widerspruch und anschließend Anfechtungsklage gegen die Widerrufsentscheidung der Börsengeschäftsführung zu erheben. Das setzt zunächst die Statthaftigkeit der Anfechtungsklage/des Widerspruchs voraus. Die Anfechtungsklage ist gemäß § 42 Abs. 1 Alt. 1 VwGO statthaft, wenn die Aufhebung eines belastenden Verwaltungsaktes begehrt wird. Wie bereits festgestellt, handelt es sich bei der Börsenzulassung um einen Verwaltungsakt gemäß § 35 VwVfG und dementsprechend bei dem Widerruf der Zulassung als actus contrarius ebenfalls um einen Verwaltungsakt, der an den Emittenten gerichtet ist. Die Börsengeschäftsführung handelt, indem sie die Zulassung zum Börsenhandel widerruft, als öffentlich-rechtliche Verwaltungsbehörde. Daher kommt die Einlegung eines Widerspruchs gemäß § 68 Abs. 1 VwGO und bei dessen Scheitern die verwaltungsrechtliche Anfechtungsklage gemäß § 42 Abs. 1 VwGO in Betracht. Die Klage ist nur dann zulässig, wenn die Börsengeschäftsführung dem vorangegangenen Widerspruch gegen eine stattgebende Widerrufsentscheidung nicht bereits abgeholfen hat (vgl. §§ 72, 73 Abs. 1 S. 1 VwGO). Mangels aufdrängender Sonderzuweisung ist gemäß § 40 VwGO der Verwaltungsrechtsweg eröffnet. Die Klage ist gemäß § 78 Abs. 1 VwGO gegen den Bund, das Land oder die Körperschaft, deren Behörde den angefochtenen Verwaltungsakt erlassen hat, zu richten, sofern nicht das Landesrecht bestimmt, dass

841 Stöber, BB 2014, 9, 15.

die Klage gegen die Behörde selbst zu richten ist (vgl. § 78 Abs. 1 Nr. 2 VwGO). Zu den Körperschaften zählen auch rechtsfähige Anstalten des öffentlichen Rechts.[842] Die Börse ist eine teilrechtsfähige Anstalt des öffentlichen Rechts, die durch die Geschäftsführung vertreten wird. Folglich ist richtiger Klagegegner die Börse, vertreten durch ihre Geschäftsführung.

I. Klagebefugnis/Widerspruchsbefugnis

Widerspruch und Anfechtungsklage sind nur dann zulässig, wenn der Widerspruchsführer bzw. Kläger geltend macht, in seinen Rechten verletzt zu sein (vgl. § 42 Abs. 2 VwGO). Die Klage- bzw. Widerspruchsbefugnis liegt unzweifelhaft vor, wenn der Kläger bzw. Widerspruchsführer Adressat eines belastenden Verwaltungsaktes ist. Als Adressat des Widerrufs der Börsenzulassung ist der Emittent bei einem Delisting von Amts wegen gemäß § 39 Abs. 1 BörsG unzweifelhaft widerspruchs- und klagebefugt und kann mindestens eine Verletzung seiner durch Art. 2 Abs. 1 GG geschützten Handlungsfreiheit geltend machen. Im Gegensatz dazu ist der Emittent bei einem freiwilligen Delisting, das gemäß § 39 Abs. 2 BörsG erfolgt nicht widerspruchsbefugt, da der Widerruf der Börsenzulassung auf Wunsch des Emittenten erfolgt und somit einen den Emittenten rechtlich begünstigenden Verwaltungsakt darstellt.[843]

Da die Aktionäre durch einen Zulassungswiderruf nicht in ihrem Eigentumsgrundrecht betroffen sind[844] und auch nicht Adressaten des Zulassungswiderrufs sind, kommt es für eine Widerspruchs- bzw. Anfechtungsbefugnis darauf an, ob § 39 Abs. 2 BörsG ein drittschützender Charakter zukommt, es sich also bei § 39 Abs. 2 BörsG um eine Norm handelt, die den Aktionären ein subjektives Recht verleiht, das durch einen Widerruf der Zulassung möglicherweise verletzt wird. Ist ein drittschützender Charakter von § 39 Abs. 2 S. 2 BörsG zu verneinen, ist zu erwägen, ob die Aktionäre als Beteiligte gemäß § 13 Abs. 1 VwVfG oder § 13 Abs. 2 VwVfG hinzugezogen werden können.

1. Meinungsstand zur Widerspruchs- und Klagebefugnis

Da nicht nur konkrete Rechtspositionen, sondern auch Rücksichtnahme- und Abwägungsgebote drittschützende Wirkung entfalten können, könnte sich aus § 39 Abs. 2 S. 2 BörsG, der verlangt, dass der Widerruf der Börsenzulassung dem Anlegerschutz nicht widersprechen darf, ein subjektives Recht der Anleger ergeben, das sie in einem verwaltungsrechtlichen Verfahren geltend machen könnten.[845] Über die Klagebefugnis der Aktionäre ist bisher nicht höchstrichterlich entschieden worden. Die instanzgerichtliche Judikatur lässt keine einheitliche Linie erkennen.

---

842 *Brenner*, in: Sodan/Ziekow, Verwaltungsgerichtsordnung, 4. Aufl. 2014, § 78 Rn. 23.

843 *Hammen*, ZBB 2016, 398, 400.

844 BVerfGE 132, 99 (MVS/Lindner).

845 Dieselbe Formulierung fand sich auch in den Vorgängervorschriften zum Widerruf der Börsenzulassung auf Antrag des Emittenten.

a) Ansichten der Rechtsprechung

Der 8. Senat des BVerwG hat in seiner Stellungnahme im Verfahren MVS/Lindner darauf hingewiesen, dass das Börsengesetz ausreichend Anhaltspunkte für einen mit Widerspruch und Anfechtungsklage durchsetzbaren Schutz der Aktionäre gegen den Widerruf der Börsenzulassung bietet. Offengelassen hat der 8. Senat jedoch, woraus sich seine Annahme ergibt. Der 2. Senat des BGH hat in der Frosta-Entscheidung auf die Ausführungen des BVerwG Bezug genommen und ausgeführt, dass einer unzutreffenden Anwendung der Anlegerschutzklausel des § 39 Abs. 2 S. 2 BörsG mit verwaltungs- und aufsichtsrechtlichen Mitteln zu begegnen sei.[846] Aufgrund dieser eindeutigen Aussagen zum verwaltungsgerichtlichen Rechtsschutz überrascht insbesondere die Uneinigkeit in der instanzgerichtlichen Rechtsprechung.

In der instanzgerichtlichen Rechtsprechung bestand bereits vor diesen beiden höchstrichterlichen Entscheidungen keine Einigkeit in Bezug auf die Klagebefugnis der Aktionäre gegen die Delisting-Entscheidung.[847] Das VG Frankfurt am Main hat dann in seiner Entscheidung aus dem Jahr 2013 eine Klagebefugnis der Aktionäre verneint und diese Ansicht damit begründet, dass die Börsengeschäftsführung gemäß § 15 Abs. 6 BörsG ihre Aufgaben und Befugnisse nur im öffentlichen Interesse wahrnimmt und damit auch die Entscheidung über den Zulassungswiderruf allein im öffentlichen Interesse erfolgt.[848] Auf der anderen Seite steht das VG Düsseldorf, das sich im Jahr 2013 und wieder im Jahr 2015 für die drittschützende Wirkung von § 39 Abs. 2 BörsG ausgesprochen hat, mit der Begründung, durch die Zulassung werde ein Vertrauenstatbestand geschaffen.[849]

b) In der Literatur vertretene Auffassungen

Der individualschützende Charakter der Vorschrift in § 43 Abs. 4 S. 2 BörsG a. F., der Vorgängerregelung zu § 39 BörsG, wurde für ein vollständiges Delisting in der Literatur überwiegend bejaht.[850] Angeführt wurde insbesondere der Wortlaut der Bestimmung, der ausdrücklich fordert, dass der Zulassungswiderruf

---

846 BGH NJW 2014, 146, 147 (Frosta).

847 VG Frankfurt am Main, Urteil vom 17.06.2002–9 E 2285/01 (bezog sich allerdings auf eine mittlerweile außer Kraft getretene Fassung des BörsG. Außerdem wurde kurz nach dem Urteil § 31 Abs. 5 BörsG a. F. eingefügt, der bestimmt, dass die Zulassungsstelle -mittlerweile Geschäftsführung- ihre Aufgaben nur im öffentlichen Interesse wahrnimmt); VGH Mannheim, Beschluss vom 06.12.2007–6 S 2293/07.

848 VG Frankfurt am Main, Beschluss vom 25.03.2013, AG 2013, 847, 848; ebenfalls einen Individualschutz ablehnend: LG München I, NZG 2000, 273, 275.

849 VG Düsseldorf, Beschluss vom 07.08.2015–20 L 2589/15; ebenfalls für eine drittschützende Wirkung von § 43 Abs. 4 BörsG a. F. (jetzt § 39 Abs. 2) VG Frankfurt v. 17.06.2002–9 E 2285/01 (V) ZIP 2002, 1446, 1447.

850 *de Vries*, S. 67 ff.; *Groß*, ZHR 2001, 141, 151 f.; *Hellwig/Bormann*, ZGR 2002, 465, 468; *Kleppe*, Anlegerschutz, 216; *Kruse*, BB 2000, 2271, 2273; *Mülbert*, ZHR 165 (2001), 105, 139 f.; *Pluskat*, FB 2002, 592, 602; *Pluskat*, WM 2002, 833, 838; *Streit*, ZIP 2002, 1279, 1286; *Wirth/Arnold*, ZIP 2000, 111, 116 f.

dem Schutz der Anleger nicht widersprechen darf. Außerdem sprach die Regelung vom Schutz der Anleger und nicht vom Schutz des Publikums, von dem in anderen börsengesetzlichen Vorschriften die Rede ist (z.B. bei der Aussetzung des Handels gemäß § 25 Abs. 1 Nr. 1 BörsG und bei der Einbeziehung von Wertpapieren in den regulierten Markt gemäß § 33 Abs. 1 Nr. 2 BörsG). Hieraus wurde geschlossen, bei den von einem Delisting betroffenen Aktionären handele es sich um einen abgrenzbaren Personenkreis, wodurch auch die Gefahr von Popularklagen ausgeschlossen sei. Nur einzelne Stimmen in der Literatur lehnten zu dieser Zeit eine Klagebefugnis der Aktionäre, zum Teil ohne nähere Begründung, ab.[851]

Erst mit der Einführung von § 31 Abs. 5 BörsG (jetzt § 15 Abs. 6 BörsG) wurde, unter dem Verweis auf die Begründung der Bundesregierung zu § 31 Abs. 5, wonach die Tätigkeit der Zulassungsstelle (jetzt Geschäftsführung der Börse) der Gesamtheit der Anleger und nicht dem Schutz einzelner Anleger dient, vermehrt angezweifelt, dass die Aktionäre weiterhin klagebefugt seien.[852] Deshalb wird eine Klagebefugnis der Aktionäre regelmäßig unter Berufung auf § 15 Abs. 6 BörsG abgelehnt, sofern keine Grundrechtsbeeinträchtigung vorliegt.[853] Nach der Einführung von § 15 Abs. 6 BörsG bestehe nicht länger Drittschutz, da die Vorschrift ausdrücklich nur von Aufgabenwahrnehmung im öffentlichen Interesse spreche.[854] Außerdem stelle § 39 Abs. 2 BörsG nur auf die Anleger in ihrer Gesamtheit ab und diene folglich nicht dem Individualschutz.[855] Soweit die Interessen einzelner Anleger als Teil der Gesamtheit der Anleger erfasst werden würden, handele es sich hierbei lediglich um einen Rechtsreflex, nicht jedoch um ein ihnen zustehendes subjektives öffentliches Recht. Die Geschäftsführung werde nur im Interesse der Sicherung der Funktionsfähigkeit

---

851 *Beck/Hedtmann*, BKR 2003, 190, 191 ff.; *Renner/Schiffer*, DB 2002, 1990, 1991.

852 BT-Drucks. 14/8017, S. 79; *Beck*, BKR 2002, 662, 666; *Beck/Hedtmann*, BKR 2003, 190, 192 f.; *Land/Behnke*, DB 2003, 2531, 2534; *Linnerz*, BB 2002, 2247; *Renner/Schiffer*, DB 2002, 1990, 1991.

853 *Beck/Hedtmann*, BKR 2003, 190, 192 ff.; *Brellochs*, AG 2014, 633, 641 f.; *Land/Behnke*, DB 2003, 2531, 2534; *Schlitt*, ZIP 2004, 533, 534, Fn. 9; Begr. Regierungsentwurf 4. FinanzmarktförderungsG, BT-Drucks. 14/8017, S. 79 zu § 30 Abs. 5 BörsG a.F. (entspricht § 15 Abs. 6 BörsG n.F.); *Beck/Hedtmann*, BKR 2003, 190, 192 f.; *Land/Behnke*, DB 2003, 2531, 2534; *Habersack*, in: Habersack/Mülbert/Schlitt, Unternehmensfinanzierung am Kapitalmarkt, 3. Aufl. 2013, § 40 Rz. 23; ohne Verweis auf eine Grundrechtsbeeinträchtigung: *Gebhardt*, in: Schäfer/Hamann, KMG, § 38 BörsG Rn. 34; eine Grundrechtsbeeinträchtigung ist jedoch nach Einführung von § 39 Abs. 2 bis 6 n.F. unwahrscheinlich, da die Aktionäre bei einem freiwilligen Delisting ein Angebot zur Übernahme ihrer Aktien erhalten müssen.

854 In der Gesetzesbegründung zu § 30 Abs. 5 BörsG a.F. heißt es: „Die Tätigkeit dient damit den Belangen der Anleger in ihrer Gesamtheit und nicht dem Schutz einzelner Anleger." BT-Drucks. 14/8017, S. 79.

855 *Grunewald*, ZIP 2004, 542, 543; *Habersack*, JZ 2014, 147, 148; *Renner/Schiffer*, DB 2002, 1990 f.; *Schmitt*, EWiR 2013, 673.

der Börse und nicht zum Schutz individueller Anlegerinteressen tätig.[856] Verwiesen wird außerdem auf die Begründung der Bundesregierung für das 4. Finanzmarktförderungsgesetz, die einer Auslegung zugunsten einer anlegerschützenden Wirkung entgegenstehe.[857]

Auch nach der Einführung von § 31 Abs. 5 BörsG a. F. wurde die Klagebefugnis von einem Teil der Literatur weiterhin bejaht.[858] Insbesondere seit der FROSTA-Entscheidung des BGH und dem damit weggefallenen gesellschaftsrechtlichen Schutz der Aktionäre wurden Stimmen laut, die individualschützende Wirkung von § 39 Abs. 2 S. 2 BörsG doch anzunehmen, um den verlorenen gesellschaftsrechtlichen Schutz zu kompensieren.[859] Diese Bestimmung gewährleiste einen effektiven Rechtsschutz, auch wenn man im Widerruf der Börsenzulassung gemäß § 39 Abs. 2 BörsG keinen Verstoß gegen Art. 14 GG sehen könne.[860] Auch wenn die Grundrechtsrelevanz des Zulassungswiderrufs zu verneinen sei, so werde durch eine bestehende Zulassung ein Vertrauenstatbestand geschaffen, aufgrund dessen die einzelnen Anleger ihre Investitionsentscheidungen getroffen hätten.[861] Dieser Vertrauenstatbestand begründet den drittschützenden Charakter von § 39 Abs. 2 BörsG.

2. *Stellungnahme*

Art. 19 Abs. 4 GG gebietet, den Rechtsweg jedenfalls zur Überprüfung der Vorgaben aus § 39 BörsG zu eröffnen, da die Börse als Trägerin öffentlicher Gewalt im Sinne von Art. 19 Abs. 4 GG handelt. Folglich ist der Rechtsweg für diejenigen eröffnet, die in der Norm als Inhaber subjektiver Rechte benannt sind. Daraus ergibt sich jedoch nicht die Notwendigkeit, den Aktionären eine Klagebefugnis zuzusprechen, weil ein Delisting, wie vom BVerfG ausgeführt, nicht in das Eigentumsgrundrecht der Aktionäre eingreift und demzufolge die Notwendigkeit einer verfassungskonformen

---

856 LG München I, NZG 2000, 273, 275; VG Frankfurt/M., Beschl. v. 25.03.2013–2 L 1073/13. F (rechtskräftig), ZIP 2013, 1886, *Schmitt,* EWiR 2013, 673; *Mayen,* ZHR 179 (2015), 1, 5 f.

857 VG Frankfurt/M., Beschl. v. 25.03.2013–2 L 1073/13. F; ZIP 2013, 1886, *Schmitt,* EWiR 2013, 673.

858 *Hopt,* in: Baumbach/Hopt, HGB, § 38 BörsG Rn. 14; *Geyrhalter/Zirngibl,* DStR 2004, 1048, 1053; *Groß,* AG 2015, 812, 818 f.; *Heidelbach,* in: Schwark, KMRK, 3. Aufl. 2004, § 38 BörsG a. F. Rn. 25; *Hellwig/Bormann,* ZGR 2002, 465, 468; *Hüffer,* AktG, § 119 Rn. 22; Kubis, in: MüKo AktG, Bd. 3 § 119 Rn. 83; *Pluskat,* WM 2002, 833, 838; *Spindler,* in: K. Schmidt/Lutter, AktG, § 119 Rn. 50; *Streit,* ZIP 2003, 392, 395; *Wilsing/Kruse,* EWiR 2002, 953, 954; *Wirth/Arnold,* ZIP 2000, 111, 117; seit der 3. Aufl. 2015 auch: *Langenbucher,* 3 Aufl. 2015, § 20 Rn. 21.

859 *Groß,* AG 215, 812, 818 f.; *Koch/Harnos,* NZG 2015, 729, 736; *Langenbucher,* 3. Aufl. 2015, § 2 Rn. 21; *Thomale,* ZGR 2013, 686, 720.

860 BVerfGE 132, 99,114 (MVS/Lindner).

861 *Groß,* AG 215, 812, 819 mit Verweis auf VG Frankfurt am Main, Beschluss vom 17.06.2002–9 E 2285/01 (V) = ZIP 2002, 1446, 1447.

Auslegung von § 39 Abs. 2 S. 2 BörsG für die Annahme eines Individualschutzes der Anleger entfallen ist.[862]

Die Zulassung als Verwaltungsakt richtet sich primär an den Emittenten und nicht an den einzelnen Aktionär. Der Aktionär erwirbt kein subjektiv öffentliches Recht auf den Erhalt der Zulassung im regulierten Markt.[863] Er muss daher geltend machen, dass eine Verletzung seiner sich aus § 39 Abs. 2 BörsG ergebenden Rechte durch den Widerruf der Zulassung möglich erscheint.[864] Um festzustellen, ob § 39 BörsG drittschützend ist und damit den Aktionären eine Klagebefugnis vermittelt, kommt es für die Auslegung auf den Willen des Gesetzgebers, auf den Wortlaut, den Sinn und Zweck der Vorschrift und die Systematik des Gesetzes an. Die Bejahung des individualschützenden Charakters von § 39 Abs. 2 S. 2 BörsG setzt voraus, dass sich der Vorschrift durch individualisierende Tatbestandsmerkmale ein Personenkreis entnehmen lässt, der ihn von der Allgemeinheit unterscheidet und der Gesetzgeber mit dieser Vorschrift den Schutz der Anleger in personeller und sachlicher Hinsicht bezweckt hat, es sich mithin nicht lediglich um einen ungewollten Rechtsreflex handelt.

Für eine drittschützende Wirkung spricht zunächst der Wortlaut von § 39 Abs. 2 BörsG, der explizit die Wahrung des Anlegerschutzes fordert, wohingegen in anderen Vorschriften vom *Schutz des Publikums* die Rede ist.[865] Zu den Vorschriften, die vom *Schutz des Publikums* sprechen, gehören beispielsweise §§ 16 Abs. 1, 25 Abs. 1 S. 1 Nr. 1, 32 Abs. 3 Nr. 1, 33 Abs. 1 Nr. 2 und Abs. 2 BörsG. Diese Auffassung lässt sich außerdem auf die Gesetzesmaterialien zum 3. Finanzmarktförderungsgesetz stützen, in denen ebenfalls entweder vom *Anleger* oder vom *Publikum* die Rede ist.[866]

Im Regierungsentwurf zum 4. Finanzmarktförderungsgesetz heißt es zu § 30 Abs. 5 BörsG, die Tätigkeit der Zulassungsstelle (jetzt Börsengeschäftsführung) diene „den Belangen der Anleger in ihrer Gesamtheit und nicht dem Schutz einzelner Anleger".[867] Die Begriffe *Anleger* und *Publikum* werden folglich nicht einheitlich gebraucht. Die Bezeichnung als Publikum ist umfassender als die des Anlegers. Die betroffenen Anleger sind bei einem Widerruf der Zulassung abgrenzbar und individualisierbar. Mit Bekanntgabe des Widerrufs beginnt die einmonatige Widerspruchsfrist des § 70 VwGO zu laufen. Damit ist der Kreis der klagenden Aktionäre auf diejenigen begrenzt, die zum Zeitpunkt der Antragstellung Aktionäre

862 BVerfGE 132, 99, 119 f. (MVS/Lindner).

863 *Fluck,* WM 1995, 553, 558; *Groß* ZHR 165 (2001) 141, 147 f.; *Kleindiek,* in: Festschrift für Bezzenberger, S. 653, 656; *Radtke,* S. 54 f; *Schwark/Geiser,* ZHR 161 (1997) 739,753.

864 *Sennekamp,* in: Fehling/Kastner/Störmer, Verwaltungsrecht, 4. Auflage Baden-Baden 2016, § 42 Rn. 54.

865 *Harnos,* ZHR 179 (2015), 750, 776.

866 BT-Drucks. 13/8933, Ziel dieses Gesetzes war die Verbesserung des Anlegerschutzes, BT-Drucks. 13/8933, S. 1; der Begriff des *Publikums* wird unter anderem erwähnt auf S. 8, 32, 33.

867 BT-Drucks. 14/8017, S. 79.

der Gesellschaft waren.[868] Aufgrund dessen besteht die Gefahr von Popularklagen nicht. Die Klage hat nur aufschiebende Wirkung, wenn die nach § 42 Abs. 2 VwGO erforderliche Klagebefugnis tatsächlich besteht, was nicht der Fall ist, wenn eine Verletzung eigener Rechte offenkundig ausscheidet.

Eine Besonderheit des Kapitalmarktrechts besteht darin, dass für die Bejahung des Individualschutzes durch eine Vorschrift nicht allein die Begrenzbarkeit des Personenkreises ausreicht, sondern es muss sich aus der Vorschrift ergeben, dass der abgrenzbare Personenkreis Schutzobjekt der jeweiligen Bestimmung ist. Ansonsten ließen sich individualschützende Vorschriften nicht von denen unterscheiden, bei denen der Individualschutz lediglich ein Rechtsreflex ist. Die Norm muss im konkreten Einzelfall den Anleger dazu ermächtigen, seine Individualinteressen durchzusetzen. Zunächst sprechen weder Sinn noch Zweck der Vorschrift gegen eine individuelle Schutzrichtung. § 39 Abs. 2 BörsG dient der Konkretisierung des Ermessenspielraums der Börsengeschäftsführung bei einem Antrag auf Zulassungswiderruf durch den Emittenten[869] und normiert die Voraussetzungen, bei deren Erfüllung der Anlegerschutz gewährleistet ist. Durch die Zulassung zum Handel im regulierten Markt wird ein Vertrauenstatbestand geschaffen, der die Aktionäre dazu veranlasst, Vermögensentscheidungen zu treffen.[870]

Der Grundansatz des BörsG besteht darin, den schlichten Rechtsaufsichtscharakter der börsengesetzlichen Wirtschaftsaufsicht herauszustellen. § 39 Abs. 2 BörsG weist aber gerade eine individuelle Schutzrichtung auf und ist folglich als spezialgesetzliche Abweichung von dem oben genannten Grundsatz anzusehen.

Qualifiziert man § 39 Abs. 2 S. 2 BörsG als drittschützende Norm, die den Aktionären die Klagebefugnis verleiht, muss noch die Hürde des § 15 Abs. 6 BörsG überwunden werden. Eine Möglichkeit ist, § 39 Abs. 2 S. 2 BörsG als lex specialis zu § 15 Abs. 6 BörsG anzusehen.[871] In Betracht käme eine Aufspaltung des Normzwecks von § 15 Abs. 6 BörsG. Man kann aber auch in § 15 Abs. 6 BörsG eine abschließende Regelung erblicken, die die verfassungsrechtliche Rechtslage zutreffend wiedergibt. Dies würde auch den verfassungsrechtlichen Erwägungen aus MVS/Lindner-Entscheidung des BVerfG entsprechen. Dem Gesetzgeber steht es zwar offen, über den verfassungsrechtlich gebotenen Rahmen hinaus Drittschutz zu gewähren. Dies erfordert jedoch eindeutige Anhaltspunkte, die sich aus dem Wortlaut oder den Gesetzesmaterialien der Vorschrift ergeben müssen. Da § 39 Abs. 2 BörsG nach der Einführung von § 15 Abs. 6 BörsG nicht verändert wurde, dies aber für die Anleger erforderlich gewesen wäre, um ihren Drittschutz wirksam aufzuheben, ist der drittschützende Charakter der Vorschrift weiterhin zu bejahen.

---

868 *Groß,* ZHR 165 (2001), 141, 159.

869 *Heidelbach,* in: Schwark/Zimmer, KMRK, § 39 BörsG Rn. 12.

870 VG Frankfurt v. 17.06.2002–9 E 2285/01 (V) ZIP 2002, 1446, 1447; *Groß,* Kapitalmarktrecht, § 39 BörsG Rn. 29.

871 *Kumpan,* in: Baumbach/Hopt, HGB, § 39 BörsG Rn. 12.

Mit der Einführung von § 15 Abs. 6 BörsG verfolgte der Gesetzgeber das Ziel, Amtshaftungsansprüche auszuschließen.[872] § 15 Abs. 6 BörsG zielt nicht auf den Ausschluss verwaltungsgerichtlicher Klagerechte, sondern auf den Ausschluss der persönlichen Haftung der Geschäftsführung ab.[873] Außerdem sind die Aktionäre anders als das allgemeine Anlegerpublikum von einem Zulassungswiderruf qualifiziert und individualisiert betroffen.

Auch die fehlende Grundrechtsrelevanz des Delisting schließt die Klagebefugnis nicht aus, da bereits § 39 Abs. 2 S. 2 BörsG die Berücksichtigung der Anlegerinteressen verlangt. Durchaus zweifelhaft ist, ob durch die MVS/Lindner-Entscheidung die Notwendigkeit einer verfassungskonformen Auslegung von § 39 Abs. 2 S. 2 BörsG entfallen ist.[874] Schließlich hat das BVerfG in dieser Entscheidung offengelassen, ob ein nachweisbarer Kursverfall nach einer Delisting-Ankündigung eine andere Bewertung erfordert und möglicherweise ein Eingriff in das Eigentumsgrundrecht der Aktionäre bejaht werden müsste. Ein Kursverfall ist jedoch durch die Neufassung des Anlegerschutzes in § 39 Abs. 2 bis 6 BörsG n. F. künftig nicht zu erwarten.

Das Argument, eine Anfechtungsklage der Aktionäre gegen die Delisting-Entscheidung hindere die Vollziehbarkeit des Zulassungswiderrufs kann nicht überzeugen, weil es sich hier um ein wirtschaftliches und nicht um ein rechtlich überzeugendes Argument handelt. Würde man den Aktionären aus diesem Grund ihre Klagebefugnis absprechen, würde man ihren verwaltungsgerichtlichen Schutz umgehen. Außerdem kann nicht außer Acht gelassen werden, dass die Börsengeschäftsführung gemäß §§ 80 Abs. 2 Nr. 4, 80a Abs. 1 Nr. 1 VwGO den Widerruf für sofort vollziehbar erklären kann, wobei berücksichtigt werden muss, dass die Minderheitsaktionäre die Wiederherstellung der aufschiebenden Wirkung gemäß § 80 Abs. 5 VwGO beantragen können.

Gegen die Überprüfbarkeit der Rechtmäßigkeit der Delisting-Entscheidung im Verwaltungsverfahren wird vorgebracht, die Kontrolle des Kapitalmarktes sei nicht die Aufgabe des aktienrechtlichen Anfechtungsverfahrens.[875] Inhaltlich betrifft die Anfechtungsklage den Konflikt zwischen dem Emittenten und den Aktionären und nicht den zwischen den Aktionären und der Geschäftsführung, die nur über den Antrag auf Zulassungswiderruf entscheidet. Es handelt sich zwar um eine hoheitliche Maßnahme, die aber, anders als bei dem Widerruf der Zulassung von Amts wegen gemäß § 39 Abs. 1 BörsG, auf die Initiative des Emittenten zurückzuführen ist. Einer Zuständigkeit der Zivilgerichte ist daher auch aus rechtspraktischen Gründen der Vorzug vor der Verwaltungsgerichtsbarkeit zu geben.[876] Dem ist entgegenzuhalten, dass sich der Gesetzgeber für eine duale Organisationsstruktur der Börse entschie-

872 *Groß*, Kapitalmarktrecht, § 15 BörsG Rn. 14; *Kumpan*, in: Baumbach/Hopt, HBG, § 15 BörsG Rn. 5.
873 VG Düsseldorf, ZIP 2015, 1733, 1734 f.
874 So aber *Brellochs*, AG 2014, 633, 641.
875 *Wicke*, DNotZ 2015, 488, 492; so auch: LG München I, NZG 2000, 273, 275.
876 *Wicke*, DNotZ 2015, 488, 492.

den hat und es sich sowohl bei der Zulassung als auch bei dem Zulassungswiderruf um einen Verwaltungsakt handelt, sodass die Überprüfung von Verwaltungsakten auf Ermessensfehler den Verwaltungsgerichten obliegt.

Die drittschützende Wirkung von § 39 Abs. 2 BörsG ist somit im Ergebnis zu bejahen, bedarf jedoch einer Einschränkung dahin gehend, dass die Bejahung der Klagebefugnis abhängig vom Klagebegehren des Aktionärs ist.[877] Zielt das Klagebegehren gegen die Delisting-Entscheidung an sich, ist der Verwaltungsrechtsweg eröffnet. Nicht klagebefugt sind hingegen die Aktionäre, die eine Überprüfung der Angemessenheit der Abfindung im Rahmen der verwaltungsrechtlichen Anfechtungsklage herbeiführen wollen. Diese Aktionäre sind auf das Musterverfahren nach dem KapMuG zu verweisen.[878]

II. Begründetheit der Anfechtungsklage

Im Verwaltungsstreitverfahren ist insbesondere die fehlerfreie Ermessensausübung der Börsengeschäftsführung bei dem Widerruf der Börsenzulassung zu überprüfen. § 39 Abs. 2 BörsG eröffnet der Börsengeschäftsführung ein Ermessen und konkretisiert gleichzeitig den Ermessensspielraum derart, dass die Geschäftsführung die Zulassung nur widerrufen darf, wenn dies nicht dem Schutz der Anleger widerspricht. Für die Ermessensfehlerlosigkeit ist entscheidend, dass „das Interesse des Anlegers eine faire Desinvestitionsentscheidung treffen zu können", angemessen berücksichtigt worden ist.[879]

B. Kontrolle und gegebenenfalls Erhöhung des Angebots

Wie bereits gezeigt, ist eine Angebotsunterlage, die anhand des durchschnittlichen Börsenkurses der letzten sechs Monate berechnet wird, vielfältigen Manipulationsgefahren ausgesetzt. Manipulationspotenzial besteht insbesondere durch die Informationsasymmetrie zwischen Unternehmensführung und Minderheitsaktionären, die sich dadurch manifestieren kann, dass die Unternehmensführung kurssteigernde Informationen nicht sofort veröffentlicht, wohingegen sich voraussichtlich negativ auf den Börsenkurs auswirkende Informationen unverzüglich mitgeteilt werden.[880] Für die Minderheitsaktionäre und auch alle weiteren Marktteilnehmer ist es schwer, solche Manipulationen zu erkennen und mit dem Börsenkurs in Verbindung zu bringen, da sie zwingend auf die Veröffentlichung kursrelevanter Informationen

877 *Koch/Harnos*, NZG 2015, 729, 736 f.

878 Ausführungen zum Musterverfahren nach dem KapMuG folgen im 2. Kapitel, Teil 4, B.

879 *Langenbucher*, 3. Aufl. 2015, § 20 Rn. 22, mit Verweis auf: *Heidelbach*, in: Schwark/Zimmer, KMRK, § 39 BörsG Rn. 14.

880 *Karami*, Unternehmensbewertung in Spruchverfahren beim „Squeeze-out": Der Zeitaspekt in Gesetz, Rechtsprechung und Gutachterpraxis aus funktionaler Sicht, 2014, S. 140; *Morell*, ZBB 2016, 67, 71.

angewiesen sind.[881] Eine Angebotsunterlage, die sich am durchschnittlichen Börsenkurs bemisst, ist daher aufgrund der mit ihr verbundenen Unsicherheit bezüglich ihrer Aussagekraft nicht immer geeignet, den Wert der Beteiligung angemessen zu bestimmen. Der Gesetzgeber hat sich daher in bestimmten Fällen für die Durchführung einer Unternehmensbewertung entschieden. Zur Überprüfung der Angebotsunterlage ist das Musterverfahren nach dem KapMuG vorgesehen.

I. Musterverfahren nach dem KapMuG

Mit der Neufassung von § 39 Abs. 2 bis Abs. 6 BörsG wurde auch der Anwendungsbereich des KapMuG entsprechend erweitert, sodass seitdem gemäß § 1 Abs. 1 Nr. 3 KapMuG die Höhe der Angebotsunterlage im Rahmen eines Musterverfahrens überprüfbar ist.[882] Die Anwendung des KapMuG ist aus systematischer Sicht folgerichtig, da sich der Gesetzgeber für eine kapitalmarktrechtliche Regelung des Delisting entschieden hat und sich das Pflichtangebot gemäß § 39 Abs. 2 BörsG grundsätzlich nach den Vorschriften des WpÜG richtet.[883]

1. Inhaltliche Ausgestaltung des Musterverfahrens

Gemäß § 2 Abs. 1 KapMuG kann durch Musterverfahrensantrag im ersten Rechtszug die Feststellung des Vorliegens oder Nichtvorliegens anspruchsbegründender oder anspruchsausschließender Voraussetzungen oder die Klärung von Rechtsfragen (Feststellungsziele) begehrt werden. Für den Aktionär klärungsbedürftig ist die Angemessenheit der Angebotsgegenleistung, die als anspruchsbegründende Voraussetzung der Klärung im Rahmen des Musterverfahrens bedarf.[884] Die Erhöhung der Angebotsunterlage kann mittels einer Leistungsklage nach § 31 WpÜG begehrt werden.

Im Musterverfahren sind mehrere Prozessphasen zu unterscheiden.[885] Wird ein Musterverfahrensantrag vor dem Prozessgericht gestellt, leitet dieses gemäß § 2 KapMuG das Vorlageverfahren ein. Voraussetzung für die Eröffnung eines Musterverfahrens ist, dass es mindestens zehn gleichgerichtete Klagen mit Musterverfahrensanträgen gibt.[886] Schließen sich innerhalb von sechs Monate weitere 9 Kläger dem Musterverfahrensantrag an, wird von dem Landgericht ein Vorlagebeschluss erlassen, aus dem sich gemäß § 6 KapMuG die Festellungsziele und die feststellungsbedürftigen Streitpunkte ergeben. Aus den eingereichten Klagen wird eine *Muster-*

881 *Karami,* Unternehmensbewertung in Spruchverfahren beim „Squeeze-out", S. 140.

882 Zu den Zielen, die mit der Einführung des KapMuG erreicht werden sollten: BT-Drucks. 15/5091.

883 Für eine Normierung im KapMuG: *Brellochs,* AG 2014, 633, 645.

884 *Mense/Klie,* DStR 2015, 2782, 2786.

885 *Hess,* in: KölnKomm. KapMuG, 2. Aufl. 2014, Einl. Rn. 27.

886 *Hess,* in: KölnKomm. KapMuG, Einl. Rn. 27, entscheidend soll die Anzahl der Verfahren sein, OLG München, ZIP 2007, 649.

klage herausgegriffen und am Oberlandesgericht verhandelt (§§ 9 ff. KapMuG), während die anderen Klagen ausgesetzt werden, bis das Verfahren beendet ist. Vor dem Gericht werden nur die Sachverhalte und Rechtsfragen verhandelt, die sich auf alle Kläger gleichermaßen beziehen. Der Musterentscheid des OLG hat dann Bindungswirkung nicht nur für die verhandelte Klage, sondern für alle durch das Musterverfahren zusammengefassten Klagen (vgl. § 22 KapMuG). Weil nur über Sachverhalte und Rechtsfragen entschieden wird, die alle Musterverfahrensanträge gemeinsam haben, können im Anschluss an den Musterentscheid noch weitere, auf den Einzelfall bezogene Klärungen erforderlich sein, die dann vor den zuständigen Landgerichten verhandelt werden müssen (§ 22 Abs. 4 KapMuG). Rechtsmittel gegen die Entscheidung des OLG ist die Rechtsbeschwerde vor dem Bundesgerichtshof.

2. Erforderlichkeit der behördlichen Feststellung des Verstoßes

Gemäß § 39 Abs. 3 BörsG muss eine Unternehmensbewertung zur Erhöhung der Gegenleistung durchgeführt werden, wenn ein Verstoß gegen Art. 17 oder Art. 15 MAR vorliegt. Aus dem Gesetzestext folgt jedoch nicht, wer den Verstoß gegen Art. 17 und Art. 15 MAR nachweisen muss. An dieser Stelle widersprechen sich Gesetzeswortlaut und Gesetzesbegründung. Aus § 39 Abs. 3 BörsG ergibt sich kein Feststellungserfordernis, obwohl sich der Finanzausschuss in der Beschlussempfehlung dafür ausgesprochen hatte.[887] In der Gesetzesbegründung wurde hierzu ausgeführt, eine Unternehmensbewertung setze zur Bemessung der Abfindungshöhe voraus, dass ein Verstoß gegen Art. 17 oder Art. 15 MAR von den zuständigen Behörden rechts- oder bestandskräftig festgestellt worden sei.[888] Daher ist es zweifelhaft, ob der Anspruch auf Differenzzahlung nur besteht, wenn ein Verstoß durch die BaFin bestandskräftig festgestellt worden ist. Muss sie den Verstoß feststellen und tut sie dies nicht, können die Aktionäre mithilfe des Musterverfahrens keine Erhöhung der Angebotsunterlage erreichen.

Ein zwingendes Erfordernis einer Feststellung durch die BaFin ist aus mehreren Gründen abzulehnen. Vielmehr ist es ausreichend, wenn der Anleger die Verstöße nachweisen kann.[889] Neben Sinn und Zweck von § 39 Abs. 3 S. 3 BörsG sprechen auch systematische Gründe gegen ein Feststellungserfordernis. Sinn und Zweck von § 39 Abs. 2 bis 6 BörsG ist die Verbesserung des Anlegerschutzes.[890] Dieser wird nicht ausreichend gewahrt, wenn eine Unternehmensbewertung nur durchgeführt wird, wenn ein Verstoß rechts- und bestandskräftig festgestellt worden ist. Ein Feststellungserfordernis hätte zur Folge, dass Aktionäre keine Ausgleichszahlung verlangen könnten, wenn durch die BaFin kein Verstoß festgestellt wurde.[891] Vielmehr

---

887 BeschlussE des Finanzausschusses, BT-Drucks. 18/6220, S. 85.
888 BT-Drucks. 18/6220, S. 93, spricht noch von §§ 15 und 20 WpHG.
889 *Harnos, ZHR* 179 (2015), 750, 767 f.; *Wackerbarth*, WM 2016, 385, 387.
890 BT-Drucks. 18/6220, S. 84.
891 *Harnos*, ZHR 179 (2015), 750, 767 f.

muss es für die Durchführung einer Unternehmensbewertung darauf ankommen, ob ein solcher Verstoß objektiv vorliegt.[892]

Zudem ist dem WpHG ein solches Feststellungserfordernis gänzlich unbekannt. Die isolierte Feststellung eines Verstoßes durch die BaFin ist im WpHG nicht vorgesehen. Aus systematischen Gründen bietet sich ein Vergleich zu §§ 37b, 37c WpHG an, die Verstöße gegen Art. 17 MAR sanktionieren und dabei nicht vorsehen, dass zuvor ein Verstoß gegen Art. 17 MAR rechts- und bestandskräftig durch die BaFin festgestellt werden muss.[893] Manipulationen, die sich nachweislich auf den Markt- bzw. Börsenpreis ausgewirkt haben, werden gemäß § 38 Abs. 2 WpHG strafrechtlich mit Freiheitsstrafe bis zu fünf Jahren oder mittels Geldstrafe sanktioniert. Hat sich die Manipulation hingegen nicht auf den Markt- bzw. Börsenpreis ausgewirkt, kann die BaFin dies als Ordnungswidrigkeit gemäß § 39 WpHG mit Bußgeld sanktionieren. Daneben ist sie gemäß § 4 Abs. 2 S. 2 WpHG befugt, den Handel vorübergehend zu untersagen oder die Aussetzung des Handels anordnen, wenn dies erforderlich ist, um die Gebote und Verbote des WpHG durchzusetzen. Erfolgt ein Verstoß gegen Art. 17 bzw. 15 MAR, kann die BaFin gemäß § 39 WpHG ein Bußgeldverfahren einleiten. Gemäß § 39 Abs. 3d Nr. 2 WpHG handelt ordnungswidrig, wer vorsätzlich oder leichtfertig entgegen Art. 15 MAR eine Marktmanipulation begeht, oder entgegen § 39 Abs. 3d Nr. 6 bis 11 WpHG gegen die Vorschriften zur Veröffentlichung von Insiderinformationen verstößt. Bei einem Verstoß gegen Art. 17 bzw. 15 MAR kann ein Bußgeld gemäß § 39 Abs. 4a WpHG verhängt werden. Wird nur ein fahrlässiger oder unverschuldeter Verstoß nachgewiesen, ist die Verhängung eines Bußgelds nicht möglich, was zur Folge hat, dass der Verstoß nicht festgestellt wird.[894] Hiernach wäre die Angebotsunterlage anhand des Börsenkurses und nicht anhand einer Unternehmensbewertung zu ermitteln.[895] Dieses Ergebnis ist nicht sachgerecht, wenn ein Verstoß gegen Art. 17 oder Art. 15 MAR vorliegt. Die vorherige Durchführung eines Bußgeldverfahrens hat für die Aktionäre außerdem den Nachteil, dass für die BaFin das Opportunitätsprinzip gilt.[896] Sie entscheidet nach pflichtgemäßem Ermessen, ob der Verstoß so schwerwiegend ist, dass das Verhalten mittels eines Bußgeldes sanktioniert werden muss.

Für den Minderheitsaktionär hat das zur Folge, dass die Ermittlung des Unternehmenswerts im Musterverfahren erst dann erfolgen kann, wenn durch ein Ordnungswidrigkeiten- beziehungsweise ein Strafverfahren oder ein Zwischen-Musterverfahren nach dem KapMuG ein Verstoß gegen die Marktmissbrauchsvorschriften nachgewiesen worden ist.[897] Das bedeutet sowohl für den

---

892 *Harnos*, ZHR 179 (2015), 750, 768.

893 *Harnos*, ZHR 179 (2015), 750, 767.

894 *Harnos*, ZHR 179 (2015), 750, 768.

895 So die Auffassung des Finanzausschusses.

896 *Vogel*, in: Assmann/Schneider, WpHG, 6. Aufl., 2012, § 40 Rn. 5; *Waßmer*, in: Fuchs, WpHG, 2009, § 40 Rn. 10.

897 *Mense/Klie*, DStR 2015, 2782, 2786.

Minderheitsaktionär als auch den Emittenten sowie den Bieter eine weitere Verlängerung des Delisting-Verfahrens.

II. Bewertung des zivilrechtlichen Schutzes

Im Unterschied zum Macrotron-Zeitalter erfolgt der zivilrechtliche Schutz, also die Überprüfbarkeit und gegebenenfalls eine Erhöhung des Abfindungsangebots, seit der Neufassung von § 39 Abs. 2 bis 6 BörsG über das Musterverfahren nach dem KapMuG und nicht mehr über das Spruchverfahren. Bereits gestellte Anträge auf die Durchführung eines Spruchverfahrens sind mit der Aufgabe der Macrotron-Rechtsprechung durch die Frosta-Entscheidung des BGH unzulässig geworden.[898] Aus mehreren Gründen ist der zivilrechtliche Rechtsschutz für die Aktionäre nur unzureichend und wäre über die Durchführung eines Spruchverfahrens besser zu gewährleisten.

Die Anwendung des KapMuG hat gegenüber dem Spruchverfahren zunächst den Vorteil, dass identische Tatsachen- und Rechtsfragen in mehreren individuellen Verfahren in einem einheitlichen Verfahren entschieden werden können. Im Gegensatz zu Widerspruch und Anfechtungsklage hat die Klage nach dem KapMuG keine aufschiebende Wirkung, hindert also die Wirksamkeit des Zulassungswiderrufs nicht. Aktionäre, die die Höhe der Abfindung gerichtlich überprüfen lassen wollen, können somit die Wirksamkeit des Zulassungswiderrufs durch ihre Klage nicht verzögern. Im Unterschied zum KapMuG gilt für Spruchverfahren der (eingeschränkte) Amtsermittlungsgrundsatz. Das Musterverfahren verringert darüber hinaus das Prozesskostenrisiko, da durch die Durchführung eines einzelnen Verfahrens geringere Kosten entstehen und bei einem Unterliegen der Aktionäre die Kosten auf alle unterlegenen Parteien gleichermaßen verteilt werden.

Allerdings stehen den Vorzügen des Musterverfahrens auch gewichtige Nachteile entgegen. Anders als das Spruchverfahren, das inter omnes wirkt, wirkt das Musterverfahren nach dem KapMuG nur inter partes, sodass nicht klagende Aktionäre durch das Musterverfahren nicht den Schutz erhalten, den sie durch die Durchführung eines Spruchverfahrens erhielten.[899] Fraglich ist auch, inwieweit das Musterverfahren für die Ermittlung des Unternehmenswertes geeignet ist, wenn die Höhe der Angebotsunterlage gemäß § 39 Abs. 3 BörsG durch eine Unternehmensbewertung zu ermitteln ist.[900] Da der Gesetzgeber diese Probleme ebenfalls gesehen hat, soll die Bundesregierung bis Ende 2017 über die ersten Erfahrungen mit den Neuregelungen an den Finanzausschuss berichten und darlegen, ob sich der zivil-

---

898 BVerfG, DB 2015, 2927; OLG Stuttgart AG 2015, 321; OLG Stuttgart ZIP 2015, 681; OLG München ZIP 2015, 270; OLG Düsseldorf ZIP 2015, 123; LG München I AG 2014, 790; *Glienke/Röder*, BB 2014, 899 (904); *Koch/Widder*, NJW 2014, 127 (130); Dagegen: LG Stuttgart, WM 2015, 237; *Lochner/Schmitz*, AG 2014, 489 (491 ff.).

899 *Goetz*, BB 2015, 2691, 2693.

900 *Mense/Klie*, DStR 2015, 2782, 2786.

prozessuale Schutz durch das Musterverfahren bewährt hat, oder ob der Rechtsschutz durch prozessuale Elemente aus dem Spruchverfahren zu ergänzen ist.[901]

Das Spruchverfahren eröffnet Minderheitsaktionären die Möglichkeit, die im Rahmen von gesellschaftsrechtlichen Strukturmaßnahmen wie Übernahme, Eingliederung, Verschmelzung, Fusion und Squeeze-out gezahlte Abfindung gerichtlich überprüfen zu lassen.[902] Das Spruchverfahren ist folglich nur eröffnet, wenn durch gesellschaftsrechtliche Strukturmaßnahmen schwerwiegend in die Rechte der Aktionäre eingegriffen wird.[903] Hauptkritikpunkt an der Durchführung eines Spruchverfahrens ist die mit durchschnittlich zehn Jahren lange Verfahrensdauer, die vor allem daraus resultiert, dass im Rahmen des Spruchverfahrens eine vollständige Unternehmensbewertung stattfindet.[904] Ein Spruchverfahren wird in knapp 90 % der in Betracht kommenden Fälle durchgeführt und kann nicht zu einer Verschlechterung, sondern nur zu einer Verbesserung der Angebotssumme führen.[905] Zweifelhaft ist aber, ob die Durchführung eines Musterverfahrens im Vergleich zum Spruchverfahren eine Beschleunigung der Verfahrensdauer bewirkt, wenn für die Ermittlung der Angebotshöhe eine Unternehmensbewertung durchgeführt werden muss.[906] Zu einer Verzögerung kann insbesondere die Aussetzung der Parallelverfahren führen, da die Beklagte in jedem Verfahren individuelle Gründe vortragen kann, warum anstelle der Aussetzung eine Klageabweisung gerechtfertigt ist.[907] Ein weiterer Nachteil des Musterverfahrens besteht gemäß § 9 Abs. 2 S. 1 KapMuG darin, dass das OLG den Musterkläger nach billigem Ermessen bestimmt. Das bedeutet eine wesentliche Einschränkung der Dispositionsmaxime, weil der individuelle Kläger nicht selbst darüber entscheiden kann, in welcher Funktion sie den Prozess führt, als Musterpartei oder lediglich als Beigeladener.[908]

Auch in Bezug auf die funktionelle Zuständigkeit erscheint das Spruchverfahren gegenüber der Leistungsklage vorteilhafter. Für die Durchführung eines Spruchverfahrens ist gemäß §§ 96 Abs. 2 Nr. 2, 71 Abs. 2 Nr. 4 lit. e) GVG die Kammer für Handelssachen zuständig, wohingegen für Leistungsklagen nach § 31 WpÜG die Zivilkammer zuständig ist.

Im Gegensatz zum Spruchverfahren ist das Musterverfahren mit weiteren Risiken für den Emittenten bzw. Bieter verbunden. Der Antrag auf Eröffnung eines Spruchverfahrens kann nur innerhalb von drei Monaten nach dem Eintreten eines zu bestimmenden Ereignisses gestellt werden (vgl. § 4 Abs. 1 SpruchG). Für den Antrag

901 BT-Drucks. 18/6220, S. 79.

902 *Drescher*, in: Spindler/Stilz, Komm. AktG, Bd. 2, 3. Aufl. 2015, § 1 SpruchG Rn. 1.

903 Begr.-RegE vom 17.11.2004 abgedruckt in ZBB 2004, 522 ff.

904 *Drescher*, in: Spindler/Stilz, Komm. AktG, Bd. 2, § 1 SpruchG Rn. 4.

905 *Drescher*, in: Spindler/Stilz, Komm. AktG, Bd. 2, § 1 SpruchG Rn. 6.

906 *Mense/Klie*, DStR 2015, 2782, 2786; als Beispiel für eine sehr lange Verfahrensdauer gilt der Telekom-Fall mit einer Verfahrensdauer von neun Jahren.

907 *Hess*, in: KölnKomm. KapMuG, Einl. Rn. 58.

908 *Hess*, in: KölnKomm. KapMuG, Einl. Rn. 66, was jedoch durch die Rechtstellung der Musterpartei relativiert wird, vgl. *Hess*, in: KölnKomm. KapMuG, Einl. Rn. 75 ff.

auf Durchführung eines Musterverfahrens enthält das KapMuG keine entsprechende Frist. Daher finden die allgemeinen Verjährungsfristen nach den §§ 194 ff. BGB Anwendung, sodass die Verjährungsfrist gemäß § 195 BGB grundsätzlich drei Jahre beträgt und gemäß § 199 Abs. 1 BGB erst dann zu laufen beginnt, wenn der Aktionär gemäß § 199 Abs. 1 Nr. 2 BGB Kenntnis von dem Verstoß gegen Art. 15 bzw. 17 MAR erlangt. Das ist regelmäßig erst dann der Fall, wenn der Verstoß öffentlich bekannt wird. Wird ein Verstoß somit erst Jahre später öffentlich, kann der Minderheitsaktionär mittels einer Leistungsklage die Erhöhung der Gegenleistung verlangen. Diese Ausgleichsansprüche verjähren gemäß § 119 Abs. 4 BGB erst zehn Jahre, nachdem sie entstanden sind, sodass der Bieter noch lange nach der Unterbreitung des Angebots befürchten muss, auf eine Erhöhung der Angebotsunterlage verklagt zu werden. Aus diesen Gründen wäre für die Überprüfung und nachträgliche Erhöhung des Kaufangebots das Spruchverfahren gegenüber dem Musterverfahren für die Fälle eines freiwilligen Delistings besser geeignet.

3. Kapitel: Das Delisting in Südkorea

In Südkorea sind beim Rückzug vom Wertpapiermarkt der vom KOSPI-Markt und der vom KOSDAQ-Markt voneinander zu unterscheiden. Da die Inhalte der zu Delisting-Klagen ergangenen Urteile regelmäßig in die Zulassungsordnungen integriert werden, existieren keine ungeschriebenen höchstrichterlichen Voraussetzungen, weder für einen freiwilligen noch für einen zwangsweisen Börsenrückzug, sodass die von der KRX aufgestellten Zulassungsordnungen die primäre Rechtsquelle bilden. Die KRX aktualisiert in regelmäßigen Abständen die Listing-Vorschriften und deren Durchführungsvorschriften. Ziele dieser Aktualisierungen sind die Wahrung des Anlegerschutzes, Qualitätssicherung, Erhöhung der Attraktivität der Börse für Anleger und potenzielle bzw. bereits vorhandene Emittenten sowie eine hohe Transparenz hinsichtlich der Delisting-Regelungen.

Kennzeichnend für die Delisting-Verfahren sind die detailliert ausgestalteten Regelungen sowohl für ein freiwilliges als auch für ein zwangsweises Delisting. Eine Besonderheit stellt das im Jahr 2009 eingeführte Delisting-Überprüfungssystem dar, mittels dessen ein Unternehmen, das ein qualitatives Delisting-Kriterium erfüllt, einer umfassenden Überprüfung unterzogen wird, um festzustellen, ob es weiterhin geeignet ist, im KOSPI- beziehungsweise. im KOSDAQ-Markt gelistet zu sein. Dabei wird ihm eine Frist gewährt, die Gründe, die zu der Überprüfung geführt haben, zu beheben. Fällt die Prognose negativ aus, wird ein zwangsweises Delisting erforderlich.[909] Die Anzahl der zwangsweisen Delisting-Verfahren übersteigt sowohl im KOSPI-Markt als auch im KOSDAQ-Markt die Anzahl der freiwilligen Börsenrückzüge. Im Zeitraum zwischen 2005 und 2013 haben im KOSPI-Markt 13 Emittenten ein Delisting beantragt. Im KOSDAQ-Markt waren es 93 Emittenten. Im selben Zeitraum wurden 41 Emittenten zwangsweise vom KOSPI-Markt ausgeschlossen und vom KOSDAQ-Markt sogar 339 Emittenten.[910]

A. Das Kapitalmarktrecht in Südkorea

Die koreanische Börse (KRX) ist die zehntgrößte[911] Börse der Welt und gehört zu den größten Derivatebörsen weltweit. Die KRX in ihrer heutigen Form entstand auf der Grundlage des Korea Securities and Futures Exchange Act vom Januar 2004 durch einen Zusammenschluss der Korea Exchange (KSE), des KOSDAQ sowie der Korea Futures Exchange im Jahre 2005. Durch die Einführung des Financial Services and Capital Markets Act (FSCMA) im Jahr 2009 wurde erstmalig ein ein-

909 *Chang*, Capital Market Perspective, 2010 Vol. 2, No. 2, 53, 55; siehe § 48 Abs. 2 KOSPI-Zulassungsordnung; § 38 Abs. 2 KOSDAQ-Zulassungsordnung.

910 KRX Fact Books 2005–2013.

911 *KOFIA*, Capital Markets Korea 2014, S. 25.

heitliches Regelwerk für den koreanischen Kapitalmarkt geschaffen.[912] Mit dem Inkrafttreten des FSCMA wurde das Verfahren zur materiell-rechtlichen Prüfung der Delisting-Voraussetzungen eingeführt und die Listing-Regelungen für den KOSPI-Markt und den KOSDAQ-Markt um umfangreiche Prüfungsvorschriften ergänzt.

I. Historischer Überblick

Die Anfänge des koreanischen Kapitalmarktes lassen sich bis in das Jahr 1899 zurückverfolgen. 1899 wurden von der Chun-il Bank, einem Vorläufer der Woori Bank, erstmals Aktien ausgegeben. Im Jahr 1905 gab die Joseon-Dynastie das erste Mal Staatsanleihen aus. Gleichzeitig wurde der Government Bond Act verkündet. Der Vorläufer der heutigen KRX, die Daehan Stock Exchange, wurde am 3. März 1956 gegründet.[913]

Um die Stabilität des Kapitalmarktes zu gewährleisten, wurde die Korean Stock Exchange im Jahre 1963 von einer Aktiengesellschaft in eine öffentlich-rechtliche Organisation umgewandelt, die ab diesem Zeitpunkt unter der Kontrolle der Regierung stand. Mit diesem Schritt sollte die Eigenkapitalausstattung der Unternehmen, die ihre Aktien an der Börse handeln, sowie das Wertpapiergeschäft gefördert werden.[914] Am 1. März 1988 wurde die Korea Stock Exchange wieder privatisiert und in eine Aktiengesellschaft umgewandelt.

Im Januar 2005 wurden KSE, KOSDAQ und KOFEX durch den Korea Securities and Futures Exchange Act vom Januar 2004 zusammengeschlossen.[915] Sie bilden seitdem die Korea Exchange (KRX). Ebenfalls im Jahr 2005 wurde das von der KOFIA kontrollierte FreeBoard (mittlerweile K-OTC) eröffnet, das südkoreanische Äquivalent zum Freiverkehr deutscher Prägung.

Im August 2007 wurde der FSCMA erlassen, der im Februar 2009 in Kraft trat und sechs vormals einzelne Statuten zum Kapitalmarktrecht in einem Gesetz zusammenführte. Hierzu gehörten der Securities & Exchange Act, der Futures Trading Act, der Korea Securities and Futures Exchange Act, der Trust Business Act, der Merchant Banks Act und der Indirect Investment Asset Management Business Act.[916] Durch diese Inkorporation sollte die Wettbewerbsfähigkeit Südkoreas gestärkt und durch strengere Schutzmechanismen das Investorenvertrauen erhöht werden.[917] Auch für das Delisting brachte das neue Gesetz umfassende Änderungen mit sich. Mit dem Inkrafttreten des FSCMA ergänzte die koreanische Börse die Listing-Regelungen sowohl für den KOSPI-Markt als auch für den KOSDAQ-Markt um ein umfassendes

912 *KOFIA*, Capital Markets Korea 2014, S. 25.
913 *KOFIA*, Capital Markets Korea 2014, S. 26.
914 *KOFIA*, Capital Markets Korea 2014, S. 27.
915 *KOFIA*, Capital Markets Korea 2014, S. 43.
916 Addenda Art. 2 FSCMA.
917 *KOFIA*, Capital Markets Korea 2014, S. 278.

Delisting-Prüfsystem.[918] Diese Reform gilt als die bedeutsamste und umfassendste der Rechtsgrundlagen für den koreanischen Kapitalmarkt.[919] Mit der Einführung der Listing-Eignungsprüfung sollten der Anlegerschutz und die Lauterkeit der koreanischen Börsenmärkte verbessert werden.[920] Um diese Ziele zu erreichen, sollte die Anzahl der zwangsweisen Delistings reduziert werden, was nach einem sprunghaften Anstieg dieser Verfahren und einer damit verbundenen Marktbereinigung auch erzielt werden konnte.

Der Zweck des FSCMA wird in Art. 1 bestimmt. Das Gesetz soll zur Entwicklung der koreanischen Wirtschaft beitragen, indem es die Fairness, Intaktheit und Effizienz des Kapitalmarktes verbessert und finanzielle Innovationen, einen fairen Wettbewerb und den Anlegerschutz fördert. Er enthält in Art. 390 eine Ermächtigungsgrundlage für die KRX zur Regulierung des Listings und Delistings. Gemäß Art. 390 Abs. 1 FSCMA soll die KRX Vorschriften verabschieden, die das erstmalige Listing an der Börse und den Erhalt des Listings regeln. Außerdem wird die Börse ermächtigt, unterschiedliche Listing-Regelungen für den Wertpapiermarkt und den Handel im KOSPI-Markt zu verabschieden. Art. 390 Abs. 2 FSCMA enthält schließlich Vorgaben zum Inhalt der von der Börse zu erlassenden Regelungen. Die Zulassungsordnungen müssen gemäß Art. 390 Abs. 2 Nr. 1 FSCMA Richtlinien zum Listing und der Listing-Überprüfung von Wertpapieren aufstellen. Weiterhin müssen sie Regelungen zum Delisting und die Voraussetzungen für das Delisting von Wertpapiere enthalten. Ergänzend wurden eine Durchführungsanordnung und Durchführungsregelungen zum FSCMA erlassen.[921]

II. Das Regelwerk der KRX

Die KRX hat von der Ermächtigungsgrundlage in Art. 390 FSCMA Gebrauch gemacht und Zulassungsordnungen für das Listing und Delisting im KOSPI-Markt beziehungsweise KOSDAQ-Markt erlassen. Die für ein Listing bzw. Delisting maßgeblichen Vorschriften befinden sich in vier verschiedenen Regelwerken und deren Durchführungsvorschriften.

1. KOSPI-Markt

Die KOSPI-Zulassungsordnung enthält die Vorschriften zum Delisting im KOSPI-Markt. Hierzu gehören das Delisting auf Antrag gemäß § 7, das zwangsweise Delisting gemäß §§ 8, 48 bei Verstößen gegen Zulassungsfolgepflichten sowie die Kennzeichnung von Wertpapieren als administrative issue als Vorstufe eines

918 Weitere Ausführungen zu den Neuerungen durch den FSCMA in B. Reform des Delisting-Verfahrens durch den FSCMA.

919 *KOFIA*, Capital Markets Korea 2014, S. 44.

920 *Kim*, Sung Youl, Law Journal, Vol. 22 No. 2, 2010, S. 9, 52.

921 Enforcement Decree of the Financial Services and Capital Markets Act; Enforcement Rule of the Financial Services and Capital Markets Act.

zwangsweisen Delisting. Die Durchführungsordnung zur Zulassungsordnung spezifiziert die Anforderungen an das Delisting vom KOSPI-Markt.

2. *KOSDAQ-Markt*

Im 5. Kapitel (§§ 38 bis 47) der KOSDAQ-Zulassungsordnung sind die Delisting-Voraussetzungen für den KOSDAQ-Markt kodifiziert. Geregelt sind wiederum das freiwillige Delisting gemäß § 45, das zwangsweise Delisting gemäß § 38 sowie die Kennzeichnung als administrative issue gemäß § 40–2. Die Durchführungsordnung konkretisiert wiederum die Anforderungen an die einzelnen Delisting-Arten.

III. Die Organisationsverfassung der koreanischen Aktiengesellschaft

Da die südkoreanische Aktiengesellschaft hinsichtlich ihrer Organisation einige Besonderheiten gegenüber der deutschen Aktiengesellschaft aufweist und diese Unterschiede auch in den Zulassungsordnungen eine Rolle spielen, erfolgt nun zunächst ein Blick auf die Organisationsverfassung der Aktiengesellschaft. In Südkorea sind als Organe der Gesellschaft das general shareholder's meeting (vgl. Art. 361 ff. koreanisches HGB), directors und board of directors (vgl. Art. 382 ff. koreanisches HGB), auditors und ein audit committee (vgl. Art. 409 ff. koreanisches HGB) vorgesehen.[922] Das general shareholder's meeting bildet das höchste Organ der Gesellschaft. In Südkorea gilt das sogenannte Board-System, das dem deutschen Recht weitgehend unbekannt ist.[923] Das Board besteht aus internen und externen Mitgliedern (Direktoren) und vertritt die Aktiengesellschaft nach außen.[924] Bei den internen Direktoren handelt es sich um das Äquivalent zu den deutschen Vorstandsmitgliedern. Die externen Direktoren sind ehrenamtlich tätige Board-Mitglieder, die Aufsichts-, Beratungs- und Prüffunktionen übernehmen.[925] Management und Aufsicht sind somit beide im *Board* vereint.

Eine weitere Besonderheit der koreanischen Aktiengesellschaft betrifft die für börsennotierte Aktiengesellschaften verpflichtende Einrichtung eines Prüfungsausschusses gemäß Art. 415–2 Abs. 1 S. 2 koreanisches HGB, angelehnt an das

---

922 Die Vorschriften zur Aktiengesellschaft befinden sich in Chapter IV, Art. 288 ff. koreanisches HGB.

923 *Wichert*, in: Gabler Wirtschaftslexikon, Stichwort: Board System; als Ausnahme ist die europäische Gesellschaft (Societas Europaea) deutschen Rechts zu nennen.

924 Regelungen zur Bestellung der externen Direktoren befinden sich in Art. 25 FSCMA.

925 Art. 9 Abs. 3 FSCMA definiert den Begriff externer Direktor als einen Direktor der keine Management-Aufgaben in dem Unternehmen besitzt und gemäß Art. 25 FSCMA bestimmt worden ist.

Art. 25 FSCMA:

US-amerikanische audit committee.[926] Das Unternehmen ist gemäß Art. 415–2 Abs. 1 S. 1 koreanisches HGB berechtigt, anstatt einzelner Auditoren einen Prüfungsausschuss einzurichten. Wird ein Prüfungsausschuss eingerichtet, sollen daneben gemäß Art. 415–2 Abs. 1 S. 2 koreanisches HGB keine weiteren Auditoren bestellt sein. Weil das Management und Kontrolle in einem Board vereint sind, wurde für eine bessere Kontrolle des Managements und für die Mitwirkung an Unternehmensentscheidungen ein weiteres Kontrollorgan geschaffen. Der Prüfungsausschuss wird gemäß Art. 409 Abs. 1 koreanisches HGB von der Hauptversammlung der Gesellschaft gewählt und ist das aufsichtsführende Organ der Gesellschaft.[927]

Die Auditoren sind für die Überprüfung der Aktivitäten der Direktoren zuständig und können die Direktoren jederzeit dazu auffordern, Bericht zu erstatten. Ferner sind sie dazu berechtigt, die Aktivitäten und finanziellen Verhältnisse des Unternehmens zu untersuchen (vgl. Art. 412 koreanisches HGB). Direktoren müssen den Auditoren alle Tatsachen mitteilen, die geeignet sind, einen beträchtlichen finanziellen Verlust für das Unternehmen zu verursachen (vgl. Art. 412–2 koreanisches HGB). Die Auditoren sind gemäß Art. 412–3 koreanisches HGB berechtigt, eine außerordentliche Hauptversammlung einzuberufen, indem sie dem Aufsichtsrat eine schriftliche Stellungnahme übermitteln, in welcher die Gründe für die Einberufung einer außerordentlichen Hauptversammlung dargelegt werden.

Bei dem vom Auditor abzugrenzenden Prüfungsausschuss handelt es sich um einen Unterausschuss des Vorstandes, der ähnliche Funktionen wie ein Auditor besitzt. Der Prüfungsausschuss überwacht die Aktivitäten des Managements und ist existenziell für die corporate governance des Unternehmens.[928] Der Prüfungsausschuss muss aus mindestens drei Direktoren bestehen (vgl. Art. 415–2 Abs. 2 S. 1 koreanisches HGB). Da die Neutralität des Ausschusses gewährleistet werden soll, darf maximal ein Drittel der gewählten Ausschussmitglieder unter die in Art. 415–2 Abs. 2 S. 2 Nr. 1 bis 7 koreanisches HGB genannten Kategorien fallen.[929] Das koreanische HGB formuliert nicht positiv, welche Personen Mitglieder des Prüfungsausschusses werden dürfen, sondern grenzt negativ von diesen Personen ab.

---

926 *Yoo*, in: Einführung in das koreanische Recht, Kapitel 6 Handels- und Gesellschaftsrecht, 2010, S. 157, 177. Art. 26 FSCMA enthält die Verpflichtung, einen Prüfungsausschuss einzurichten, und bestimmt dessen Zusammensetzung.

927 *Yoo, in:* Einführung in das koreanische Recht, S. 157, 177.

928 *Yoo*, in: Einführung in das koreanische Recht, S. 157, 177.

929 Z.B. gemäß Art. 415–2 Abs. 2 Nr. 1 koreanisches HGB zählen dazu Personen, die zum Zeitpunkt der Wahl Auditor, Vorstandsmitglied oder Angestellte des Unternehmens sind, oder Personen, die innerhalb von zwei Jahren nach ihrem Ausscheiden als Vorstandsmitglied oder Angestellter als Mitglied des Prüfungsausschusses ausgewählt werden.

IV. Die Rechtsnatur der Delisting-Entscheidung

Obwohl sich die Rechtsform der koreanischen Börse im Jahre 2005 von einem mitgliederbasierten System zu einer Aktiengesellschaft gewandelt hat, ist die Rechtsnatur des Verhältnisses zwischen der Börse und den an ihr gelisteten Unternehmen weiterhin umstritten.

Sowohl bei einem Listing als auch bei einem freiwilligen bzw. zwangsweisen Delisting durch die Börse stellt sich die Frage nach der Rechtsnatur der jeweiligen Maßnahme. Von der Einordnung der Rechtsnatur der Delisting-Entscheidung hängt ab, welcher Rechtsweg dem Emittenten bzw. den Aktionären offensteht, um gegen die Entscheidung der KRX vorzugehen. Für die Bestimmung der Rechtsnatur kommt es darauf an, ob die von der KRX erlassenen Zulassungsordnungen als öffentlich-rechtliche Vorschriften[930] oder lediglich als eine Sammlung zivilrechtlicher Vereinbarungen zu qualifizieren sind.[931] Handelt es sich um öffentlich-rechtliche Vorschriften, ist der verwaltungsrechtliche Weg eröffnet, oder der zivilrechtliche Weg, wenn die Listing-Entscheidung der Börse eine Willenserklärung darstellt, die auf den Abschluss eines zivilrechtlichen Vertrages gerichtet ist.

Die Beantwortung der Frage nach der Rechtsnatur der Listing-Entscheidung ist abhängig von der Rechtsnatur der Börse. Ist die Börse als Verwaltungsbehörde zu qualifizieren, handelt es sich bei der Listing-Entscheidung um einen Verwaltungsakt, gegen den der Emittent im Wege der verwaltungsrechtlichen Klage vorgehen kann. Handelt es sich bei der Börse hingegen um eine privatrechtliche Institution, dann stellt die Listing-Entscheidung eine private Willenserklärung der Börse dar, die in einem zivilrechtlichen Verfahren angegriffen werden kann. Die Delisting-Entscheidung wäre dann als einseitige Willenserklärung der Börse zu qualifizieren, den Listing-Vertrag zwischen ihr und dem Emittenten zu beenden.[932]

Eine ältere Auffassung sieht in der Delisting-Entscheidung einen Verwaltungsakt, gegen den der Emittent nur vor dem Verwaltungsgericht vorgehen kann.[933] Trotz der beschriebenen Änderung der Rechtsnatur der Börse wurde noch im Jahr 2007 die Ansicht vertreten, eine Qualifikation der Zulassungsentscheidung als öffentlich-rechtlich sei weiterhin möglich.

Eine andere Auffassung in der Literatur bewertet die Zulassungsordnungen als Allgemeine Geschäftsbedingungen, die den Charakter von Zwangsnormen aufweisen und deshalb als öffentlich-rechtliche Normen zu qualifizieren sind.[934] Argumentiert wurde sowohl mit der öffentlich-rechtlichen Funktion der Börse als auch damit, dass die Börse ursprünglich in der Rechtsform einer öffentlich-rechtlichen Körperschaft organisiert war. Beide Ansichten werden von der Rechtsprechung abgelehnt.

---

930 *Moon,* Korea Law Review Vol. 48, 2007, S. 203 ff.

931 *Yi,* S. 101, 105 f.

932 *Kim,* Sung Youl, Law Journal, Vol. 22 No. 2, 2010, S. 9, 47.

933 *Moon,* Korean Law Review Vol. 48, 2007, 203 ff.

934 *An,* The Korean Journal of Securities Law, Vol. 6, No. 2, 2005, 1 ff.; *Yi,* S. 101. 105.

Art. 390 FSCMA überträgt die Verordnungskompetenz für die Listing- und Delisting-Vorschriften der Börse, äußert sich aber nicht zu dem rechtlichen Verhältnis zwischen der Börse und dem Emittenten. Aus dieser Vorschrift können daher keine weiteren Schlüsse auf das Rechtsverhältnis von Börse und Emittent gezogen werden.

Dass die Börse allein über das Listing eines Unternehmens entscheidet und ein Delisting auf Antrag des Emittenten auch ablehnen kann, spricht nicht zwingend dafür, das Rechtsverhältnis zwischen Börse und Unternehmen als öffentlich-rechtlich zu qualifizieren. Gegen die Einstufung der Zulassungsordnungen als Rechtsnormen spricht außerdem, dass sie keine allgemeine Wirkung haben, sondern allein auf das Verhältnis zwischen der Börse und dem Emittenten Anwendung finden.[935]

Mittlerweile gibt es keine überzeugenden Gründe mehr dafür, die Börse als Verwaltungsbehörde zu qualifizieren. Es handelt sich vielmehr um ein privatrechtlich organisiertes Unternehmen, das lediglich der Aufsicht durch die FSC untersteht, aber selbst keine hoheitlichen Entscheidungen treffen kann.[936] Die Beleihung einer Privatperson mit Verwaltungsaufgaben, wie bei der Börsenorganisation in Deutschland ist in Südkorea nicht vorgesehen. Stattdessen sieht das südkoreanische Recht mit dem *Act on the Management of Public Institutions* die Möglichkeit vor, öffentliche Institutionen einzurichten, die der Kontrolle der Regierung unterliegen.[937] Das Rechtsverhältnis zwischen der Börse und dem antragstellenden Unternehmen wird durch einen Listing-Vertrag begründet.[938] Die Listing-Entscheidung ist folglich als private Willenserklärung der Börse aufzufassen, die auf die Annahme des Listing-Antrags des Unternehmens gerichtet ist, das ein Listing an einem der Märkte der KRX anstrebt.[939]

Bereits 2004 entschied der oberste Gerichtshof Koreas, dass die damals geltende Zulassungsordnung nur allgemeine Geschäftsbedingungen enthalte, die den Inhalt des Vertrags zwischen Börse und Emittent ausprägten.[940] Der Supreme Court (3rd Division) hat sich in seiner Entscheidung vom 15.11.2007 dahin gehend geäußert, bei der KRX handele es sich um eine private Gesellschaft weshalb auch das Listing von Wertpapieren auf einem privatrechtlichen Vertrag zwischen der KRX und der listingwilligen Gesellschaft beruhe.[941] Die Zulassungsordnungen haben die Rechtsnatur von Vertragsbedingungen. Da die Börse aber im öffentlichen Interesse handelt, dürfen die Vertragsbedingungen nicht gegen die Grundsätze der Billigkeit verstoßen.

---

935 *Yi*, S. 101, 106.

936 *Moon*, 서강법학연구, Vol. 11 No. 1, 2009, 217 ff.

937 Übersetzung für *Act on the Management of Public Institutions*: 공공기관의 운영에 관한 법률.

938 *An*, The Korean Journal of Securities Law, Vol. 6, No. 2, 2005, S. 5.

939 So auch: *Moon*, 고려법학, Vol. 49 No.-, 2007, 731.

940 *Yi*, S. 101, 106 mit Verweis auf: Beschluss des Daebubwon vom 16.01.2004, Az: 2003ma1499.

941 Supreme Court: 대법원은 207.11.15. 선고 2007다 1753판결에서.

Deshalb ist es folgerichtig, die Zulassungsordnungen als zivilrechtliche Vereinbarungen zu qualifizieren und die Delisting-Entscheidung als Kündigung eines privatrechtlichen Vertrages zwischen der Börse und dem Emittenten aufzufassen, sodass Streitigkeiten über die Delisting-Entscheidung den Zivilgerichten zugewiesen sind.[942]

B. Das zwangsweise Delisting vom KOSPI-Markt

Die KOSPI-Zulassungsordnung sieht zwei unterschiedliche Verfahren für das zwangsweise Delisting von im KOSPI-Markt gelisteten Unternehmen, nämlich das automatische Delisting und das Delisting nach Überprüfung vor.

I. Bezeichnung als administrative issue

Einem zwangsweisen Delisting durch die koreanische Börse kann bei einem Verstoß gegen Listinganforderungen die Bezeichnung der gelisteten Aktien als *administrative issue* gemäß § 47 KOSPI-Zulassungsordnung vorangehen. Die Bezeichnung dient zum einen der Warnung des Emittenten, dass er bei einem dauerhaften Verstoß riskiert, seine Zulassung zu verlieren, und zum anderen wiederum den Anlegern, die über das Risiko eines Investments in die Aktien, die als administrative issue bezeichnet sind, informiert werden sollen. Die Bezeichnung als administrative issue erfolgt in Abhängigkeit mit dem verwirklichten Delisting-Kriterium, da nicht jede Verwirklichung eine Bezeichnung als administrative issue zur Folge hat. Der Mehrzahl der Delisting-Kriterien geht jedoch eine Bezeichnung als administrative issue voraus.[943]

§ 47 Abs. 1 Nr. 1 bis 13 KOSPI-Zulassungsordnung enthalten die Kriterien, bei deren Erfüllung das Unternehmen als administrative issue bezeichnet wird. § 47 Abs. 1 unterscheidet nicht zwischen der Bezeichnung als administrative issue für ein automatisches Delisting gemäß § 48 Abs. 1 und dem Delisting nach einer umfassenden Überprüfung des Unternehmens gemäß § 48 Abs. 2. Die Unterscheidung erfolgt erst in § 48 Abs. 1 beziehungsweise § 48 Abs. 2 selbst. Gemäß § 47 Abs. 1 ergeht eine Bezeichnung als administrative issue, wenn der Emittent die obligatorischen Berichte (Halbjahres- Jahres- und Quartalsberichte) nicht regelmäßig an die Börse übermittelt, wenn der Prüfbericht des Auditors negativ ausfällt, wenn das Kapital geringer ist als der Wert der ausgegebenen Aktien und wenn entweder die Aktienverteilung, das Handelsvolumen, die corporate governance, die Verkaufsmenge, der Preis der einzelnen Aktie oder die Marktkapitalisierung nicht den Anforderungen der KOSPI-Zulassungsordnung entsprechen. Die Bezeichnung erfolgt außerdem, wenn ein Insolvenzantrag oder ein Antrag auf Eröffnung eines Sanierungsverfah-

942 *Yi*, S. 101, 106.
943 Den in § 48 Abs. 1 Nr. 1 bis einschließlich Nr 9 und Abs. 2 Nr. 1 und Nr. 2 KOSPI-Zulassungsordnung genannten Kriterien geht eine Bezeichnung als administrative issue voraus.

rens gestellt wird, wenn gegen Offenlegungsvorschriften verstoßen wird oder wenn ein Delisting aus Gründen des Anlegerschutzes und der Wahrung des öffentlichen Interesses erforderlich erscheint.

Demgegenüber erfolgt keine Bezeichnung als administrative issue, wenn einer der in § 48 Abs. 1 Nr. 10 bis 14, Abs. 2 Nr. 3 und Nr. 4 KOSPI-Zulassungsordnung genannten Sachverhalte erfüllt ist. Diese Sachverhalte betreffen dauerhaft bestehende Veränderungen, bei denen nicht damit zu rechnen ist, dass der Emittent die Gründe beheben kann oder will. Hierzu zählen beispielsweise die Eingliederung in eine Holding-Gesellschaft[944] und die Auflösung der Gesellschaft.[945]

§ 47 Abs. 2 Nr. 1 regelt die Aufhebung der Bezeichnung als administrative issue für die in § 47 Abs. 1 Nr. 1 bis 9 und 13 genannten Fälle. Die Bezeichnung wird regelmäßig dann aufgehoben, wenn durch den nächsten fälligen Bericht nachgewiesen wird, dass die Gründe für die Bezeichnung als administrative issue weggefallen sind. § 47 Abs. 1 Nr. 13 dient als Auffangtatbestand und berechtigt die Börse, gelistete Unternehmen über die in den Nr. 1 bis 12 genannten Kriterien hinaus als administrative issue zu bezeichnen, wenn dies aus Gründen des öffentlichen Interesses und des Anlegerschutzes erforderlich erscheint. Die Aufhebung erfolgt wiederum, nachdem durch den nächsten Bericht nachgewiesen worden ist, dass die Gründe für die Bezeichnung als administrative issue nunmehr weggefallen sind. Wenn die Bezeichnung erfolgt ist, nachdem ein Halbjahres- beziehungsweise Jahresbericht nicht eingereicht worden ist, fällt weg, sobald der nächste Bericht pünktlich an die Börse übermittelt wird, oder wenn der Jahresbericht innerhalb von 10 Tagen nach Fristablauf für seine reguläre Einreichung nachgereicht worden ist (vgl. § 47 Abs. 2 Nr. 1 a) KOSPI-Zulassungsordnung).

II. Automatisches Delisting gemäß § 48 Abs. 1 KOSPI-Zulassungsordnung

§ 48 Abs. 1 KOSPI-Zulassungsordnung bestimmt, wann ein Unternehmen automatisch vom KOSPI-Markt delistet wird, und enthält insgesamt 14 Kriterien, deren Verwirklichung zum Delisting der betreffenden Aktien führt. Weitere Vorschriften bezüglich des Verfahrens und zur näheren Ausgestaltung der Delisting-Kriterien finden sich in §§ 47, 48, 49 der Durchführungsordnung.

1. Verstoß gegen Berichterstattungspflichten

Zu den in § 48 Abs. 1 KOSPI-Zulassungsordnung genannten Delisting-Kriterien zählen Verstöße gegen regelmäßig wiederkehrende Berichterstattungspflichten, die das Unternehmen vierteljährlich, halbjährlich und jährlich zu erfüllen hat.[946] Verstößt ein Unternehmen gegen diese Pflichten, werden dessen Aktien zunächst als adminis-

944 § 48 Abs. 1 Nr. 12 KOSPI-Zulassungsordnung.
945 § 48 Abs. 1 Nr. 10 KOSPI-Zulassungsordnung.
946 § 48 Abs. 1 Nr. 1 a, b KOSPI-Zulassungsordnung.

trative issue bezeichnet[947] und bei weiterer Nichterfüllung der Pflichten delistet.[948] Sind die Aktien des Emittenten als administrative issue bezeichnet, weil der Emittent den Jahresbericht nicht fristgerecht eingereicht hat, bleiben ihm nur weitere zehn Tage nach dem Ablauf der Einreichungsfrist, um den Jahresbericht nachzureichen. Hält die Gesellschaft diese Frist nicht ein, fallen ihre Aktien unter das Delisting-Kriterium und es wird dann die Zulassung automatisch entzogen.[949] Wird ein Quartalsbericht oder ein Halbjahresbericht nicht eingereicht und sind die Aktien deshalb als administrative issue bezeichnet, erfolgt ein automatisches Delisting erst dann, wenn auch der folgende Bericht nicht fristgerecht eingereicht wird.[950]

2. *Prüfergebnis entspricht nicht den Anforderungen*

Gemäß § 48 Abs. 1 Nr. 2 KOSPI-Zulassungsordnung wird ein Unternehmen delistet, wenn das Prüfungsergebnis der Auditoren negativ ausfällt. Das ist der Fall, wenn der Einzelabschluss oder der Konzernabschluss für das letzte Geschäftsjahr mangelhaft,[951] oder wenn der überprüfte Einzel- bzw. Konzernabschluss nicht aussagekräftig ist.[952] Nach § 2 Abs. 1 Nr. 27 KOSPI-Zulassungsordnung müssen Auditoren Wirtschaftsprüfungsgesellschaften sein. Die inhaltlichen Vorgaben für die Überprüfung finden sich nicht in der KOSPI-Durchführungsordnung, sondern in dem vom Korean Institute of Certified Public Accountants (KICPA) herausgegebenen Audit-Handbuch.[953] Gemäß Art. 2 External Audit Act unterliegt jede börsennotierte Aktiengesellschaft dieser Überprüfungspflicht. Zur Gewährleistung einer fairen Überprüfung wird die Überprüfung durch die Wirtschaftsprüfungsgesellschaft von der Securities and Futures Commission überwacht.[954]

3. *Nicht gedecktes Kapital*

Nicht gedecktes Kapital stellt gemäß § 48 Abs. 1 Nr. 3 KOSPI-Zulassungsordnung einen Delisting-Grund dar.[955] Das Kapital ist nicht gedeckt, wenn das gesamte Eigenkapital geringer ist als der Nennwert aller Aktien.[956] Ein Delisting-Grund liegt vor, wenn das Eigenkapital am Ende des Geschäftsjahres geringer als der Nennwert

---

947 § 47 Abs. 1 Nr. 1 KOSPI-Zulassungsordnung.
948 § 48 Abs. 1 Nr. 1 KOSPI-Zulassungsordnung.
949 § 48 Abs. 1 Nr. 1 a) KOSPI-Zulassungsordnung.
950 § 48 Abs. 1 Nr. 1 b) KOSPI-Zulassungsordnung.
951 § 48 Abs. 1 Nr. 2 a) KOSPI-Zulassungsordnung
952 § 48 Abs. 1 Nr. 2 b) KOSPI-Zulassungsordnung; während das gelistete Unternehmen als administrative issue gemäß § 47 Abs. 1 Nr. 2 a) bezeichnet ist.
953 Gemäß Art. 5 Abs. 2 External Audit Act.
954 Art. 15 Abs. 1 External Audit Act.
955 § 48 Abs. 1 Nr. 3 KOSPI-Zulassungsordnung; § 41 Durchführungsordnung.
956 Das Eigenkapital wird berechnet, indem die Gesamtverbindlichkeiten des letzten Geschäftsjahres vom Gesamtvermögen abgezogen werden (vgl. § 2 Nr. 15 KOSPI-Zulassungsordnung).

aller Aktien ist, oder wenn die Verschlechterung 50 % des Grundkapitals am Ende des letzten Geschäftsjahres beträgt, während das Unternehmen als administrative issue gemäß § 47 Abs. 1 Nr. 3 KOSPI-Zulassungsordnung bezeichnet war.[957] Nicht gedecktes Kapital kann beispielsweise durch eine zu hohe Kreditaufnahme oder mehrere schlechte Investments hervorgerufen werden. Ein Delisting setzt die vorherige Warnung des Unternehmens voraus, indem es als administrative issue bezeichnet wird.

4. *Aktienverteilung/Handelsvolumen entspricht nicht den Anforderungen*

Ein automatisches Delisting findet des Weiteren statt, wenn die Aktienverteilung (§ 48 Abs. 1 Nr. 4 KOSPI-Zulassungsordnung) oder das Handelsvolumen (§ 48 Abs. 1 Nr. 5 KOSPI-Zulassungsordnung) nicht den Listinganforderungen entsprechen.[958] Die Aktienverteilung genügt nicht den Anforderungen, wenn am Ende des letzten Geschäftsjahres der Aktiengesellschaft weniger als 200 Aktionäre vorhanden sind, während die Gesellschaft wegen des Mangels an Aktionären als administrative issue gemäß § 47 Abs. 1 Nr. 4a KOSPI-Zulassungsordnung bezeichnet ist (§ 48 Abs. 1 Nr. 4 a KOSPI-Zulassungsordnung), oder wenn der Freefloat weniger als 10 % beträgt, während die Gesellschaft aus diesem Grund als administrative issue bezeichnet ist (§ 47 Abs. 1 Nr. 4b KOSPI-Zulassungsordnung).

Das Handelsvolumen entspricht nicht den Anforderungen, wenn das durchschnittliche monatliche Handelsvolumen der Stammaktien ein halbes Jahr nach Beginn des neuen Geschäftsjahres weniger als 1 % beträgt und das Unternehmen aus diesem Grund als administrative issue bezeichnet worden ist (§ 47 Abs. 1 Nr. 5 KOSPI-Zulassungsordnung). Ausnahmen von diesem Grundsatz sind in § 47 Abs. 1 Nr. 5 KOSPI-Zulassungsordnung aufgeführt. Dieses Delisting-Kriterium wird demnach nicht erfüllt, wenn das monatliche Handelsvolumen mindestens 20.000 Aktien umfasst oder mindestens 20 % der Aktien nicht vom Hauptaktionär gehalten werden, sondern von mindestens 500 Aktionären, wenn es sich um ein innerhalb des letzten Halbjahres neu gelistetes Unternehmen handelt, oder der Handel dieser Aktien für mindestens 50 von 100 Handelstagen innerhalb des letzten Halbjahres unterbrochen war oder alternativ ein Vertrag über die Bereitstellung von Liquidität für mindestens eine sechsmonatige Zeitspanne geschlossen wurde.[959]

5. *Standardwidrige Corporate Governance*

Die Aktien können weiterhin delistet werden, wenn die Gesellschaft die Corporate Governance-Grundsätze nicht einhält.[960] Dem Delisting muss eine Bezeichnung als

957 § 48 Abs. 1 Nr. 3 a) und b) KOSPI-Zulassungsordnung.
958 § 42 (Aktienverteilung), § 43 (Handelsvolumen) Durchführungsordnung.
959 § 47 Abs. 1 Nr. 5 a. bis e. KOSPI-Zulassungsordnung.
960 § 48 Abs. 1 Nr. 6 KOSPI-Zulassungsordnung; § 44 Durchführungsordnung; Vergleich zu den deutschen Anforderungen an Corporate Governance: Ein im re-

administrative issue wegen eines Verstoßes gegen die Verpflichtung zur Bestimmung der externen Direktoren gemäß § 77 KOSPI-Zulassungsordnung und der Einrichtung des Prüfungsausschusses gemäß § 78 KOSPI-Zulassungsordnung vorausgehen[961]. Eine Bezeichnung als administrative issue erfolgt beispielsweise, wenn die Zahl der externen Direktoren nicht der in § 77 Abs. 1 KOSPI-Zulassungsordnung geforderten Anzahl entspricht, also mindestens ¼ aller Direktoren ausmacht und wenn bei Gesellschaften, deren Gesamtvermögen am Ende des Geschäftsjahres mehr als 2 Billionen Won (ca. 1,5 Milliarden Euro)beträgt, nicht mindestens 3 externe Direktoren, die die Mehrheit aller Direktoren bezogen auf die Anforderungen in Art. 542–8 Abs. 2 bis 5 koreanisches HGB ausmachen, vorhanden sind.[962] Ein Verstoß gegen die corporate governance Grundsätze liegt auch vor, wenn der vorgeschriebene interne Prüfungsausschuss, das sogenannte Audit Committee, nicht eingerichtet wurde. Der Verstoß stellt einen Delisting-Grund dar, wenn er nicht innerhalb eines Geschäftsjahres ab dem Zeitpunkt der Bezeichnung als administrative issue behoben wird.

6. Verkaufserlöse entsprechen nicht den Anforderungen

Der Gesellschaft kann die Börsenzulassung entzogen werden, wenn sie, während sie gemäß § 47 Abs. 1 Nr. 7 KOSPI-Zulassungsordnung als administrative issue bezeichnet ist, am Ende des aktuellen Geschäftsjahres einen Erlös (bezogen auf die verkauften Waren und erbrachten Dienstleistungen) von weniger als 5 Milliarden Won (ca. 3,7 Millionen Euro) erzielt hat.[963] Bei einem Konzern kommt es maßgeblich auf den Konzernabschluss an.

7. Aktienpreis entspricht nicht den Anforderungen

Wenn der Aktienpreis nicht den Anforderungen entspricht, werden die Aktien der Gesellschaft zunächst als administrative issue bezeichnet. Er entspricht nicht den Anforderungen, wenn der Schlusspreis der Aktien innerhalb einer Zeitspanne von 90 Tagen (basierend auf den Handelstagen) nach der Bezeichnung als administrative issue entweder innerhalb von zehn aufeinanderfolgenden Tagen weniger als 20 % ihres Nennwerts betragen hat, oder wenn der Schlusspreis der Aktien an

---

gulierten Markt zugelassener Emittent ist gemäß § 161 AktG zur Abgabe einer Entsprechenserklärung verpflichtet, in der er erklären muss, ob er die Empfehlungen des Deutschen Corporate Governance Kodex einhält oder nicht. Die Einhaltung des Corporate Governance Kodex ist freiwillig, nur die Abgabe der Entsprechenserklärung ist Pflicht. Es handelt sich bei der Einhaltung nicht um eine Zulassungsfolgepflicht, sondern der Emittent hält die Grundsätze des Kodex freiwillig ein. Ein Verstoß gegen den Corporate Governance Kodex stellt keinen Grund für ein zwangsweises Delisting dar, *Goette*, in: MüKo AktG, Bd. 3, § 161 Rn. 1 ff.

961 § 47 Abs. 1 Nr. 6 KOSPI-Zulassungsordnung.

962 § 47 Abs. 1 Nr. 6 a KOSPI-Zulassungsordnung.

963 § 45 KOSPI-Durchführungsordnung.

insgesamt dreißig Tagen innerhalb der 90 Tage weniger als 20 % des Nennwerts betragen hat.[964]

8. Marktkapitalisierung entspricht nicht den Anforderungen

Eine Bezeichnung als administrative issue erfolgt, wenn die Marktkapitalisierung für dreißig Tage weniger als 5 Milliarden Won (ca. 3,7 Millionen Euro) beträgt.[965] Ein Delisting der Aktien erfolgt, wenn die Marktkapitalisierung innerhalb von 90 Tagen nach der Bezeichnung der Aktien als administrative issue nicht an mindestens 10 aufeinanderfolgenden Tagen mehr als 5 Milliarden Won, oder an mindestens 30 Tagen innerhalb der 90 Tage 5 Milliarden Won beträgt.[966]

9. Liquidation oder Zahlungsunfähigkeit der Gesellschaft und die Nichterfüllung von Bankverpflichtungen

Grund für ein automatisches Delisting ohne eine vorherige Bezeichnung des Unternehmens als administrative issue sind die Liquidation der Gesellschaft,[967] die komplette Zahlungsunfähigkeit oder die Unfähigkeit des Unternehmens, seine Verpflichtungen gegenüber den Banken zu bedienen.[968] Die Gesellschaft ist zahlungsunfähig, wenn ausgegebene Wechsel oder Schecks nicht mehr eingelöst werden können.[969] Das Delisting-Kriterium der Zahlungsunfähigkeit bzw. der Nichterfüllung der Bankverpflichtungen wird nicht angewandt, wenn die zur Finanzierung eines bereits genehmigten Sanierungsverfahrens ausgegebenen Wechsel oder Schecks kurzzeitig nicht eingelöst werden können.[970]

10. Eingliederung in eine Holding-Gesellschaft

Ein automatisches Delisting vom KOSPI-Markt erfolgt, wenn der Hauptaktionär alle ausgegebenen Anteile erlangt hat, beispielsweise dadurch, dass das Unternehmen, dessen Aktien im KOSPI-Markt gelistet sind, die hundertprozentige Tochtergesellschaft eines Konzerns geworden ist.[971] Eine vorherige Bezeichnung als administrative issue ist für diesen Fall nicht vorgesehen, was auch folgerichtig ist, da es sich bei der Eingliederung in eine Holding-Gesellschaft nicht um einen temporären und folglich behebbaren Zustand handelt, sondern um einen der dauerhaft Bestand haben soll.

---

964 § 48 Abs. 1 Nr. 8 a) b) KOSPI-Zulassungsordnung.
965 § 47 Abs. 1 Nr. 9 KOSPI-Zulassungsordnung.
966 Bei dem Marktkapital handelt es sich um das Produkt aus der Anzahl der im Umlauf befindlichen Anteile, die mit dem Kurswert multipliziert wird.
967 § 48 Abs. 1 Nr. 10 KOSPI-Zulassungsordnung.
968 § 48 Abs. 1 Nr. 11 KOSPI-Zulassungsordnung; § 47 KOSPI-Durchführungsordnung.
969 § 48 Abs. 1 Nr. 11 KOSPI-Zulassungsordnung.
970 § 47 KOSPI-Durchführungsordnung.
971 § 48 Abs. 1 Nr. 12 KOSPI-Zulassungsordnung.

11. *Beschränkung des Aktienhandels*

Ein Delisting findet ohne Bezeichnung als administrative issue statt, wenn die Aktienübertragung beschränkt ist.[972] Dieser Grund für eine Beendigung der Zulassung greift indes nicht, wenn der Grund für die Einschränkung nicht in der Behinderung des Aktienhandels im KOSPI-Markt liegt, sondern aufgrund von Gesetzen und Ordnungen eingeschränkt ist.[973]

12. *Nichtbeachtung der Kriterien für ein backdoor listing*

Ein automatisches Delisting kann schlussendlich dadurch indiziert werden, dass die backdoor-listing-Kriterien gemäß §§ 32 ff. KOSPI-Zulassungsordnung nicht eingehalten wurden.[974] Gemäß § 1 Nr. 1 c. KOSPI-Zulassungsordnung umfasst der Begriff des backdoor listing Fälle, in denen beispielsweise durch Verschmelzung, Aktientausch, Unternehmens- oder Anteilsübernahmen oder durch Sacheinlagen sich das Management der Gesellschaft ändert oder dies ein Listing vormals nicht gelisteter Beteiligungspapiere zur Folge hat. Das ist zum einen dadurch möglich, dass das backdoor listing-Verfahren durchgeführt worden ist und die Listing-Eignungsprüfung für das backdoor-listing endgültig nicht bestanden wurde (§ 48 Abs. 1 Nr. 14 a KOSPI-Zulassungsordnung), oder das backdoor listing Verfahren bereits durchgeführt wurde, ohne eine backdoor listing-Eignungsprüfung zu beantragen (§ 48 Abs. 1 Nr. 14 b KOSPI-Zulassungsordnung).[975]

III. Delisting nach Überprüfung gemäß § 48 Abs. 2 KOSPI-Zulassungsordnung

Von dem in § 48 Abs. 1 KOSPI-Zulassungsordnung normierten automatischen Delisting ist das Delisting nach Überprüfung zu unterscheiden. Erfüllt ein Unternehmen eines der in § 48 Abs. 2 KOSPI-Zulassungsordnung genannten qualitativen Delisting-Kriterien, erfolgt kein automatisches Delisting. Vielmehr muss die Börse innerhalb von 15 Tagen, nachdem das Vorliegen eines der in § 48 Abs. 2 KOSPI-Zulassungsordnung genannten Kriterien bestätigt wurde, entscheiden, ob eine Unternehmensüberprüfung durch den Unternehmens-Prüfungsausschuss stattfinden soll.[976] Hält die Börse eine Überprüfung durch den Unternehmens-

972 § 48 Abs. 1 Nr. 13 KOSPI-Zulassungsordnung.

973 Art. 335 koreanisches Handelsgesetzbuch sieht für die Gesellschaft die Möglichkeit vor, den Aktienhandel zu beschränken. Ist der Aktienhandel durch die Satzung der Gesellschaft eingeschränkt, benötigt der Anteilseigner gemäß Art. 335–2 Abs. 1 vor dem Verkauf die Zustimmung des Board of Directors.

974 § 48 Abs. 1 Nr. 14 KOSPI-Zulassungsordnung.

975 § 48 Abs. 1 Nr. 14 b lässt Ausnahmen von diesem Grundsatz zu.

976 § 49 Abs. 1 KOSPI-Zulassungsordnung.

Prüfungsausschuss nicht für erforderlich, bleibt das Listing ohne weitere Prüfung bestehen.[977]

Einem Delisting nach Überprüfung kann wie dem automatischen Delisting eine Bezeichnung des Unternehmens als administrative issue vorgehen, die zur Folge hat, dass dem Unternehmen von der KRX eine Frist gesetzt wird, innerhalb der die Gründe, die zu der Bezeichnung als administrative issue geführt haben, wieder behoben werden können.

1. Der Prüfungsbericht des Unternehmens-Prüfungsausschusses

Der Prüfungsbericht des Unternehmens-Prüfungsausschusses setzt sich aus zwei Teilen zusammen. Im ersten Teil des Prüfungsberichts wird die wirtschaftliche Situation des Unternehmens dargestellt. Anschließend wird auf Basis der ermittelten Informationen geprüft, ob das Unternehmen zwangsweise delistet werden sollte, oder ob der Unternehmens-Prüfungsausschuss auf Basis der vorhandenen Informationen der Auffassung ist, dass es aufgrund der wirtschaftlichen Situation und zur Gewährleistung des Anlegerschutzes sinnvoll erscheint, dem Unternehmen eine Frist zur Verbesserung zu gewähren.[978] Im zweiten Teil des Berichts wird aufgrund der bisherigen Erkenntnisse eine Prognoseentscheidung bezüglich der zukünftigen Entwicklung des Unternehmens getroffen. Ergibt die Listing-Eignungsprüfung gemäß § 49 KOSPI-Zulassungsordnung, dass nach Überprüfung der Nachhaltigkeit, der Management-Transparenz des öffentlichen Interesses und des Anlegerschutzes ein Delisting des Unternehmens erforderlich ist, wird es von der Börse delistet (vgl. § 48 Abs. 2 S. 1 KOSPI-Zulassungsordnung).[979]

Die Prüfkriterien werden in umfassende Kriterien und Kriterien, die in Abhängigkeit von dem verwirklichten Delisting-Kriterium geprüft werden, unterteilt.[980] Die weiteren Prüfkriterien werden in § 50 KOSPI-Durchführungsordnung und in § 10 der Eignungsprüfungs-Richtlinie konkretisiert.[981] Dies sind Folgende:[982]

---

977 Zu den Gründen für die Entbehrlichkeit der Überprüfung: § 50–2 Durchführungsordnung.

978 § 50 Durchführungsordnung zu der KOSPI-Zulassungsordnung enthält die Bewertungskriterien, sowie die am 30.03.2015 neu in Kraft getretene Richtlinie zur Unternehmensüberprüfung im KOSPI-Markt (유가증권시장 상장적격성 실질심사지침). Die genannte Richtlinie befasst sich nur mit der nach § 48 Abs. 2 KOSPI-Zulassungsordnung erforderlichen Unternehmensüberprüfung.

979 Die Kriterien und der Ablauf der Unternehmensüberprüfung finden sich gemäß § 49 Abs. 5 Zulassungsordnung in der Durchführungsordnung. Die entsprechenden Vorschriften stehen in § 50 und § 51 der Durchführungsordnung.

980 Corporate Disclosure Guide for KOSPI Market Listed Companies 2012–10, S. 57.

981 Die weiteren Prüfkriterien werden in § 50 Abs. 1 Nr. 4 KOSPI-Durchführungsordnung konkretisiert.

982 Informationen wurden entnommen aus dem Prüfungsbericht des Unternehmensprüfungsausschusses für den KOSPI-Markt vom 11.07.2014 = 유가증권시장 기 ㅣ 업심사위원회 (2014년 제3차).

Im ersten Teil der Unternehmensüberprüfung wird geprüft, wie schwerwiegend die Transparenz des Managements durch das schwache corporate governance system geschädigt wurde (einschließlich Unterschlagungen und regelmäßige Wechsel des Mehrheitsaktionärs/Großaktionärs); die Finanzlage des Unternehmens von der Vergangenheit bis heute; die Besitzverhältnisse in der Aktiengesellschaft, also die Aktionärsstruktur; die Historie der Kapitalerhöhungen- und herabsetzungen geprüft; ob verbundene Gesellschaften vorhanden sind.

Auf Basis der gesammelten und ausgewerteten Unternehmensunterlagen wird im zweiten Teil der Unternehmensüberprüfung eine Fortführungsprognose erstellt. Dabei werden die künftige Finanzlage, die Transparenz des Managements und die Gewährleistung des Anlegerschutzes berücksichtigt. Dabei wird geprüft, ob ausstehende Darlehen oder Besitzer von Schuldverschreibungen vorhanden sind und ob das Corporate Governance System des Unternehmens geschädigt wurde. Zuletzt wird von dem Unternehmens-Prüfungsausschuss geprüft, ob der Anlegerschutz besser durch ein Delisting oder durch eine Beibehaltung des Listings des Emittenten an der Börse gewährleistet werden kann. Hier werden alle Interessen der Beteiligten miteinander abgewogen. Dazu gehören der Anlegerschutz, das Interesse des Emittenten an einem Delisting und der Funktionsschutz des Marktes.

2. Delisting-Kriterien die eine Unternehmensüberprüfung indizieren

§ 48 Abs. 2 KOSPI-Zulassungsordnung enthält die Delisting-Kriterien, deren Erfüllung die Überprüfung der Gesellschaft, deren Aktien im KOSPI-Markt gelistet sind indiziert, bevor die Börse eine Entscheidung darüber trifft, ob die Aktien der Gesellschaft zwangsweise vom KOSPI-Markt delistet werden oder nicht.

a) Versuch des Unternehmens, ein Sanierungsverfahren durchzuführen

Gründe für die Durchführung einer Unternehmensprüfung sind gemäß § 48 Abs. 2 Nr. 1 KOSPI-Zulassungsordnung, wenn die Einleitung eines Sanierungsverfahrens durch Gerichtsentscheidung abgelehnt wird, das Verfahren abgebrochen oder die Zustimmung zum Sanierungsplan abgelehnt wird, während das Unternehmen gemäß § 47 Abs. 1 Nr. 11 KOSPI-Zulassungsordnung als administrative issue bezeichnet ist. Darunter fallen auch die Fälle, in denen eine Überprüfung nach der Entscheidung des Gerichts ergibt, dass das Unternehmen die Anforderungen an ein Listing im KOSPI-Markt nicht mehr erfüllt. Die KRX berücksichtigt dabei die Auffassung des Gerichts als aufsichtsführende Behörde nach dem Deptor Rehabilitation and Bankruptcy Act.[983]

b) Verstoß gegen Publizitätspflichten

Der Verstoß gegen Publizitätspflichten stellt gemäß § 48 Abs. 2 Nr. 2 KOSPI-Zulassungsordnung einen Delisting-Grund dar, wenn ein Unternehmen, das gemäß

---

983 Corporate Disclosure Guide for KOSPI Market Listed Companies, KRX 2012–10, S. 57.

§ 47 Abs. 1 Nr. 12 KOSPI-Zulassungsordnung als administrative issue bezeichnet ist, wiederholt gegen Publizitätspflichten verstoßen hat und während eines Jahres 15 Strafpunkte gesammelt hat oder als gegen Publizitätspflichten verstoßendes Unternehmen bezeichnet wird, weil es vorsätzlich oder grob fahrlässig gegen Publizitätspflichten verstoßen hat und dieser Verstoß potentiell erheblichen Einfluss auf den Geschäftsbetrieb haben kann. Die von den Emittenten zu erfüllenden Publizitätspflichten ergeben sich aus der KOSPI-Offenlegungsordnung und deren Durchführungsordnung.[984] Die Offenlegungsordnung enthält einen Katalog, der jede Situation beschreibt, die eine Veröffentlichungspflicht des Emittenten zur Folge hat. Gemäß §§ 32 bis 35 KOSPI-Offenlegungsordnung kann die Börse einen Emittenten als *Unfaithful Disclosure Corporation* bezeichnen, wenn er gegen Publizitätspflichten verstoßen hat.

c) Unrichtige eingereichte Dokumente für die Listing-bzw. Delisting Prüfung

Ein weiterer Grund für ein Delisting nach Überprüfung liegt gemäß § 48 Abs. 2 Nr. 3 KOSPI-Zulassungsordnung vor, wenn die für die Listing- beziehungsweise Delisting-Prüfung für den Anlegerschutz erforderlichen eingereichten Dokumente entweder inhaltlich unrichtig oder unvollständig sind.[985]

d) Umgehung eines Delisting-Kriteriums

Gemäß § 48 Abs. 2 Nr. 4 a) KOSPI-Zulassungsordnung kann eine Unternehmensüberprüfung dadurch ausgelöst werden, dass ein Unternehmen Maßnahmen vorgenommen hat, die seine finanzielle Struktur verbessern, um die Erfüllung eines Delisting-Kriteriums zu umgehen. Gemäß § 50 Abs. 1 Nr. 1 KOSPI-Durchführungsordnung wird eine Umgehung dieses Delisting-Kriteriums vermutet, wenn ein Unternehmen als administrative issue bezeichnet wurde, weil es die Anforderungen an den von den Regelwerken der Börse geforderten Umsatz nicht erfüllt hat und die Aufhebung der Bezeichnung als administrative issue dadurch erreicht hat, dass Verkäufe mit Rückkaufvereinbarung beziehungsweise Kapitalerhöhungen vorgenommen worden sind.

e) Grobes Fehlverhalten

Gemäß § 48 Abs. 2 Nr. 4 b) KOSPI-Zulassungsordnung findet eine Unternehmensprüfung statt, wenn durch eine Unternehmensmitteilung eine Unterschlagung oder ein sonstiges Fehlverhalten bekannt wird und diese Tatsache dazu geeignet ist, einen schweren finanziellen Schaden für das betreffende Unternehmen zu bewirken, oder ein solcher Schaden bereits eingetreten ist. Gemäß § 50 Abs. 1 Nr. 2 KOSPI-

984 § 7 bis 21 KOSPI Offenlegungsordnung = KOSPI Market Disclosure Regulation.

985 §§ 29, 30 KOSPI-Zulassungsordnung enthalten die Anforderungen an ein Unternehmen, das einen Antrag auf ein erstmaliges Listing im KOSPI-Markt gestellt hat.

Durchführungsordnung fallen darunter auch Sachverhalte, bei denen eine diesbezügliche Anklage durch die Staatsanwaltschaft vorliegt. Diese Vorschrift schließt Unterschlagungen und Untreue ehemaliger Mitarbeiter und ehemaliger leitender Angestellter des Unternehmens ein.

f) Verstoß gegen Rechnungslegungsvorschriften

Gemäß § 48 Abs. 2 Nr. 4 c) KOSPI-Zulassungsordnung findet eine Unternehmensüberprüfung statt, wenn gegen die Korea International Financial Reporting Standards verstoßen wird. Hierunter fallen gemäß § 50 Abs. 1 Nr. 3 a) KOSPI-Durchführungsordnung Fälle, in denen der Jahresbericht, die Korrektur des Jahresberichts und die Überprüfung durch die Securities and Futures Commission den Verstoß gegen die Rechnungslegungsvorschriften bestätigen und unter Berücksichtigung der Einzelheiten dieses Verstoßes die Aktien der Gesellschaft unter dieses Delisting-Kriterium fallen.

Ebenfalls unter dieses Kriterium fallen gemäß § 50 Abs. 1 Nr. 3 b) KOSPI-Durchführungsordnung die Sachverhalte, in denen die Financial Services Commission oder die Securities and Futures Commission mit der Staatsanwaltschaft die Entscheidung getroffen hat, wegen Verletzung der Rechnungslegungsstandards einen Fall gegen das betreffende im KOSPI-Markt gelistete Unternehmen zu eröffnen (inklusive der Fälle gegen die gegenwärtigen und früheren leitenden Angestellten). Ausgenommen sind die Fälle, in denen die Höhe des Verstoßes weniger als fünf Prozent des Eigenkapitals ausmacht.[986]

g) Einstellung des Hauptgeschäfts

Gemäß § 48 Abs. 2 Nr. 4 d) KOSPI-Zulassungsordnung findet eine Unternehmensüberprüfung statt, wenn das Hauptgeschäft der Gesellschaft eingestellt wird. Bei der Überprüfung sind die Quartals- und Jahresumsätze des gesamten Unternehmens bzw. des verbleibenden Unternehmensteils zu berücksichtigen.[987]

Die genannte Vorschrift greift ein, wenn die Produktion und der Vertrieb des Hauptgeschäfts eingestellt wird, wenn die Betriebserlaubnis entzogen oder zurückgegeben worden ist, wenn das Hauptgeschäft mit einem anderen Betrieb fusioniert oder aufgespalten wird, wenn die Umsätze des letzten Quartals weniger als 500 Millionen Won (ca. 370.000 Euro) betragen, ferner in Fällen in denen eine ausländische Holding-Gesellschaft ihre gesamte Beteiligung an einer Tochtergesellschaft oder Teile hiervon verkauft und die Tochtergesellschaft hierdurch den Status der Tochtergesellschaft einer ausländischen Holding-Gesellschaft verliert, schließlich in

986 § 50 Abs. 1 Nr. 3 b) Durchführungsordnung; bei einem gelisteten Unternehmen mit Vermögenswerten von mehr als 2 Billionen Won (ca. 1,5 Milliarden Euro) darf der Verstoß höchstens 25/1,000 betragen.

987 Bei Holding-Gesellschaften und ausländischen Gesellschaften sind die Umsätze maßgeblich, die sich aus dem Konzernabschluss ergeben (§ 50 Abs. 1 Nr. 4 Durchführungsordnung).

Fällen, bei denen die Börse der Auffassung ist, dass der Betrieb des Hauptgeschäfts tatsächlich beendet worden ist.

h) Überschuldung

Gemäß § 48 Abs. 2 Nr. 4 e) KOSPI-Zulassungsordnung findet eine Unternehmensüberprüfung statt, wenn ein im KOSPI-Markt gelistetes Unternehmen unter das Delisting-Kriterium der Überschuldung fällt und ein Delisting durch die fristgerechte Einreichung des Wirtschaftsprüfungsberichts abwenden konnte.[988]

i) Öffentliches Interesse und Anlegerschutz

Eine Unternehmensüberprüfung findet gemäß § 48 Abs. 2 Nr. 4 f.) KOSPI-Zulassungsordnung statt, wenn ein Delisting aus Gründen des öffentlichen Interesses und des Anlegerschutzes erforderlich ist. Es handelt sich bei dieser Vorschrift wiederum um einen Auffangtatbestand für diejenigen Sachverhalte, die keine der ausdrücklich aufgeführten Delisting-Kriterien erfüllen, bei denen jedoch dem Unternehmens-Prüfungsausschuss ein Ermessen zusteht, eine Unternehmensüberprüfung durchzuführen, wenn ein Delisting aus seiner Sicht zum Schutz des öffentlichen Interesses und des Anlegerschutzes erforderlich erscheint. Das öffentliche Interesse ist ein unbestimmter Rechtsbegriff, der in keiner Vorschrift konkretisiert wird. Es handelt sich dabei um ein zentrales Konzept der öffentlichen Verwaltung. Er bedeutet, dass die Belange des Gemeinwohls über die Interessen des Einzelnen gestellt werden. Die Voraussetzungen des öffentlichen Interesses im Einzelfall lassen sich nur aus einer Gesamtschau von Sinn und Zweck der jeweiligen gesetzlichen Regelung gewinnen. Aus dem Umstand, dass die Börse bei ihrer Delisting-Entscheidung das öffentliche Interesse berücksichtigen muss, wird deutlich, dass die Börse nicht allein privatrechtlich handelt.

3. Gründe für die Entbehrlichkeit der Überprüfung

Erfüllt eine Gesellschaft eines der in § 48 Abs. 2 KOSPI-Zulassungsordnung genannten Kriterien, muss die Börse zunächst entscheiden, ob eine Überprüfung durch den Unternehmens-Prüfungsausschuss stattfinden soll. Diese Entscheidung kann die Börse aber nicht willkürlich treffen. Vielmehr muss sie die in § 50–2 Durchführungsordnung aufgelisteten Kriterien beachten. Wird eines der genannten Kriterien erfüllt, kann die Börse von einer Überprüfung absehen.

Eine Überprüfung kann beispielsweise unterbleiben, wenn wegen der Verwirklichung desselben Delisting-Kriteriums schon einmal eine Listing Prüfung durchgeführt worden ist, oder in einer vorhergehenden Überprüfung die Erfüllung eines solchen Delisting-Kriteriums prognostiziert wurde.[989] Um der Börse die Überprüfung

988 In der Durchführungsordnung finden sich zu diesem Delisting-Kriterium keine weiteren Spezifizierungen.

989 § 50–2 Abs. 1 Nr. 1 a) b) KOSPI-Durchführungsordnung.

zu erleichtern, kann die Gesellschaft einen Optimierungsplan einreichen, den die Börse dann bei ihrer Entscheidung berücksichtigen kann.[990]

Bei Verwirklichung der im Folgenden genannten Delisting-Kriterien soll die Überprüfung durch den Unternehmens-Prüfungsausschuss nicht schon bei erstmaliger Erfüllung des Delisting-Kriteriums, sondern erst zu einem späteren Zeitpunkt stattfinden.[991] Zum Zeitpunkt der Entscheidung über die Beendigung des Sanierungsverfahrens in Übereinstimmung mit dem Antrag auf Durchführung eines Sanierungsverfahrens;[992] zum Zeitpunkt der Übertragung oder Aufteilung eines Unternehmensteils; beruht auf dem Registrierungsdatum für die Übertragung oder Aufteilung im *Business Transfer Agreement*;[993] wenn seit dem Wechsel des Hauptaktionärs mehr als drei Jahre vergangen sind, als der Grund für die Überprüfung eingetreten ist;[994] wenn seit dem Auftreten des Delisting-Grundes, der zu einer Überprüfung geführt hat, mehr als fünf Jahre vergangen sind.[995] Eine Überprüfung ist außerdem nicht erforderlich, wenn ein Sanierungsverfahren eingeleitet und der Sanierungsplan genehmigt worden ist.[996] Eine Überprüfung ist weiterhin entbehrlich, wenn die Börse sie für nicht erforderlich hält, weil die Listing-Eignung des Unternehmens, dessen Aktien im KOSPI-Markt gelistet sind, bestätigt worden ist.[997] Das ist beispielsweise der Fall, wenn bereits eine Überprüfung in der Vergangenheit durchgeführt worden ist, weil die zukünftige Erfüllung eines Delisting-Kriteriums bereits antizipiert worden ist, während das Unternehmen jedoch noch alle Listing-Kriterien erfüllt hat. Eine weitere Unternehmensüberprüfung ist in diesem Fall nicht erforderlich, weil bereits eine Überprüfung wegen desselben Kriteriums zu einem früheren Zeitpunkt stattgefunden hat.

4. Verfahrensablauf

Innerhalb von 15 Tagen nach der Feststellung, dass ein im KOSPI-Markt gelistetes Unternehmen unter die in § 48 Abs. 2 genannten Delisting-Kriterien fällt, muss die Börse eine Entscheidung darüber treffen, ob eine Unternehmensprüfung durch den Unternehmens-Prüfungsausschuss stattfinden soll.[998] Die Frist kann um 15 Tage erweitert werden, wenn die Börse mehr Zeit benötigt, um zu entscheiden, ob eine Überprüfung des Unternehmens erfolgen soll.[999]

Der Unternehmens-Prüfungsausschuss hat die Aufgabe, darüber zu beraten, ob das Unternehmen weiterhin die Listing-Kriterien erfüllt, um im KOSPI-Markt

990 § 50–2 Abs. 3 KOSPI-Durchführungsordnung.
991 § 50–2 Abs. 1 Nr. 2 KOSPI-Durchführungsordnung.
992 § 50–2 Abs. 1 Nr. 2 a) KOSPI-Durchführungsordnung.
993 § 50–2 Abs. 1 Nr. 2 b) KOSPI-Durchführungsordnung.
994 § 50–2 Abs. 1 Nr. 2 c) KOSPI-Durchführungsordnung.
995 § 50–2 Abs. 1 Nr. 2 d) KOSPI-Durchführungsordnung.
996 § 50–2 Abs. 1 Nr. 3 KOSPI-Durchführungsordnung.
997 § 50–2 Abs. 1 Nr. 4 KOSPI-Durchführungsordnung.
998 § 49 Abs. 1 S. 1 KOSPI-Zulassungsordnung.
999 § 49 Abs. 1 S. 2 KOSPI-Zulassungsordnung.

gelistet bleiben zu können, und ob ihm gegebenenfalls eine Frist gesetzt wird, die Gründe, die zu der Überprüfung geführt haben, zu beheben, oder ob die Prognose für das Unternehmen derart negativ ist, dass nur noch ein Delisting in Betracht kommt.[1000] Die Frist zur Verbesserung darf den Zeitraum von einem Jahr nicht überschreiten.[1001]

Sobald die Börse eine Entscheidung bezüglich der Überprüfung durch den Unternehmens-Prüfungsausschuss getroffen hat, wird dieser unverzüglich einberufen, um zu überprüfen, ob die Listing-Eignung des Unternehmens weiterhin gegeben ist bzw. ob eine Frist zur Verbesserung gewährt werden soll. Das Unternehmen wird im Übrigen zur Zusammenarbeit mit der Börse und dem Unternehmens-Prüfungsausschuss verpflichtet, was auch die Pflicht beinhaltet, möglicherweise entscheidungsrelevante Unterlagen einzureichen.[1002]

Nach dem Ablauf der Verbesserungsfrist gemäß § 49 Abs. 2 KOSPI-Zulassungsordnung beruft die Börse den Unternehmens-Prüfungsausschuss wieder ein, der unter Berücksichtigung der Umsetzung des Verbesserungsplans prüft, ob die Listing-Eignung des überprüften Unternehmens weiterhin gegeben ist.[1003]

In Ausnahmefällen kann die Börse bereits vor dem Ablauf der Verbesserungsfrist über die Listing-Eignung des Unternehmens beraten.[1004] Dazu gehören die Fälle, in denen der Optimierungsplan nicht umgesetzt, das Unternehmen nicht als nachhaltig gut arbeitend angesehen wird oder wenn das Unternehmen selbst den Delisting-Antrag gestellt hat. Die Kriterien und das Verfahren für die Überprüfung der Listing-Eignung sind gemäß § 49 Abs. 5 in der Durchführungsordnung zu regeln. Die Regelungen sind in §§ 50 und 51 KOSPI-Durchführungsordnung enthalten.

5. *Präzedenzfall: Koreanische Börse gegen Kukje*

Der Supreme Court entschied in der Sache *Kukje* erstmalig, dass die Vorschriften der KOSPI-Zulassungsordnung, nach denen die Antragstellung auf Eröffnung eines Sanierungsverfahrens einen Delisting-Grund darstellt, ungültig sind, da bei diesem Delisting-Kriterium nicht berücksichtigt wurde, dass das Unternehmen möglicherweise nicht insolvent und deshalb weiterhin geeignet war, gelistet zu bleiben.[1005] Durch diese Vorschrift wurden Unternehmen, die einen Antrag auf Durchführung eines Sanierungsverfahrens gestellt hatten, gegenüber den Unternehmen benachteiligt, die sich anderer Sanierungsmaßnahmen bedienten.

Im Januar 1999, als die im KOSPI-Markt gelistete Kukje-Corporation ein Sanierungsverfahren einleitete, war der Antrag auf die Durchführung eines Sanierungs-

1000 § 51 KOSPI-Durchführungsordnung.
1001 § 51 Abs. 4 KOSPI-Durchführungsordnung.
1002 § 49 Abs. 2 KOSPI-Zulassungsordnung.
1003 § 49 Abs. 4 S. 1 KOSPI-Zulassungsordnung.
1004 § 49 Abs. 4 Nr. 1 bis 3 KOSPI-Zulassungsordnung.
1005 Entscheidung vom 15.11.2007, 3. Division of Supreme Court 대법원 2007.11.15. 선고 2007다1753 판결(상장폐지결정무효확인).

verfahrens nach der KOSPI-Zulassungsordnung noch ein Pre-Delisting Ereignis. Im Januar 2003 wurde die Zulassungsordnung um eine Regelung ergänzt, nach welcher der Antrag auf Durchführung eines Sanierungsverfahrens einen Delisting-Grund darstellt. In einer Zusatzbestimmung wurde geregelt, dass diejenigen Gesellschaften delistet werden sollen, die das Sanierungsverfahren vor Einführung der neuen Regelung begonnen und nicht bis zum 31.12.2004 beendet haben. Am 27.12.2004 wurde wiederum ergänzt, dass Gesellschaften, die die relisting-Anforderungen, auf Basis des Geschäftsberichts aus dem Jahr 2004, erfüllen, nicht delistet werden. Kukje erfüllte die relisting-Anforderungen nicht und reichte eine Beschwerde gegen die das Delisting betreffende Zulassungsordnung und deren Durchführungsordnung ein, um diese für rechtswidrig erklären zu lassen.[1006]

Kukje gewann den Fall in der ersten Instanz vor dem Seoul Southern District Court. Das Berufungsgericht (Seoul High Court) bestätigte die erstinstanzliche Entscheidung und entschied zugunsten von Kukje. Die KRX legte gegen diese Entscheidung Berufung vor dem Supreme Court ein. In der Entscheidung des Supreme Court (3rd Division) vom 15.11.2007, die die Klage der Kukje Corp. gegen die Delisting-Entscheidung der KRX betraf, wurde das Urteil der ersten Instanz bestätigt und die Delisting-Entscheidung für rechtswidrig erklärt.

6. *Widerspruchsmöglichkeit des Emittenten gemäß § 25 KOSPI-Zulassungsordnung*

Erhält ein Emittent die Mitteilung, dass seine Wertpapiere unter die Delisting-Kriterien fallen, hat er gemäß § 25 Abs. 2 KOSPI-Zulassungsordnung die Möglichkeit, innerhalb von 15 Tagen gegen die Delisting-Entscheidung Widerspruch einzulegen. § 19 der Durchführungsordnung bestimmt, welche Dokumente das Unternehmen mit dem Widerspruch bei der Börse einreichen muss. Es muss unter anderem die Gründe für das Delisting angeben, einen Verbesserungsplan vorlegen, der den Ablauf des Delistings regelt und einen Prüfbericht über die aktuelle Situation des Unternehmens vorlegen.

Der Listing- und Offenlegungsausschuss führt keine vollständige Unternehmensüberprüfung durch, wie hinsichtlich der in § 48 Abs. 2 KOSPI-Zulassungsordnung genannten Kriterien erfolgt, sondern beschränkt sich auf die Überprüfung des durch die Gesellschaft vorgelegten Verbesserungsplans sowie der Dokumente, die die Gesellschaft vorlegt, um zu belegen, wie sie die Erfüllung des Delisting-Kriteriums zu beheben gedenkt.[1007] Ist beispielsweise das Handelsvolumen der Gesellschaft zu gering und soll deshalb ein automatisches Delisting erfolgen, muss die Gesellschaft Dokumente einreichen, die die künftige Sicherstellung der Liquiditätsversorgung belegen.[1008] Dem

---

1006 Choongnam Spinning Co., Ltd. ("Choongnam Spinning"), Donghae Pulp Co., Ltd. and Trigem Computer haben ähnliche Klagen eingereicht.

1007 § 19 Abs. 1 KOSPI-Durchführungsordnung.

1008 § 19 Abs. 1 c) KOSPI-Durchführungsordnung.

Emittenten stehen neben dem in § 25 genannten Widerspruchsverfahren nach der KOSPI-Zulassungsordnung keine weiteren Möglichkeiten zur Verfügung, um gegen die Delisting-Entscheidung der Börse vorzugehen. In einigen wenigen Fällen wird den Emittenten gemäß § 51 KOSPI-Zulassungsordnung eine Nachfrist gewährt, um ihnen die nachträgliche Erfüllung der Listing-Kriterien zu ermöglichen.

Die Möglichkeit, Widerspruch gegen die Delisting-Entscheidung einzulegen, wird dadurch eingeschränkt, dass gemäß § 48 Abs. 3 KOSPI-Zulassungsordnung nicht für jeden Delisting-Grund ein Widerspruch zugelassen ist. An dieser Stelle wird wiederum zwischen dem Widerspruch gegen ein automatisches Delisting und dem Widerspruch gegen ein Delisting nach Überprüfung unterschieden. Gemäß § 48 Abs. 3 Nr. 10 KOSPI-Zulassungsordnung berechtigt die Erfüllung jedes in § 48 Abs. 2 KOSPI-Zulassungsordnung genannten Delisting-Kriteriums, das zu einem Delisting nach Überprüfung führt, zum Widerspruch gegen die Entscheidung der Börse. Nur die in § 48 Abs. 3 Nr. 1 bis 9 KOSPI-Zulassungsordnung genannten Kriterien berechtigen zum Widerspruch. Dazu zählen Fälle, in denen der Prüfbericht nicht den Anforderungen genügt oder die Anforderungen an die Aktienverteilung, das Handelsvolumen, die corporate governance, den Aktienpreis, die Marktkapitalisierung, die Zahlungsunfähigkeit, an die Einschränkungen des Aktienhandels, an ein backdoor-listing oder wenn Bankverpflichtungen nicht erfüllt wurden.

Nicht zum Widerspruch berechtigen folglich die Delisting-Kriterien, die in § 48 Abs. 3 Nr. 1 bis 9 KOSPI-Zulassungsordnung nicht genannt werden. Dazu gehören Versäumnisse bezüglich der Einreichung regelmäßiger Geschäftsberichte, die Nichtdeckung des Kapitals, Nichterfüllung der Umsatz-Anforderungen, die Auflösung des Unternehmens und die Eingliederung in einen Konzern.

Legt der Emittent aufgrund einer der in § 48 Abs. 3 KOSPI-Zulassungsordnung genannten Kriterien Widerspruch gegen die Delisting-Entscheidung ein, muss der Listing- und Offenlegungsausschuss darüber beraten, ob der Widerspruch gerechtfertigt ist oder nicht. Die Börse muss im Anschluss an die Beratung durch den Listing- und Offenlegungsausschuss, der auf Basis seiner Beratungen eine Empfehlung an die Börse abgibt, die Entscheidung treffen, ob das Unternehmen delistet wird oder ihm eine Frist zur Verbesserung seiner momentanen Situation gewährt wird.[1009] Sobald die Frist abgelaufen ist, berät der Listing- und Offenlegungsausschuss erneut über das Delisting des Unternehmens und berücksichtigt dabei u. a., inwieweit der Verbesserungsplan umgesetzt worden ist. Die Börse trifft ihre Entscheidung auf Basis dieses Beratungsergebnisses. Sollte das Unternehmen an der Umsetzung des Verbesserungsplans gescheitert sein, den Delisting-Antrag selbst gestellt haben oder hat die Börse Zweifel bezüglich der Unternehmensfortführung, kann die Börse bereits vor Ablauf der Frist, im Anschluss an die Beratung durch den Listing- und Offenlegungsausschuss eine Delisting-Entscheidung treffen.[1010]

1009 § 25 Abs. 3 KOSPI-Zulassungsordnung.
1010 § 25 Abs. 5 KOSPI-Zulassungsordnung.

C. Das zwangsweise Delisting vom KOSDAQ-Markt

Im 5. Kapitel, in den §§ 38 bis 47 der KOSDAQ-Zulassungsordnung sind die Anforderungen an ein Delisting vom KOSDAQ-Markt geregelt.[1011]

I. Bezeichnung als administrative issue gemäß § 28 KOSDAQ-Zulassungsordnung

Die KOSDAQ-Zulassungsordnung sieht in § 28 Abs. 1 eine Bezeichnung delistinggefährdeter Aktien als administrative issue vor. In der Mehrzahl der Fälle geht einem zwangsweisen Delisting eine Bezeichnung der Aktien als administrative issue voraus. Die im KOSDAQ-Markt gelisteten Aktien eines Unternehmen fallen beispielsweise unter die Bezeichnung als administrative issue, wenn dessen Einnahmen im letzten Finanzjahr weniger als 3 Milliarden Won (ca. 2,2 Millionen Euro) betragen haben[1012] oder in zwei der letzten drei Geschäftsjahre ein Verlust von mindestens 1 Milliarde Won (ca. 750.000 Euro) vor Steuern erzielt worden ist, der mehr als 50/100 vom Eigenkapital ausmacht,[1013] das Unternehmen in jedem der letzten vier Geschäftsjahre einen operativen Verlust erlitten hat[1014] und in den Fällen, in denen eine Kapitalherabsetzung mehr als 50/100 beträgt, jeweils in der Mitte oder am Ende des letzten Geschäftsjahres,[1015] schließlich wenn das Eigenkapital weniger als 1 Milliarde Won (ca. 750.000 Euro) beträgt, jeweils in der Mitte oder am Ende des letzten Geschäftsjahres.[1016]

Für wachsende Technologie-Unternehmen gelten geringere Anforderungen als für die restlichen im KOSDAQ-Markt gelisteten Unternehmen. Gemäß § 28 Abs. 1 Nr. 2 und 3 KOSDAQ-Zulassungsordnung sollen die allgemeinen Anforderungen nicht auf wachsende Technologie-Unternehmen während der ersten drei Listing-Jahre an der Börse angewendet werden.[1017] Stattdessen sind die Gewinne und Verluste aus dem Konzernabschluss ausschlaggebend (vgl. § 28 Abs. 1 Nr. 3 KOSDAQ-Zulassungsordnung). Für wachsende Technologie-Unternehmen bleiben mögliche operative Verluste in den letzten vier Geschäftsjahren ebenfalls unberücksichtigt (vgl. § 28 Abs. 1 Nr. 3–2 KOSDAQ-Zulassungsordnung).

Sobald ein Unternehmen die in § 28 Abs. 1 genannten Kriterien verletzt oder nach einem Verstoß die Kriterien wieder erfüllt, ist es gemäß § 28 Abs. 2 KOSDAQ-Zulassungsordnung verpflichtet, die Börse darüber unverzüglich zu informieren. Die

1011 Die ergänzenden Durchführungsvorschriften befinden sich im 5. Kapital, §§ 33–36 der Durchführungsordnung zu der KOSDAQ-Zulassungsordnung.
1012 § 28 Abs. 1 Nr. 2 KOSDAQ-Zulassungsordnung.
1013 § 28 Abs. 1 Nr. 3 KOSDAQ-Zulassungsordnung.
1014 § 28 Abs. 1 Nr. 3–2 KOSDAQ-Zulassungsordnung.
1015 § 28 Abs. 1 Nr. 4 a KOSDAQ-Zulassungsordnung.
1016 § 28 Abs. 1 Nr. 4 b KOSDAQ-Zulassungsordnung.
1017 Wenn der Zeitraum zwischen dem Listing und dem Ende des Geschäftsjahres, in dem das Listing stattfand, weniger als drei Monate beträgt, bleibt dieser Zeitraum bei der Berechnung unberücksichtigt.

Börse kann das gelistete Unternehmen auffordern, die Angaben, die zur Bezeichnung als administrative issue geführt haben, zu bestätigen.[1018] Das Unternehmen kann innerhalb von sieben Tagen nach der Bezeichnung als administrative issue Einspruch gegen die Entscheidung der Börse einlegen.[1019] § 28 Abs. 4 bis Abs. 7 KOSDAQ-Zulassungsordnung regeln das Recht des gelisteten Unternehmens, Einspruch gegen die Bezeichnung als administrative issue einzulegen. Die Börse muss die Bezeichnung eines Unternehmens als administrative issue und dessen Aufhebung unmittelbar öffentlich bekannt geben (vgl. § 28 Abs. 8 KOSDAQ-Zulassungsordnung).

Für jedes der in § 28 KOSDAQ-Zulassungsordnung genannten Kriterien enthält die Durchführungsordnung genaue Vorgaben bezüglich des Zeitpunkts, für die Bezeichnung als administrative issue und deren Aufhebung.[1020] In der Regel findet die Bezeichnung als administrative issue statt, nachdem der betreffende Umstand durch den nächsten Prüfbericht bestätigt worden ist.[1021] Die Aufhebung wird veranlasst, sobald durch einen erneuten Prüfbericht im folgenden Quartal festgestellt ist, dass der Grund für die Bezeichnung als administrative issue nunmehr entfallen ist.

Die Bezeichnung als administrative issue findet im Anschluss an den Tag statt, an dem die Tatsache durch den Prüfbericht bestätigt worden ist (inklusive des Berichts im Rahmen der Quartalberichtserstattung). Die Aufhebung findet statt, sobald durch den Prüfbericht bestätigt wurde, dass das nicht gedeckte Eigenkapital im letzten Halbjahr oder Geschäftsjahr weniger als 50 % des gesamten Eigenkapitals betragen hat.[1022] Für den in § 28 Abs. 1 Nr. 4 b) KOSDAQ-Zulassungsordnung genannten Fall gilt bezüglich des Zeitpunkts der Bezeichnung als administrative issue dasselbe wie bei § 26 Abs. 1 Nr. 4 a). KOSDAQ-Zulassungsordnung: Die Aufhebung findet dann statt, wenn durch den Prüfbericht nachgewiesen wird, dass das Eigenkapital am Ende des letzten Halbjahres oder Geschäftsjahres wenigstens 1 Milliarde Won (ca. 750.000 Euro) betragen hat.

Gegen die Entscheidung der Börse, gelistete Wertpapiere als administrative issue zu bezeichnen, kann das Unternehmen gemäß § 27 KOSDAQ-Durchführungsordnung Einspruch einlegen. Über den Einspruch berät und entscheidet gemäß § 27 Abs. 2 KOSDAQ-Zulassungsordnung der Listing-Prüfungsausschuss.

II. Bezeichnung als investment alert issue gemäß § 28–2 KOSDAQ-Zulassungsordnung

Die KOSDAQ-Zulassungsordnung sieht anders als die KOSPI-Durchführungsordnung nicht nur eine Bezeichnung als administrative issue, sondern auch die Möglichkeit der Bezeichnung eines Unternehmens als invest-

1018 § 28 Abs. 3 KOSDAQ-Zulassungsordnung.

1019 § 28 Abs. 4 KOSDAQ-Zulassungsordnung.

1020 Die Ausgestaltung für die Bezeichnung als administrative issue und die Aufhebung derselben sind in § 26 der Durchführungsordnung geregelt (§ 28 Abs. 16 KOSDAQ-Zulassungsordnung).

1021 § 26 Abs. 1 Nr. 2, 3, 3–2 KOSDAQ-Durchführungsordnung.

1022 § 26 Abs. 1 Nr. 4 a) KOSDAQ-Durchführungsordnung.

ment alert issue gemäß § 28–2 KOSDAQ-Zulassungsordnung vor. Gemäß Art. 5–3 Market Oversight Regulation und Art. 3–3 der entsprechenden Durchführungsordnung erfolgt eine Bezeichnung als investment alert issue, wenn der Aktienkurs ungewöhnlich stark ansteigt. Die Entscheidung, ob ein Emittent als investment alert issue bezeichnet wird, trifft die Börse anhand des letzten audit reports. Eine Bezeichnung als investment alert issue erfolgt beispielsweise bei einem drohenden Insolvenzrisiko oder wenn eine wesentliche Schwachstelle im Rechnungswesen des Emittenten festgestellt worden ist.[1023] Die Aufhebung der Bezeichnung als investment alert issue erfolgt gemäß § 28 Abs. 3 KOSDAQ-Durchführungsordnung. Sowohl die Bezeichnung als auch die Aufhebung sind von der Börse unverzüglich über das KIND-System öffentlich bekannt zu machen.[1024] Eine Widerspruchsmöglichkeit des Emittenten gegen die Bezeichnung als investment alert issue ist in der Zulassungsordnung nicht vorgesehen.

Die Bezeichnung besitzt einen Abschreckungseffekt für die künftigen Anleger und kann einen fallenden Börsenkurs zur Folge haben, so das es für den Emittenten negative Folgen haben kann, als investment alert issue bezeichnet zu werden. Die Bezeichnung als investment alert issue dient wiederum dem Schutz der Anleger. Das ergibt sich bereits aus dem Titel der Vorschrift bzw. der Maßnahme, die zur Folge hat, dass der Emittent als Angelegenheit bezeichnet wird, mit der vor einem Investment in die betreffenden Aktien gewarnt werden soll.

III. Kriterien für ein automatisches Delisting

§ 38 Abs. 1 KOSDAQ-Zulassungsordnung enthält eine Auflistung von Kriterien, bei deren Vorliegen die Börse ein automatisches Delisting des betroffenen Unternehmens aus dem KOSDAQ-Markt vornimmt. Dem Delisting geht in der Mehrzahl der Fälle eine offizielle Bezeichnung eines solchen Unternehmens als administrative issue voraus. Vor einem anschließenden Delisting prüft die Börse wiederum, ob die Gründe für die Bezeichnung als administrative issue weiterhin bestehen und somit ein Delisting gerechtfertigt ist. Erfüllt ein Unternehmen die in § 38 Abs. 1 KOSDAQ-Zulassungsordnung genannten Kriterien, so ordnet die Börse das Delisting ohne weitere Beratung durch den Listing-Prüfungsausschuss an. Im Folgenden werden die Ereignisse erläutert, die ein automatisches Delisting indizieren.

1. Nicht eingelöste Wechsel

Ein automatisches Delisting erfolgt gemäß § 38 Abs. 1 Nr. 2 KOSDAQ-Zulassungsordnung in den Fällen, in denen Banknoten oder Schecks von der Bank endgültig nicht eingelöst worden sind, oder die Korrespondenzbank die Transaktion nicht durchgeführt hat.

1023 § 28–2 Abs. 1 Nr. 1, Nr. 2 a KOSDAQ-Zulassungsordnung.
1024 § 28–2 Abs. 3 KOSDAQ-Zulassungsordnung.

2. *Anforderungen betreffend die finanzielle Situation*

Ein automatisches Delisting geschieht weiterhin, wenn die Verkaufserlöse des letzten Geschäftsjahres weniger als 3 Milliarden Won (ca. 2,2 Millionen Euro) betragen haben[1025], oder die Gesellschaft einen Nettoverlust vor Steuern von mehr als 50 % des Eigenkapitals erzielt hat,[1026] oder das Unternehmen im letzten Geschäftsjahr einen operativen Verlust erwirtschaftet hat.[1027] Dem automatischen Delisting muss in den genannten Konstellationen eine Bezeichnung der Gesellschaft als administrative issue vorangehen.[1028]

3. *Erfüllung der Kriterien für eine Liquidation*

Erfüllt die Gesellschaft die Kriterien für eine Liquidation erfolgt gemäß § 38 Abs. 1 Nr. 5 KOSDAQ-Zulassungsordnung ein automatisches Delisting. Davon umfasst sind auch die Fälle der Verschmelzung mit einer anderen Gesellschaft und die Konkursanmeldung. Die Auflösung einer Gesellschaft, die ebenfalls zu einer Liquidation führt, kann gemäß Art. 176 koreanisches HGB auf Antrag der Staatsanwaltschaft oder einer *interessierten Person* durch das Gericht angeordnet werden. Artikel 176 Abs. 1 koreanisches HGB enthält einen abschließenden Katalog mit drei Sachverhalten, bei deren Vorliegen das Gericht die Auflösung anordnen kann. Zu den Gründen zählt beispielsweise die Gründung der Gesellschaft für illegale Zwecke.[1029]

Eine weitere Möglichkeit ist die gerichtliche Anordnung der Auflösung der Gesellschaft gemäß Art. 520 koreanisches HGB. Ein Aktionär, der mindestens zehn Prozent der Anteile an einer Gesellschaft hält, kann gemäß Art. 520 koreanisches HGB die Auflösung der Gesellschaft vor Gericht beantragen. Ein zwingender Grund für diesen Antrag liegt vor, wenn entweder der Geschäftsbetrieb stillsteht und die Gesellschaft hierdurch einen irreparablen Schaden erlitten hat, oder wenn das Management bzw. der Verkauf von Gesellschaftseigentum dazu beiträgt, die Existenz der Gesellschaft zu gefährden.[1030]

4. *Nichterfüllung der Kriterien an das Handelsvolumen, die Aktienverteilung oder die finanzielle Ausstattung*

Ein automatisches Delisting wird dadurch indiziert, dass die Gesellschaft die Anforderungen an das Handelsvolumen in dem Quartal nach der Bezeichnung als

1025 § 38 Abs. 1 Nr. 4 KOSDAQ-Zulassungsordnung.
1026 § 38 Abs. 1 Nr. 4–2 KOSDAQ-Zulassungsordnung.
1027 § 38 Abs. 1 Nr. 4–3 KOSDAQ-Zulassungsordnung.
1028 § 28 Abs. 1 Nr. 2, 3, 3–2 KOSDAQ-Zulassungsordnung.
1029 Art. 176 Abs. 1 Nr. 1 koreanisches HGB.
1030 Art. 520 Abs. 1 Nr. 1, Nr. 2 koreanisches HGB.

administrative issue weiter nicht erfüllt,[1031] oder es dem Unternehmen innerhalb von einem Jahr nicht gelungen ist, die Vorgaben für die Streuung der Aktien zu erfüllen.[1032]

Ein Delisting erfolgt außerdem, wenn am Ende des aktuellen Geschäftsjahres das Eigenkapital nicht gedeckt ist[1033] oder die Aktien des Emittenten als administrative issue bezeichnet ist und das Eigenkapital zum Ende des Geschäftsjahres oder des letzten Halbjahres zu 50 % nicht gedeckt ist[1034] oder das Eigenkapital am Ende des aktuellen Geschäftsjahres oder nach einem halben Geschäftsjahr weniger als 1 Milliarde Won beträgt,[1035] oder wenn die Prüfung der internen Auditoren zu einem negativen Ergebnis führt. Das ist der Fall, wenn entweder die Überprüfung des Geschäftsabschlusses negativ ausgefallen ist oder nicht aussagekräftig ist oder der audit-Bericht zum Halbjahres-Geschäftsbericht nicht innerhalb von zehn Tagen nach der eigentlichen Einreichungsfrist eingereicht worden ist.

5. Negatives Prüfergebnis der Auditoren

Die Erfüllung eines Delisting-Kriteriums liegt ebenfalls vor, wenn die Prüfung des letzten Jahresabschlusses durch die internen Auditoren negativ ausgefallen ist, der Bestätigungsvermerk verweigert wurde oder die Zustimmung der internen Auditoren nicht uneingeschränkt positiv war und dies darauf zurückzuführen ist, dass der Prüfungsumfang eingeschränkt gewesen ist (vgl. § 38 Abs. 1 Nr. 11 KOSDAQ-Zulassungsordnung).[1036] Der Prüfungsumfang wird dadurch eingeschränkt, dass dem Auditor nicht sämtliche Informationen zur Verfügung stehen, die er benötigt, um ein uneingeschränktes Prüfungsurteil abgeben zu können. Das gilt jedoch nicht, wenn der Grund für dieses Prüfergebnis in der Unsicherheit über das Fortbestehen der Gesellschaft liegt und die Börse das Bestätigungsschreiben desselben Auditors über die Aufhebung der ehemals bestehenden Unsicherheit erhält, das innerhalb von 10 Tagen nach dem Ende der Einreichungsfrist des Jahresabschlusses eingereicht worden ist, sondern gemäß § § 38 Abs. 1 Nr. 11 a KOSDAQ-Zulassungsordnung. nur, wenn der Prüfungsbericht für den Quartalsabschluss negativ ausgefallen ist, der Bestätigungsvermerk verweigert wurde oder die Zustimmung eingeschränkt erfolgt ist und das auf den eingeschränkten Prüfungsumfang zurückzuführen ist, oder gemäß § 38 Abs. 1 Nr. 11 b KOSDAQ-Zulassungsordnung in den Fällen, in

1031 § 38 Abs. 1 Nr. 8 KOSDAQ-Zulassungsordnung; die Bezeichnung als administrative issue erfolgt gemäß § 28 Abs. 1 Nr. 12 KOSDAQ-Zulassungsordnung.

1032 § 38 Abs. 1 Nr. 9 KOSDAQ-Zulassungsordnung; die Bezeichnung als administrative issue erfolgt gemäß § 28 Abs. 1 Nr. 13 und Nr. 15–2 KOSDAQ-Zulassungsordnung.

1033 § 38 Abs. 1 Nr. 10 a KOSDAQ-Zulassungsordnung.

1034 § 38 Abs. 1 Nr. 10 b KOSDAQ-Zulassungsordnung; die Bezeichnung als administrative issue erfolgt gemäß § 28 Abs. 1 Nr. 4a und 4c KOSDAQ-Zulassungsordnung.

1035 § 38 Abs. 1 Nr. 10 c KOSDAQ-Zulassungsordnung; die Bezeichnung als administrative issue erfolgt gemäß § 28 Abs. 1 Nr. 4b und 4c KOSDAQ-Zulassungsordnung.

1036 vgl. 4. Kapitel, § 2 B. II. Nr. 2, S. 232; Dazu auch: 4. Kapitel § 1 B. II. Nr. 2.

denen der Prüfbericht zum Quartalsabschluss nicht innerhalb von zehn Tagen nach dem Ende der Einreichungsfrist nachgereicht worden ist.

6. *Verstoß gegen Berichterstattungspflichten*

Ein automatisches Delisting erfolgt, wenn eine als administrative issue bezeichnete Gesellschaft die Fristen zur Einreichung des Jahres-, des Halbjahres- oder der Quartalsberichte nicht eingehalten hat,[1037] keine Hauptversammlung veranstaltet wurde, um über den Jahresabschluss zu beschließen, oder die Hauptversammlung den Jahresabschluss nicht genehmigt hat.[1038]

Dasselbe gilt, wenn eine Gesellschaft die Abschlussberichte innerhalb der letzten zwei Jahre dreimal oder öfter nicht fristgerecht eingereicht hat[1039] oder der Jahresbericht nicht innerhalb von 10 Tagen nach Ablauf der Einreichungsfrist eingereicht worden ist.[1040]

7. *Beschränkung der Übertragung von Aktien der Gesellschaft*

Gemäß § 38 Abs. 1 Nr. 15 KOSDAQ-Zulassungsordnung soll ein automatisches Delisting erfolgen, wenn die Übertragung von Aktien eingeschränkt ist. Diese Vorschrift soll unangewendet bleiben, wenn die Übertragungseinschränkung darauf beruht, dass andere Gesetze oder Satzungen usw. die Übertragung einschränken und die Börse der Auffassung ist, dass diese Einschränkungen den Aktienhandel nicht behindern.[1041]

8. *Angestrebter Wechsel in den KOSPI-Markt*

Ohne weitere Überprüfung geschieht gemäß § 38 Abs. 1 Nr. 16 KOSDAQ-Zulassungsordnung ein automatisches Delisting, wenn das Unternehmen ein Listing im KOSPI-Markt anstrebt.

9. *Verstoß gegen spezielle Vorschriften*

Ein automatisches Delisting erfolgt, wenn gegen Vorschriften verstoßen wurde, die die Verschmelzung, den Aktientausch, das backdoor-listing oder die Aktienausgabe betreffen.[1042] Dieses Delisting-Kriterium soll im Einzelfall nicht eingreifen, wenn die betroffenen Gesellschaften die Entscheidung getroffen haben, die Verschmel-

---

1037 § 38 Abs. 1 Nr. 13 a KOSDAQ-Zulassungsordnung; die Bezeichnung als administrative issue erfolgt gemäß § 28 Abs. 1 Nr. 9 KOSDAQ-Zulassungsordnung.

1038 § 38 Abs. 1 Nr. 13 b KOSDAQ-Zulassungsordnung; die Bezeichnung als administrative issue erfolgt gemäß § 28 Abs. 1 Nr. 10 KOSDAQ-Zulassungsordnung.

1039 § 38 Abs. 1 Nr. 14 a KOSDAQ-Zulassungsordnung.

1040 § 38 Abs. 1 Nr. 14 b KOSDAQ-Zulassungsordnung.

1041 Das Kriterium entspricht dem Kriterium der Beschränkung des Aktienhandels beim KOSPI-Markt.

1042 § 38 Abs. 1 Nr. 17 a, b, c KOSDAQ-Zulassungsordnung.

zung doch nicht durchzuführen und die Umsetzung dieser Entscheidung bestätigt worden ist. Die Verschmelzung darf nicht gegen die in § 19 Abs. 1 Nr. 2 KOSDAQ-Zulassungsordnung genannten Kriterien verstoßen.

Ein Aktientausch darf den in § 19–2 Abs. 1 Nr. 2 KOSDAQ-Zulassungsordnung aufgeführten Kriterien nicht zuwiderlaufen. Ein automatisches Delisting findet außerdem statt, wenn die Ausgabe von Aktien gegen die in § 19–3 Abs. 3 KOSDAQ-Zulassungsordnung genannten Kriterien verstößt, oder wenn ein backdoor-listing durchgeführt worden ist, ohne die in §§ 22 bis 22–4 KOSDAQ-Zulassungsordnung genannten Verkaufsbeschränkungen zu beachten.

10. Verstöße gegen die corporate governance Grundsätze

Gemäß § 38 Abs. 1 Nr. 18 KOSDAQ-Zulassungsordnung kommt es zu einem automatischen Delisting, wenn die Gesellschaft gegen die corporate governance-Grundsätze verstoßen hat, aus diesem Grund als administrative issue bezeichnet worden ist und im darauffolgenden Geschäftsjahr dann gegen diese Grundsätze wieder verstößt.[1043] Zu den corporate governance-Grundsätzen zählen im Wesentlichen die Anforderungen an die Einrichtung und Zusammensetzung des Prüfungsausschusses bzw. die Berufung der externen Board-Mitglieder. Ein Verstoß liegt vor, wenn durch den Jahresabschlussbericht des letzten Geschäftsjahres belegt ist, dass die Zahl der externen Board Mitglieder unter die in Art. 542–8 koreanisches HGB genannte Anzahl gefallen ist[1044] oder der Jahresabschlussbericht des letzten Geschäftsjahres zeigt, dass der in Art. 542–11 koreanisches HGB genannte Prüfungsausschuss nicht eingerichtet wurde oder die Anforderungen an dessen Zusammensetzung nicht erfüllt worden sind.[1045]

11. Nichterfüllung der Anforderungen an die Marktkapitalisierung

Entsprechend dem Kriterium im KOSPI-Markt erfolgt ein automatisches Delisting gemäß § 38 Abs. 1 Nr. 20 a und b KOSDAQ-Zulassungsordnung, wenn die Anforderungen an die Marktkapitalisierung nicht innerhalb von 90 Tagen nach der Bezeichnung als administrative issue erfüllt werden.[1046] Die Marktkapitalisierung sollte an zehn oder mehr aufeinanderfolgenden Tagen mindestens 2 Milliarden Won[1047] (ca. 1,5 Millionen Euro) oder an mindestens 30 Tagen innerhalb der 90-Tage-Zeitspanne 2 Milliarden Won (ca. 1,5 Millionen Euro) betragen.[1048]

1043 Zu den corporate governance-Grundsätzen in Deutschland, siehe S. 234 Rn. 971; die Bezeichnung als administrative issue erfolgt gemäß § 28 Abs. 1 Nr. 11a und 11b KOSDAQ-Zulassungsordnung.

1044 § 28 Abs. 1 Nr. 11 a KOSDAQ-Zulassungsordnung.

1045 § 28 Abs. 1 Nr. 11 b KOSDAQ-Zulassungsordnung.

1046 Die Bezeichnung als administrative issue erfolgt gemäß § 28 Abs. 1 Nr. 6 KOSDAQ-Zulassungsordnung.

1047 § 38 Abs. 1 Nr. 20 a KOSDAQ-Zulassungsordnung.

1048 § 38 Abs. 1 Nr. 20 b KOSDAQ-Zulassungsordnung.

IV. Widerspruchsmöglichkeit gegen ein automatisches Delisting

Der Emittent hat die Möglichkeit, gegen ein automatisches Delisting Widerspruch bei der Börse einzulegen.[1049] Entscheidet die Börse, ein Unternehmen vom KOSDAQ-Markt zu delisten, gibt sie dem Unternehmen ihre Entscheidung sowie die Gründe bekannt, die zu dem automatischen Delisting gemäß § 40 Abs. 1 KOSDAQ-Zulassungsordnung geführt haben. Das Unternehmen hat dann innerhalb von sieben Tagen nach der Bekanntgabe der Delisting-Entscheidung das Recht, dem Delisting zu widersprechen (vgl. § 40 Abs. 2 KOSDAQ-Zulassungsordnung). Widerspricht das Unternehmen der Delisting-Entscheidung, muss der Listing-Prüfungsausschuss entscheiden, ob dem Unternehmen eine Frist zur Abhilfe gewährt wird oder ob es ohne Fristsetzung delistet wird.[1050] Wird eine Frist zur Abhilfe gewährt, berät der Listing-Prüfungsausschuss nach Ablauf der Frist erneut über ein Delisting des Unternehmens.[1051]

Nicht jedes Delisting-Kriterium berechtigt zum Widerspruch. Erfüllt die Gesellschaft die in § 38 Abs. 1 Nr. 2 bis 5, 8, 10 (nicht aber 10d), 13, 14, 16, 20, 24 KOSDAQ-Zulassungsordnung genannten Kriterien, ist ein Widerspruch gegen die Delisting-Entscheidung unzulässig.[1052]

V. Kriterien für ein Delisting nach Überprüfung der Listing-Eignung

Erfüllt das gelistete Unternehmen eines der in § 38 Abs. 2 KOSDAQ-Zulassungsordnung genannten Kriterien, erfolgt ein Delisting erst nach einer Beratung durch den Listing-Prüfungsausschuss.[1053] § 38 Abs. 2 KOSDAQ-Zulassungsordnung bestimmt, in welchen Situationen ein Delisting-gefährdetes Unternehmen einer umfassenden Listing-Eignungsprüfung unterzogen wird. Sollte der Vorsitzende des Listing-Prüfungsausschusses der Meinung sein, dass eine Entscheidung durch den Markt-Ausschuss erforderlich ist, beschließt die Börse nach der Beratung und Entscheidung des Markt-Ausschusses darüber, ob das Unternehmen delistet wird oder nicht.[1054]

Einzelheiten bezüglich der Beratung durch den Listing-Prüfungsausschuss regelt § 38–2 KOSDAQ-Zulassungsordnung. Gemäß § 38–2 Abs. 1 KOSDAQ-Zulassungsordnung muss die Börse innerhalb von 15 Tagen nach Bekanntwerden der in § 38 Abs. 2 KOSDAQ-Zulassungsordnung genannten Sachverhalte entscheiden, ob eine Beratung durch den Listing-Prüfungsausschuss erforderlich ist. Ent-

1049 § 40 KOSDAQ-Zulassungsordnung.
1050 § 40 Abs. 3 KOSDAQ-Zulassungsordnung.
1051 § 40 Abs. 4 KOSDAQ-Zulassungsordnung.
1052 § 40 Abs. 1 KOSDAQ-Zulassungsordnung; § 33–4 Abs. 1 Durchführungsordnung.
1053 § 38 Abs. 2 S. 1 KOSDAQ-Zulassungsordnung.
1054 § 38 Abs. 2 S. 2 KOSDAQ-Zulassungsordnung.

scheidet sich die Börse für eine Beratung, ist das betroffene Unternehmen hierüber unverzüglich zu informieren (vgl. § 38–2 Abs. 2 KOSDAQ-Zulassungsordnung). Die Börse ist gemäß Abs. 3 berechtigt, von dem betroffenen Unternehmen Unterlagen und Erklärungen einzufordern oder eine Durchsuchung des Unternehmens anzuordnen. Gemäß § 33–2 Abs. 2 KOSDAQ-Durchführungsordnung entscheidet entweder der Listing-Prüfungsausschuss oder der Markt-Ausschuss, ob das Unternehmen unter die in § 33–2 Abs. 2 KOSDAQ-Zulassungsordnung genannten Delisting-Kriterien fällt. Der Listing-Prüfungsausschuss setzt sich gemäß § 33–2 Abs. 4 KOSDAQ-Zulassungsordnung aus Experten aus dem akademischen Bereich, Rechtsexperten und Auditoren zusammen, die unparteiisch und professionell beraten sollen. Der Repräsentant des Unternehmens hat das Recht, an dem Meeting des Listing-Prüfungsausschusses bzw. des Markt-Ausschusses teilzunehmen und seine Meinung zu den möglichen Delisting-Gründen darzulegen (vgl. § 33–3 Abs. 3 KOSDAQ-Durchführungsordnung).

Grund dafür, dass ein Delisting bei Verwirklichung der in § 38 Abs. 2 KOSDAQ-Zulassungsordnung genannten Kriterien erst nach einer Überprüfung stattfindet, ist es, dass Gesellschaften vor dem Ende des Geschäftsjahres häufig umfassende Maßnahmen ergreifen, um ein Delisting zu vermeiden. Um Verstößen gegen die Delisting-Kriterien vorzubeugen, wurde von den Finanzbehörden der Listing-Prüfungsausschuss eingesetzt, der die Unternehmen einer qualitativ-quantitativen Überprüfung mit einem Schwerpunkt bei den qualitativen Elementen unterzieht. Weil die meisten Delisting-Fälle durch eine schlechte Geschäftsentwicklung verursacht werden, versuchen die Unternehmen ihren Ertragsbedarf zu decken oder ihre Unterbilanzierung zu beheben. Sie buchen beispielsweise fiktive Einnahmen am Ende des Geschäftsjahres, um dieses Kriterium zu erfüllen. Unternehmen, die wegen einer Unterbilanz delisting-gefährdet sind, können versuchen, ihr Kapital durch Darlehen mit kurzer Laufzeit zu decken. Sobald der Prüfbericht für sie positiv ausgefallen ist, wird das Darlehen mit hohen Zinsen zurückgezahlt, was wiederum die Finanzlast bzw. die Finanzlage verschlechtert.

1. Verstöße gegen Offenlegungspflichten

Eine Überprüfung der Listing-Eignung wird dadurch indiziert, dass das gelistete Unternehmen wiederholt gegen Offenlegungspflichten verstoßen und dadurch mehr als fünfzehn Strafpunkte im aktuellen Jahr gesammelt hat,[1055] währenddessen es deshalb als administrative issue oder als *unfaithful disclosure corporation* bezeichnet gewesen ist, weil die Verstöße gegen Offenlegungspflichten sehr schwerwiegend gewesen und Vorsatz beziehungsweise schwerer Fehler festgestellt worden sind.[1056]

1055 § 38 Abs. 2 Nr. 2 a KOSDAQ-Zulassungsordnung; § 38 Abs. 2 Nr. 1 wurde am 2. Dezember 2009 aufgehoben.

1056 § 38 Abs. 2 Nr. 2 c KOSDAQ-Zulassungsordnung; § 38 Abs. 2 Nr. 2 b wurde am 18. Juni 2014 aufgehoben.

2. Durchführung eines Sanierungsverfahrens

Eine Überprüfung der Listing-Eignung findet statt, wenn das Unternehmen, während es als administrative issue bezeichnet ist,[1057] eine der folgenden Voraussetzungen in Bezug auf die Durchführung eines Sanierungsverfahrens erfüllt.[1058] Wenn das Gericht den Antrag auf Durchführung eines Sanierungsverfahrens abgelehnt hat, seine Zustimmung zur Durchführung eines Sanierungsverfahrens zurückgenommen hat, dem Sanierungsplan nicht zustimmt oder sich entschließt, das Sanierungsverfahren vorzeitig zu beenden, erfolgt eine Überprüfung der Listing-Eignung. Wenn ein vereinfachtes Sanierungsverfahren durchgeführt wird, sollten die Fälle ausgenommen sein, in denen über die Eröffnung des Sanierungsverfahrens auf Grundlage von § 293–5 (2) 2a) Debtor Rehabilitation and Bankruptcy Act entschieden oder das Sanierungsverfahren aufgrund von § 293–5 (4) desselben Acts wieder aufgenommen worden ist.

3. Verfälschung von für das Listing erforderlichen Dokumenten

Eine Überprüfung findet auch statt, wenn die für die Listing-Eignungsprüfung eingereichten Dokumente, die für den Anlegerschutz bedeutsam sind, fehlerhaft waren oder unvollständig eingereicht wurden.[1059]

4. Weitere Gründe, die eine umfassende Überprüfung zur Folge haben

In § 38 Abs. 2 Nr. 5 KOSDAQ-Zulassungsordnung werden einige Maßnahmen aufgezählt, die ein Delisting zur Folge haben, wenn das Delisting mit Blick auf ein going concern, auf die Management-Transparenz und auf die Erhaltung der Werthaltigkeit des KOSDAQ-Marktes erforderlich erscheint. Dazu gehören Fälle, in denen vermutet wird, dass Kapitalerhöhungen oder Ausgliederungen bei im KOSDAQ-Markt gelisteten Unternehmen nur erfolgt sind, um die Erfüllung eines Delisting-Kriteriums zu vermeiden[1060], wenn nachgewiesen wird, dass Gelder in erheblichen Umfang veruntreut worden sind oder ein Betrug begangen worden ist,[1061] wenn ein erheblicher Verstoß gegen § 13 Abs. 3 Act on external Audit vorliegt,[1062] oder das Hauptgeschäft eingestellt worden ist,[1063] oder wenn die in § 38 Abs. 1 Nr. 10 a bis

1057 Gemäß § 28 Abs. 1 Nr. 14–2 KOSDAQ-Zulassungsordnung; § 33–2 Abs. 2 Nr. 2 KOSDAQ-Durchführungsordnung.

1058 § 38 Abs. 2 Nr. 3 a) (Nr. 3 b) wurde ersatzlos gestrichen); § 33–2 Abs. 2 Nr. 3 KOSDAQ-Durchführungsordnung.

1059 § 38 Abs. 2 Nr. 4 KOSDAQ-Zulassungsordnung; § 33–2 Abs. 2 Nr. 4 KOSDAQ-Durchführungsordnung.

1060 § 38 Abs. 2 Nr. 5a KOSDAQ-Zulassungsordnung; § 33 Abs. 11 Nr. 1 KOSDAQ-Durchführungsordnung.

1061 § 38 Abs. 2 Nr. 5b KOSDAQ-Zulassungsordnung.

1062 § 38 Abs. 2 Nr. 5c KOSDAQ-Zulassungsordnung.

1063 § 38 Abs. 2 Nr. 5d KOSDAQ-Zulassungsordnung.

c KOSDAQ-Zulassungsordnung genannten Delisting-Gründe (Fälle des nicht gedeckten Kapitals und des zu geringen Eigenkapitals am Ende des Geschäftsjahres) dadurch bereinigt wurden, dass ein Audit-Report eingereicht wurde.

Wenn die Gesellschaft, deren Aktien als administrative issue oder investment alert issue bezeichnet sind,[1064] innerhalb von sechs Monaten ab dem Erwerbszeitpunkt nachweislich eine Entscheidung über Vorauszahlungen, Zahlungseinstellung, Barkredit, Aktiendarlehen, Investment zugunsten der Personen getroffen hat, die die im Rahmen einer Kapitalerhöhung ausgegebenen Anteile erworben haben, findet ebenfalls eine Überprüfung der Listing-Eignung statt.

Eine Überprüfung der Listing-Eignung erfolgt außerdem, wenn die Gesellschaft eine Abspaltung oder Verschmelzung vorgenommen hat und bestimmte Anforderungen, beispielsweise an die Eigenkapitalhöhe, nicht erfüllt.[1065] An dieser Stelle wird der Börse wiederum ein Gestaltungsspielraum gewährt, indem sie von den Anforderungen absehen kann, beispielsweise weil die Strukturmaßnahme im Rahmen der Umgestaltung in eine Holding-Company erfolgt ist.[1066] Schlussendlich enthält § 38 Abs. 2 Nr. 5 j einen Auffangtatbestand, indem der Börse gestattet wird, bei Sachverhalten, die in § 38 Abs. 1 und Abs. 2 nicht genannt werden, diesen aber gleichwertig sind, ein Delisting durchzuführen, wenn dies zur Wahrung des Anlegerschutzes erforderlich ist.

Für einzelne Kriterien ist eine Ausnahme von der grundsätzlichen Durchführung einer Listing-Eignungsprüfung vorgesehen. Von der Listing-Eignungsprüfung sind beispielsweise die Fälle ausgenommen, in denen die Durchführung eines Sanierungsverfahrens zur Behebung des Delisting-Grundes geführt hat,[1067] ferner die Fälle, in denen Forderungen in ihrem Wert gemindert wurden und es sich nicht um ausstehende Forderungen in der in der Durchführungsordnung genannten Höhe handelt[1068], sowie die Fälle, in denen ein Wechsel des Mehrheitsaktionärs offiziell bekannt gegeben wird.[1069]

5. Untersuchungskriterien

Innerhalb von 15 Tagen, nachdem die Erfüllung eines der in § 38 Abs. 2 KOSDAQ-Zulassungsordnung genannten Kriterien bestätigt worden ist, muss die Börse darüber entscheiden, ob eine Überprüfung der Listing-Eignung stattfinden soll.[1070] Diese Phase kann, soweit die Börse es für erforderlich hält, um weitere 15 Tage

---

1064 § 38 Abs. 2 Nr. 5 h KOSDAQ-Zulassungsordnung.

1065 § 38 Abs. 2 Nr. 5 i KOSDAQ-Zulassungsordnung.

1066 § 38 Abs. 2 Nr. 5i KOSDAQ-Zulassungsordnung.

1067 § 38 Abs. 2 Nr. 5e KOSDAQ-Zulassungsordnung.

1068 § 38 Abs. 2 Nr. 5f. KOSDAQ-Zulassungsordnung; § 33 Abs. 11 Nr. 5 KOSDAQ-Durchführungsordnung.

1069 Entsprechend der Regelung in § 6 Abs. 1 Nr. 3a (i) KOSDAQ Market Disclosure Regulation.

1070 Prüfkriterien: § 33–2 KOSDAQ-Durchführungsordnung.

verlängert werden.[1071] Der Inhalt der Prüfung hängt von dem betreffenden Delisting-Kriterium ab. Hat die Gesellschaft gegen Offenlegungspflichten verstoßen, überprüft der Markt-Ausschuss, inwieweit der Verstoß die Investorenentscheidung beeinflusst hat, ob es sich um ein nachhaltiges Investment handelt oder nicht, wie groß die Wirkung des Verstoßes auf den Geschäftsbetrieb ist und ob das Delisting für den Schutz des KOSDAQ-Marktes und den der Investoren erforderlich ist.[1072]

Wurde die Eröffnung eines Sanierungsverfahrens durch das Gericht abgelehnt, überprüft die Börse die Gründe für die Ablehnung und die Möglichkeiten einer Fortführung der Gesellschaft.[1073]

Wurden die für das Listing erforderlichen Dokumente verfälscht, wird untersucht, welchen Effekt die unrichtigen Dokumente auf die Listing-Eignung und auf die Investoren hatten, sowie ob die Gesellschaft die falschen Angaben vorsätzlich oder grob fahrlässig gemacht hat.[1074]

Wurde eines der in § 38 Abs. 2 Nr. 5 KOSDAQ-Zulassungsordnung genannten Delisting-Kriterien erfüllt, findet eine umfassende Bewertung statt.[1075] Untersucht wird, ob der übliche Geschäftsbetrieb unter Berücksichtigung der Verkäufe und der Gewinn- und Verlustrechnungsstruktur erhalten werden kann, ob sich die Finanzlage beispielsweise unter Berücksichtigung von Kredithöhe und Eventualverbindlichkeiten verschlechtern wird, ob die betriebliche Transparenz durch die schlechte corporate governance, verursacht durch Unterschlagung oder einen wiederholten Wechsel des Hauptaktionärs, geschädigt worden ist, wie bedeutsam die Verstöße gegen Offenlegungspflichten oder Rechnungslegungsstandards waren und ob ein Delisting zum Schutz des KOSDAQ-Marktes und des Investorenschutzes erforderlich ist.

6. *Weiterer Verfahrensablauf*

Sobald der zuständige Ausschuss entschieden hat, ob das Unternehmen unter die Delisting-Kriterien fällt beziehungsweise ob ihm eine Frist zur Nachbesserung gewährt wird, ist das betreffende im KOSDAQ gelistete Unternehmen unverzüglich zu benachrichtigen.[1076] Wenn die Verbesserungsfrist abgelaufen ist, muss die Börse eine Entscheidung darüber treffen, ob das betreffende Unternehmen nach der Beratung des Listing-Prüfungsausschusses beziehungsweise nach der Beratung und Entscheidungsfindung durch den Markt-Ausschuss (vgl. § 38–2 Abs. 5 KOSDAQ-Zulassungsordnung) bezüglich der Umsetzung des Verbesserungsplans die Delisting-Kriterien erfüllt.

1071 § 38–2 Abs. 1 KOSDAQ-Zulassungsordnung.
1072 § 33–2 Abs. 2 Nr. 2 a b c KOSDAQ-Durchführungsordnung.
1073 § 33–2 Abs. 2 Nr. 3 a b KOSDAQ-Durchführungsordnung.
1074 § 33–2 Abs. 2 Nr. 4 a b KOSDAQ-Durchführungsordnung.
1075 § 33–2 Abs. 2 Nr. 5 KOSDAQ-Durchführungsordnung.
1076 § 38–2 Abs. 4 KOSDAQ-Zulassungsordnung.

7. Widerspruchsmöglichkeit des Emittenten gemäß § 33–4 Durchführungsordnung

Hat sich die Börse für ein Delisting entschieden, kann der Emittent dieser Entscheidung widersprechen.[1077] Über die Begründetheit des Widerspruchs entscheidet die Börse im Anschluss an die Beratung durch den Markt-Ausschuss,[1078] der die Umsetzbarkeit des von der Gesellschaft eingereichten Nachbesserungsplans überprüft, in dem die Gesellschaft darlegen muss, dass und wie die Erfüllung des Delisting-Kriteriums behoben werden soll.

D. Das freiwillige Delisting

Sowohl im KOSPI-Markt als auch im KOSDAQ-Markt besteht für den Emittenten die Möglichkeit, einen Antrag auf einen freiwilligen Rückzug von der Börse zu stellen. Die Voraussetzungen für ein freiwilliges Delisting vom KOSPI-Markt sind in Bezug auf die Wahrung des Anlegerschutzes höher als die für einen freiwilligen Rückzug vom KOSDAQ-Markt.

I. Das freiwillige Delisting vom KOSPI-Markt

Die Zulassungsordnung für den KOSPI-Markt sieht in § 7 Abs. 1 S. 1 die Möglichkeit des freiwilligen Rückzugs von der Börse auf Antrag des Emittenten vor. Ein Delisting auf Antrag des Emittenten ist jedoch ausgeschlossen, wenn es sich 1. um Wertpapiere einer Zweckgesellschaft (special purpose acquisition company), 2. um in- oder ausländische Indexfonds (ETF) oder 3. um die Wertpapiere und Bürgschaftszertifikate einer Investmentgesellschaft handelt, für die ein Rücknahmeantrag in Bezug auf einen freiwilligen Rückzug vom KOSPI-Markt untersagt ist. Für diese Arten von Wertpapieren enthält die KOSPI-Zulassungsordnung spezielle Delisting-Vorschriften in § 7 Abs. 2, die aber nur in Ausnahmefällen zum Tragen kommen.

Inhaltliche Vorgaben hinsichtlich der Entscheidung der Börse über ein Delisting sind in den Durchführungsvorschriften für das Listing im KOSPI-Markt geregelt. Über den Delisting-Antrag entscheidet die Börse gemäß § 7 Abs. 4 KOSPI-Zulassungsordnung im Anschluss an die Beratung des KOSPI Listing- und Offenlegungsausschusses. Eine Beratung ist entbehrlich (vgl. § 7 Abs. 4 Nr. 1–4) wenn der Emittent für die im KOSPI-Markt gelisteten Aktien ein Delisting vom KOSPI-Markt anstrebt, um anschließend in den KOSDAQ-Markt zu wechseln, wenn ein Indexfonds bzw. eine Investmentgesellschaft, die unter § 7 Abs. 2 fällt, einen Delisting-Antrag gestellt hat und auch dann, wenn ein Delisting für in – bzw. ausländische Schuldverschreibungen beantragt worden ist.

1077 § 40 Abs. 3 KOSDAQ-Zulassungsordnung.
1078 § 40 Abs. 3 KOSDAQ-Zulassungsordnung.

§ 7 Abs. 4 Nr. 4 KOSPI-Zulassungsordnung berechtigt die Börse, von der Beratung durch den Listing- und Offenlegungsausschuss abzusehen, wenn es für sie aus der Perspektive des Anlegerschutzes nicht erforderlich scheint. Der Börse wird an dieser Stelle ein Ermessen eingeräumt zu entscheiden, ob der Anlegerschutz auch ohne die Beratung des Listing- und Offenlegungsausschusses gewahrt wird. Die Fälle der Entbehrlichkeit der Beratung durch den Listing- und Offenlegungsausschuss wurden erst im August 2014 in die bestehenden Regelungen eingefügt. Die Wahrung des Anlegerschutzes ist gemäß § 7 Abs. 5 durch die Durchführungsordnung zu gewährleisten.

1. *Voraussetzungen*

Ein freiwilliges Delisting erfolgt gemäß § 7 Abs. 1 und Abs. 3 KOSPI-Zulassungsordnung auf Antrag des Emittenten.

a) *Hauptversammlungsbeschluss*

Die Entscheidung, ob ein Antrag auf ein freiwilliges Delisting gestellt wird, muss die Hauptversammlung des Emittenten treffen. Bei im KOSPI-Markt gelisteten Unternehmen müssen mindestens 2/3 der anwesenden stimmberechtigten Anteilseigner für ein Delisting votieren, die mindestens 1/3 der im Umlauf befindlichen Stimmrechtsaktien besitzen müssen.[1079] Der Hauptversammlungsbeschluss stellt sich auch nicht als reiner Formalakt dar, da § 29 Nr. 3 KOSPI-Zulassungsordnung Anforderungen an die Anzahl der Aktien stellt, die sich in der Hand der Minderheitsaktionäre befinden. Grundsätzlich müssen sich mindestens 25 % der Aktien im Eigentum der Minderheitsaktionäre befinden.

b) *Übernahmeangebot und Beteiligungsquote*

Zur Wahrung des Anlegerschutzes ist weiterhin erforderlich, dass der oder die Mehrheitsaktionäre die betroffenen Aktien im Rahmen eines Übernahmeangebots oder über die Börse erworben haben.[1080] Zum Zeitpunkt der Stellung des Delisting-Antrags muss der Mehrheitsaktionär 95 % oder mehr aller ausgegebenen Stammaktien des Unternehmens halten.[1081] Der Mehrheitsaktionär hat somit zwischen dem Hauptversammlungsbeschluss über das Delisting und der Stellung des Delisting-Antrages Zeit um weitere Aktien der Minderheitsaktionäre zu erwerben.

c) *Selbstverpflichtung des Mehrheitsaktionärs*

Zudem muss der Mehrheitsaktionär des betreffenden Unternehmens sich verpflichten, den übrigen Anlegern ein Angebot zum Kauf ihrer Anteile innerhalb einer be-

1079 § 6 Abs. 1 Nr. 1 KOSPI-Durchführungsordnung.
1080 § 6 Abs. 2 Nr. 1 KOSPI-Durchführungsordnung.
1081 § 6 Abs. 2 Nr. 2 KOSPI-Durchführungsordnung.

stimmten Frist nach dem Delisting zu unterbreiten.[1082] Der Mehrheitsaktionär muss seine Zustimmung dazu erteilt haben, den anderen Aktionären die Möglichkeit zu geben, ihre Anteile im Anschluss an das Delisting, innerhalb einer vordefinierten Verkaufsperiode, zum Kauf anzubieten. Um sicher zu stellen, dass der Mehrheitsaktionär den Minderheitsaktionären ein Kaufangebot unterbreitet, wird er von der Börse aufgefordert, eine Verpflichtungserklärung abzugeben, diese Maßnahmen umzusetzen. Die Verpflichtungserklärung wird im Anschluss gegenüber den Minderheitsaktionären öffentlich bekannt gemacht.

d) Öffentliches Interesse und Anlegerschutz

Ob alle genannten Voraussetzungen eingehalten wurden, wird durch den KOSPI-Listing- und Offenlegungsausschuss geprüft. Dazu gehören gemäß § 6 Abs. 2 Nr. 4 die Anforderungen für die Wahrung des Anlegerschutzes und des öffentlichen Interesses, inklusive der Voraussetzungen für das Übernahmeangebot. Die KRX trifft die Entscheidung über den Delisting-Antrag im Anschluss an die Beratung durch den KOSPI-Listing- und Offenlegungsausschuss. Die Börse muss dem Delisting im Grundsatz zustimmen. Sie kann allerdings ihre Zustimmung trotz des Hauptversammlungsbeschlusses aus mehreren Gründen verweigern, beispielsweise wenn der Emittent versäumt hat, ausreichende Maßnahmen zum Schutz der Minderheitsaktionäre zu ergreifen. Deshalb kann die Börse von dem Mehrheitsgesellschafter fordern, Maßnahmen zum Schutz der Minderheitsaktionäre zu ergreifen, bevor sie ihre Zustimmung zu einem freiwilligen Delisting erteilt.

Nach der Zustimmung der Börse zu einem freiwilligen Delisting verlieren die verbliebenen sich weiterhin im Eigentum der Minderheitsaktionäre befindlichen Anteile ihre Marktliquidität.

Die Tatsache, dass den widersprechenden Minderheitsaktionären mehrere Möglichkeiten geboten wurden, während des Übernahmeangebots, der Abwicklung und einem Post-Listing-Angebot ihre Anteile zu veräußern führt dazu, dass das anschließende Delisting für sich genommen das Interesse der Minderheitsaktionäre nicht beeinträchtigt. Dennoch ist es problematisch, dass keine klaren Richtlinien für die Abwicklung und das Post-Delisting-Angebot existieren. Das macht den Delisting-Prozess für alle Beteiligten, das Unternehmen, den Mehrheitsaktionär und die widersprechenden Minderheitsaktionäre weniger vorhersehbar.

2. Marktwechsel

Die Zulassungsordnung sieht für ein freiwilliges Delisting mit dem Ziel eines Wechsels von einem Börsenmarkt in den anderen Verfahrenserleichterungen vor. Gemäß § 7 Abs. 4 Nr. 1 KOSPI-Zulassungsordnung ist die Überprüfung durch den

1082 § 6 Abs. 2 Nr. 3 KOSPI-Durchführungsordnung.

KOSPI-Listing- und Offenlegungsausschuss bei einem Wechsel vom KOSPI-Markt in den KOSDAQ-Markt entbehrlich.[1083]

II. Das freiwillige Delisting vom KOSDAQ-Markt

Wie im KOSPI-Markt haben auch die im KOSDAQ-Markt gelisteten Unternehmen die rechtliche Möglichkeit, einen Antrag auf einen freiwilligen Rückzug von der Börse zu stellen. Das freiwillige Delisting ist in § 45 der KOSDAQ-Zulassungsordnung und § 34 der Durchführungsordnung normiert.

1. Antrag des Emittenten

Ein freiwilliges Delisting setzt gemäß § 45 Abs. 1 Zulassungsordnung zunächst einen Antrag des Emittenten voraus.

2. Hauptversammlungsbeschluss

Ein freiwilliges Delisting erfordert gemäß § 34 Abs. 1 Nr. 1 KOSDAQ-Durchführungsordnung einen Sonderbeschluss der Hauptversammlung über das Delisting. Die Zulassungsordnung enthält jedoch keine Regelung in Bezug auf die erforderlichen Mehrheitsverhältnisse für den Beschluss. Allerdings verlangt die KRX aus Gründen des Anlegerschutzes regelmäßig, dass mindestens 95 % der stimmberechtigten Anteilseigner einem freiwilligen Delisting zugestimmt haben.[1084] Die Zustimmung einer einfachen Mehrheit der stimmberechtigten Anteilseigner reicht für ein freiwilliges Delisting folglich nicht aus.

3. Kauf- beziehungsweise Übernahmeangebot des Mehrheitsaktionärs

Gemäß § 34 Abs. 3 Nr. 2 KOSDAQ-Durchführungsordnung muss derjenige, der das Delisting-Gesuch gestellt hat, die Verfahrensanforderungen zur Gewährleistung des Anlegerschutzes erfüllt haben. Hierzu zählt, dass entweder den Minderheitsaktionären vor Stellung des Delisting-Antrags ein Angebot zur Übernahme ihrer Aktien unterbreitet worden ist, oder durch den Antragsteller garantiert wird, die betreffenden Wertpapiere innerhalb einer bestimmten Frist zu übernehmen.[1085] Der Mehrheitsaktionär ist jedoch nicht wie bei einem freiwilligen Delisting vom KOSPI-Markt verpflichtet, bereits vor Antragstellung 95 % der Anteile zu erwerben. In der Vergangenheit hat die KRX allerdings einem Delisting nur zugestimmt, wenn 95 % der stimmberechtigten Anteilseigner einem Delisting zugestimmt haben.[1086]

1083 Gemäß § 38 Abs. 1 Nr. 16 KOSDAQ-Zulassungsordnung findet auch bei einem Wechsel vom KOSDAQ-Markt in den KOSPI-Markt keine umfassende Unternehmensüberprüfung statt.

1084 *Park/Park*, in: Mergers and Acquisitions: Jurisdictional Comparisons, S. 412.

1085 *Park/Park*, in: Mergers and Acquisitions: Jurisdictional Comparisons, S. 411 f.

1086 *Park/Park*, in: Mergers and Acquisitions: Jurisdictional Comparisons, S. 412.

Diese Mehrheit setzt sich zusammen aus demjenigen, der das Übernahmeangebot unterbreitet hat, und dem Mehrheitsaktionär, wenn dieser das Übernahmeangebot nicht selbst unterbreitet hat. Die KRX hat außerdem gefordert, dass der Mehrheitsaktionär den restlichen Aktionären ein Übernahmeangebot unterbreitet, damit sie innerhalb eines bestimmten Zeitraums (z. B. sechs Monate) vor dem Delisting ihre Anteile verkaufen können.[1087]

4. Zustimmung des Listing-Sponsors

Erstrebt der Emittent das freiwillige Delisting, muss der Listing-Sponsor dem Delisting schriftlich zustimmen.[1088] Nicht erforderlich ist eine Zustimmung des Listing-Sponsors, wenn das Delisting mit dem Ziel beantragt wird, in den KOSPI-Markt zu wechseln.[1089]

5. Vorliegen eines Delisting-Grundes

§ 45 Abs. 3 S. 1 KOSDAQ-Zulassungsordnung sieht im Grundsatz die Zustimmungspflicht der Börse zu dem Delisting-Antrag vor. Der Anspruch des Emittenten auf Durchführung des Delisting wird jedoch dadurch eingeschränkt, dass die Börse das Delisting nach einer Beratung durch das Listing-Prüfungsausschuss ablehnen kann, wenn das Unternehmen nicht unter die in § 38 genannten Delisting-Kriterien fällt. Der Antrag auf ein freiwilliges Delisting soll damit der Gesellschaft die Möglichkeit verschaffen, einem zwangsweisen Delisting durch die Börse zuvor zu kommen, wenn eines der in § 38 KOSDAQ-Zulassungsordnung normierten Delisting-Kriterien erfüllt wurde und das Kriterium voraussichtlich nicht behoben werden kann. Die Zulassungsordnung geht somit grundsätzlich davon aus, dass Gesellschaften ein Delisting ihrer Aktien beantragen, weil sie mindestens eines der Kriterien für ein zwangsweises Delisting erfüllen.

6. Nichtvorliegen eines Delisting-Grundes

Wenn die Gesellschaft die Delisting-Kriterien aus § 38 nicht erfüllt, ist die Börse gemäß § 34 Abs. 3 Nr. 1 KOSDAQ-Durchführungsordnung verpflichtet, den Listing-Prüfungsausschuss anzurufen, das darüber beraten muss, ob die Aktien delistet werden oder nicht.[1090] Der Ausschuss muss prüfen, ob der Antragsteller das Verfahren zur Gewährleistung des Anlegerschutzes gewissenhaft durchgeführt hat, inklusive dem Beteiligungserwerb von den Minderheitsaktionären und der Garantie, die Aktien der Minderheitsaktionäre innerhalb einer bestimmten Frist zu erwer-

---

1087 *Park/Park*, in: Mergers and Acquisitions: Jurisdictional Comparisons, S. 412.
1088 § 34 Abs. 1 Nr. 2 KOSDAQ-Durchführungsordnung.
1089 § 34 Abs. 1 Nr. 2 KOSDAQ-Durchführungsordnung.
1090 § 45 Abs. 3 KOSDAQ-Zulassungsordnung; § 34 Abs. 3 KOSDAQ-Durchführungsordnung.

ben[1091] und ob das Delisting gegen das öffentliche Interesse oder den Anlegerschutz verstößt.[1092] Die Börse muss sodann innerhalb von drei Tagen nach der Beratung durch den Listing-Prüfungsausschuss über den Delisting-Antrag der Gesellschaft entscheiden.[1093] Der Emittent der im KOSDAQ-Markt gelisteten Aktien besitzt nach der KOSDAQ-Zulassungsordnung folglich keinen Anspruch auf die Zustimmung der Börse zu einem freiwilligen Delisting. Die Börse kann das Delisting ablehnen, wenn das Unternehmen keines der in § 38 genannten Delisting-Kriterien erfüllt oder der Anlegerschutz nicht ausreichend gewahrt wird.

E. Bewertung der Delisting-Regelungen

Im Folgenden soll eine Bewertung der Delisting-Regelungen am KOSPI-Markt und vom KOSDAQ-Markt stattfinden und dabei die Gemeinsamkeiten und Unterschiede sowie die möglichen Vor- und Nachteile, sowohl bei einem freiwilligen als auch bei einem unfreiwilligen Delisting, aufgezeigt werden.

I. Das zwangsweise Delisting

Sowohl die KOSPI-Zulassungsordnung als auch die KOSDAQ-Zulassungsordnung erlauben der Börse, eine Gesellschaft unter bestimmten Umständen gegen ihren Willen vom jeweiligen Markt zu delisten. Das zwangsweise Delisting ist dadurch gekennzeichnet, dass das Delisting-Verfahren durch die Verwirklichung eines Delisting-Kriteriums indiziert wird. Beim zwangsweisen Delisting lassen sich das automatische Delisting und das Delisting nach Überprüfung unterscheiden.[1094] In Abhängigkeit davon, welches Kriterium erfüllt wurde, erfolgt eine Bezeichnung des Unternehmens als administrative issue oder nicht. Die Delisting-Kriterien lassen sich prinzipiell in harte und weiche Kriterien unterteilen. Die Verwirklichung eines harten, also objektiv messbaren Kriteriums, hat grundsätzlich ein automatisches Delisting zur Folge, wohingegen die Erfüllung eines weichen Kriteriums eine umfassende Unternehmensüberprüfung zur Folge hat.

Weiterhin ist es von dem verwirklichten Delisting-Kriterium abhängig, ob ein automatisches Delisting erfolgt, also die Delisting-Entscheidung ohne eine vorherige Beratung durch den Unternehmens-Prüfungsausschuss stattfindet, oder ob ein Delisting erst im Anschluss an eine Beratung des Unternehmens-Prüfungsausschusses stattfindet. Das Verfahren für ein automatisches Delisting wird durch die Verwirklichung quantitativer Delisting-Kriterien in Gang gesetzt. Zu den quantitativen Delisting-Kriterien zählen beispielsweise eine unzurei-

1091 § 34 Abs. 3 Nr. 2 KOSDAQ-Durchführungsordnung.

1092 § 34 Abs. 3 Nr. 3 KOSDAQ-Durchführungsordnung.

1093 § 34 Abs. 4 KOSDAQ-Durchführungsordnung.

1094 Automatisches Delisting: § 48 Abs. 1 KOSPI-Zulassungsordnung, § 38 Abs. 1 KOSDAQ-Zulassungsordnung; Delisting nach Überprüfung: § 48 Abs. 2 KOSPI-Zulassungsordnung, § 38 Abs. 2 KOSDAQ-Zulassungsordnung.

chende Marktkapitalisierung, unzureichende Umsätze sowie Verstöße gegen die Berichterstattungspflichten. Die Kriterien für ein Delisting vom KOSPI-Markt beziehungsweise KOSDAQ-Markt sind nicht inhaltsgleich. Sie unterscheiden sich beispielsweise in Bezug auf die Anforderungen an die finanzielle Situation des Emittenten. Auf die finanzielle Situation des Emittenten bezogene Kriterien für den KOSPI-Markt sind die Marktkapitalisierung, Überschuldung, Umsätze sowie der Aktienpreis, wohingegen es für ein Delisting vom KOSDAQ-Markt auf die Umsätze, den Nettoverlust vor Steuern, operative Verluste, Überschuldung sowie die Marktkapitalisierung ankommt. Die KRX trifft ihre Delisting-Entscheidung regelmäßig aufgrund der zwischen Januar und März zu übermittelnden Jahresberichte der Emittenten.[1095]

Wie die bisherigen Ausführungen gezeigt haben, besteht auch bei einem automatischen Delisting für den Emittenten die Möglichkeit, vor dem endgültigen Delisting eine zumindest eingeschränkte Überprüfung des Unternehmens herbeizuführen. Der Begriff des automatischen Delisting ist daher teilweise irreführend, da zwar die Verwirklichung eines der in § 48 Abs. 1 KOSDAQ-Zulassungsordnung genannten Delisting-Kriteriums grundsätzlich zur Anordnung des zwangsweisen Delisting durch die Börse führt, die Gesellschaften allerdings die Möglichkeit haben, gegen ein automatisches Delisting Widerspruch einzulegen. Der Listing- und Offenlegungsausschuss muss für den KOSPI-Markt eine Entscheidung darüber treffen, ob der Widerspruch gerechtfertigt ist und der Gesellschaft eine Nachbesserungsfrist gewährt wird oder ob sie ohne Fristsetzung delistet wird.[1096] Der Ausschuss führt zu diesem Zeitpunkt keine umfassende Unternehmensüberprüfung durch, sondern beschränkt sich primär auf die Überprüfung der Umsetzbarkeit des von der Gesellschaft eingereichten Nachbesserungsplans.[1097]

Die Verwirklichung qualitativer Delisting-Kriterien führt demgegenüber zu einer Unternehmensüberprüfung durch den Unternehmens-Prüfungsausschuss im KOSPI-Markt beziehungsweise des Markt-Ausschusses im KOSDAQ-Markt.[1098] Die Erfüllung bestimmter Delisting-Kriterien hat wiederum im Vorfeld die Bezeichnung als administrative issue zur Folge. Der Inhalt der Unternehmensprüfung ist abhängig davon, welches Delisting-Kriterium von der Gesellschaft verwirklicht worden ist. Bei der Unternehmensprüfung wird sowohl der wirtschaftliche Ist-Zustand analysiert, als auch eine Prognoseentscheidung für die Zukunft getroffen, um eine Entscheidung über die zukünftige Listing-Eignung treffen zu können.

Sobald die Börse die Entscheidung getroffen hat, dass ein gelistetes Unternehmen delistet werden soll und kein Widerspruch des Emittenten erfolgt, oder der eingelegte Widerspruch abgewiesen wird, wird der Handel der entsprechenden Papiere

---

1095 *Kim*, Yon-Se, AsiaOne Business vom 14.11.2015.
1096 § 25 Abs. 3 KOSPI-Zulassungsordnung; § 19 KOSPI-Durchführungsordnung.
1097 § 19 Abs. 1 KOSPI-Durchführungsordnung.
1098 § 49 Abs. 1 KOSPI-Zulassungsordnung; § 40 Abs. 3 KOSDAQ-Zulassungsordnung.

bis zum endgültigen Delisting ausgesetzt.[1099] Die Börse kann den vor einem Delisting stehenden Unternehmen den Handel ihrer Anteile aber innerhalb eines Zeitraums von sieben Tagen für den sogenannten Abwicklungshandel gestatten.[1100] Das Hauptziel des Abwicklungshandels ist es, den Minderheitsaktionären die Gelegenheit zu geben, ihre Anteile zu veräußern, bevor das Delisting wirksam wird. Üblicherweise werden diese Anteile von dem Mehrheitsaktionär erworben, bevor sie ihre Marktfähigkeit durch das Delisting einbüßen.

II. Bewertung

Ziel der Regelungen über das zwangsweise Delisting ist es, die Börsenmärkte zu stärken, indem mithilfe der Delisting-Kriterien *gute* von *schlechten* Unternehmen unterschieden werden und aufgrund dieser Unterscheidung ein Delisting der schlechten Unternehmen stattfinden kann. Die Schwierigkeiten im südkoreanischen Recht resultieren aus den sehr strengen und ausdifferenzierten Bestimmungen, die eine Vielzahl von Gründen vorsehen, ein Unternehmen von den Börsenmärkten zu delisten. Der Beispielsfall Kukje zeigt das Zusammenwirken von Rechtsprechung und der KRX, indem diese auf Gerichtsentscheidungen reagiert und die Zulassungsordnungen entsprechend anpasst.

Die Verfahren für ein zwangsweises Delisting sind in mehrerlei Hinsicht zu kritisieren. Beide Zulassungsordnungen unterscheiden zwischen einem automatischen Delisting und einem Delisting nach Überprüfung. Fraglich ist, wie sinnvoll eine solche Unterscheidung ist. Zum einen ist nicht klar, warum die Erfüllung unterschiedlicher Delisting-Kriterien zu unterschiedlichen Verfahren führt, die sich im Ergebnis doch ähnlich sind. Warum – so ist zu fragen – führt ein Verstoß gegen quantitative Kriterien zu einem automatischen Delisting, die Verwirklichung qualitativer Kriterien aber zunächst lediglich zu einer umfassenden Prüfung des Unternehmens? Schließlich hat der Emittent bei einem automatischen Delisting vom KOSPI-Markt grundsätzlich die Möglichkeit, der Delisting-Entscheidung zu widersprechen, was zur Folge hat, dass eine Unternehmensüberprüfung durch den Listing- und Offenlegungsausschuss stattfindet, der im Anschluss an die Überprüfung eine Entscheidung darüber trifft, ob dem Unternehmen eine Frist zur Nachbesserung gewährt wird oder ob es delistet wird. Der Emittent kann also auch bei einem automatischen Delisting zumindest eine eingeschränkte Unternehmensprüfung herbeiführen.

Weiterhin sind die quantitativen Delisting-Kriterien zu unflexibel und lassen die Eigenheiten der jeweiligen Unternehmen unberücksichtigt. Die in § 38 Abs. 2 Nr. 5 KOSDAQ-Durchführungsordnung genannten Kriterien, die ein Delisting durch die Börse indizieren, wirken beispielsweise wie eine willkürliche und unsystematisch aufgelistete Aufzählung von Kriterien.

1099 § 153 Abs. 1 Nr. 2 KOSPI-Zulassungsordnung, § 29 Abs. 1 Nr. 2 KOSDAQ-Zulassungsordnung.

1100 § 9 KOSPI-Zulassungsordnung, § 47 KOSDAQ-Zulassungsordnung.

Unbefriedigend ist zudem die Tatsache, dass weder bei einem Delisting nach Überprüfung noch bei einem automatischen Delisting den Minderheitsaktionären eine Abfindung für den Verlust der Handelsmöglichkeit an der Börse gezahlt werden muss. Demgegenüber erhalten die Minderheitsaktionäre bei einem Squeeze-out und anderen gesellschaftsrechtlichen Umstrukturierungen eine Abfindung, die vom Mehrheitsaktionär gezahlt werden muss.

Für die gelisteten Emittenten bergen die umfangreichen Kriterien-Kataloge ein hohes Risiko, zwangsweise delistet zu werden. Die KRX hat durch die Einführung des Delisting-Überprüfungssystems versucht, dieses Risiko für diejenige Gruppe von Emittenten zu verringern, die eine positive Fortführungsprognose besitzen. Bei einer Überprüfung der Emittenten, die qualitative Delisting-Kriterien erfüllen, können anders als beim automatischen Delisting die spezifischen Besonderheiten der einzelnen Gesellschaften berücksichtigt werden. Die Einführung des Überprüfungssystems hat sich zunächst als nachteilig für kleine Investoren insbesondere im KOSDAQ-Markt erwiesen, da zunächst eine große Anzahl von Emittenten aufgrund der neuen Regularien delistet wurde und eine Marktbereinigung von wirtschaftlich schwachen Emittenten stattgefunden hat.[1101] Seit dem Jahr 2010 ist die Anzahl der zwangsweisen Delistings stetig gesunken, was für die Praktikabilität der Kriterien spricht und dafür sorgt, die Attraktivität der koreanischen Börsenmärkte als Handelsplätze zu steigern und deren Funktionsfähigkeit sicher zu stellen.

III. Das freiwillige Delisting

Ein freiwilliges Delisting dient dem Mehrheitsaktionär einer Gesellschaft dazu, die Anteile der verbliebenen Minderheitsaktionäre zu erlangen. Ein freeze-out wird in Südkorea überwiegend dadurch erreicht, dass den Aktionären ein Übernahmeangebot unterbreitet wird und anschließend ein freiwilliges Delisting von der Börse beantragt wird.[1102] Zum Nachteil für den Mehrheitsaktionär können die Aktionäre nicht gezwungen werden, ihre Anteile an den Mehrheitsaktionär zu veräußern.[1103] Kündigt der Mehrheitsaktionär gleichzeitig mit dem Übernahmeangebot ein anschließendes freiwilliges Delisting an, kann er damit einen großen Druck auf die Aktionäre aufbauen, ihre Aktien zu veräußern, da mit dem Rückzug von der Börse eine bedeutende Handelsmöglichkeit für den Verkauf ihrer Anteile wegfällt.

Die Regelungen zum freiwilligen Delisting vom KOSPI-Markt und vom KOSDAQ-Markt haben gemeinsam, dass die Delisting-Anträge der Zustimmung der Hauptversammlung bedürfen und dass bei der Delisting-Entscheidung sowohl der Anlegerschutz als auch das öffentliche Interesse mit dem Interesse der Gesellschaft an einem Börsenrückzug abgewogen werden muss. Sieht die Satzung der Gesellschaft keine anderen Mehrheitserfordernisse vor, reicht für ein Delisting vom KOSPI-Markt

---

1101 *Yoon,* The Korea Times, vom 28.03.2010.

1102 *Song/Kim/Chung/Hong,* Journal of Korean Law Vol. 8, No. 2, June 2009, S. 277, 281.

1103 *Song/Kim/Chung/Hong,* Journal of Korean Law Vol. 8, No. 2, June 2009, S. 277, 281.

ein Beschluss der Hauptversammlung mit der Mehrheit der anwesenden Anteilseigner aus, die zusammen mindestens 25 % der im Publikumsbesitz befindlichen Stimmanteile halten müssen. Ein freiwilliger Rückzug vom KOSDAQ-Markt erfordert einen Sonderbeschluss der Hauptversammlung mit einer Mehrheit von 75 % der anwesenden Stimmberechtigten, die mindestens 1/3 der im Publikumsbesitz befindlichen Stimmanteile halten müssen. Die Pflicht, einen Hauptversammlungsbeschluss herbeizuführen, dient wiederum dem Schutz der Minderheitsaktionäre.

Die Börse kann einen Delisting-Antrag ablehnen, wenn unter anderem der Anlegerschutz nicht ausreichend gewährleistet ist. Die Börse verpflichtet den Hauptaktionär regelmäßig, bei einem freiwilligen Delisting Maßnahmen zum Schutz der Minderheitsaktionäre zu treffen. Hierzu gehört der Erwerb der Aktien der Minderheitsaktionäre durch den Hauptaktionär im Rahmen des Abwicklungshandels und des post-Delisting-Angebots. Für diese Arten des Kaufangebots an die Minderheitsaktionäre enthält die Zulassungsordnung wiederum keine Preisfindungsmechanismen, sodass die Höhe der Kaufangebote vom Hauptaktionär abhängig ist.

1. Provokation eines zwangsweisen Delisting durch den rückzugswilligen Emittenten?

Da die Anzahl der zwangsweisen Delistings die Anzahl der freiwilligen Delistings bei Weitem übersteigt, liegt die Vermutung nahe, dass Emittenten ein zwangsweises Delisting provozieren, um die strengen Anforderungen an den Anlegerschutz bei einem freiwilligen Delisting zu umgehen. Freilich darf man aus dem Umstand, dass die zwangsweisen Delistings überwiegen nicht ohne Weiteres den Schluss ziehen, dass rückzugswillige Emittenten vorsätzlich gegen die mit dem Listing im KOSPI-Markt beziehungsweise KOSDAQ-Markt verbundenen Pflichten verstoßen, um sich *kostengünstig* von dem jeweiligen Markt zurückziehen zu können, wenn sie die Voraussetzungen für einen Antrag auf ein freiwilliges Delisting nicht erfüllen. Naheliegender ist, dass der Standing-Verlust, der mit einem zwangsweisen Delisting verbunden ist, die Gesellschaften von einem gezielten Verstoß gegen Listing-Folgepflichten abhält. Anders als in Deutschland besitzt das Listing an der KRX einen wesentlich höheren Stellenwert für Aktiengesellschaften. Das wird durch das Verhältnis von gelisteten zu nicht gelisteten Gesellschaften deutlich. Während in Deutschland die überwiegende Zahl der Aktiengesellschaften keine Börsenzulassung besitzt,[1104] ist in Südkorea eine wesentlich höhere Anzahl der Aktiengesellschaften an einem der Märkte an der KRX gelistet.[1105]

1104 Im Jahr 2012 lag die Anzahl der Aktiengesellschaften und KGaA in Deutschland bei 11.938, Quelle: Deutsches Aktieninstitut e. V., DAI-Factbook; An der größten deutschen Börse, der Frankfurter Wertpapierbörse, waren am 04.07.2016 im Prime Standard, General Standard sowie im Entry Standard insgesamt 617 Gesellschaften zugelassen, Deutsche Börse, Listed Companies Frankfurt Stock Exchange.

1105 Am 16.08.2016 waren im KOSPI-Markt 773, im KOSDAQ-Markt 1175 und im KONEX 129 Gesellschaften gelistet, Quelle: KRX, https://global.krx.co.kr/; Im Juli

Die Aktiengesellschaft besitzt eine große Bedeutung in Südkorea. Im Vergleich zu den anderen Gesellschaftsformen bietet sie das höchste Prestige, während die anderen Gesellschaftsformen eher als typisch für kleine familiengeführte Unternehmen angesehen werden. Eine Untersuchung kam zu dem Schluss, dass der Aktienkurs nach einem unfreiwilligen Delisting von den koreanischen Märkten regelmäßig um 70 bis 80 % einbricht.[1106] Die größten Verluste bei einem zwangsweisen Delisting erleiden regelmäßig die Kleinanleger, die bei einem Delisting die Handelsmöglichkeit über einen organisierten Markt verlieren, ohne einen Ausgleich dafür zu erhalten.

Verstöße gegen Zulassungsfolgepflichten können für den Emittenten empfindliche Strafen nach sich ziehen. Gemäß § 35–2 KOSPI-Markt-Disclosure-Regulation kann die Börse bei Verstößen gegen Publizitätspflichten dem Emittenten eine Geldstrafe in Höhe von bis zu 1 Milliarde Won (ca. 750.000 Euro) auferlegen. Die Börse kann, wenn der Emittent gegen Publizitätspflichten verstößt, den Emittenten als *Unfaithful Disclosure Corporation* bezeichnen (§ 39 KOSPI-Markt-Disclosure Regulation) oder den Handel mit den Aktien des Emittenten unterbrechen (§ 40 KOSPI-Markt-Disclosure Regulation).

Ein Grund für die geringe Anzahl an erfolgreichen freiwilligen Delistings liegt vermutlich in den hohen Anforderungen für ein freiwilliges Delisting. Die größte Hürde dürfte in der erforderlichen Mehrheitsbeteiligungsquote von 95 % liegen, die der bzw. die Mehrheitsaktionäre entweder durch den Erwerb der Anteile über die Börse oder durch ein freiwilliges Übernahmeangebot erlangen müssen.[1107]

2. Das Übernahmeangebot

Der Hauptaktionär muss zum Zeitpunkt der Antragstellung für ein freiwilliges Delisting vom KOSPI-Markt mindestens 95 % der Anteile halten.[1108] Die Anteile kann er entweder über die Börse oder im Rahmen eines Übernahmeangebots erwerben. Die Zulassungsordnungen für den KOSPI-Markt und den KOSDAQ-Markt sehen

2011 waren in Südkorea 740.000 Aktiengesellschaften registriert, Quelle: OECD, Global Forum on Transparency and Exchange of Information for Tax Purposes Peer Reviews: Republic of Korea 2012 Combined: Phase 1 + Phase 2: Combined: Phase 1 + Phase 2, 2013, S. 24.

1106 *Park/Park/Lee*, Pacific-Basin Finance Journal 30, October 2014, S. 251, 252.

1107 *Lee*, Korea Bizwire, vom 11.05.2016,

1108 Beispiel für ein Übernahmeangebot mit dem Ziel ein freiwilliges Delisting durchzuführen: Die Atlas BX CO. hat am 7. März 2016 ein Übernahmeangebot angekündigt, mit dem Ziel im Anschluss ein freiwilliges Delisting durchzuführen. In ihrem Antrag hat sie verkündet, dass sie 6,3 Mio Anteile, die 68,87 % der ausstehenden Aktien ausmachen, zu einem Stückpreis von 50.000 Won (ca. 37 Euro) erwerben will. Das Angebot liegt damit 23 % über dem letzten Schlusskurs vor der Übernahmeankündigung. Mit der Bekanntgabe des Übernahmeangebots ist der Kurs um 21,87 % gestiegen und lag im Anschluss fast bei 50.000 Won pro Aktie: *Han/Kim*, Pulse News vom 07.03.2016.

keine speziellen Anforderungen an das Übernahmeangebot vor. Dementsprechend ist auf die allgemeinen Vorschriften für Übernahmeangebote zurückzugreifen.

Der Bieter muss in Bezug auf sein Kaufangebot an die Minderheitsaktionäre lediglich die sogenannte uniform price rule beachten (vgl. Art. 133 FSCMA).[1109] Nach den Regeln für Übernahmeangebote nach dem FSCMA ist nur erforderlich, dass allen vorhandenen Aktionären, derselbe Preis pro gehaltener Aktie angeboten wird.[1110] Das Übernahmeangebot wird inhaltlich dadurch begrenzt, dass für jede Aktie, die übernommen werden soll, derselbe Preis angeboten wird, dass es ohne gewichtige Gründe nicht zurückgenommen werden darf und während das Übernahmeangebot läuft, ein Erwerb auf andere Weise als durch das Übernahmeangebot grundsätzlich nicht gestattet ist. Diese Regelung soll die Gleichbehandlung der Anteilseigner garantieren, weil Aktionäre mit einem höheren Beteiligungsumfang gegenüber denen mit einem niedrigen Beteiligungsumfang nicht bevorzugt werden können, sorgt aber nicht dafür, dass die Aktionäre einen angemessenen Kaufpreis für ihre Aktien erhalten. Der Mehrheitsaktionär darf nicht mehreren Minderheitsaktionären unterschiedliche Angebote unterbreiten.

Art. 141 Abs. 2 FSCMA konkretisiert nicht, wie sich der Preis für das Übernahmeangebot zusammensetzt. Weder der FSCMA noch die Zulassungsordnungen spezifizieren die inhaltlichen Anforderungen an den Einheitspreis. Regelmäßig basiert das Übernahmeangebot auf dem Marktpreis der Aktie mit einem gewissen Aufschlag.[1111] Unklar ist auch, in welchen Fällen eine Verletzung der uniform price rule vorliegt, was wiederum zu Unsicherheiten auf Seiten des Bieters führt.

Der Bieter ist verpflichtet, das Angebot öffentlich bekannt zu geben.[1112] Diese Erklärung muss die Person beinhalten, die das Angebot abgibt, den Emittenten, den Zweck des Übernahmeangebots, die Art und Anzahl der Aktien, auf die sich das Angebot bezieht, die Zeitspanne, in der das Angebot gültig ist, die Angebotshöhe, den Zahlungstag, Angaben über die Finanzierung des Angebots, sowie weitere Informationen, die zum Schutz der Anleger erforderlich sind. Der Bieter muss grundsätzlich am selben Tag, an dem er das Angebot öffentlich bekanntgemacht hat, auch der FSC und der Börse die öffentlich bekannt zu gebenden Informationen mitteilen.[1113] Ein öffentlich bekanntgemachtes Angebot darf der Bieter nicht ohne weiteres zurücknehmen.[1114] Nur dann, wenn eine der in Art. 139 Abs. 1 FSCMA genannten Ausnahmen vorliegt, beispielsweise ein Gegenangebot besteht, ist eine Rücknahme des Übernahmeangebots bis zum Ende der Angebotszeitspanne zulässig. Die Financial

1109 Zum Übernahmeangebot: *Song/Kim/Chung/Hong*, Journal of Korean Law Vol. 8, June 2009, S. 277, 285 ff.

1110 Der *FSCMA* unterscheidet nicht zwischen dem Angebot eines Mehrheitsaktionärs und eines Dritten als Bieter.

1111 *Kim*, Kwang-Rok, Pacific Rim Law & Policy Journal, Vol. 10 No. 3, 2001, S. 499, 520.

1112 Art. 134 Abs. 1 FSCMA

1113 Art. 134 Abs. 2 FSCMA.

1114 Art. 139 FSCMA.

Services Commission kann eine Ergänzung beziehungsweise. Korrektur des Angebots verlangen, wenn die Erklärung nicht die gesetzlich vorgeschriebene Form einhält, oder eine falsche Beschreibung von wesentlichen Fakten vorliegt.[1115] Zu den wesentlichen Fakten zählen gemäß Art. 134 Abs. 2 FSCMA beispielsweise der Grund für das Übernahmeangebot und die Bedingungen unter denen das Angebot erfolgen soll, die genannt werden müssen.

Darüber hinaus muss der Hauptaktionär mit Stellung des Delisting-Antrags den verbliebenen Minderheitsaktionären ein Angebot zur Übernahme ihrer Aktien unterbreiten. Ein solches Übernahmeangebot verlangt die Börse auch für den KOSDAQ-Markt. Wie für das Übernahmeangebot zum Erreichen der Mindestbeteiligungsquote enthalten weder die KOSPI- noch die KOSDAQ-Zulassungsordnung weitere Bestimmungen in Bezug auf die Berechnungsgrundlage für das Abfindungsangebot an die Minderheitsaktionäre.

1115 Art. 136 Abs. 1 FSCMA.

4. Kapitel: Rechtsvergleichende Betrachtung

Die voranstehenden Ausführungen haben bereits gezeigt, dass sich der Schwerpunkt der rechtlichen Probleme im deutschen Recht beim freiwilligen Delisting befindet, wohingegen im südkoreanischen Recht das zwangsweise Delisting einen weitaus größeren Raum als das freiwillige Delisting einnimmt. Die im KOSDAQ-Markt gelisteten Unternehmen sind dabei einem weitaus größeren Risiko ausgeliefert, delistet zu werden, als die im KOSPI-Markt gelisteten Unternehmen. Eine mögliche Ursache hierfür liegt in einer schlechteren Unternehmensführung der im KOSDAQ-Markt gelisteten Unternehmen.[1116]

Im Folgenden sollen zunächst die grundsätzlichen Unterschiede der börsen- und kapitalmarktrechtlichen Regelungen beider Länder dargestellt werden, bevor im Anschluss erläutert wird, welche Gemeinsamkeiten und Unterschiede die Regelungen und Verfahren bei einem freiwilligen Delisting und bei einem zwangsweisen Delisting haben. Abschließend folgt eine Bewertung der deutschen und koreanischen Regelwerke.

A. Anwendbare Rechtsvorschriften

Das koreanische Kapitalmarktrecht ist seit dem Jahr 2009 mit der Einführung des FSCMA auf ein Gesetz konzentriert. Der FSCMA überträgt der Börse die Kompetenz, Verordnungen für den Betrieb ihrer Märkte zu erlassen. Bedeutung für das Listing und Delisting kommen insbesondere der KOSPI-Zulassungsordnung, der KOSDAQ-Zulassungsordnung und den entsprechenden Durchführungsordnungen zu.

Das deutsche Kapitalmarktrecht basiert hingegen auf einer Vielzahl von Rechtsquellen. Für das Listing und Delisting an den deutschen Börsen enthält das BörsG die maßgeblichen Regelungen. Für den regulierten Markt haben alle deutschen Börsen eigene Börsenordnungen erlassen. Die Regelungen für den Freiverkehr ergeben sich aus den Allgemeinen Geschäftsbedingungen für den Freiverkehr, die jede Börse autonom festlegen darf. Das Delisting befindet sich im deutschen Recht an der Schnittstelle von Gesellschaftsrecht und Kapitalmarktrecht, wohingegen es im koreanischen Recht nur im Kapitalmarktrecht anzusiedeln ist.

B. Grundsätzliche Unterschiede der kapitalmarktrechtlichen Regelungen

Die Marktveranstalter weisen in den beiden Ländern eine unterschiedliche Rechtsnatur auf. In Deutschland besteht zwischen der Börse und dem Emittenten ein öffentlich-rechtliches Nutzungsverhältnis und die Börsen sind als Anstalten des

1116 *Park/Park/Lee,* Pacific-Basin Finance Journal 30, October 2014, S. 251, 258.

öffentlichen Rechts organisiert, die von einem selbstständigen Börsenbetreiber getragen werden. Es besteht folglich eine duale Organisationsstruktur. Der regulierte Markt ist eine öffentlich-rechtliche Marktveranstaltung. In Südkorea besteht hingegen ein privatrechtliches Vertragsverhältnis zwischen der Börse und dem Emittenten. Die zwischenzeitliche Einstufung der koreanischen Börse als öffentliche Einrichtung ist Anfang 2015 aufgehoben worden. Eine Trennung von Anstalt (Börse) und Anstaltsbetreiber (Börsenbetreiber), wie sie in Deutschland vorgenommen wird, kennt das koreanische Kapitalmarktrecht folglich nicht.

Dementsprechend begehrt der Emittent in Deutschland bei der Beendigung seiner Börsenzulassung einen verwaltungsrechtlichen Widerruf, wohingegen sich die Beendigung der Börsenzulassung in Südkorea als Kündigung eines privatrechtlichen Vertrages durch die Börse darstellt.

Seit 2005 gibt es in Südkorea nur noch eine Börse (KRX), die über mehrere Märkte verfügt. Hierzu gehören der KOSPI-Markt, der KOSDAQ-Markt, der KONEX sowie der Derivatemarkt. In Deutschland bieten neben der Frankfurter Wertpapierbörse noch fünf weitere Regionalbörsen Marktplätze für den Wertpapierhandel an.[1117]

Das deutsche Kapitalmarktrecht gewährleistet den Anlegerschutz zum einen, indem es durch die Aufstellung von Publizitäts-, Aufklärungs- und Informationspflichten Informationsmöglichkeiten für die Anleger schafft. Zudem gestaltet es den Kapitalmarkt so attraktiv, dass die Anleger im Vertrauen auf die Funktionsfähigkeit des Marktes in börsennotierte Unternehmen investieren. Wegen seinen umfangreichen Listing- und Delisting-Kriterien gehört der koreanische Kapitalmarkt zu den stark regulierten Märkten. Das koreanische Kapitalmarktrecht übernimmt in Teilen die Funktion, die in Deutschland das Aktienrecht innehat, da unter die Delisting-Kriterien auch beispielsweise die Aktienstreuung und die Unterbilanz fallen. Im deutschen Recht sieht das Aktienrecht vor, dass die Hauptversammlung der Aktiengesellschaft über mögliche Sanktionen entscheidet.

Die Überwachung der Börsen wird in Deutschland von der BaFin und von der Börsenaufsichtsbehörde übernommen und in Südkorea von der FSC. Anders als der BaFin kommt der FSC nicht nur die Funktion der Marktüberwachung, sondern auch Rechtssetzungskompetenz zu. Die Rechtssetzungsakte der BaFin besitzen demgegenüber nur eine untergeordnete Bedeutung.[1118] Der BaFin kommt als zuständiger Behörde die Überwachung der Einhaltung der Zulassungsfolgepflichten zu.

In Bezug auf die Listing- beziehungsweise Zulassungsvoraussetzungen weisen die Börsenmärkte insbesondere in Bezug auf die quantitativen Voraussetzungen große Unterschiede auf. Die südkoreanischen Zulassungsordnungen besitzen deutlich höhere Anforderungen an die quantitativen Voraussetzungen der listingwilligen Unternehmen. Das Eigenkapital für eine deutsche Aktiengesellschaft muss mindestens € 1,25 Mio. betragen und sie muss mindestens 10.000 Aktien emittieren.

1117 Börse Berlin, Börse Düsseldorf, Börse München, Börse Stuttgart, BÖAG Hamburg-Hannover (bis 2007 auch noch die Bremer Börse).

1118 *Schulz*, S. 288.

Eine Gesellschaft, die ein Listing im KOSPI-Markt beantragt, muss ein Eigenkapital von 30 Milliarden Won (ca. 22,5 Millionen Euro)) aufweisen und mindestens eine Million Wertpapiere ausgeben. Die südkoreanischen Listingvoraussetzungen sind außerdem deutlich umfangreicher, weil sie beispielsweise auch Anforderungen an den Finanzbedarf des Unternehmens stellen. Im Gegensatz zu den Zulassungsvoraussetzungen für den regulierten Markt in Deutschland enthalten die Zulassungsordnungen außerdem noch qualitative Listing-Kriterien, die dem deutschen Recht in dieser Art unbekannt sind. Dazu gehört beispielsweise eine Überprüfung der Geschäftskontinuität und des Corporate Governance Systems. Ein Listing im KOSPI-Markt darf zudem weder dem öffentlichen Interesse noch dem Anlegerschutz widersprechen. Diese hohen Anforderungen finden sich spiegelbildlich in den Kriterien-Katalogen, die eine umfassende Überwachung der Emittenten für ein zwangsweises Delisting vorsehen.

C. Vergleich der Delisting-Voraussetzungen und abschließende Bewertung

In Deutschland ist das zentrale Kriterium bei einem regulären Delisting gemäß § 39 Abs. 2 BörsG die Gewährleistung des Anlegerschutzes. Die koreanischen Regelungen verlangen ebenfalls die Gewährleistung des Anlegerschutzes. Der Anlegerschutz spielt insbesondere bei einem freiwilligen Delisting eine gewichtige Rolle, nimmt allerdings keine so zentrale Stellung wie in den deutschen Regelungen ein. Die einseitige Beendigung der Börsenzulassung mittels eines Verzichts des Emittenten gibt es in beiden Rechtsordnungen nicht. Die Entscheidung hierüber liegt nicht bei dem Emittenten, sondern bei der Börse, die die Zulassungsbeendigung auch ablehnen kann.

Die KRX hat Delisting-Regelungen geschaffen, um die Funktionsfähigkeit der Börsenmärkte und den Anlegerschutz zu gewährleisten. Die koreanischen Delisting-Regelungen werden in unregelmäßigen Abständen an die tatsächlichen Gegebenheiten angepasst, wohingegen die Regelung zum Delisting im deutschen Recht seit ihrer Einführung im Jahr 1998 bis zur Neufassung im Jahre 2015 mit unverändertem Wortlaut fortbestanden hat.[1119]

Im deutschen Recht hat die Anpassung der Vorschriften an die tatsächlichen Gegebenheiten vornehmlich durch die Rechtsprechung stattgefunden, wohingegen es in Korea die Börse selbst ist, die ihre Vorschriften regelmäßig an die aktuellen Gegebenheiten anpasst. Dies zeigt sich daran, dass Gerichtsentscheidungen, die die Unzulässigkeit einzelner Delisting-Kriterien betreffen, unmittelbar zu einer Anpassung der Zulassungsordnungen führen, die für ein zwangsweises Delisting sehr spezifisch formuliert sind, im Gegensatz zu den vergleichsweise weit formulierten Tatbeständen für ein Delisting von Amts wegen in Deutschland.

1119 § 39 Abs. 2 bis 6 BörsG n. F. trat am 26.11.2015 in Kraft.

Die Zulassungsordnungen der KRX sehen vor, dass ein zwangsweises Delisting auch aus Gründen des öffentlichen Interesses erforderlich sein kann. In Deutschland werden die öffentlichen Interessen vornehmlich zur Erhaltung der Zulassung angeführt, sodass sie einen Widerruf gerade nicht begründen.[1120] Dies rührt von den Schutzgütern des Kapitalmarktrechtes, nämlich der Gewährleistung der Funktionsfähigkeit der Kapitalmärkte und dem Anlegerschutz.

I. Freiwilliges Delisting

Sowohl die deutschen als auch die südkoreanischen Vorschriften sehen die Möglichkeit eines freiwilligen Rückzugs von der Börse auf Antrag des Emittenten vor. Erlaubt ist sowohl ein vollständiger Rückzug als auch ein Wechsel in einen weniger stark regulierten Markt. Ein freiwilliges Delisting ist nur zulässig, wenn bestimmte Maßnahmen getroffen wurden, um den Verlust der Desinvestitionsmöglichkeit der Minderheitsaktionäre auszugleichen. Hierzu gehört in beiden Rechtsordnungen die Unterbreitung eines Angebots an die Minderheitsaktionäre zum Kauf ihrer Aktien. Kritisch zu sehen ist, dass § 39 Abs. 2 bis 6 BörsG im Gegensatz zu den Zulassungsordnungen für den KOSPI bzw. KOSDAQ-Markt keinen Beschluss der Hauptversammlung vorsieht und den Aktionären trotz ihrer mitgliedschaftlichen Stellung keine Teilhabe an der Entscheidung über das freiwillige Delisting einräumt.

Nach deutschem Kapitalmarktrecht hat der Emittent die Möglichkeiten eines vollständigen Börsenrückzugs; zudem kann er von einem stärker regulierten in ein weniger stark reguliertes Marktsegment oder vom regulierten Markt in den Freiverkehr wechseln. Nach südkoreanischem Recht kann sich der Emittent ebenfalls für einen vollständigen Rückzug oder für einen Wechsel vom KOSPI- in den KOSDAQ-Markt und eine damit verbundene Verringerung der Listingfolgepflichten entscheiden.[1121] Sowohl die Zulassungsordnung für den KOSPI- als auch für den KOSDAQ-Markt sehen Erleichterungen hinsichtlich der Voraussetzungen für ein freiwilliges Delisting aufgrund eines Wechsels in den jeweils anderen Markt vor.[1122] Beantragt der Emittent einen Wechsel vom KOSPI-Markt in den KOSDAQ-Markt, ist eine Beratung durch den KOSPI-Listing- und Offenlegungsausschuss nicht erforderlich.[1123] Für einen Wechsel vom KOSPI- beziehungsweise KOSDAQ-Markt in den K-OTC, das koreanische Äquivalent zum Freiverkehr, sehen die Zulassungsordnungen hingegen keine Verfahrenserleichterungen vor. Umgekehrt gibt es auch die Möglichkeit eines *Up-Listings* vom KOSDAQ-Markt in den KOSPI-Markt.[1124]

In Deutschland bestehen Verfahrenserleichterungen, wenn der Emittent nur ein Teil-Delisting vornimmt und weiterhin im regulierten Markt zugelassen ist (vgl. § 39 Abs. 2 Nr. 2 a) BörsG) oder gemäß § 39 Abs. 2 Nr. 2 b) BörsG seine Wert-

---

1120 *Schwark/Geiser*, ZHR 161 (1997), S, 739, 754.
1121 § 7 KOSPI-Zulassungsordnung; § 45 KOSDAQ-Zulassungsordnung.
1122 § 7 Abs. 4 Nr. 1 KOSPI-Zulassungsordnung.
1123 § 7 Abs. 4 Nr. 1 KOSPI-Zulassungsordnung.
1124 § 38 Abs. 1 Nr. 16 KOSDAQ-Zulassungsordnung.

papiere weiterhin „in einem anderen Mitgliedstaat der Europäischen Union oder einem anderen Vertragsstaat des Abkommens über den Europäischen Wirtschaftsraum zum Handel an einem organisierten Markt [zugelassen sind], sofern für einen Widerruf der Zulassung zum Handel an diesem Markt [...] entsprechende Voraussetzungen gelten." In diesen Fällen ist die Veröffentlichung einer Angebotsunterlage gemäß § 39 Abs. 2 Nr. 1 BörsG nicht erforderlich, da den Anlegern weiterhin eine Desinvestitionsmöglichkeit über einen regulierten Markt zur Verfügung steht und somit weiterreichende anlegerschützende Maßnahmen entbehrlich sind. Im Gegensatz dazu ist ein Wechsel in den Freiverkehr, unabhängig davon, ob er in den qualifizierten oder einfachen Freiverkehr erfolgt, nicht von der Veröffentlichung einer Angebotsunterlage befreit.

Der freiwillige Rückzug sowohl vom KOSPI- als auch vom KOSDAQ-Markt ist für den Emittenten nur unter Einhaltung mehrerer Voraussetzungen möglich. Ein Delisting vom KOSPI-Markt erfolgt grundsätzlich erst nach der Beratung durch den KOSPI-Listing- und Offenlegungsausschuss. Im KOSDAQ-Markt wird zunächst überprüft, ob die Gesellschaft eines der in § 38 aufgezählten Delisting-Kriterien erfüllt. Erst wenn kein in § 38 genanntes Delisting-Kriterium erfüllt ist, erfolgt eine Beratung durch den Listing-Prüfungsausschuss, aufgrund dessen Beratungsergebnisses die Börse eine Entscheidung trifft, ob die Aktien delisted werden können. Die Erfüllung eines Delisting-Kriteriums wird bei dem Antrag auf ein freiwilliges Delisting vom KOSPI-Markt nicht überprüft. In beiden Märkten muss die Hauptversammlung dem Delisting zugestimmt haben. Im Gegensatz dazu erfordert ein freiwilliges Delisting vom regulierten Markt in Deutschland gemäß § 39 Abs. 2 BörsG keinen Beschluss der Hauptversammlung. Im KOSPI-Markt müssen mindestens 2/3 der anwesenden stimmberechtigten Anteilseigner für ein Delisting votieren, die mindestens 1/3 der im Umlauf befindlichen Stimmrechtsaktien besitzen müssen.[1125] Erforderlich ist im KOSDAQ-Markt ein Sonderbeschluss der Hauptversammlung.[1126] Die Zulassungsordnung enthält jedoch keine Regelung über die erforderlichen Mehrheitsverhältnisse für den Beschluss. Allerdings verlangt die KRX aus Gründen des Anlegerschutzes regelmäßig, dass mindestens 95 % der stimmberechtigten Anteilseigner einem freiwilligen Delisting zugestimmt haben.[1127]

Die größte Hürde für ein freiwilliges Delisting vom KOSPI-Markt ist, dass der Mehrheitsaktionär zum Zeitpunkt der Antragstellung für das Delisting mindestens 95 % aller Aktien des Emittenten halten muss. Gelingt es dem Mehrheitsaktionär nicht, diese Mehrheit vor Stellung des Delisting-Antrags durch das rückzugswillige Unternehmen zu erreichen, wird der Antrag abgelehnt. Sollten die Minderheitsaktionäre mehr als 5 % aller Aktien halten, wird die Börse den Delisting-Antrag ablehnen. Für die Erfüllung dieses Mehrheitserfordernisses stellen die Durchführungsvorschriften keine Alternative zur Verfügung. Verkaufen die Aktionäre ihre

1125 § 6 Abs. 1 Nr. 1 KOSPI-Durchführungsordnung.
1126 § 34 Abs. 1 Nr. 2 KOSDAQ-Durchführungsordnung.
1127 *Park/Park*, in: Jurisdictional Comparisons, S. 412.

Anteile nicht freiwillig, hat der Emittent keine Möglichkeit, sie zum Verkauf ihrer Anteile zu zwingen. Diese Voraussetzung ist vermutlich ein Grund für die geringe Anzahl an freiwilligen Börsenrückzügen in den letzten Jahren.

Der Hauptaktionär nimmt dementsprechend bei dem freiwilligen Delisting vom KOSPI-Markt im Gegensatz zum Delisting vom KOSDAQ-Markt und dem Delisting vom regulierten Markt in Deutschland eine herausgehobene Stellung ein, da § 6 Abs. 2 KOSPI-Durchführungsordnung die Angebotspflicht auf den bzw. die Hauptaktionäre überträgt. Er muss zum Zeitpunkt der Antragstellung auf ein freiwilliges Delisting mindestens 95 % der ausgegebenen Aktien halten und sich darüber hinaus dazu bereit erklärt haben, den vorhandenen Minderheitsaktionären ein Kaufangebot für ihre Aktien zu unterbreiten. Die KOSDAQ-Zulassungsordnung überträgt dem Mehrheitsaktionär bei einem freiwilligen Delisting keine dementsprechenden Pflichten. Eine Kontrollerlangung über 95 % der Anteile durch den Mehrheitsaktionär ist bei einem freiwilligen Delisting vom KOSDAQ-Markt nicht erforderlich. Allerdings verlangt die KRX aus Gründen des Anlegerschutzes regelmäßig, dass der Hauptaktionär den verbleibenden Minderheitsaktionären ein Kaufangebot für ihre Anteile unterbreitet.[1128] In § 39 Abs. 2 BörsG kommt dem Mehrheitsaktionär anders als in der Zulassungsordnung für den KOSPI-Markt keine besondere Stellung zu. Das Gesetz überträgt die Pflicht zur Veröffentlichung einer Angebotsunterlage nicht explizit dem Mehrheitsaktionär, sondern unspezifisch dem *Bieter*. Das kann sowohl der Mehrheitsaktionär, der Emittent aber theoretisch auch ein außenstehender Dritter sein. Auch setzt das BörsG nicht die Erlangung einer bestimmten Kontrollmehrheit voraus, bevor ein Delisting beantragt werden kann.

Die Höhe der Angebotsunterlage bemisst sich in Deutschland grundsätzlich am durchschnittlichen Börsenkurs der letzten sechs Monate. Liegt ein Verstoß gegen die Ad-hoc-Publizitätspflicht oder das Verbot der Marktmanipulation oder eine Marktenge vor, muss die Höhe der Angebotsunterlage anhand einer Unternehmensbewertung ermittelt werden, da in diesen Fällen der Börsenkurs nicht aussagekräftig sein soll, um den tatsächlichen Wert der Aktie auszugleichen.

Die Zulassungsordnungen für den KOSPI- und KOSDAQ-Markt sehen keine derartigen Anforderungen an das Kaufangebot des Mehrheitsaktionärs vor. Dementsprechend ist auf die allgemeinen Vorschriften für Übernahmeangebote zurückzugreifen. Als einzige Voraussetzung verlangt das koreanische HGB, dass allen Aktionären, unabhängig von ihrer Beteiligungshöhe, der identische Preis pro Aktie angeboten wird.[1129] Im KOSDAQ-Markt muss außerdem der Listing Sponsor dem freiwilligen Delisting zustimmen.[1130] Eine entsprechende Regelung findet sich weder in der KOSPI-Zulassungsordnung noch in § 39 BörsG. Das gesamte Delisting-Verfahren dauert im KOSPI- beziehungsweise KOSDAQ-Markt zwischen drei und

1128 *Park/Park*, in: Jurisdictional Comparisons, S. 412.
1129 Sog. Tender Offer.
1130 § 34 Abs. 1 Nr. 2 Durchführungsordnung.

sechs Monaten.[1131] In Deutschland darf der Zeitraum zwischen Veröffentlichung und Wirksamkeit des Widerrufs gemäß § 39 Abs. 5 S. 2 BörsG zwei Jahre nicht überschreiten.

Die Zuständigkeit für die Widerrufsentscheidung liegt in Deutschland bei der Geschäftsführung der jeweiligen Börse. Es handelt sich um eine gebundene Ermessensentscheidung. Wurde eine Angebotsunterlage veröffentlicht und vorher durch die BaFin gebilligt, sind die Voraussetzungen für die Einhaltung des Anlegerschutzes gewahrt und der Emittent hat einen Anspruch auf den Widerruf der Börsenzulassung zum regulierten Markt. Im südkoreanischen Recht handelt es sich ebenfalls um eine Ermessensentscheidung der Börse. Die Börse kann den Delisting-Antrag jedoch trotz der Erfüllung der Anforderungen an das Kaufangebot ablehnen. Sowohl die Zulassungsordnung für den KOSPI-Markt als auch für den KOSDAQ-Markt sieht vor, dass ein Delisting nur erfolgen darf, wenn das öffentliche Interesse und der Anlegerschutz gewahrt werden. Ein freiwilliges Delisting wird daher nur in enger Abstimmung mit der KRX durchgeführt.[1132] Die Überprüfung der Rechtmäßigkeit der Delisting-Entscheidung übernimmt die FSC.

II. Zwangsweises Delisting/Delisting von Amts wegen

Die Regelungen zum Delisting von Amts wegen in Deutschland und zum zwangsweisen Delisting in Südkorea unterscheiden sich in einigen Punkten wesentlich voneinander. Das Hauptaugenmerk der koreanischen Delisting-Vorschriften liegt auf der Sicherstellung der Stabilität der Börsenmärkte, die dadurch erhalten werden soll, dass nicht mehr listing-geeignete Emittenten schnellstmöglich von der Börse delistet werden, wenn sie ein Delisting-Kriterium erfüllen. Im südkoreanischen Recht existieren anders als in Deutschland zwei Verfahren zur Durchführung eines zwangsweisen Delisting, das automatische Delisting und das Delisting nach Überprüfung. Der signifikanteste Unterschied liegt in dem im Jahr 2009 von der KRX eingeführten Überprüfungssystem. Hintergrund des von der koreanischen Börse im Februar 2009 eingeführten Delisting-Überprüfungssystems war, dass eine rein mechanische Anwendung der Delisting-Voraussetzungen nicht dazu geeignet war, die Funktionsfähigkeit des Kapitalmarktes zu fördern, da zu viele Emittenten, die wirtschaftlich betrachtet eine gute Fortführungsprognose besaßen, aufgrund der Verwirklichung eines Delisting-Kriteriums delistet wurden.[1133] Seitdem erfolgt nicht bei jedem Verstoß automatisch ein Delisting, sondern die Börse trifft bei der Verwirklichung qualitativer Delisting-Kriterien die Delisting-Entscheidung auf Basis einer umfassenden Prüfung qualitativer Voraussetzungen und setzt nicht mehr allein auf eine mechanische Anwendung der Delisting-Voraussetzungen.

1131 *Park/Park*, in: Jurisdictional Comparisons, S. 412.
1132 *Park/Park*, in: Mergers and Acquisitions: Jurisdictional Comparisons, S. 412.
1133 *Chang*, Capital Market Perpective, S. 53, 55.

Sowohl die KOSPI- als auch die KOSDAQ-Zulassungsordnung enthält umfassende Kriterien-Kataloge, deren Erfüllung ein zwangsweises Delisting zur Folge haben kann. Die Delisting-Kriterien für ein zwangsweises Delisting vom KOSPI-Markt sind nicht vollständig identisch mit den Kriterien für ein Delisting vom KOSDAQ-Markt. Sie werden in quantitative und qualitative Delisting-Kriterien unterteilt. Quantitative Delisting-Kriterien wie beispielsweise die Anforderungen an das Handelsvolumen, die Aktienstreuung oder die Marktkapitalisierung erfordern keine weitere Unternehmensüberprüfung, sondern haben nach Ablauf einer Karenzfrist ein automatisches Delisting zur Folge. Erfüllt der Emittent ein qualitatives Delisting-Kriterium, wird durch den entsprechenden Ausschuss im KOSPI- beziehungsweise KOSDAQ-Markt eine Überprüfung des Unternehmens vorgenommen, in der nicht nur die Verwirklichung dieses einen Delisting-Kriteriums, sondern die ganze Unternehmenshistorie berücksichtigt wird, um zu ermitteln, ob dem Unternehmen eine Frist gesetzt wird, innerhalb derer es die Möglichkeit hat, sich zu erholen, oder ob sofort ein Delisting stattfinden sollte. Ebenfalls überprüft wird, ob es zur Wahrung des Anlegerschutzes und des öffentlichen Interesses sinnvoller ist, das Unternehmen zu delisten oder weiterhin an der Börse zu belassen. Wird dem Emittenten eine Frist zur Behebung des Delisting-Kriteriums gewährt, erfolgt nach Fristablauf eine erneute Unternehmensüberprüfung um feststellen zu können, ob die Gründe, die zu der Verwirklichung des Delisting-Kriteriums geführt haben, behoben worden sind. Auch beim automatischen Delisting hat der Emittent die Möglichkeit, eine zumindest eingeschränkte Unternehmensüberprüfung herbeizuführen, indem er der Delisting-Entscheidung widerspricht.

Das System, das die Delisting-Kriterien in solche mit und solche ohne Ermessensspielraum für die Widerrufsentscheidung der Börse unterteilt, war in Deutschland in dem Regelwerk Neuer Markt zu finden. Anders als § 39 Abs. 1 BörsG enthielt Abschnitt II, Ziff. 2.1.5 RNM Kriterien, die einen Ermessensspielraum enthielten, und solche Kriterien, deren Erfüllung die Beendigung der Zulassung durch die Deutsche Börse AG ohne weiteren Ermessensspielraum zur Folge hatte. Eine umfassende Unternehmensüberprüfung war hingegen bei der Erfüllung der Kriterien mit Ermessensspielraum nicht vorgesehen. Zu den Gründen, die einen Widerruf der Zulassung mit Ermessensspielraum zuließen, gehörten Verstöße gegen Zulassungsfolgepflichten, die fehlende Gewährleistung eines ordnungsgemäßen Börsenhandels sowie der Schutz des Publikums. Keinen Ermessensspielraum besaß die Deutsche Börse AG bei der Insolvenz des Emittenten und im Grundsatz, wenn der durchschnittliche Börsenpreis der Aktie an 30 aufeinanderfolgenden Börsentagen im Tagesdurchschnitt bei unter einem Euro lag und die Marktkapitalisierung 20 Millionen Euro unterschritt, also die Anforderungen an die Marktkapitalisierung und den Aktienpreis nicht erfüllt wurden.[1134] Ein automatisches Delisting vom KOSPI-Markt erfolgt gemäß § 48 Abs. 1 Nr. 9 a), b) KOSPI-Zulassungsordnung ebenfalls, wenn die Marktkapitalisierung innerhalb von 90 Tagen nicht an mindestens 10 aufeinander-

1134 Abschnitt II, Ziff. 2.1.5 (II) Nr. 2 RNM.

folgenden Tagen mehr als 5 Milliarden Won (ca. 3,8 Millionen Euro) betrug und nicht an insgesamt 30 Tagen, innerhalb der 90 Tage, 5 Milliarden Won betrug sowie gemäß § 48 Abs. 1 Nr. 8 a) b) KOSPI-Zulassungsordnung, wenn der Aktienpreis innerhalb einer Zeitspanne von 90 an zehn aufeinanderfolgenden Tagen oder an insgesamt 30 Tagen weniger als 20 % vom Nennwert betragen hat.[1135]

In § 39 Abs. 1 BörsG sind die Kriterien für ein Delisting von Amts wegen offener formuliert. Ein Delisting von Amts wegen kann gemäß § 39 Abs. 1 BörsG erfolgen, (1) nach den Vorschriften des Verwaltungsverfahrensgesetzes, (2) wenn ein ordnungsgemäßer Börsenhandel auf Dauer nicht mehr gewährleistet ist und die Geschäftsführung die Notierung im regulierten Markt eingestellt hat, (3) oder der Emittent seine Zulassungsfolgepflichten auch nach einer angemessenen Frist nicht erfüllt. Der Wortlaut der Vorschrift („kann widerrufen") macht deutlich, dass es sich bei jeder Alternative um eine Ermessensentscheidung der Börsengeschäftsführung handelt. Ein Widerruf nach den Vorschriften des VwVfG kann gemäß § 49 VwVfG erfolgen, wenn es sich um einen rechtmäßig ergangenen Verwaltungsakt handelt. Ist die Zulassung rechtswidrig erfolgt, richtet sich die Rücknahme nach § 48 VwVfG. Ein ordnungsgemäßer Börsenhandel ist auf Dauer nicht mehr gewährleistet, wenn die geordnete, ausgeglichene Preisbildung dauerhaft gestört ist.[1136] Gründe für die Einstellung des Handels und den anschließenden Zulassungswiderruf können die Eröffnung eines Insolvenzverfahrens, schwerwiegende Verstöße des Emittenten gegen Zulassungsfolgepflichten und eine schnelle Kapitalauszehrung des Emittenten sein. Im Umkehrschluss aus § 25 Abs. 1 Nr. 1 BörsG ist bei der Einstellungsentscheidung der Schutz des Publikums nicht zu berücksichtigen. Der Widerruf der Zulassung von Amts wegen ist ultima ratio und dürfte erst ermessensfehlerfrei sein, wenn alle sonstigen Möglichkeiten ausgeschöpft worden sind, den Emittenten zur Erfüllung seiner Zulassungsfolgepflichten zu bewegen, also regelmäßig mit der Durchführung eines Verfahrens vor dem Sanktionsausschuss der Börse. Nur dann wird die Verhältnismäßigkeit der Maßnahme zu bejahen sein.[1137]

Weder die deutschen noch die südkoreanischen Vorschriften sehen eine Entschädigung des Anlegers vor, dem mit dem zwangsweisen Delisting bzw. dem Delisting von Amts wegen die Möglichkeit genommen wird, seine Papiere über den KOSPI-Markt beziehungsweise KOSDAQ-Markt oder regulierten Markt zu veräußern. Der Aktionär des Unternehmens hat das Nachsehen, da seine Möglichkeit der Realisierung seines Desinvestitionsinteresses bei einem zwangsweisen Delisting durch die Geschäftsführung eingeschränkt wird. Die Vorschrift bevorzugt also den Neuanleger gegenüber dem Altanleger. Diese Einschränkung seines Eigentumsgrundrechts muss der Altaktionär wegen des übergeordneten Allgemeininteresses

1135 Ähnliche Regelungen existieren im KOSDAQ-Markt: Für die Marktkapitalisierung: § 38 Abs. 1 Nr. 20 KOSDAQ-Zulassungsordnung; für die Aktienstreuung: § 38 Abs. 1 Nr. 9 KOSDAQ-Zulassungsordnung.

1136 *Beck*, in: Schwark/Zimmer, KMRK, § 25 BörsG Rn. 5.

1137 BT-Drucks. 17/11631, S. 23.

an einem ordnungsgemäßen Börsenhandel hinnehmen.[1138] Außerdem ist zumindest die Aussetzung nur von kurzer Dauer. Die Berücksichtigung der Anlegerinteressen erscheint jedoch insbesondere dann geboten, wenn die Geschäftsführung die Delisting-Entscheidung trifft, weil der Emittent seine Zulassungsfolgepflichten auch nach einer angemessenen Frist nicht erfüllt hat. Die Nichterfüllung der Zulassungsfolgepflichten durch den Emittenten geht nicht zwingend mit einem eingeschränkten Handel der Papiere einher, der sich negativ auf den Preis der Aktie auswirkt, anders als der Widerruf der Zulassung wegen dauerhafter Notierungseinstellung. Vielmehr besitzen auch hier die Anleger ein schützenswertes Vertrauen bezüglich der Realisierung ihres Desinvestitionsinteresses. Da es sich bei der Einstellungsverfügung um einen Verwaltungsakt handelt, kann der Emittent verwaltungsrechtlich gegen die Entscheidung der Geschäftsführung vorgehen.[1139]

Die deutsche und die koreanische Rechtsordnung messen dem Individualschutz ein unterschiedliches Gewicht bei. Die koreanische Regierung setzt sich nur beschränkt für den Schutz von Rechten Einzelner ein. Sie verletzt regelmäßig die Eigentumsrechte sowohl von Individuen als auch von Unternehmen. Die individuellen Rechte werden der ökonomischen Entwicklung untergeordnet.[1140]

III. Funktionsschutz und Anlegerschutz beim freiwilligen Delisting

Im Ergebnis kann festgehalten werden, dass der Ausgleich zwischen Funktionsschutz und Anlegerschutz bei einem freiwilligen Delisting nur teilweise gelingt. Im Gegensatz zu § 39 Abs. 2 bis 6 BörsG sehen die koreanischen Zulassungsordnungen Mitspracherechte der Anleger bei einem freiwilligen Börsenrückzug vor. Diese Hürde ist allerdings so hoch, dass nur die Gesellschaften ein freiwilliges Delisting durchführen können, die die Zustimmung von mindestens 95 % ihrer Anleger eingeholt haben. Anderenfalls verweigert die Börse die Beendigung des Listings. Diese Regelungen bilden ein hohes Hindernis für rückzugswillige Emittenten und bieten einen starken Schutz für die Anleger vor dem Verlust der Handelsmöglichkeit über die Börse. Gleichzeitig sind die Unternehmen dem hohen Risiko eines zwangsweisen Delisting ausgesetzt, das sich auf die Anleger überträgt, die in diesem Fall keine Kompensation für den Verlust ihrer Handelsmöglichkeit erhalten.

Da in Deutschland eine nennenswerte Anzahl von Emittenten, deren Streubesitzanteil mehr als 10 % der gesamten Anteile ausmacht, ein freiwilliges Delisting beantragt, stellt sich der Beschluss der Hauptversammlung folglich nicht immer als *bloße Förmelei* dar, die aus Gründen der Effizienz entbehrlich sein sollte. Das fehlende Hauptversammlungserfordernis trägt stattdessen zu einer erheblichen Schwächung der mitgliedschaftlichen Beteiligungsrechte bei. Die Aktionäre haben

1138 *Beck*, in: Schwark/Zimmer, KMRK, § 25 BörsG Rn. 5.
1139 *Beck*, in: Schwark/Zimmer, KMRK, § 25 BörsG Rn. 26.
1140 *Mo/Brady*, The Rule of law in South Korea, 2009, S. xxiv, xxvi.

auch keine rechtliche Möglichkeit, einem freiwilligen Delisting zu widersprechen und so ein Delisting zu verhindern. Daher ist eine gesellschaftsrechtliche Regelung der Aktionärsbeteiligung an der Entscheidung über ein Delisting geboten. An dieser Stelle hat der Gesetzgeber sich für die Stärkung des Funktionsschutzes der Kapitalmärkte und gegen einen gebotenen Anlegerschutz entschieden.

Auch in Bezug auf das Abfindungsangebot bei einem freiwilligen Delisting ist der Anlegerschutz kritisch zu beurteilen. Die koreanischen Zulassungsordnungen sehen zwar ein Abfindungsangebot vor, lassen jedoch die Berechnungsgrundlage offen. Außerdem legt die KOSPI-Zulassungsordnung fest, dass das Abfindungsangebot vom Hauptaktionär unterbreitet werden muss. Die KOSDAQ-Durchführungsordnung enthält eine entsprechende Angebotspflicht, die regelmäßig der Hauptaktionär erfüllt.[1141] Demzufolge ist der Emittent auf die Kooperation des Hauptaktionärs angewiesen. Eine solche Zusammenarbeit ist im deutschen Recht nicht zwingend erforderlich. Das Abfindungsangebot kann sowohl vom Emittenten als auch vom Hauptaktionär oder einem außenstehenden Dritten abgegeben werden. § 39 Abs. 3 BörsG gibt auch die Berechnungsgrundlage vor, sich aber in dieser Untersuchung gezeigt hat, dass diese Vorschrift nicht alle Berechnungsprobleme löst.

1141 *Park/Park*, in: Jurisdictional Comparisons, S. 412.

5. Kapitel: Fazit und Zusammenfassung

Bei einem Delisting treffen die widerstreitenden Interessen des Emittenten, des Mehrheitsaktionärs und der Minderheitsaktionäre aufeinander. Das deutsche und das südkoreanische Recht haben auf unterschiedliche Weise versucht, einen Ausgleich zwischen dem Anlegerschutz als Individualschutz und dem Funktionsschutz der Börse bei einem Delisting zu erreichen. Dies ist beiden Rechtsordnungen für das freiwillige Delisting überwiegend gelungen. Mit der Neuregelung in § 39 Abs. 2 bis 6 BörsG beschreitet der deutsche Gesetzgeber einen Mittelweg zwischen individuellem Anlegerschutz und Funktionsschutz des Marktes.

Die Garantie des Anlegerschutzes wird im deutschen und im koreanischen Kapitalmarktrecht auf sehr unterschiedliche Art und Weise verwirklicht. Während in Deutschland der Fokus auf einer Entschädigung durch ein Kaufangebot im Falle eines freiwilligen Delistings liegt, zielt das koreanische System, das zwar auch ein Kaufangebot vorsieht, auf eine Prävention des Verlusts der Minderheitsaktionäre durch stärkere Zulassungsbeschränkungen für listingwillige Aktiengesellschaften ab.

Das Börsen- und Kapitalmarktsystem besitzt in beiden Ländern unterschiedliche Funktionen. Der südkoreanische Kapitalmarkt ist im Vergleich zum deutschen Kapitalmarkt hoch reguliert, was sich auch in den Delisting-Regelungen zeigt. Es orientiert sich am US-amerikanischen Regelungskonzept und enthält deutlich höhere Anforderungen an eine listingwillige Aktiengesellschaft als das deutsche Recht.

Ein weiterer Unterschied besteht hinsichtlich der Rechtsform der Börsen. Die Börsen in Deutschland sind als teilrechtsfähige Anstalten des öffentlichen Rechts ausgestaltet, die einen Börsenträger als Zurechnungsobjekt benötigen. Sowohl bei der Zulassung als auch bei deren Widerruf handelt es sich um einen Verwaltungsakt. In Südkorea ist die Börse privatrechtlich als Aktiengesellschaft organisiert. Sowohl bei einem freiwilligen als auch bei einem zwangsweisen Delisting handelt es sich um die Kündigung eines privatrechtlichen Vertrages.

Dem Anlegerschutz kommt in beiden Rechtsordnungen bei einem freiwilligen Delisting eine zentrale Bedeutung zu. Ein Delisting auf Initiative des Emittenten darf in beiden Ländern nur stattfinden, wenn die Minderheitsaktionäre ein Kaufangebot für ihre Aktien erhalten. Die Grundlagen des Angebots sind jedoch in beiden Ländern unterschiedlich. Im Grundsatz orientiert sich das Angebot in Deutschland am Durchschnittsbörsenkurs der letzten sechs Monate. In Südkorea enthalten die Zulassungsordnungen keine Anforderungen in Bezug auf die Berechnungsgrundlage für das Abfindungsangebot. Es ist nur festgelegt, dass das Angebot zwingend vom Mehrheitsaktionär unterbreitet werden muss. Dabei hat er nur die uniform price rule einzuhalten, die verlangt, dass allen Minderheitsaktionären der identische Preis für eine Aktie unterbreitet werden muss. Tatsächlich wird sich das Angebot am Börsenkurs der Aktien zum Zeitpunkt des Delistings orientieren.

Zentrales Element des Anlegerschutzes bei einem freiwilligen Delisting in Deutschland ist das Kaufangebot sowie dessen Überprüfbarkeit im Musterverfahren nach dem KapMuG. Denn prinzipiell stehen dem Emittenten Möglichkeiten zur Verfügung, den Börsenkurs zu manipulieren und somit die Höhe des Kaufangebots zu seinen Gunsten zu beeinflussen. Verstößt der Emittent gegen seine Pflicht zur Ad-hoc-Publizität oder gegen das Verbot der Marktmanipulation und führt dieser Verstoß zu einer nicht unwesentlichen Kursbeeinflussung, ist daher nachträglich eine Unternehmensbewertung durchzuführen, welche die Höhe des Kaufangebots bestimmt, anstelle des Durchschnittsbörsenkurses der letzten sechs Monate. Daher sind mögliche Kursmanipulationen für den Bieter, bei dem es sich im Regelfall um den Mehrheitsaktionär handelt, riskant, weil er dann den Betrag zu zahlen verpflichtet ist, der sich aus der Differenz zwischen der anhand des durchschnittlichen Börsenkurses berechneten Abfindung und dem Wert, der sich nach einer Unternehmensbewertung ergibt.

Allerdings sind die Anknüpfungspunkte für eine Kursbeeinflussung in mehrerlei Hinsicht überarbeitungsbedürftig. Unklar ist, nach welchen Kriterien die Unternehmensbewertung durchzuführen ist, ob ein Verstoß rechtskräftig festgestellt werden muss und inwieweit Verstöße des Bieters beziehungsweise eines Dritten dem Emittenten zugerechnet werden können. Außerdem gibt es auch noch eine Rückausnahme für unwesentliche Verstöße, sodass es für den Emittenten und den Bieter schwer vorhersehbar ist, in welcher Höhe sich die Abfindung im Ergebnis bewegen wird. Kleine und mittelständische Unternehmen werden ein höheres Risiko tragen, eine Unternehmensbewertung durchführen zu müssen, weil auch das Vorliegen einer Marktenge, wenn an weniger als einem Drittel der Börsentage Börsenkurse festgestellt worden sind und mehrere nacheinander festgestellte Börsenkurse um mehr als 5 Prozent voneinander abweichen, zur Durchführung einer Unternehmensbewertung und der nachträglichen Erhöhung des ursprünglichen Angebots verpflichtet.

Der Zahlungsanspruch des Aktionärs ist verschuldensunabhängig ausgestaltet, sodass der Bieter, unabhängig davon, ob er Kenntnis von dem Verstoß gegen die Marktmissbrauchsvorschriften besaß oder nicht, zur Zahlung des Differenzbetrags verpflichtet wird. Darüber hinaus trägt der Bieter das Risiko, dass er sich zur Abgabe eines Kaufangebots an die Minderheitsaktionäre bereiterklärt und ein Angebot veröffentlicht, der Emittent sich im Anschluss daran aber gegen die Stellung eines Antrags auf Widerruf der Zulassung zum regulierten Markt entscheidet.

Die neue Regelung sorgt faktisch dafür, dass ein Emittent einen Rückzug aus dem regulierten Markt künftig nur durchführen kann, wenn sich weniger als 10 % der Aktien im Streubesitz befinden und die Erwerbsgrenzen von § 71 AktG eingehalten werden, oder ein Großaktionär existiert, der bereit ist, den Aktionären ein Abfindungsangebot zu unterbreiten, nicht hingegen bereits dann, wenn beispielsweise eine Finanzierung über den Kapitalmarkt künftig nicht mehr erforderlich ist. Für Gesellschaften ohne Großaktionär, bei der sich die Aktien im Streubesitz befinden, wird so ein Delisting faktisch unmöglich werden.

Eine Zuständigkeit der Hauptversammlung ist nicht gesetzlich normiert, ergibt sich jedoch aus einer Gesamtanalogie zu den in § 119 Abs. 1 Nr. 2, 6, 8 AktG genannten Maßnahmen und Strukturentscheidungen. Der Beschluss bedarf einer einfachen Mehrheit.

Ein großer Streitpunkt in den letzten Jahren war, ob eine Einschränkung der Verkehrsfähigkeit von Aktien durch ein freiwilliges Delisting einen Eingriff in das Eigentumsgrundrecht der Aktionäre aus Art. 14 Abs. 1 GG wäre. Mit der Entscheidung des BVerfG in der Sache MVS/Lindner wurde diese Frage insoweit geklärt, dass ein Delisting keinen Eingriff in das Eigentumsgrundrecht der Aktionäre darstellt. Dieser Entscheidung ist zuzustimmen. Bei einem freiwilligen Delisting wird dem Aktionär nicht die Aktie an sich entzogen, sondern nur der nicht selbstständig geschützte bloße Wert der Rechtsposition als Aktionär. Hätte das BVerfG die tatsächliche Verkehrsfähigkeit als verfassungsrechtlich geschützt angesehen, hätte es sich mit der Frage konfrontiert gesehen, ob die Börsen infolgedessen verfassungsrechtlich verpflichtet wären, die jederzeitige tatsächliche Verkehrsfähigkeit zu gewährleisten.

Eine Festschreibung der Hauptversammlungszuständigkeit oder der Börsennotierung in der Satzung verstößt gegen den in § 23 Abs. 5 AktG normierten Grundsatz der Satzungsstrenge. Eine Zuständigkeit der Hauptversammlung für die Entscheidung über ein freiwilliges Delisting ergibt sich schlussendlich aus einer Gesamtanalogie zu § 119 Abs. 1 AktG.

Ein freiwilliges Delisting in Südkorea wird regelmäßig mit dem Ziel betrieben, alle ausgegebenen Anteile auf einen Aktionär zu vereinen. Erforderlich sind für ein freiwilliges Delisting vom KOSPI-Markt ein Hauptversammlungsbeschluss mit 2/3 Mehrheit, dass der Mehrheitsaktionär vor Stellung des Delisting-Antrages mindestens 95 % aller ausgegebenen Stammaktien im Rahmen eines Übernahmeangebots oder über die Börse erworben haben muss und dass er den übrigen Anlegern innerhalb einer bestimmten Frist nach dem Delisting ein Angebot zum Kauf ihrer Aktien unterbreitet. Es fehlt vor allem an konkreten Vorgaben zur Bemessung des Kaufangebots im Anschluss an ein freiwilliges Delisting. Was das freiwillige Delisting in Südkorea sehr schwierig macht, ist, dass der Mehrheitsaktionär bevor der Delisting-Antrag gestellt wird, mindestens 95 % aller Stammaktien des Unternehmens halten muss. Nur dann kann der Anlegerschutz gewahrt sein. Die Aktionäre haben somit einen vergleichsweise hohen Einfluss auf das Delisting. In Südkorea ist ein Angebot durch den Emittenten selbst an die Minderheitsaktionäre nicht vorgesehen. Es wird ausdrücklich ein Mehrheitsaktionär gefordert, der den Minderheitsaktionären ein Angebot unterbreitet.

Die Vorschriften zum freiwilligen Delisting vom KOSPI-Markt beziehungsweise KOSDAQ-Markt schützen die Anleger nur unzureichend. Es fehlt vor allem an konkreten Vorgaben zur Bemessung des Kaufangebots im Anschluss an ein freiwilliges Delisting. Beide Zulassungsordnungen sehen überdies die Beteiligung der Aktionäre an der Delisting-Entscheidung im Rahmen eines Hauptversammlungsbeschlusses vor.

Bei einem zwangsweisen Delisting erhalten die Aktionäre in beiden Rechtsordnungen keine Abfindung; im deutschen Recht werden die Aktionäre bei einem Delisting von Amts wegen völlig ausgeblendet. Mit den Vorschriften zum Delisting von Amts wegen in Deutschland sind im Gegensatz zu den Vorschriften zum freiwilligen Delisting keine rechtlichen Probleme verbunden. Anzumerken ist jedoch, dass die Geschäftsführung bei dem Widerruf der Zulassung keine anlegerschützenden Voraussetzungen zu berücksichtigen hat. Der Widerruf der Zulassung von Amts wegen in Deutschland ist eine Ermessensentscheidung der Geschäftsführung der Börse, die ultima ratio und nur in besonders schweren Fällen zulässig ist.

In Südkorea handelt es sich bei den Delisting-Kriterien für ein zwangsweises Delisting um ein präventives System, das dazu dient, gute von schlechten Emittenten an der Börse zu unterscheiden und damit dem Funktionsschutz der Börse und dem Anlegerschutz dienen soll. Kernelement bei einem zwangsweisen Delisting in Südkorea ist die Unternehmensüberprüfung, die grundsätzlich bei der Verwirklichung eines qualitativen Delisting-Kriteriums erfolgen muss.

Ein zwangsweises Delisting nach Überprüfung darf nach koreanischem Recht regelmäßig nur erfolgen, wenn es nicht dem Anlegerschutz oder dem öffentlichen Interesse widerspricht. Ein automatisches Delisting erfolgt hingegen ohne Berücksichtigung der Anlegerinteressen. Zentrales Kriterium für die Delisting-Entscheidung ist der Funktionsschutz des Marktes.

Im Vergleich zu den offen formulierten deutschen Widerrufsgründen sehen die südkoreanischen Zulassungsordnungen umfangreiche Kriterienkataloge für ein zwangsweises Delisting vor. Ob ein Delisting automatisch stattfindet, oder erst nach einer Überprüfung des Unternehmens durch den entsprechenden Ausschuss im KOSPI-Markt beziehungsweise KOSDAQ-Markt, ist davon abhängig, ob die Gesellschaft ein quantitatives oder ein qualitatives Delisting-Kriterium verwirklicht hat. Ein automatisches Delisting ohne Unternehmensüberprüfung wird durch die Verwirklichung eines quantitativen Delisting-Kriteriums indiziert. Widerspricht der Emittent dem Delisting nicht, wird das Listing im jeweiligen Markt beendet. Widerspricht der Emittent dem automatischen Delisting, prüft die Börse daraufhin, ob dem Emittenten eine Frist gesetzt wird, um den Grund, der zu dem Delisting geführt hat, zu beheben. Wenn ihm eine Frist gewährt wird, wird nach Fristablauf erneut überprüft, ob der Grund, der zu einem automatischen Delisting geführt hätte, behoben wurde und die Anteile der Gesellschaft weiterhin gelistet bleiben können oder nicht. Verwirklicht der Emittent ein qualitatives Delisting-Kriterium, erfolgt sowohl im KOSPI-Markt als auch im KOSDAQ-Markt eine umfangreiche Überprüfung des Unternehmens, innerhalb derer, anhand der von dem Unternehmen zur Verfügung gestellten Informationen die aktuelle wirtschaftliche Situation überprüft und eine Zukunftsprognose über die künftige wirtschaftliche Entwicklung erstellt wird, mittels derer entschieden wird, ob es sich um ein eigentlich wirtschaftlich stabiles Unternehmen handelt, das die Gründe, die zu der Verwirklichung des Delisting-Kriteriums geführt haben, innerhalb einer gewissen Zeitspanne beheben kann oder nicht.

Denkbar ist die Provokation eines automatischen Delisting, da dieses für den Emittenten und den Mehrheitsaktionär unter Umständen attraktiver ist, als ein freiwilliges Delisting von einem Börsenmarkt zu beantragen. Es besteht dabei die Gefahr einer Umgehung der anlegerschützenden Vorschriften beim freiwilligen Delisting. Aufgrund des Standing-Verlusts, der mit einem zwangsweisen Delisting einhergeht, wird dieser Fall jedoch eher selten auftreten.

In Bezug auf die zukünftige Entwicklung der deutschen Börsenmärkte wäre denkbar, ein Überprüfungssystem nach koreanischem Vorbild in das deutsche Kapitalmarktrecht zu implementieren, um das Standing der Börsenmärkte zu erhöhen, indem nur wirtschaftlich starke Emittenten an den Börsen belassen werden.

Zu erwägen wäre auch, das Interesse der Börse an einer Widerrufsentscheidung in Deutschland zu berücksichtigen und dieses nicht völlig auszublenden. Im Gegensatz zu Deutschland darf die KRX bei einem freiwilligen Delisting das öffentliche Interesse und damit den Funktionsschutz des Marktes bei ihrer Widerrufsentscheidung berücksichtigen.

Voraussetzungen für das freiwillige Delisting und das zwangsweise Delisting in tabellarischer Form

Freiwilliges Delisting

Gemeinsamkeiten	Unterschiede
Grundsätzliche Zulässigkeit des freiwilligen Delisting	Kaufangebot muss in Südkorea zwingend vom Mehrheitsaktionär kommen; in Deutschland vom Bieter (Emittent, Mehrheitsaktionär oder außenstehender Dritter).
Zentrale Stellung des Anlegerschutzes	In Südkorea ist ein Beschluss der Hauptversammlung erforderlich; in Deutschland bisher nicht.
Angebotspflicht an die Minderheitsaktionäre	In Deutschland gebundene Ermessensentscheidung der Börsengeschäftsführung; in Südkorea Ermessensentscheidung ohne nähere Anforderungen an Berechnungsgrundlage.
	Im KOSPI-Markt müssen sich zum Zeitpunkt der Antragstellung auf ein freiwilliges Delisting bereits 95 % der Anteile auf den Mehrheitsaktionär vereinen; das ist im KOSDAQ-Markt nicht erforderlich. In Deutschland gibt es kein Mehrheitserfordernis für den Bieter.

Voraussetzungen für das freiwillige Delisting

Regulierter Markt	KOSPI-Markt	KOSDAQ-Markt
Kein Beschluss der Hauptversammlung erforderlich	Qualifizierter Beschluss der Hauptversammlung erforderlich	Beschluss der Hauptversammlung erforderlich; i.d.R. fordert die Börse die Zustimmung von mind. 95 % der stimmberechtigten Anteilseigner
Antragstellung fällt in die Geschäftsführungskompetenz des Vorstands	Antragstellung fällt in die Geschäftsführungskompetenz des Vorstands	Antragstellung fällt in die Geschäftsführungskompetenz des Vorstands

Regulierter Markt	KOSPI-Markt	KOSDAQ-Markt
Veröffentlichung einer Angebotsunterlage durch den Bieter	Kaufangebot durch den/die Hauptaktionär(-e)	Kaufangebot durch den/die Hauptaktionär(-e) wird von der Börse gefordert
Berechnung der Angebotsunterlage grundsätzlich anhand des 6-Monats-durchschnittskurses	Sog. uniform price rule	Sog. uniform price rule
Keine Mindestbeteiligungsquote erforderlich	Mindestbeteiligungsquote des Hauptaktionärs in Höhe von 95 % vor Antragstellung	Keine Mindestbeteiligungsquote erforderlich
Gebundene Ermessensentscheidung der Börsengeschäftsführung	Ungebundene Ermessensentscheidung	Ungebundene Ermessensentscheidung

Voraussetzungen für das zwangsweise Delisting/Delisting von Amts wegen

Regulierter Markt	KOSPI-Markt/KOSDAQ-Markt
Widerruf der Zulassung ist ein Verwaltungsakt	Delisting ist die Kündigung eines privatrechtlichen Vertrages zwischen Börse und Emittent
Ermessensentscheidung der Börsengeschäftsführung ohne Unternehmensüberprüfung	Automatisches Delisting/Delisting nach Überprüfung
Keine Überprüfung vorgesehen	Listing-Eignungsprüfung bei Delisting nach Überprüfung
Aussetzung des Handels gemäß § 25 Abs. 1 Nr. 1 BörsG als kurzfristige Maßnahme	Ggf. Bezeichnung als administrative issue (dient als Warnung für den Emittenten und dem Schutz zukünftiger Investoren)
Bisher keine Gesetzesanpassungen	Laufende Aktualisierung der Delisting-Kriterien
Delisting von Amts wegen ist ultima ratio	Funktionsfähigkeit und Standing der Märkte sowie der Anlegerschutz stehen bei der Delisting-Entscheidung im Vordergrund
Verwaltungsgerichtlicher Rechtsschutz für den Emittenten gegen die Widerrufsentscheidung	Zivilgerichtlicher Rechtsschutz für den Emittenten gegen die Delisting-Entscheidung

Anhang: Glossar

Deutsch	Englisch	Koreanisch
Koreanische Börse/KRX	Korea Exchange	한국거래소
KOSPI-Markt	KOSPI Market	코스피지수/유가증권
KOSDAQ-Markt	KOSDAQ Market	코스닥
KONEX-Zulassungsordnung	KONEX Market	코넥스시장 상장규정
Listing	Listing	상장
Delisting	Delisting	상장폐지
KOSPI-Zulassungsordnung	KOSPI Market Listing Regulation	유가증권상장규정
KOSPI-Durchführungsordnung	Enforcement Rules of KOSPI Listing Regulation	유가증권시장 상장규정 시행세칙
KOSDAQ-Zulassungsordnung	KOSDAQ Market Listing Regulation	코스닥시장 상장규정
KOSDAQ-Durchführungsordnung	Enforcement Rules of KOSDAQ Market Listing Regulation	코스닥시장 상장규정 시행세칙
KRX Satzung	Articles of Incorporation	정관
Listing-Eignungsprüfung	Listing Eligibility Review	상장예비심사 (KOSPI); 상장예비심사등 (KOSDAQ)
Listing-Überprüfung	Qualitative Listing Review/Listing Maintenance Review	상장적격성 실질심사
Prüfungsausschuss	Audit Committee	감사위원회
Unternehmens-Prüfungsausschuss	Corporate Review Committee (KOSPI)	기업심사위원회의
KOSPI-Markt-Ausschuss	KOSPI Market Committee	유가증권 시장본부

Deutsch	**Englisch**	**Koreanisch**
KOSDAQ-Markt-Listing-Ausschuss	KOSDAQ Market Listing Committee	상장위원회
KOSDAQ-Markt-Ausschuss	KOSDAQ Market Committee	코스닥시장본부
KOSPI-Markt-Listing- und Offenlegungsausschuss	KOSPI Market Listing and Disclosure Committee	유가증권시장 상장공시위원회
Listing-Prüfungsausschuss	Listing Maintenance Review Committee (KOSDAQ)	기업심사위원회의
interner Direktor/externer Direktor	Inside Director/Outside Director	감독 내부/사외이사
Koreanisches HGB	Korean Commercial Act bzw. Commercial Code	대한민국 상법
FSCMA	Financial Services and Capital Markets Act	자본시장과 금융투자업에 관한 법률
Aktiengesellschaft	Stock company	주식회사

Koreanische Vorschriften in englischer Übersetzung[1142]

KOSPI-Zulassungsordnung:

§ 7. Delisting with Application for Delisting

(1) A listed corporation shall be allowed to file the application for delisting with the Exchange by class of listed securities. However, a company that has listed the securities noted in each of the following Items shall not be allowed to apply for delisting:

1. The stocks of a special purpose acquisition company; 2. The securities of Exchange Traded Fund (ETF) and securities of foreign ETF; and 3. The stocks and beneficiary certificates of an investment company for which the requests for redemption are prohibited

(2) Notwithstanding Para. (1), with regards to Equity-linked Warrants (ELWs) or Exchange Traded Notes (ETNs), the application for delisting shall be allowed to be filed only in the case where an issuer or a liquidity provider holds the entire quantity of the listed ELWs or ETNs.

(3) In the case where a listed corporation intends to apply for delisting noted in Para. (1), it shall submit to the Exchange the application for delisting and supplementary documents stipulated in the Enforcement Rules.

(4) The Exchange shall determine delisting after undergoing the review conducted by the KOSPI Market Listing and Disclosure Committee (hereinafter referred to as the "Listing and Disclosure Committee") pursuant to [§ 164]. However, in the cases which correspond to each of the following Items, the review of the Listing and Disclosure Committee may be bypassed:

1. Case where a KOSPI-listed corporation has applied for delisting in order to become a KOSDAQ-listed corporation;
2. Case where a company has applied for the delisting of ELWs or ETNs pursuant to Para. (2);
3. Case where an application for the delisting of debt securities and foreign debt securities has been filed; and
4. Other cases where the Exchange has deemed that the review of the Listing and Disclosure Committee is not needed from the perspective of investor protection

§ 48. Delisting

(1) In case where a company that has listed its common stocks comes under any of the following Items, the Exchange shall delist the common stocks concerned:

1142 Quelle: http://global.krx.co.kr/main/main.jsp– Regulation (letzter Zugriff am 15.09.2017).

1. Failure of submitting regular reports: In case of corresponding to any of the following Subitems, with regards to the annual, semiannual or quarterly reports:

a. Case where, while being designated as administrative issue pursuant to [§ 47(1)1] due to the failure of submitting an annual report, the annual report concerned was not submitted within ten (10) days from the statutory deadline for submission; and b. Case where, while being designated as administrative issue pursuant to [§ 47(1)1] due to the failure of submitting a quarterly report or a semi-annual report, an additional annual report, a semiannual report or a quarterly report was not submitted by the statutory deadline for submission

2. Auditor's opinion not up to standards: Case where the auditor's audit opinion or review opinion corresponds to any of the following Subitems:

a. Case where the audit opinion on the individual financial statement or the consolidated financial statement for the latest fiscal year is adverse opinion or disclaimer of opinion; and b. Cases where the auditor's opinion on the individual financial statement or the consolidated financial statement for the latest fiscal year is qualified due to the limitation of the scope of the audit while being designated as administrative issue pursuant to [§ 47(1)2a]

3. Impairment of capital stock: Case where the situation of capital stock comes under any of the following Subitems. In this case, for a company owning a subsidiary, the requirement concerned shall be applied on the basis of the equity capital and total equity (excluding non-controlling interests) stated in the consolidated financial statement:

a. Where the entire amount of equity capital as of the end of the latest fiscal year has been impaired; and b. Where at least 50/100 of the capital stock has been impaired as of the end of the latest fiscal year while being designated as administrative issue pursuant to [§ 47(1)3] due to the impairment of capital stock.

4. Stock distribution not up to standards: Case where the situation of common stock distribution comes under any of the following Subitems:

a. Case where the number of general stockholders as of the end of the latest fiscal year is less than 200 while being designated as administrative issue pursuant to § 47(1)4a due to the shortage of general stockholders; and b. Case where the total number of the stocks held by general stockholders is less than 10/100 of the floating stocks while being designated as administrative issue pursuant to the proviso of [§ 47(1)4b] due to the shortage of stake owned by general stockholders. In this case, exceptional regulations in [§ 47(1)4bp] shall be applied.

5. Trading volume not up to standards: Case where the average monthly trading volume of common stocks is less than 1/100 of the floating stocks as of the end of semiannual period following the semiannual period when the common stocks concerned were designated as administrative issue pursuant to [§ 47(1)5] due to the shortage of trading volume. However, this provision shall not be applied to the cases corresponding to any of the Subitems under [§ 47(1)5].

6. Corporate governance not up to standards: Case where, while being designated as administrative issue pursuant to [§ 47(1)6] due to noncompliance with the ob-

ligations for appointing outside directors and establishing the audit committee, the causes of the designation have not been resolved as of the latest fiscal year.

7. The sales amount not up to standards: Case where, while being designated as administrative issue pursuant to [§ 47(1)7], the sales amount as of the end of the latest fiscal year (referring to the amount obtained by totaling the amount of selling goods and providing services) is less than KRW 5 billion. In this case, a holding company shall be based on the sales amount specified in the consolidated financial statement.

8. The stock price not up to standards: Case where the closing price of the common stocks concerned does not satisfy any of the following Subitems, during ninety (90) days (based on the trading days of the stocks concerned; The same shall apply hereinafter in this Paragraph.) from the designation as administrative issue pursuant to [§ 47(1)8] due to the stock price shortage.

a. The closing price shall be at least 20/100 of the par value for at least ten (10) consecutive days; and b. The closing price shall be at least 20/100 of the par value for thirty (30) days.

9. The market capitalization not up to standards: Case where the market capitalization of a company that has listed its common stocks does not satisfy any of the following Subitems for ninety (90) days after being designated as administrative issue pursuant to [§ 47(1)9] due to the shortage of market capitalization:

a. The market capitalization shall be at least KRW 5 billion for at least ten (10) consecutive days; and b. The number of days with the market capitalization of at least KRW 5 billion shall be at least thirty (30) days.

10. Dissolution: Case where the causes for dissolution pursuant to the laws have occurred

11. Final default or suspension of transactions with banks: Cases where a note or check issued has been handled as the final default case or the transactions with banks have been suspended. However, this provision shall not be applied to the cases stipulated by the Enforcement Rules with regards to corporate restructuring promotion, etc.

12. Inclusion into a holding company, etc.: Cases where the largest stockholder, etc. owns the entire stocks issued, for example, like the case where a company that has listed its common stocks becomes a wholly-owned subsidiary of a holding company (referring to a subsidiary for which a holding company owns the entire number of stocks issued by such a subsidiary)

13. Restriction on transfer of stocks: Cases where the transfer of stocks is restricted. However, this provision shall not be applied to the cases where the restriction on stock transfer is deemed not to impede the trading in the KOSPI market, as the restriction is imposed by laws and regulations.

14. Noncompliance with the backdoor listing criteria: Cases that correspond to any of the following Subitems, with regards to backdoor listing:

a. Case where the procedure for the backdoor listing of an unlisted corporation that had failed to pass the backdoor listing eligibility review were completed; and b. Case where the procedure for the backdoor listing has been completed before the submission of application for backdoor listing eligibility review. However, in case where the report on the change of the largest stockholder pursuant to the Disclosure Regulation is filed within six (6) months from the submission of a report on significant issues about the acquisition of material business or asset and the listing eligibility review was conducted after the submission of application for backdoor listing eligibility review within one (1) month from the date of the reporting concerned, this provision shall not be applied.

(2) In case where, as a result of the qualitative listing review conducted pursuant to [§ 49], the Exchange deems that delisting is needed for a company that has listed its common stocks and comes under any of the following when taking into account the overall aspects such as the sustainability and management transparency of the company and other matters including public interest and investor protection, it shall delist the common stocks concerned:

1. Cases where there is a court decision to dismiss the commencement of rehabilitation procedures, to cancel the commencement of rehabilitation procedures, not to approve the rehabilitation plan and to abolish the rehabilitation procedures, etc. while a company is designated as administrative issue pursuant to [§ 47(1)11] due to the commencement of rehabilitation procedures:

2. Cases where a company designated as administrative issue pursuant to [§ 47(1)12] due to the breach of disclosure obligation comes under any of the following Subitems:

a. Case of accumulating at least 15 demerit points due to the unfaithful disclosure during the recent one (1) year period; and b. Case of having been designated as an unfaithful disclosure company as a result of breaching the disclosure obligation on the matters that may have a material impact on business operation with intention or by a major mistake.

3. Case where, in relation to the documents submitted for the review of the listing or delisting of stocks, material matters for the protection of investors are found to have been falsely stated or omitted

4. Case where a company that has listed its common stocks comes under any of the following Subitems. In this case, detailed criteria for decision shall be stipulated in the Enforcement Rules:

a. Case where it is recognized that capital increase with consideration or spin-off, etc. have been conducted to evade delisting; b. Case where there has been a corporate disclosure relating to the embezzlement, malpractice, etc. that would cause significant financial losses to the company concerned or such a fact has been confirmed; c. Case of confirming the fact that the financial statement has been prepared in major violation of the Korea International Financial Reporting Standard; d. Case where the main business has been suspended; e. Case of confirming that a company that has listed its common stocks and comes under the delisting criteria due to capital impairment pursuant to [§ 1/3] has resolved the cause of delisting concerned by submitting the audit report within the submission deadline of annual report; and f. Other cases where the delisting is deemed necessary for the sake of public interests and investor protection

(3) A company having listed its common stocks, which comes under the causes of delisting noted in each of the following Items and, as a result, has received a notice from the Exchange, may raise an objection to delisting pursuant to [§ 25].:

1. The auditor's opinion not being up to standards noted in Para. (1)2; 2. The stock distribution not being up to standards noted in Para. (1) 4 3. The trading volume not being up to standards noted in Para. (1)5; 4. The corporate governance not being up to standards noted in Para. (1)6; 5. The stock price not being up to standards noted in Para. (1)8; 6. The market capitalization not being up to standards noted in Para. (1)9; 7. The default or suspension of trading with banks noted in Para. (1) 11; 8. The stock transfer restriction noted in Para. (1) 13; 9. The noncompliance with the backdoor listing criteria noted in Para. (1)14; and 10. The qualitative listing review noted in each Item of Para. (2)

(4) The application methods for the causes of delisting noted in Para. (1) and (2) and other matters necessary shall be stipulated in the Enforcement Rules.

§ 49. Listing Maintenance Review

(1) Within fifteen (15) days (based on business days; The same shall apply hereinafter in this Paragraph.) from confirming the fact that a company that has listed its common stocks comes under any Item of [§ 48(2)], the Exchange shall make a decision on whether or not the company is subject to the deliberation of the Corporate Review Committee. However, in case where additional investigation is needed to decide whether or not the company is subject to the review, the Exchange may extend the period concerned up to fifteen (15) additional days.

(2) When the decision has been made that a company that has listed its common stocks is subject to the deliberation of the Corporate Review Committee pursuant to Para. (1), the Corporate Review Committee shall be convened without delay to examine if the company concerned maintains listing eligibility or if the period of improvement has been given and other matters stipulated in the Enforcement Rules. (Amended on June 18, 2014)

(3) If it is deemed necessary for the review or the deliberation noted in Para. (1) and (2), the Exchange may request the company that has listed its common stocks concerned to submit the relevant materials or present opinion statements of the parties concerned or conduct an on-site investigation.

(4) Upon expiry of the improvement period given pursuant to Para. (2), the Exchange shall convene the Corporate Review Committee and examine if the listing eligibility is maintained by taking into account the degree of improvement plan implementation, etc. However, in case of coming under any of the following Items, the Exchange may conduct deliberation before the improvement period expires: (Established on June 18, 2014)

1. Case where the improvement plan is not implemented; 2. Cases where the company concerned is not deemed to be sustainable as a going concern, for example, the incidents of not owning assets needed for business activities or business activities having been suspended; and 3. Case where an application is filed by the company that has listed its common stocks concerned (5) The criteria and procedures for

listing maintenance review pursuant to Para. (1) through (4) and other necessary matters shall be stipulated in the Enforcement Rules. (Amended on June 18, 2014)

(5) The Exchange shall separately establish the matters necessary for the composition and operation of the Corporate Review Committee.

KOSPI-Durchführungsordnung:

§ 6. Application Documents for Delisting and Deliberation Criteria

(1) The application for delisting pursuant to [§ 7(3)] of the Regulation shall refer to Form 1 of Annex 1, and the supplementary documents shall correspond to each of the following Items.

1. For stocks (excluding Item 2 and 4): copies of the minutes of the shareholders' general meeting where delisting was resolved by a special resolution (referring to more than two third (2/3) of the votes of the attended shareholders and more than one third (1/3) of the total number of the issued stocks.)

2. For other classes of stocks (including other classes of foreign stocks: the same in this Item hereinafter.): documents corresponding to any of the following Subitems:

a. Copies of the minutes of the shareholders' general meeting where delisting of the other class of stocks concerned is resolved (it shall refer to more than two third (2/3) of the votes of the attended shareholders and more than one third (1/3) of the total number of the issued stocks of the same class.); b. Documents where the majority of the total number of the issued other class of stocks concerned agrees and confirms delisting of the other class stocks concerned, and that they sign (including electronic signature pursuant to [§ 2(2)] of the Electronic Signature Act) or seal.

3. For debt securities and foreign debt securities: Copies of the agreements of all creditors on the delisting

4. For investment company stocks and beneficiary certificates: Documents corresponding to any of the following Subitems

a. Copies of the minutes (limited to the case of holding the shareholders' general meeting or beneficiaries' general meeting) of the shareholders' general meeting or beneficiaries' general meeting with regards to delisting b. Any other documents which certify the resolution and decision relating to the application for delisting

5. For ELWs & ETNs: Documents that prove the fact that the issuers or liquidity providers holds all of the ELWs or ETNs listed

6. For other securities: Documents that the Exchange deems necessary with regards to delisting

(2) "Investors protection requirements specified in the Enforcement Rules" noted in [§ 7(5)] of the Regulation shall refer to matters noted in each of the following Items:

1. The listed company concerned or largest shareholders, etc. (including joint holders pursuant to [§ 141(1)] of the Enforcement Decree of the Act: the same hereinafter in this Paragraph) shall have acquired the concerned stocks (including

DRs of foreign stocks: the same hereinafter in this Paragraph) through a tender offer (including ways applying correspondingly) or purchase in the exchange market;

2. As of the application date for delisting, the largest shareholders, etc. of the listed company concerned shall hold at least 95/100 of the total number of issued shares of the issue concerned;

3. The largest shareholders, etc. of the listed company concerned shall have agreed to give an opportunity to the investors (excluding the largest shareholders, etc. of the listed company concerned) to sell the shares held for a certain period after the delisting; and

4. In addition, the measures necessary for public interests and investor protection, including the terms and conditions for tender offer, shall have been satisfied.

§ 50. Judgment Criteria for Listing Maintenance Review

(1) Whether to correspond to the subject for listing maintenance review or not pursuant to the latter part of [§ 48(2)4, excluding each of the Subitems] of the Regulation and [§ 58] of the Regulation shall be decided in accordance with each of the following Items.

1. Evasion of delisting reason pursuant to [§ 48(2)4a] of the Regulation: Case where the cause of delisting relating to sales amount not up to standards noted in [§ 48(1)7] of the Regulation has been resolved by an intentional or temporary sales after having been designated as the administrative issue due to the reason for sales amount not up to standards pursuant to [§ 47(1)7] of the Regulation. In this case, whether to correspond or not shall be decided based on sales amount, profit amount, business characteristics, transactional relationship, etc.

2. Disclosure of facts about embezzlement, malpractice, etc. pursuant to [§ 48(2)4b] of the Regulation: Case where the disclosure about embezzlement, malpractice, etc. coming under [§ 7] of the Disclosure Regulation is made or the related fact is confirmed with the indictment of prosecutor, etc. In this case, the embezzlement and malpractice of former and present officer (in the case of a company with executive officers, the executive officers shall be included: the same hereinafter.) shall be included.

3. Violation of Accounting Standards pursuant to [§ 48(2)4c] of the Regulation:

a. Case where the annual report, correction of annual report and inspection of the Securities and Futures Commission confirm the fact of violating the accounting standards and it comes under the delisting reason when the details of the violation concerned is taken into consideration. In this case, when judging whether to correspond to the reason for delisting due to impaired capital pursuant to [§ 48(1)3] of the Regulation, the non-controlling interests shall not be excluded in calculating the total shareholders' equity; and b. Case of having confirmed the fact that the Financial Services Commission or the Securities and Futures Commission made the decision to notify or file a complaint against the common-stock listed company (including the current and former officer) with the prosecutor, or that the prosecutor indicted directly, because of the violation of accounting standards. However, the case where the amount of violation is less than 5/100(25/1,000 for a listed company with more than KRW 2 trillion of total assets as of the latest fiscal year) of equity capital of the listed company concerned () shall be excluded.

4. Suspension of main business pursuant to [§ 48(2)4d] of the Regulation: the case where it is difficult to maintain the viable business operation because of coming under any of the following Subitems). In this case, whether to correspond or not shall be decided by considering the annual and quarterly sales amount, etc. of the entire business or the remaining part of the business, and the listed holding company and foreign companies shall be based on the sales amount in the consolidated financial statement:

a. Case of suspending the production and sales operation of main business; b. Case where the permit for main business is terminated or returned; c. Case where the main business is transferred or moved subsequent to the merger or merger after division; and d. Case where the quarterly amount of sales is less than KRW 500 million. In this case, [§ 45(1)] shall be applied mutatis mutandis. e. Case where as a result of a foreign holding company (including the holding company controlling a foreign company: the same hereafter in this Subitem) disposing the whole or a part of equity of subsidiary (referring to a subsidiary whose sales or net income as of the end of latest fiscal year exceeds 50/100 of the sales or net income in the consolidated financial statement of foreign holding company), the subsidiary concerned loses the status of being the subsidiary of foreign holding company; f. In addition, case where the Exchange deems that in actual fact, the operation of main business has been ceased.

(2) "The audit report specified in the Enforcement Rules" noted in [§ 48(2)4e] of the Regulation shall refer to the audit report stipulated in [§ 48(1)].

§ 50–2. Exclusion, etc. of Being Subject to Deliberation by the Corporate Review Committee

(1) In case of falling under any of the following Items when designating whether the common-stocks-listed company is subject to deliberation by the corporate review committee or not pursuant to [§ 49(1)m] of the Regulation, the company concerned may be excluded from being subject to deliberation by the corporate review committee.

1. Case where the matters concerned fall under any of the following Subitems when considering the agent, cause-and-effect, details of behavior, etc. of the matters corresponding to any of the Items noted in [§ 48(2)] of the Regulation (referred to as the "matters of listing maintenance review" hereinafter in this Article):

a. Case of occurrence due to the same cause act as that of the listing maintenance review completed in the past; and b. Case of the matter where the review has already been completed since its occurrence in the future was predicted in the course of the listing maintenance review in the past.

2. Case where the matters of listing maintenance review are confirmed after the date when the matters fall under any of the following Subitems. In this case, occurrence of the matters of the listing maintenance review shall be on the basis of the time when the behavior related to the matters concerned has completed:

a. Date of decision for termination of rehabilitation procedure in accordance with the application for commencement of rehabilitation procedures after occurrence of the matters of the listing maintenance review; b. Date of transfer or division of a part of the business where the matters of the listing maintenance review have occurred. In this case, the date of division or business transfer shall be based on the registration date of division or the transfer date noted in the business transfer agreement; c. Date when the change of the largest shareholder has been 3 years since the occurrence of the matters of the listing maintenance review. However, in the case where the change of the largest shareholder has been concluded with the affiliated person or the person who has shared the experience of joint acquisition of management rights in the past or where the largest shareholder or the representative director (referring to representative executive officers in the case of a company with executive officers) at the time of occurrence of the matters of the listing maintenance review remains to be the largest shareholder or is during his or her term of office, this Subitem shall not be applied; and d. Date when the time has passed 5 years since the occurrence of the matters of the listing maintenance review.

3. Case where the reason for delisting pursuant to [§ 48(2)4e] of the Regulation has resolved through the approval of the rehabilitation plan.

4. The case corresponding to Item 1 or 2 or the case where the Exchange deems the review by the corporate review committee unnecessary because the listing eligibility of the common-stocks-listed company concerned has been approved.

(2) Notwithstanding Para. (1), in case of falling under any of the following Items, Para. (1)1 & 2 shall not be applied:

1. Case where the officer related to the matters of the listing maintenance review concerned is during his or her term of office;

2. Case of falling under delisting criteria noted in each Item noted in [§ 48(1)] of the Regulation when reflecting the matters of the substantial review concerned;

3. Case where the Exchange deems the matter of the listing maintenance review concerned to have a significant influence on listing eligibility of the common-stock-listed company.

(3) Concerning the decision for being subject to deliberation by the corporate review committee pursuant to Para. (1), the common-stock-listed company concerned may submit the improvement plan to the Exchange. In this case, the Exchange can consider the improvement plan when deciding the target for the review and can check whether the plan is implemented or not.

§ 51. Procedure, etc. of the Listing Maintenance Review

(1) In the case where the Exchange confirms the matters corresponding to any of the following Items noted in [§ 48(2)] of the Regulation, pursuant to [§ 49(5)] of the Regulation, the Exchange shall notify in writing each of the following matters to the company concerned without delay:

1. The matters concerning the method and procedures of the listing maintenance review;

2. The matters concerning the actions to be taken, including delisting, in case where the listing maintenance review reveals that the company fails to meet the listing eligibility requirements; and

3. Additionally, other matters necessary for the review.

(2) "Without delay" stipulated in [§ 49(2)] of the Regulation shall refer to within 20 days (based on the business days) from the date of decision for being subject to the deliberation by the Corporate Review Committee. However, when the general meeting of shareholders or submission of business report, etc. is scheduled, which can influence on the result of deliberation by the Corporate Review Committee, the period may be extended within one (1) month. (Amended on July 31, 2015)

(3) The Corporate Review Committee shall review the matters noted in each of the following Items pursuant to [§ 49(2)] of the Regulation. In this case, the common-stock listed company may submit the improvement plan to the Exchange, and the Corporate Review Committee may review by considering the improvement plan concerned, etc.

1. Whether or not to maintain listing eligibility of the listed company concerned;

2. Provision of improvement period; and

3. Whether or not to halt trading of the securities concerned and the period thereon

(4) The Exchange shall make the decision on whether or not to delist the company concerned, to provide the improvement period, or to halt trading, and the period thereon within seven (7) days from the deliberation date of the Committee Review Committee. In this case, the improvement period shall not surpass 1 year.

(5) In case where the improvement period pursuant to Para. (4) expires or of corresponding to any of the following Items in [§ 49(4)] of the Regulation, the Exchange shall review whether the improvement plan has been implemented and the company maintains listing eligibility by holding the Corporate Review Committee within 15 days from the date concerned, and decide whether to delist or not within 7 days from the deliberation date. However, if there are any special matters, the Exchange may provide the improvement period additionally as long as the period does not surpass 1 year, and in this case main body of this Paragraph shall be applied mutatis mutandis.

(6) After making the decision pursuant to Para. (4) or (5), the Exchange shall notify in writing the details of decision to the company concerned without delay.

(7) In addition to Paras. (1) through (6), the matters necessary for listing maintenance review shall be determined by the Exchange separately.

KOSDAQ-Zulassungsordnung:

§ 38. Delisting

(1) The Exchange shall, when a KOSDAQ-listed corporation falls under any of the following Items, delist such company.

1. [Deleted on March 25, 2005]

2. In cases where a note or check issued by the company has been finally dishonored by the primary bank or the correspondent bank has suspended the transaction;

3. [Deleted on September 12, 2008]

4. In cases where the latest fiscal year's sales amount of the KOSDAQ-listed corporation designated as administrative issue pursuant to [§ 28(1)2] is less than KRW 3 billion;

4–2. In cases where the KOSDAQ-listed corporation designated as administrative issue pursuant to [§ 28(1)3] has posted a loss from ongoing business before tax (limited to the case of KRW 1 billion or more) for the latest fiscal years, that is in excess of 50/100 of equity capital. However, in case of the company subject to prepare the consolidated financial report, it shall be based on the equity capital and loss from ongoing business before tax stated in the consolidated financial statement;

4–3. In cases where the KOSDAQ-listed corporation designated as administrative issue pursuant to [§ 28(1)3] has posted an operating loss in the latest fiscal year;

5. In cases where a KOSDAQ-listed corporation came under the criteria for dissolution pursuant to the laws, including the case of having been merged into another company or having been declared as bankrupt;

6. [Deleted on September 12, 2009]

7. [Deleted on December 23, 2005]

8. In cases where a KOSDAQ-listed corporation designated as administrative issue pursuant to [§ 28(1)12] has failed to meet the requirements of trading volume noted in the same regulation in the next quarter;

9. In cases where a KOSDAQ-listed corporation designated as administrative issue pursuant to [§ 28(1)13 & § 15–2] has not corrected the failure to meet the stock distribution requirements noted in the same regulation within one (1) year period;

10. In cases of coming under any of the following Items (in case of company subject to preparation of consolidated financial statement, it shall be based on the consolidated financial statement). However, in applying Items 10a through 10c, when the balance sheet proving the elimination of the causes for coming under the concerned delisting criteria by the legal submission deadline of annual report or semiannual report and the auditor's (limited to the auditor who audited the regular financial statements) audit report thereon have been submitted, the decision whether or not coming under the delisting criteria pursuant to Para. (2)5a shall be made on the basis of the concerned auditor's audit report.

a. In case where as of the end of latest fiscal year, the entire capital has been impaired; b. In case where a KOSDAQ-listed corporation designated as administrative issue pursuant to [§ 28(1)4a & 4c] has posted over 50/100 of capital impairment ratio on the basis of the end of latest fiscal year or semiannual period (limited to the case where the end of latest fiscal year or the end of latest semiannual period comes after the designation date as administrative issue); c. In case where the KOSDAQ-listed corporation designated as administrative issue pursuant to [§ 28(1)4b & 4c] has posted the equity capital less than KRW 1 billion on the basis of the end of latest fiscal year or semiannual period (limited to the case where the end of latest fiscal year or the end of latest semiannual period comes after the date of designation as administrative issue); d. In case where the KOSDAQ-listed corporation designated as administrative issue pursuant to [§ 28(1)4] has received the adverse opinion, disclaimer of opinion or qualified opinion due to the limitation placed on the audit scope on the financial statement of the latest semiannual period (limited to the case where the end of latest fiscal year or the end of latest semiannual period comes after the designation date as administrative issue) from the auditor, or has failed to submit the auditor's (audit) review report on the semiannual financial statement within ten (10) days from the day after the legal submission deadline of the semiannual report.

11. In cases where the auditor's audit opinion on the financial statements (including the audit opinion on the consolidated financial statement, in case where the company is subject to preparation of consolidated financial statement) of the latest fiscal year has been an adverse, disclaimer of opinion, or qualified opinion due to the limitation placed on scope of audit. However, only in the event that the reason for such auditor's audit opinions is the uncertainty about the company ability to survive as going concern, when the Exchange accepts the confirmation letter of the same auditor stating the elimination of the concerned uncertainty, which was submitted within ten (10) days from the day after the legal submission deadline of annual report, the cases of coming under any of the following Items on the basis of the semiannual period to which the date of such submission belongs.

a. In cases where the auditor's audit opinion on the financial statements of the latest semiannual period has been an adverse, disclaimer of opinion, or qualified due to the limitation placed on scope of audit; and b. In cases where auditor's audit report on the semiannual financial statement has not been submitted within ten (10) days from the legal submission deadline.

12. [Deleted on December 7, 2007]

13. In cases where the KOSDAQ-listed corporation designated as administrative issue pursuant to [§ 28(1)9 or 10] falls under any of the following Items;

(a) Cases of failing to summit the annual report, semiannual report, or quarterly report pursuant to [§ 19(1)] of the Disclosure Regulation by the legal submission deadline; and (b) Cases where no general meeting of shareholders (the board meeting, if the financial statement is approved at the board meeting pursuant to [§ 449–2(1)] of the Commercial Act) was held by the legal submission deadline of annual report or the general meeting of shareholders did not approve the financial statement.

14. In cases of falling under any of following Items in relation with the submission of periodic disclosure documents;

(a) Cases where the company failed to submit the annual report, semiannual report or quarterly report pursuant to [§ 19(1)] of the Disclosure Regulation by the legal submission deadline three (3) times or more in the recent two (2) years; and (b) Cases where after having failed to submit the annual report by the legal submission deadline, the annual report has not been submitted within ten (10) days from the day after the concerned legal submission deadline.

15. In cases where there are restrictions on transfer of shares. However, this provision shall not be applied to the cases where, as a case where other laws or the articles of incorporation, etc. restrict the transfer of shares, the Exchange deems that such restriction does not impede the trading of the shares.

16. In cases where the delisting has been requested for the purpose of listing on the KOSPI Market;

17. In relation to [§ 19 through § 19–3], in cases of coming under any of the following Items. However, this provision shall not be applied to the case where there has been the decision to cancel the merger between concerned companies and the implementation of that decision has been confirmed:

a. Cases of undertaking a merger in violation of the requirements specified in [§ 19(1)2]; b. Cases of carrying out a stock swap in violation of the requirements specified in [§ 19–2(1)2]; c. Cases of concluding the backdoor listing, including takeover of business/asset or issuing stocks, etc. in violation of the requirements specified in [§ 19–3(1)2 & (2)2]; d. Cases of issuing stocks in violation of the requirements specified in [§ 19–3(3)]; and e. Case of completing the backdoor listing without observing the sales restriction requirements in violation of [§ 22 through § 22–4].

18. In relation to the corporate governance, in cases of falling under any of the following Items:

a. Cases where a KOSDAQ-listed corporation designated as administrative issue pursuant to [§ 28(1)11a] comes under the conditions specified in the same Item in the following fiscal year; and b. Cases where a KOSDAQ-listed corporation designated as administrative issue pursuant to [§ 28(1)11b] comes under the conditions specified in the same Item in the following fiscal year.

19. [Deleted on December 7, 2007]

20. Cases where, during ninety (90) days (shall be based on the trading day: the same hereinafter in this Item) after the designation as administrative issue pursuant to [§ 28(1)6], the market capitalization of common stocks has failed to satisfy any one of the following requirements;

a. The market capitalization shall be at least KRW 2 billion for ten (10) consecutive days or longer; and b. The number of days on which the market capitalization is at least KRW 2 shall be thirty (30) days or more.

21. [Deleted on September 12, 2009]

22.[Deleted on September 12, 2009]

23. [Deleted on September 12, 2009]

24. Case where the special purpose acquisition company comes under any of the following Items:

a. Officer of special purpose acquisition company failing to meet the qualification requirements: Case where the concerned cause has not been resolved within six (6) months from the date of designation as administrative issue pursuant to [§ 28(1)15–2a];

b. Case where the causes for failure to meet the stock distribution requirement has not been resolved within one (1) year period from the date of designation as administrative issue pursuant to [§ 28(1)15–2b];

c. Nonobservance, etc. of obligation to deposit the funds: Case where the causes for designation as administrative issue has not been resolved within ten (10) days from the date of designation as administrative issue pursuant to [§ 28(1)15–2c];

d. Violation of restriction on financial activities: Case where the causes for designation as administrative issue has not been resolved within ten (10) days from the date of designation as administrative issue pursuant to [§ 28(1)15–2d];

e. Non-submission of application for listing eligibility review: Case where the causes for designation as administrative issue has not been resolved within one (1) month from the date of designation as administrative issue pursuant to [§ 28(1)15–2e];

f. Case where the special purpose acquisition company designated as administrative issue pursuant to [§ 28(1)15–2 f.] has failed to resolve the causes within three (3) months from the date of designation as administrative issue;

g. Nonobservance of agreement for restraining the exercise of voting rights, etc.: Case of confirming the fact that as of the application date for listing eligibility review of special purpose acquisition company, the shareholders, etc. have infringed the details of agreement noted in [§ 7–3(1)10];

h. Violation of the business objectives: Case of confirming the fact of having been engaged in the business other than the merger such as holding stocks of other company, takeover of business/asset, spin off or merger after spin off;

i. Merger with company unsuitable for listing, etc.: Case where the decision noted in any of the following Items has been made at the general meeting of shareholders:

(i) The decision to merge with the company that has been notified of being disqualified following the listing eligibility review on the merger pursuant to [§ 19–4];

(ii) The decision to merge with the company whose merger amount determined according to each Item of [§ 176–5(1)] of the Enforcement Decree of the Act and the total asset stated in the financial statement as of the end of the latest fiscal year has failed to meet the requirements noted in [§ 19–4(2)2];

(iii) The decision to merge with the KOSPI-listed corporation or KOSDAQ-listed corporation that has been designated as administrative issue (including the case where the company was designated as administrative issue after the merger decision) pursuant to [§ 47(1)] of the KOSPI Market Listing Regulation or [§ 28(1)];

(iv) The decision to merge with the company that is an affiliated company of the special purpose acquisition company (including the shareholders, etc. and officers as of the application date for listing eligibility review pursuant to [§ 4–3(1)]) stipulated in the Enforcement Rules;

(v) The decision was made at the general meeting of shareholders to establish a company through merger or embark on a merger that converts it into an unlisted corporation; and

(vi) The decision on merger that breaches the requirements noted [§ 19–4(2)4] was made.

25. [Deleted on June 18, 2014]

26. [Deleted on June 18, 2014]

(2) When a KOSDAQ-listed corporation comes under any of the following Items, the Exchange shall make the decision to delist the concerned company through the

deliberation of the KOSDAQ Market listing maintenance review committee (hereinafter referred to as the "listing maintenance review committee"). However, with regards to the matters on which the chairman of the Listing Maintenance Review Committee acknowledges that the deliberation and decision making of the Market Committee are needed, the Exchange shall decide whether to delist the company concerned after undergoing the deliberation and decision making of the Market Committee:

1. [Deleted on December 2, 2009]

2. Case of coming under any of the following Subitems in relation to unfaithful disclosure:

a. Case where the KOSDAQ-listed corporation designated as administrative issue pursuant to [§ 28(1)8] has accumulated more than fifteen (15) demerit points in connection with unfaithful disclosure in the recent one (1) year; b. [Deleted on June 18, 2014] c. As a case where the KOSDAQ-listed corporation designated as administrative issue pursuant to [§ 28(1)8] has been designated as unfaithful disclosure corporation as well, in the event that the significance of details of concerned disclosure and the intentional or serious mistake have been acknowledged.

3. Case where the KOSDAQ-listed corporation comes under any of the following Subitems after having been designated as administrative issue pursuant to [§ 28(1)14–2]:

a. Case where the court has turned down the application for commencement of rehabilitation procedures, cancelled its decision on commencement of rehabilitation procedures, disapproved the rehabilitation plan or decided to terminate the rehabilitation procedures. However, in case of the simplified rehabilitation procedures, it shall exclude the cases where there is a decision made on the commencement of rehabilitation procedures pursuant to [§ 293–5(2)2a] of the Debtor Rehabilitation and Bankruptcy Act or the rehabilitation procedures are resumed pursuant to [§ 293–5(4)] of the same Act; and b. [Deleted on June 18, 2014]

4. Case where it is deemed that the matters falsely recorded or omitted in the applications and attached documents related to the listing are important for the investor protection;

5. As a case coming under any of the following Subitems, when the consideration of such facts as the going concerns, management transparency and other factors about the soundness of KOSDAQ Market indicates that the delisting is necessary:

a. Case where it is deemed that the capital increase or spin off of KOSDAQ-listed corporation is an action taken to circumvent the situation coming under the delisting criteria;

b. Case of confirming the suspicion of embezzlement and fraud in an amount specified in the Enforcement Rules through the disclosures, etc.

c. Case of confirming such facts that the material violation noted in [§ 13(3)] of the Act on External Audit has occurred;

d. Case where the main business has been suspended (excluding the special purpose acquisition company);

e. Case where the causes for delisting noted in Paras. (1)10a through 10c has been eliminated by submitting the auditor's audit report pursuant to Para. (1)10p. However, the qualitative listing eligibility review shall be exempted from a company for which it was decided to commence rehabilitation procedures, in the event the company concerned has resolved the causes for delisting; and

f. Case of confirming the incident of impairment loss for the receivables other than the account receivables in the amount specified in the Enforcement Rules through the disclosures, etc.

g. Case where with regard to the KOSDAQ-listed corporation designated as an administrative issue (excluding the administrative issue pursuant to [§ 28(1)11 through 13 & 15–2]: the same hereinafter in Item 5h) or investment alert issue, the fact about the change of management right specified in the Enforcement Rules has been confirmed through the disclosures, etc. However, this provision shall not be applied to a case where there has been the occurrence of changes in the management right stipulated in the Enforcement Rules as a result of the issuance of new stocks in relation to the paid-in capital increase and the conversion into equity investment for the purpose of normalizing business conditions.

h. Case of confirming that the KOSDAQ-listed corporation designated as an administrative issue or investment alert issue has made the decision about the advance payment, suspense payment, cash loan, stock loan, investment, etc. for the persons who acquired the new shares of concerned KOSDAQ-listed corporation following the paid-in capital increase by way of the third party allotment within six (6) months from the concerned acquisition date.

i. As the case where the KOSDAQ-listed corporation under goes spin off or merger after spin off, when it comes under any of the followings:

(i) Case where the company surviving after spin off or merger after spin off fails to satisfy the requirements noted in the followings for the business areas to be continued after the spin off or merger after spin off. However, this provision shall not be applied to the case, where the Exchange deems it necessary, such as the spin off in the course of conversion into a holding company:

(a) Equity capital shall be no less than KRW 3 billion. (b) There shall be no capital impairment. (c) Profits, etc.

The requirements noted in [§ 17(2)2] shall be met. In this case, "the business to be transferred as a result of spin off or merger after spin off" shall deem to be "the business to be continued after spin off or merger after spin off".

(d) The audit opinion stated in the audit report on the financial details noted in Subitems (a) through (c) shall be unqualified opinion.

(ii) As a case where the board of directors of KOSDAQ-listed corporation makes decision on spin off within three (3) years of merger with an unlisted corporation, in the event that the main business of the company to survive after the spin off belonged to the business of the unlisted corporation at the time of merger. However, this provision shall not be applied to the case where the KOSDAQ-listed corporation underwent the backdoor listing review pursuant to [§ 19(1)] at the time of merger.

j. As the reasons equivalent to each Subitems of Paras. (1) and (2), case where the Exchange deems the delisting necessary for investor protection.

(3) The detailed guidelines for Items 5a through 5d and Items 5 f. through 5h shall be stipulated in the Enforcement Rules.

(4) In applying Para. (1)20, the provisions of [§ 28(10)] shall be applied mutatis mutandis.

(5) The Exchange shall disclose the further details of procedures related to delisting of KOSDAQ-listed corporation in accordance with the stipulations of Enforcement Rules.

(6) [Deleted on July 20, 2007]

(7) [Deleted on February 22, 2013]

(8) Unless otherwise stated in the Enforcement Rules, when filing the report for the semiannual period specified in Paras. (1)10d & 11p, the report shall include the opinions of auditor.

§ 38–2. Qualitative Listing Eligibility Review by Listing Maintenance Review Committee, etc.

(1) Within fifteen (15) days of confirming any of the facts noted in [§ 38(2) (in case of [§ 38(2)5], any of the Subitems)], the Exchange shall determine whether or not it is subject to listing maintenance review. However, in view of the additional time required for further investigation that may be necessary to determine if the listing maintenance review is necessary, the concerned period may be extended up to additional fifteen (15) days.

(2) If the "subject to listing maintenance review" decision has been made pursuant to Para. (1), the Exchange shall notify the concerned company of the schedule and procedures of listing maintenance review without delay.

(3) When it is deemed necessary to assess whether or not the company comes under the criteria for delisting, the Exchange may request the concerned company to submit relevant documents and opinion statements and conduct the site investigation.

(4) When having made certain decision on whether or not the company comes under the criteria for delisting or whether to grant the improvement period by the Listing Maintenance Review Committee or the Market Committee (limited to the cases that correspond to [§ 38(2)p], the Exchange shall notify the concerned KOSDAQ-listed corporation of the concerned fact without delay.

(5) In the case where the improvement period pursuant to Para (4) has expired, the Exchange shall make a final decision on whether the company concerned meets the delisting criteria after undergoing the deliberation of the Listing Maintenance Review Committee regarding the implementation of the improvement plan or the deliberation and decision making of the Market Committee (limited to the cases that come under [§ 38(2)p]).

(6) The matter necessary for the composition and operation of the listing maintenance review committee pursuant to Para. (3) shall be stipulated in the Enforcement

Rules and the Exchange shall separately establish the matters necessary for detailed methods and procedures of the review.

§ 45. Application for Delisting

(1) When intending to delist (including the request for delisting pursuant [§ 38(1)16]) the company, the KOSDAQ-listed corporation (excluding the special purpose acquisition company: the same hereinafter in this Article) shall submit to the Exchange the application for delisting and attached documents stipulated in the Enforcement Rules.

(2) The KOSDAQ-listed corporation shall, when intending to delist class shares issued by the company, file with the Exchange the application for delisting and attached documents stipulated in the Enforcement Rules.

(3) Upon receiving the application for delisting noted in Paras. (1) and (2), the Exchange shall delist the company concerned. However, when the concerned company does not fall under the delisting criteria mentioned in [§ 38, § 40-2 or § 41], the Exchange may turn down such application after the deliberation of the Listing Maintenance Review Committee in accordance with the stipulation of Enforcement Rules, while taking into account whether or not the requirement for investor protection is complied with.

KOSDAQ-Durchführungsordnung:

§ 33. Application of Delisting Criteria

(1) [Deleted on June 23, 2006]

(2) The "affiliated company of special purpose acquisition company" pursuant to [§ 38(1)24i(iv)] of the Regulation shall refer to the company noted in any of the following items:

1. The financial investment company pursuant to [§ 6(4)14c] of the Enforcement Decree of the Act;

2. The shareholders, etc. (excluding the financial investment company noted in Para.(1): the same hereinafter in this Article) as of the application date for listing eligibility review pursuant to [§ 4-3(1)] of the Act;

3. The company of which the entity corresponding to any of the following subitems is the largest shareholder pursuant to [§ 9(1)] of the Act:

a. The financial investment company noted in Para. (1) (including the officers and employees of the concerned financial investment company who had performed or are performing the work related to the establishment and operation of the concerned special purpose acquisition company and their spouses and liner descendants); b. The shareholders as of the application date for listing eligibility review (in case the concerned shareholder is a corporation, the officers of the concerned corporation and their spouses and liner descendants shall be included and in case of individual, their spouses and liner descendants shall be included); and c. The officers and employees of the concerned special purpose acquisition company (including the spouses and liner descendants of the concerned officers and employees).

4. The company where the entity noted in any item of Para. (3) holds 5/100 or more of total number of shares issued;

5. The financial investment company noted in Para. (1) or the largest shareholder of the shareholders as of the application date for listing eligibility review noted in Para. (2) (limited to the case where the concerned shareholders are a corporation: the same hereinafter in this Article) and the affiliated company pursuant to the Monopoly Regulation and Fair Trade Act (hereinafter referred to as "the affiliated company"); and

6. The concerned special purpose acquisition company, financial investment company noted in Para. (1) or company that is both the shareholders as of the application date for listing eligibility review and the officer or was both the shareholders as of the application date for listing eligibility review and the officer during the recent two (2) years.

(3) In determining the number of shares held in Para. (2)4, the number of shares noted in each of the following items shall be included.

1. The shares that may be issued subsequent to the exercise of rights of shares, etc.; and

2. The number of shares held by the affiliated companies of the financial investment company noted in Para. (1)1 and shareholders as of the application date for listing eligibility review noted in Para.(1)2.

(4) In applying [§ 38(1)20] of the Regulation, the "trading day" shall refer to the trading days of the issues concerned.

(5) In case the fiscal year of a KOSDAQ-listed company is less than six (6) months due to such reasons as the change of account closing period, the concerned fiscal year shall not be counted in applying [§ 38(1)4, 4–2 & 4–3].

(6) [Deleted on June 23, 2006]

(7) The Exchange shall disclose the facts such as the delisting of KOSDAQ-listed company and the detailed procedures to be taken thereafter as the market notice on its internet homepage.

(8) The auditor's certificate which is submitted pursuant to [§ 38(1)11p] of the Regulation shall be according to [Listing Form 24].

(9) [Deleted on December 4, 2009]

(10) [Deleted on December 4, 2009]

(11) The "detailed guidelines" noted in [§ 38(3)] of the Regulation shall refer to any of the following items:

1. Circumvention of delisting criteria;

a. Case of resolving the delisting criteria noted in [§ 38(1)4–2 & 10] of the Regulation by overestimating the investment in kind noted in [§ 422] of the Commercial Act;

b. Case where the suspicion of disguised payment has been confirmed according to [§ 6(1)2d(ix)] of the Disclosure Regulation and through the concerned disguised payment, the delisting criteria noted in [§ 38(1)4–2 & 10] have been resolved;

c. Case of resolving the delisting criteria noted in [§ 38(1)4] through calculated, temporary sales;

d. Case of resolving the delisting criteria noted in [§ 38(1)4–2] by stating the spin-off of KOSDAQ-listed company as discontinuation of business in the financial statement;

e. Case where the main foreign subsidiary (referring to the foreign subsidiary whose sales amount or net profit as of the end of latest fiscal year exceeds 50/100 of the sales amount or net profit of foreign holding company according to the consolidated financial statement) of foreign holding company (including the foreign holding company located in Korea: the same hereinafter in this Item) looses the foreign subsidiary's status subsequent to foreign holding company selling entire or a part of shares of main foreign subsidiary; and

f. Additionally, case where the Exchange deems it as circumventing of delisting criteria.

2. The "amount specified in the Enforcement Rules" noted in [§ 38(2)5b] of the Regulation shall refer to the scale corresponding to [§ 6(1)2d(vi)] of the KOSDAQ Market Disclosure Regulation (in case of officers, over 3/100 of equity capital or embezzlement and fraud over KRW 1 billion)

3. Violation of accounting standards

a. Case of coming under the delisting criteria when taking into account the details of matters breaching the accounting standards that have been confirmed through the annual report, correction of annual report, details of accusation by the prosecutor and result of investigation by the Securities and Futures Commission; and b. Case of confirming the fact that the FSC or Securities and Futures Commission has made the decision to impose such disciplinary measures as the prohibition of securities issuance for over four (4) months, to appoint the auditor or make the recommendation on dismissal of officer (including the case equivalent to the recommendation on officer dismissal) for over two (2) years or to charge or notify the KOSDAQ-listed company to the prosecutor's office because of the violation of accounting standards. c. Case where the administrative issue (excluding the administrative issue pursuant to [§ 28(1)15–2] of the Regulation) or investment alert issue was imposed of fine by the Securities and Futures Commission as a result of violating the accounting standards.

4. "Discontinuance of main business" shall refer to the case coming under any of the following subitems, where it is difficult to carry out a viable operation with the remaining business areas:

a. Case of discontinuing the production and sales of main business (referring to the suspension of production for over six (6) months due to such reasons as labor dispute or natural disaster);

b. Case of cancellation or return of the permit or license related to main business;

c. Case where the main business has been taken over or has been transferred to the company established through spin-off or merger after spin-off (including the physical spin-off or merger after physical spin-off: the same hereinafter in this Item). However, this provision shall not be applied to the case of spin-off or merger after spin-off for the purpose of conversion to holding company pursuant to [§ 2/1–2] of the Monopoly Regulation and Fair Trade Act or financial holding company pursuant to [§ 2(1)1] of the Financial Holding Company Act [In this case, the establishment of holding company shall have been completed pursuant to the document submitted according to [§ 18(1)5–3] at the time of or after the spin-off (including the merger after spin-off)]; and

d. Case where the sales amount of latest quarter is less than KRW 300 million or the sales amount of latest semiannual period is less than KRW 700 million. However, this provision shall not be applied to the case corresponding to any of the following subitems:

(i) The KOSDAQ-listed company that belongings to the financial and insurance industry according to the industry classification code specified in Annex 1; and

(ii) The technology growth company coming under the proviso of [§ 28(1)2] of the Regulation.

e. holding company located in Korea: the same hereinafter in this Item) sells a part or entire quantity of the equity of principal foreign subsidiary (referring to the subsidiary whose sales amount or net earnings as of the latest fiscal year exceeds 50/100 of the sales amount or net earnings of the holding company according to the consolidated financial statement), the concerned foreign subsidiary loses the status of foreign subsidiary or Case where the foreign holding company (including the foreign case where the business operation is practically halted as a result of transferring a part or whole of business of the foreign principal subsidiary.

f. Additionally, case where the Exchange accepts that the main business has, in actual fact, discontinued.

5. The "impairment loss in the amount specified in the Enforcement Rules" noted in [§ 38(2)5 f.] of the Regulation shall refer to the size corresponding to [§ 6(1)2d(viii)] of the KOSDAQ Market Disclosure Regulation.

6. The "change of management right specified in the Enforcement Rules" noted in [§ 38(2)5gm and p] of the Regulation shall refer to the case where the change of the largest shareholder corresponding to [§ 6(1)3a(i)] of the KOSDAQ Market Disclosure Regulation has been disclosed or the case where the fact of entering into an agreement for stock acquisition and transfer corresponding to [§ 6(1)3a(ix)] of the KOSDAQ Market Disclosure Regulation or an agreement aiming for the change of management right, etc. has been disclosed.

(12) The main business pursuant to Para. (11)4 shall be determined on the basis of sales amount. However, if it is deemed necessary, it may be determined on the basis of the value added amount, etc. [

§ 33–2. Deliberation by and Operation of Listing Maintenance Review Committee

(1) The Exchange shall call a meeting of the Listing Maintenance Review Committee or the Market Committee (limited to the cases that correspond to [§ 38(2)p] of the Regulation; the same hereinafter in this Article) within fifteen (15) days from the date of sending the notification pursuant to [§ 38–2(2)] of the Regulation. However, in the event where the company concerned submits an improvement plan within

seven (7) days from the notification date, the Exchange may convene the Listing Maintenance Review Committee or the Market Committee within fifteen (15) days from the submission date concerned.

(2) The Listing Maintenance Review Committee or the Market Committee shall determine whether or not coming under the delisting criteria according to the examination criteria noted in each of following items:

1. [Deleted on December 4, 2009]

2. Unfaithful disclosure

a. In view of the worsening investor competence caused by the concerned unfaithful disclosure, whether or not it, as a listed company, would be regarded as appropriate investment choice; b. The impact that the concerned unfaithful disclosure has on the company operation; and c. Additionally, in relation to the concerned unfaithful disclosure, whether or not the delisting is necessary for the protection of KOSDAQ Market and investors.

3. Rejection of application for commencement of rehabilitation procedures, etc.

a. Reasons for turning down the application for commencement of rehabilitation procedure, etc.; and b. If it is possible for the concerned KOSDAQ-listed company to continue as going concern.

4. Falsification of documents related to listing, etc.

a. The significance of effect that the falsified statement, etc. had on the listing review and investors; and b. Whether or not the KOSDAQ-listed company made the false statement, etc. intentionally or by gross mistake.

5. Overall assessment pursuant to [§ 38(2)5] of the Regulation

a. In view of the sales and profit and loss structure, if the normal business operation is possible;

b. Whether or not the financial position would deteriorate due to the size of loan, contingent liability, embezzlement, etc.;

c. Whether or not the operational transparency has been damaged due to the poor corporate governance caused by the embezzlement and frequent change of largest shareholder, etc.

d. Whether or not the details of matters violating the disclosure obligation, including the violation of accounting standards and unfaithful disclosure, are of the significant nature; and

e. In addition to Items 5a through 5d, whether or not the delisting is necessary for the KOSDAQ Market and investor protection.

(3) The representative of the concerned KOSDAQ-listed company may attend and present his/her opinions at the meeting of the Listing Maintenance Review Committee or the Market Committee related to the deliberation pursuant to Para. (2).

(4) The listing maintenance review committee shall be composed of the specialists from the academia, legal and accounting fields and shall conduct its deliberation in an impartial and professional manner. And, the matters necessary for the specific operation of the listing maintenance review committee shall be stipulated separately by the Exchange.

(5) In the case of deciding whether the stocks concerned meet the delisting criteria or whether to grant the improvement period pursuant to [§ 38–2(4)] of the Regulation, the provisions in [§ 33–4(4) through (8)] of the Regulation shall be applied mutatis mutandis. In this case, "whether to delist the stocks concerned" shall be construed as "whether the stocks concerned meet the delisting criteria", and "the Listing Maintenance Review Committee" noted in Para (7) as "the Listing Maintenance Review Committee or the Market Committee".

§ 33–4. Official objection to delisting and Deliberation/Decision thereof

(1) The "case stipulated in the Enforcement Rules" noted in [§ 40(1)] of the Regulation shall refer to the cases corresponding to [§ 38(1)2 through 5, 8, 10 (excluding the case coming under the delisting criteria pursuant to the audit opinion noted in 10d), 13, 14, 16, 20 & 24].

(2) When filing an official objection pursuant to [§ 40(2)] of the Regulation, the KOSDAQ-listed company shall submit [Listing form 21] with the attached documents specified in each of the following items:

1. The written improvement plan that includes the plan to resolve the causes for delisting;

2. The opinion statement of specialist in the concerned field, including the lawyer, certified public accountant and appraiser; and

3. Additionally, the document that the Exchange deems necessary in relation to the official objection.

(3) When an official objection pursuant to Para. (2) has been filed, the Exchange shall call the meeting of the Listing Maintenance Review Committee or the Market Committee within fifteen (15) days of receiving the concerned objection and deliberate or deliberate and make decision on the matters noted in each of the

following items (limited to Item 1 in the case of deliberation and decision by the Market Committee; the same hereinafter in Para. (4)). In this case, an opportunity to present the opinion statement shall be given to the representative of the concerned KOSDAQ-listed company.

1. If the concerned stock should be delisted;

2. If the improvement plan is sound and the improvement period should be granted, and if so, the length of improvement period; and

3. If the trading of concerned stock should be suspended and if so, the period of trade suspension.

(4) The Exchange shall make the decisions on delisting of the concerned stock, granting of improvement period, etc. within three (3) days of deliberation by the Listing Maintenance Review Committee or deliberation and decision by the Market Committee, and unless there is a special reasons, the improvement period shall not exceed the period noted in each of the following items.

1. Case of coming under [§ 38(2)3] of the Regulation: Up to one (1) year

2. Case of coming under the delisting criteria other than the one noted in Item 1: Up to six (6) months

(5) During the improvement period, the Exchange may monitor the progress in implementing the improvement plan through such means as the annual report and quarterly reports during the improvement period.

(6) The KOSDAQ-listed company, to which the improvement period has been granted, shall submit the documents noted in each of the following items within seven (7) days after the conclusion of improvement period:

1. Detailed description of execution of the improvement plan;

2. Written confirmation on the outcome of execution of improvement plan by a specialist in concerned field such as a layer, certified public accountant or appraiser; and

3. Additionally, the documents that the Exchange deems necessary for the reviewing the outcome of the implementation of improvement plan.

(7) Unless there is a special reason, the Exchange shall call the meeting of the Listing Maintenance Review Committee within fifteen (15) days from the submission date of documents pursuant to Para. (6) and deliberate if the improvement plan has been implemented and whether or not the company to be delist, and make the decision on delisting of concerned stock within three (3) days of the deliberation date.

(8) When the decision has been made pursuant to Paras. (4) or (7), the Exchange shall notify the concerned KOSDAQ-listed company of the details of decision in writing without delay.

(9) The KOSDAQ-listed company shall not file another official objection to the delisting decision noted in Para. (4) or (7).

(10) In determining the number of days noted in Paras. (3) through (7) and [§ 3(6), § 8(2) and (3), § 11(3) and (4), § 33–2(1) and § 34(3) and (4)] and [§ 8(3), § 10(2), § 38–2(1) and § 40(2)] of the Regulation, the public holiday, Saturday and Labor Day shall be excluded.

(11) [Deleted on March 20, 2013]

(12) [Deleted on March 20, 2013]

(13) [Deleted on March 20, 2013]

§ 34. Documents to be filed with Application for Delisting, etc.

(1) The "attached documents stipulated in the Enforcement Rules" in [§ 45(1)] of the Regulation shall refer to the documents noted in each of the following items:

1. Two (2) duplicate copies of the minutes on special resolution of general meeting of shareholders concerned with the delisting (in case of application for delisting pursuant to [§ 38(1)16] of the Regulation, the minutes of general meeting of shareholders where the decision on delisting was made); and

2. Two (2) copies of the listing sponsor's consent on delisting (in case of application for delisting pursuant to [§ 38(1)16] of the Regulation, the submission of this documents is omitted).

(2) The "attached documents stipulated in the Enforcement Rules" in [§ 45(2)] of the Regulation shall refer to the documents noted in each of the following items:

1. Two (2) duplicate copies of the minutes of the general meeting of shareholders of class shares where a special voting on delisting was taken place; and

2. [Deleted on April 20, 2012]

(3) In case of receiving an application for delisting noted in [§ 45(1) & (2)] of the Regulation, provided that there is no special reasons, the Exchange shall call the meeting of the Listing Maintenance Review Committee and deliberate the matters noted in each of the following items within fifteen (15) days of receiving the concerned application:

1. Whether or not the concerned stock to be delisted;

2. If the applicant for delisting has faithfully observed the procedures for shareholder protection, including the acquisition of stocks from the shareholders holding the concerned stocks or the guarantee for acquisition of concerned stocks during the specified period; and

3. In addition, if it violates the protection of public interest and investors.

(4) The Exchange shall make the decision on delisting within three (3) days from the deliberation date of the Listing Maintenance Review Committee pursuant to Para. (3).

Literaturverzeichnis

Aders, Christian/*Muxfeld*, Dennis/*Lill*, Felix: Die Delisting-Neuregelung und die Frage nach dem Wert der Börsennotierung, Corporate Finance 2015, 389 ff.

Adolff, Johannes/*Tieves*, Johannes: Über den rechten Umgang mit einem entschlusslosen Gesetzgeber: Die aktienrechtliche Lösung des BGH für den Rückzug von der Börse, BB 2003, 797 ff.

Albach, Horst/*Corte*, Christiane/*Friedewald*, Rolf/*Lutter*, Marcus/*Richter*, Wolf: Deregulierung des Aktienrechts: Das Drei-Stufen-Modell, Gütersloh, 1988.

Altmeppen, Holger: Ausgliederung zwecks Organschaftsbildung gegen die Sperrminorität?, DB 1998, 49 ff.

An, Sung-Po: 유가증권 상장폐지의 법률적 문제에 관한 고찰 = Eine Betrachtung über das Rechtsproblem des Delisting von Wertpapieren, 증권법연구 (The Korean Journal of Securities Law), Vol. 6 No. 2, 2005, 1 ff.

Arnold, Michael: Mitwirkungsbefugnisse der Aktionäre nach Gelatine und Macrotron, ZIP 2005, 1573 ff.

Arnold, Michael/*Rothenburg*, Vera: BGH-Entscheidung zum Delisting: Alle Fragen geklärt?, DStR 2014, 150 ff.

Assmann, Heinz-Dieter/*Schneider*, Uwe H.(Hrsg.): Wertpapierhandelsgesetz: WpHG, 6. Aufl. 2012, München (Zitiert als: *Bearbeiter*, in: Assmann/Schneider, WpHG, § Rn.).

Assmann, Heinz-Dieter/*Pötzsch*, Thorsten/*Schneider*, Uwe H. (Hrsg.), Wertpapiererwerbs- und Übernahmegesetz (WpÜG), 2. Aufl. 2013, München (Zitiert als: *Bearbeiter*, in: Assmann/Pötzsch/Schneider, WpÜG, § Rn.).

Assmann, Heinz-Dieter/*Schütze*, Rolf A.: Handbuch des Kapitalanlagerechts, 4. Aufl. 2015, München.

Auer, Marietta: Der Rückzug von der Börse als Methodenproblem, JZ 2015, 71 ff.

Augsberg, Steffen, § 35 Börsenrecht, in: *Ehlers*, Dirk/*Fehling*, Michael/*Pünder*, Herrmann (Hrsg.), Besonderes Verwaltungsrecht Band I Öffentliches Wirtschaftsrecht, Heidelberg 2012, S. 1262 ff.

Bachmann, Gregor: Regelwerk und Rechtsgeschäft – zur einseitigen Änderung privater Börsenregeln, WM 2001, 1793 ff.

Bundesanstalt für Finanzdienstleistungsaufsicht (Hrsg.): BaFin Journal, Mitteilungen der Bundesanstalt für Finanzdienstleistungsaufsicht, Januar 2016.

Baumbach, Adolf/*Hopt*, Klaus J.: Handelsgesetzbuch, 37. Aufl. 2016, München (Zitiert als: *Bearbeiter*, in: Baumbach/Hopt, HGB, § Rn.).

Bayer, Walter: Delisting: Korrektur der Frosta-Rechtsprechung durch den Gesetzgeber, NZG 2015, 1169.

Bayer, Walter: Die Delisting-Entscheidungen „Macrotron" und „Frosta" des II. Zivilsenats des BGH, ZfPW 2015, 163 ff.

Bayer, Walter: Aktionärsschutz beim Delisting: Empfehlungen an den Gesetzgeber, ZIP 2015, 853 ff.

Bayer, Walter/*Hoffmann,* Thomas: Kapitalmarktreaktionen beim Delisting, AG 2013, R371 ff.

Bayer, Walter/*Hoffmann,* Thomas: AG 2015, R 55 ff. Die Folgen von Frosta: Zur vorläufigen empirischen „Schadensbilanz" von BGH v. 8.10.2013 – II ZB 26/12, AG 2015, R 55 ff.

Beck, Heiko: Die Reform des Börsenrechts im Vierten Finanzmarktförderungsgesetz, BKR 2002, 662 ff.

Beck, Heiko/*Hedtmann,* Oliver: Ausgewählte Rechtsfragen des börsenrechtlichen Delistings, BKR 2003, 190 ff.

Beck, Ralf/*Stinn,* Dietmar: Börsenrückzugs-Gesellschaften in Deutschland – Eine empirische Untersuchung, Finanz Betrieb 2002, 653 ff.

Beermann, Marcel/*Masucci,* Axel: Motive und Umsetzung eines Going Private, Finanz Betrieb 2000, 705 ff.

Benecke, Martina: Gesellschaftsrechtliche Voraussetzungen des Delisting, WM 2004, 1122 ff.

Bertelsmann Stiftung: Country Report South Korea, Bertelsmann Transformation Index 2006, unter: http://bti2006.bertelsmann-transformation-index.de/132.0.html?L=1 (Stand: 25.08.2017).

Berwanger, Jörg/*Schewe,* Gerhard/*Wichert,* Joachim: Gabler Wirtschaftslexikon, Stichwort: Board System, unter: http://wirtschaftslexikon.gabler.de/Archiv/1357/board-system-v12.html (Stand: 25.08.2017).

Beyer-Fehling, Hermann/Bock, Alexander: Die deutsche Börsenreform und Kommentar zur Börsengesetznovelle, Frankfurt am Main 1975.

Böttcher, Lars/*Blasche,* Sebastian: Die Grenzen der Leitungsmacht des Vorstands, NZG 2006, 569 ff.

Böttcher, Lars/*Habighorst,* Oliver/*Schulte,* Christian (Hrsg.): Umwandlungsrecht, Gesellschaftsrecht, Steuerrecht, Verfahrensrecht, Baden-Baden 2015 (Zitiert als: *Bearbeiter,* in: Böttcher/Habighorst/Schulte, Umwandlungsrecht, § Rn.).

Braunschweig, Philipp von: Going Private und Delisting deutscher Aktiengesellschaften nach einem Mehrheitserwerb, M&A Review 1999, 165 ff.

Brellochs, Michael: Der Rückzug von der Börse nach „FROSTA", AG 2014, 633 ff.

Brellochs, Michael: Stellungnahme im Rahmen der Anhörung des Finanzausschusses des Deutschen Bundestags am 7. September 2015, Gesetzesentwurf der Bundesregierung „Entwurf eines Gesetzes zur Umsetzung der Transparenzrichtlinie-Änderungsrichtlinie", BT-Drucks. 18/5010 und zum Änderungsantrag der

Fraktionen der CDU/CSU und SPD zum Delisting vom 31. August 2015, unter: https://www.bundestag.de/blob/386820/5ea2c4ee849631dfe2a4f220555d778c/01---dr--brellochs-data.pdf (Stand: 25.08.2017) (Zitiert als: *Brellochs*, Stellungnahme Finanzausschuss, S.).

Buckel, Jochen/*Glindemann*, Jan/*Vogel*, Christian: Delisting nach „Frosta" – Eckpunkte für eine gesetzliche Regelung, AG 2015, 373 ff.

Buck-Heeb, Petra: Kapitalmarktrecht, 8. Aufl., München 2016.

Bundesrechtsanwaltskammer (BRAK): Stellungnahme Nr. 37/2015 Oktober 2015 zum Änderungsantrag vom 31.08.2015 zum Entwurf eines Gesetzes zur Umsetzung der Transparenzrichtlinie-Änderungsrichtlinie (Delisting) – BT-Drucks. 18/5010 –, unter: http://www.brak.de/zur-rechtspolitik/stellungnahmen-pdf/stellungnahmen-deutschland/2015/oktober/stellungnahme-der-brak-2015-37.pdf (Stand 25.08.2017) (Zitiert als: BRAK, Stellungnahme Nr. 37/2015 vom 01.10.2015, S.).

Bungert, Hartwin: Delisting und Hauptversammlung – Zugleich eine Besprechung des Urteils des LG München I, BB 1999, 2634, BB 2000, 53 ff.

Bungert, Hartwin: Der Gesetzgeber und das Delisting, Editorial DB 2015 Heft 25, M5.

Bungert, Hartwin/*Leyendecker-Langner*, Benjamin E.: Unternehmensbewertung oder Durchschnittsbörsenkurs beim Delisting? – Die Diskussion um den aktuellen Gesetzesvorschlag –, DB 2015, 2251 ff.

Bungert, Hartwin/*Leyendecker-Langner*, Benjamin E.: Die Neuregelung des Delisting, ZIP 2016, 49 ff.

Bungert, Hartwin/*Wettich*, Carsten: Das weitere Schicksal der „Macrotron"-Grundsätze zum Delisting nach der Entscheidung des BVerfG Zugleich Besprechung des BVerfG-Urteils vom 11.7.2012–1 BvR 3142/07, 1 BvR 1569/08, DB 2012 S. 1618, DB 2012, 2265 ff.

Bungert, Hartwin/*Wettich*, Carsten: Keine Barabfindung beim Delisting – Aufgabe der Macrotron-Rspr. („Frosta"), EWiR 2014, 3 f.

Bürgers, Tobias: Aktienrechtlicher Schutz beim Delisting?, NJW 2003, 1642 ff.

Burgi, Martin: Börse, Börsenträger und Börsenaufsicht im System des Wirtschaftsverwaltungsrechts, WM 2009, 2337 ff.

Busse von Colbe, Walther: Der Vernunft eine Gasse: Abfindung von Minderheitsaktionären nicht unter dem Börsenkurs ihrer Aktien, in: Schneider, Uwe H. (Hrsg.), Festschrift für Marcus Lutter zum 70. Geburtstag, Köln 2000, S. 1053 ff.

Casper, Matthias: Delisting – Das Ende einer unendlichen Geschichte, in: *Casper*, Matthias/*Klöhn*, Lars/*Roth*, Wulf-Henning/*Schmies*, Christian (Hrsg.), Festschrift für Johannes Köndgen, Köln 2016, S. 117 ff.

Chang, Uk, in: Korea Capital Market Institute (Hrsg.), Analysis of Korea's Delisting Criteria, Capital Market Perspective, 2010 Vol. 2, No. 2, S. 53 ff.

Christoph, Fabian L.: Börsenkooperationen und Börsenfusionen: Organisationsrecht – Aufsichtsrecht – Kartellrecht, Berlin 2007.

Däubler, Wolfgang/*Sieling-Wendeling,* Ulrike/*Welkoborsky,* Horst: Eigentum und Recht, Die Entwicklung des Eigentumsbegriffs im Kapitalismus, 1976, Eigentum und Recht in der BRD, 141 ff. (zitiert als: *Däubler,* in: Däubler, Wolfgang/Sieling-Wendeling, Ulrike/Welkoborsky, Horst, S.).

Dauner-Lieb, Barbara/*Simon,* Stefan: Kölner Kommentar zum UmwG, Köln 2009 (zitiert als: *Bearbeiter,* in: KölnKomm. UmwG, § Rn.).

Deutscher Notarverein: Stellungnahme zu BT-Drucks. 18/5010, hier: Änderung von § 39 Abs. 2 BörsenG, Berlin, 28.09.2015, unter: http://www.dnotv.de/wp-content/uploads/2015-09-28-Umsetzung-Transparenzrichtlinie-1.pdf (Stand: 25.08.2017) (Zitiert als: Stellungnahme des Deutschen Notarvereins, BT-Drucks. 18/5010, Änderung von § 39 Abs. 2 BörsenG).

Deutsches Aktieninstitut: Stellungnahme des Deutschen Aktieninstituts zu Delisting und Spruchverfahren – Anfrage des Bundesverfassungsgerichtes, 1 BvR 3142/07, Oktober 2010, unter: https://www.dai.de/files/dai_usercontent/dokumente/positionspapiere/2010-10-08%20Stellungnahme%20VB%203142-07.pdf (Stand: 25.08.2017). *Deutsches Aktieninstitut e.V.*: Factbook des Deutschen Aktieninstituts, Frankfurt am Main, Stand: 05.04.2013.

Deutsche Börse: Report: Listed Companies Frankfurt Stock Exchange, Prime Standard, General Standard & Entry Standard, vom 03.08.2016, unter: http://www.deutsche-boerse-cash-market.com/dbcm-de/instrumente-statistiken/statistiken/gelistete-unternehmen (Stand: 25.08.2017).

Deutsche Schutzvereinigung für Wertpapierbesitz: Stellungnahme der Deutsche Schutzvereinigung für Wertpapierbesitz e. V. (DSW), in: Öffentliche Anhörung zu dem Gesetzesentwurf der Bundesregierung „Entwurf eines Gesetzes zur Umsetzung der Transparenzrichtlinie-Änderungsrichtlinie“ BT-Drucksache 18/5010, unter: http://www.dsw-info.de/publikationen/stellungnahmen/deutschland/ (Stand: 25.08.2017) (Zitiert als: DSW, Stellungnahme für die Anhörung im Finanzausschuss am 7.9.2015, S.).

de Vries, Kolja: Delisting – Kapitalmarktrecht – Gesellschaftsrecht – Umwandlungsrecht, Köln 2002.

Doumet, Markus/*Limbach,* Peter/*Theissen,* Erik: Ich bin dann mal weg: Werteffekte von Delistings deutscher Aktiengesellschaften nach dem Frosta-Urteil, cfr working paper No. 15–14. September 2015, unter: http://www.cfr-cologne.de (Stand: 25.08.2017).

Dreier, Horst (Hrsg.): Grundgesetz-Kommentar, Bd. I, 3. Aufl., München 2013 (Zitiert als: *Bearbeiter,* in: Dreier GG-Kommentar, Art Rn.).

Drygala, Tim/*Staake,* Marco: Delisting als Strukturmaßnahme, ZIP 2013, 905 ff.

Eickhoff, Wolfgang: Der Gang an die Börse – und kein Weg zurück?, WM 1988, 1713 ff.

Eisele, Florian: Going Private in Deutschland, Eine institutionelle und empirische Analyse des Rückzugs vom Kapitalmarkt, Wiesbaden 2006.

Ekkenga, Jens: Macrotron und das Grundrecht auf Aktieneigentum – der BGH als der bessere Gesetzgeber, ZGR 2003, 878 ff.

Emmerich, Volker/*Habersack,* Mathias/*Schürnbrand,* Jan: Aktien- und GmbH-Konzernrecht, 7. Aufl. München 2013 (Zitiert als: Bearbeiter, in: Emmerich/Habersack, Aktien- und GmbH-Konzernrecht, § Rn.).

Erichsen, Hans-Uwe/*Ehlers,* Dirk/*Burgi,* Martin, Allgemeines Verwaltungsrecht, 13. Aufl., München 2006 (Zitiert als: *Bearbeiter,* in: Erichsen/Ehlers/Burgi, Allgemeines Verwaltungsrecht, § Rn.).

Eßers, Claus/ *Weisner,* Arnd/*Schlienkamp,* Caroline: Anforderungen des BGH an den Rückzug von der Börse – Die Macrotron-Entscheidung des BGH, DStR 2003, 985 ff.

Fabricius, Fritz: Erweiterung der Arbeitnehmer-Mitbestimmung im Aufsichtsrat einer Aktiengesellschaft gemäß § 76 BetrVG 52 auf rechtsgeschäftlicher Grundlage, in: Dieterich, Thomas/Gamillscheg, Franz/Wiedemann, Herbert (Hrsg.), Festschrift für Marie Luise Hilger und Hermann Stumpf, München 1983, S. 155 ff.

Fehling, Michael/*Kastner,* Berthold/*Störmer,* Rainer (Hrsg.), Handkommentar zum Verwaltungsrecht, VwVfG/VwGO/Nebengesetz, 4. Auflage, Baden-Baden 2016 (Zitiert als: *Bearbeiter,* in: Fehling/Kastner/Störmer, Verwaltungsrecht, § Rn.).

Feldhaus, Heiner: Verkehrsfähigkeit der Aktien beim Wechsel vom amtlichen Handel in das Segment M. access der Börse München, Anmerkung zu OLG München, Beschluss vom 21.05.2008, BB 2008, 1307 ff.

Fleischer, Holger: Börseneinführung von Tochtergesellschaften, ZHR 165 (2001), 513 ff.

Fleischer, Holger: Ungeschriebene Hauptversammlungszuständigkeiten im Aktienrecht, NJW 2004, 2335 ff.

Fleischer, Holger: Die Richtlinie über Märkte für Finanzinstrumente und das Finanzmarkt-Richtlinie-Umsetzungsgesetz, BKR 2006, 389 ff.

Fleischer, Holger: Das Aktiengesetz von 1965 und das neue Kapitalmarktrecht, ZIP 2006, 451 ff.

Fluck, Jürgen: Zum Verzicht des Begünstigten auf Rechte aus einem Verwaltungsakt am Beispiel der Börsenzulassung, WM 1995, 553 ff.

Fuchs, Andreas: Kommentar zum Wertpapierhandelsgesetz (WpHG), München 2009 (Zitiert als: *Bearbeiter,* in: Fuchs, WpHG, § Rn.).

Fuhrmann, Lambertus: „Gelatine“ und die Holzmüller-Doktrin: Ende einer juristischen Irrfahrt? AG 2004, 339 ff.

Gegler, Felix: Die Neuregelung des Delistings – Angemessener Aktionärsschutz oder „Dolchstoß“?, BKR 2016, 273 ff.

Geibel, Stephan/*Süßmann,* Rainer: Kommentar zum WpÜG, 2. Auflage München 2008 (Zitiert als: *Bearbeiter,* in: Geibel/Süßmann, WpÜG, § Rn.).

Geßler, Ernst: Einberufung und ungeschriebene Hauptversammlungszuständigkeit, in: Lutter, Marcus/Mertens, Hans-Joachim/Ulmer, Peter (Hrsg.), Festschrift für Walter Stimpel zum 68. Geburtstag am 29. November 1985, S. 771 ff.

Gesellschaftsrechtliche Vereinigung (Hrsg.): Krieger, Gerd: Gesellschaftsrecht in der Diskussion 2013, Jahrestagung der Gesellschaftsrechtlichen Vereinigung, Köln 2014, S. 19 f.

Geyrhalter, Volker/*Zirngibl,* Nikolas: Alles unklar beim formalen Delisting – eine Zwischenbilanz 18 Monate nach Macrotron, DStR 2004, 1048 ff.

Glienke, Tobias/*Röder,* Daniel: „FRoSTA ist für alle da." – Praxisfolgen der BGH-Rechtsprechungsänderung insbesondere für anhängige Delisting-Spruchverfahren, BB 2014, 899 ff.

Goette, Wulf/*Habersack,* Mathias: Münchener Kommentar zum Aktiengesetz, Band 1, §§ 1–75, 4. Aufl., München 2016 (zitiert als: *Bearbeiter,* in: MüKo AktG, Bd. 1, § Rn.).

Goette, Wulf/*Habersack,* Mathias: Münchener Kommentar zum Aktiengesetz, Band 2, §§ 76–117, MitbestG, DrittelbG, 4. Aufl., München 2014 (zitiert als: Bearbeiter, in: MüKo AktG, Bd. 2, § Rn.).

Goette, Wulf/*Habersack,* Mathias: Münchener Kommentar zum Aktiengesetz, Band 3, §§ 118–178, 3. Aufl., München 2013 (zitiert als: *Bearbeiter,* in: MüKo AktG, Bd. 3, § Rn.).

Goette, Wulf/*Habersack,* Mathias: Münchener Kommentar zum Aktiengesetz, Band 4, §§ 179–277, 4. Aufl., München 2016 (zitiert als: *Bearbeiter,* in: MüKo AktG, Bd. 4, § Rn.).

Goette, Wulf/*Habersack,* Mathias: Münchener Kommentar zum Aktiengesetz, Band 6, AktG Band 6: §§ 329–410, WpÜG, Österreichisches Übernahmerecht, 4. Aufl. München 2016 (Zitiert als: *Bearbeiter,* in: MüKo AktG, Bd. 6, § Rn.).

Goetz, Axel: Das Delisting-Urteil des BVerfG – freie Bahn für Erleichterungen des Börsenrückzugs?, BB 2012, 2767 ff.

Goetz, Axel: Fragwürdige Neuregelung des Börsenrückzugs, BB 2015, 2691 ff.

Götze, Cornelius: „Gelatine" statt „Holzmüller" – Zur Reichweite ungeschriebener Mitwirkungsbefugnisse der Hauptversammlung, NZG 2004, 585 ff.

Gomber, Peter/*Hirschberg,* Holger: Ende oder Stärkung der konventionellen Börsen?, AG 2006, 777 ff.

Gong, Yonn: Korea Exchange delisted as public institution vom 29.01.2015, Yonhap News Agency http://english.yonhapnews.co.kr/ (Stand: 25.08.2017).

Goslar, Sebastian: Kein Spruchverfahren bei Wechsel vom amtlichen Markt in Segment M: access der Börse München („Lindner II"), EWiR 2008, 461 ff.

Groß, Wolfgang: Rechtsprobleme des Delisting, ZHR 165 (2001), 141 ff.

Groß, Wolfgang: Die Neuregelung des Anlegerschutzes beim Delisting, AG 2015, 812 ff.

Groß, Wolfgang: Kapitalmarktrecht: Kommentar zum Börsengesetz, zur Börsenzulassungs-Verordnung und zum Wertpapierprospektgesetz, 6. Aufl., München 2016 (Zitiert als: *Groß*, Kapitalmarktrecht, § Rn.).

Große, Christian: Analyse der Ermittlung der Erwerbsangebotshöhe bei Delisting- und Downlistingvorgängen, DB 2016, 1330 ff.

Grub, Volker/*Streit*, Georg: Börsenzulassung und Insolvenz, BB 2004, 1397 ff.

Grupp, Alexander: Börseneintritt und Börsenaustritt, individuelle und institutionelle Interessen, Ludwigsburg 1995.

Gurlit, Elke/*Mülbert*, Peter O.: Der Börsenträger im Spannungsfeld von Gemeinwohlauftrag und Privatinteresse: zugleich ein Beitrag zu den Verfassungs- und Europarechtsfragen der Beteiligung an Börsenträgern, Baden-Baden 2012.

Gutte, Robert: Das reguläre Delisting von Aktien, Kapitalmarktrecht – Gesellschaftsrecht – Ökonomie, Berlin 2009.

Grunewald, Barbara: Die Auswirkungen der Macrotron-Entscheidung auf das kalte Delisting, ZIP 2004, 542 ff.

Habersack, Mathias: Mitwirkungsrechte der Aktionäre nach Macrotron und Gelatine, AG 2005, 137 ff.

Habersack, Mathias: „Macrotron" – was bleibt?, ZHR 176 (2012), 463 ff.

Habersack, Mathias: Anmerkung zu dem Beschluss des BGH vom 08.10.2013 (II ZB 26/12; JZ 2014, 1459), JZ 2014, 147 ff.

Habersack, Mathias: Stellungnahme zum Entwurf eines Gesetzes zur Änderung des Aktiengesetzes (Aktienrechtsnovelle 2014), München 29. April 2015, unter: https://www.bundestag.de/blob/372592/4fa5dcc6925299639e78e4ee209de2f5/habersack-data.pdf (Stand: 25.08.2017) (Zitiert als: *Habersack*, Stellungnahme für BT, S.).

Habersack, Mathias: Stellungnahme für die Anhörung im Rechtsausschuss am 06.05.2015, unter: https://www.bundestag.de/blob/386550/9c550130e0f8e27dfa5976dd20f4d7ff/wortprotokoll-data.pdf (Stand: 25.08.2017).

Habersack, Mathias/*Mülbert*, Peter O./*Schlitt*, Michael: Unternehmensfinanzierung am Kapitalmarkt, 3. Aufl. Köln 2013 (Zitiert als: *Bearbeiter*, in: Habersack/Mülbert/Schlitt, § Rz.).

Hammen, Horst: Börsenorganisation im Wandel, Vorschläge für ein 4. Finanzmarktförderungsgesetz, AG 2001, 549 ff.

Hammen, Horst: Verschmelzung von Börsen, Der Konzern 2008, 269 ff.

Hammen, Horst: Öffentlichrechtliche Zahlungsansprüche von Börsen – Zur Rechtsfähigkeit der deutschen Börsen, in: Burgard, Ulrich/Hadding, Walther/Mülbert,

Peter O./Nietsch, Michael/Welter, Reinhard, Festschrift für Uwe H. Schneider zum 70. Geburtstag, Köln 2011, S. 455 ff.

Hammen, Horst: Verwaltungsgerichtlicher Rechtsschutz für Aktionäre beim freiwilligen Rückzug des Emittenten von der Börse? Ordnungspolitische Überlegungen, ZBB 2016, 398 ff.

Han, Ye-Kyung/*Kim*, Tae-Joon: Atlas BX plans to be delisted from Kosdaq, Pulse News vom 07.03.2016, unter: http://pulsenews.co.kr/view.php?year=2016&no=176411 (Stand: 25.08.2017).

Harnos, Rafael: Aktionärsschutz beim Delisting, ZHR 179 (2015), 750 ff.

Hasselbach, Kai/*Pröhl,* Maike: Delisting mit oder ohne Erwerbsangebot nach neuer Rechtslage, NZG 2015, 209 ff.

Heidel, Thomas: Delisting: Anforderungen an den Schutz der Minderheitsaktionäre, DB 2003, 544 ff.

Heidel, Thomas: Aktienrecht und Kapitalmarktrecht, 4. Auflage, Baden-Baden 2014 (Zitiert als: *Bearbeiter,* in: Heidel, § Rn.).

Heidel, Thomas/*Lochner,* Daniel: Delisting und Eigentumsgarantie, AG 2012, 169 ff.

Heldt, Cordula/*Royé,* Claudia: Das Delisting-Urteil des BVerfG aus kapitalmarktrechtlicher Perspektive, AG 2012, 660 ff.

Hellwig, Hans-Jürgen: Möglichkeiten einer Börsenreform zur Stärkung des deutschen Kapitalmarktes, ZGR 1999, 781 ff.

Hellwig, Hans-Jürgen/*Bormann,* Michael: Die Abfindungsregeln beim Going Private – Der Gesetzgeber ist gefordert!, ZGR 2002, 465 ff.

Henn, Günter (Begr.)/*Frodermann,* Jürgen (Hrsg.)/*Jannott,* Dirk: Handbuch des Aktienrechts, 8. Aufl., Heidelberg u. a. 2009 (Zitiert als: *Bearbeiter,* in: Henn, Handbuch des Aktienrechts, S.).

Henssler, Martin (Hrsg.)/*Strohn,* Lutz: Gesellschaftsrecht: BGB, HGB, PartGG, GmbHG, AktG, GenG, UmwG, InsO, AnfG, IntGesR, 3. Aufl., München 2016 (Zitiert als: *Bearbeiter,* in: Henssler/Strohn, Gesellschaftsrecht, § Rn.).

Henze, Marc: Delisting: kapitalmarktrechtliche und gesellschaftsrechtliche Aspekte eines Widerrufs der Börsenzulassung, Baden-Baden 2002.

Henze, Hartwig: Holzmüller vollendet das 21. Lebensjahr, in: Habersack, Mathias/Hommelhoff, Peter/Hüffer, Uwe/Schmidt, Karsten (Hrsg.), Festschrift für Peter Ulmer zum 70. Geburtstag am 2. Januar 2003, Berlin 2003, S. 211 ff.

Henze, Hartwig: Voraussetzungen und Folgen des Delisting, in: Damm, Reinhard/Heermann, Peter W./Veil, Rüdiger (Hrsg.), Festschrift für Thomas Raiser zum 70. Geburtstag am 20. Februar 2005, Berlin 2005, S. 145 ff.

Herzog, Roman/*Herdegen,* Matthias/*Scholz,* Rupert/*Klein,* Hans H.: Maunz/Dürig (Begr.), Grundgesetz, Kommentar, Loseblattsammlung, 53. Ergänzungslieferung, München 2009 (Zitiert als: Bearbeiter, in: Maunz/Dürig, Art. Rn.).

Hess, Burkhard/*Reuschle*, Fabian/*Rimmelspacher*, Bruno: Kölner Kommentar zum KapMuG, Gesetz über Musterverfahren in kapitalmarktrechtlichen Streitigkeiten (Kapitalanleger-Musterverfahrensgesetz – KapMuG), 2. Aufl. Köln 2014 (Zitiert als: *Bearbeiter*, in: KölnKomm. KapMuG, § Rn.).

Hirschberg, Holger: MiFID – Ein neuer Rechtsrahmen für die Wertpapierhandelsplätze in Deutschland, AG 2006, 398.

Hirte, Heribert/*Mülbert*, Peter O./*Roth*, Markus (Hrsg.): Großkommentar zum AktG, 1. Band, Einleitung, §§ 1–22, 5. Aufl., Berlin 2015 (Zitiert als: *Bearbeiter*, in: Großkomm. AktG, 1. Band, § Rn.).

Hirte, Heribert/*Mülbert*, Peter O./*Roth*, Markus (Hrsg.): Großkommentar zum AktG, 2. Band, Teilband 1, §§ 23–40, 5. Aufl., Berlin 2015 (Zitiert als: *Bearbeiter*, in: Großkomm. AktG, 2. Band, Teilband 1, § Rn.).

Hirte, Heribert/*Altenhain*, Karsten: Kölner Kommentar zum WpÜG: mit AngebVO und §§ 327a–327 f. AktG 2. Aufl., Köln 2010 (zitiert als: *Bearbeiter*, in: KölnKomm. WpÜG, § Rn.).

Hirte, Heribert/*Möllers*, Thomas M.J.: Kölner Kommentar zum WpHG, 2. Aufl., Köln 2014 (zitiert als: *Bearbeiter*, in: KölnKomm. WpHG, § Rn.).

Hirte, Heribert: Plenarprotokoll 18/127 vom 1. Oktober 2015, S. 12384, 12385, unter: http://dipbt.bundestag.de/doc/btp/18/18127.pdf (Stand: 25.08.2017).

Holzborn, Timo: BGH verschärft Delisting-Voraussetzungen – § 58 BörsO Frankfurter Wertpapierbörse vor dem Hintergrund des Macrotron-Urteils des BGH –, WM 2003, 1105 ff.

Holzborn, Timo/*Hilpert*, Christian: Wechsel in den Freiverkehr als Rückzug aus dem regulierten Markt ohne Delisting, WM 2010, 1347 ff.

Hommelhoff, Peter: Anlegerinformationen im Aktien-, Bilanz- und Kapitalmarktrecht, ZGR 2000, 748 ff.

Hopt, Klaus J.: Vom Aktien- und Börsenrecht zum Kapitalmarktrecht, ZHR 141 (1977), 389 ff.

Hopt, Klaus J./Rudolph, Bernd/*Baum*, Harald (Hrsg.): Börsenreform: eine ökonomische, rechtsvergleichende und rechtspolitische Untersuchung, Stuttgart 1997 (Zitiert als: *Bearbeiter*, in: Hopt/Rudolph/Baum, S.).

Hopt, Klaus J.: Das dritte Finanzmarktförderungsgesetz Börsen und kapitalmarktrechtliche Überlegungen, in: Basedow, Jürgen/Hopt, Klaus J./Kötz, Hein (Hrsg.), Festschrift für Ulrich Drobnig zum siebzigsten Geburtstag, Tübingen 1998, S. 521 ff.

Hübner, Ulrich: Die Ausgliederung von Unternehmensteilen in aktien- und aufsichtsrechtlicher Sicht, in: Lutter, Marcus/Mertens, Hans-Joachim/Ulmer, Peter (Hrsg.), Festschrift für Walter Stimpel zum 68. Geburtstag am 29. November 1985, Berlin, New York 1985, S. 791 ff.

Hüffer, Uwe: Zur Holzmüller-Problematik: Reduktion des Vorstandsermessens oder Grundlagenkompetenz der Hauptversammlung?, in: Habersack, Mathias/Hommelhoff, Peter/Hüffer, Uwe/Schmidt, Karsten (Hrsg.), Festschrift für Peter Ulmer zum 70. Geburtstag am 2. Januar 2003, Berlin, S. 279 ff.

Hüffer, Uwe: Aktiengesetz, 10. Aufl. München 2012.

Hüffer, Uwe/*Koch,* Jens: Aktiengesetz, 12. Aufl. München 2016.

Jun, Kwanwoo: Korea to Launch Third Stock Exchange, vom 31.05.2015, Wall Street Journal, vom unter: http://blogs.wsj.com/korearealtime/2013/05/31/korea-to-launch-third-stock-exchange/(Stand: 25.08.2017).

Jung, Nu Ri: A Study on Demutualization of Stock Exchanges – Focusing on the Case of Korea Exchange, The Korean Journal of Securities Law, Vol. 12, No. 3, 2011, S. 299 ff.

Kaetzler, Joachim: Delisting: Die Reaktion des deutschen Gesetzgebers auf die Frosta-Entscheidung des BGH, Kreditwesen 2015, 400 ff.

Kallmeyer, Harald: Kommentar zum Umwandlungsgesetz –Verschmelzung, Spaltung und Formwechsel bei Handelsgesellschaften, 5. Aufl. Köln 2013 (Zitiert als: *Bearbeiter,* in: Kallmeyer, Kommentar zum Umwandlungsgesetz, § Rn.).

Karami, Behzad: Unternehmensbewertung in Spruchverfahren beim „Squeeze-out“: Der Zeitaspekt in Gesetz, Rechtsprechung und Gutachterpraxis aus funktionaler Sicht, Wiesbaden 2014 (Zitiert als: Karami, Unternehmensbewertung in Spruchverfahren beim „Squeeze-out“, S.).

Karami, Behzad/*Schuster,* René: Kritische Anmerkungen zur Neugestaltung des Anlegerschutzes beim Widerruf der Börsenzulassung zum regulierten Markt, Stellungnahme zum Änderungsantrag vom 29. September 2015 zum Entwurf eines Gesetzes zur Umsetzung der Transparenzrichtlinie-Änderungsrichtlinie (Delisting) – BT-Drucks. 18/5010 –, unter: http://bewertung-im-recht.de/blog/kritische-anmerkungen-zur-neugestaltung-des-anlegerschutzes-beim-widerruf-der-boersenzulassung (Stand 25.08.2017) (Zitiert als: *Karami/Schuster,* Stellungnahme zur Delisting-Neuregelung, S.).

Karami, Behzad/*Schuster,* René: Anlegerschutz beim Börsenrückzug im Spannungsfeld zwischen Rechtsdogmatik, Jurisprudenz und Rechtstatsachenforschung – Problemskizze und Würdigung aus ökonomischer Sicht, Corporate Finance 2016, 106 ff.

Karami, Behzad/*Schuster,* René: Eine emprische Analyse des Kurs- und Liqiditätseffekts auf die Ankündigung eines Börsenrückzugs am deutschen Kapitalmarkt im Lichte der „Frosta“-Entscheidung des BGH, unter: http://bewertung-im-recht.de/working-papers/eine-empirische-analyse-des-kurs-und-liquiditaetseffekts-auf-die-ankuendigung-eines.
(Stand: 25.08.2017) (Zitiert als: *Karami/Schuster,* Eine empirische Analyse, S.).

Kemper, Oliver: Börsenrückzüge in Deutschland, Erklärungsansätze und Kursreaktionen, Wiesbaden 2007.

Kersting, Mark Oliver: Der Neue Markt der Deutsche Börse AG, AG 1997, 222 ff.

Kiefner, Alexander/*Gillessen,* Benedikt: Die Zukunft von „Macrotron“ im Lichte der jüngsten Rechtsprechung des BVerfG, Zur Neuvermessung des gesellschaftsrechtlichen Aktionärsschutzes nach dem Delisting-Urteil, AG 2012, 645 ff.

Kim, Hwa-Jin: Korean Business Law, Elgar Korean Law Series, Cheltenham, UK, Northampton, MA, USA 2012.

Kim, Kwang-Rok: The Tender Offer in Korea: An Analytic Comparison between Korea and the United States, Pacific Rim Law & Policy Journal Association, 2001, Vol. 10 No. 3, S. 499 ff.

Kim, Yon-Se, Bericht in: AsiaOne Business vom 14.11.2015, abrufbar unter: http://www.asiaone.com/business/koreas-debt-saddled-firms-wary-delisting(Stand: 15.03.2018).

Kim, Sung Youl: 코스닥시장의 상장폐지실질심사에 관한 연구 = A legal study on Substantial Investigation of Delisting, 법학논총 (KCI Accredited Journal), Vol. 22 No. 2, 2010, 9 ff.

Kleindiek, Detlef: „Going Private“ und Anlegerschutz, in: Westermann, Harm Peter/Mock, Klaus (Hrsg.), Festschrift für Gerold Bezzenberger zum 70. Geburtstag am 13. März 2000, Berlin, New York 2000, 653 ff.

Klenke, Hilmar: Der Rückzug mehrfach notierter Unternehmen von den deutschen Regionalbörsen, WM 1995, 1089 ff.

Kleppe, Martin: Anlegerschutz beim Rückzug eines Unternehmens von der Börse, Köln 2002.

Klöhn, Lars: Zum Pflichtangebot und Spruchverfahren beim regulären Delisting, ZBB 2003, 208 ff.

Klöhn, Lars: Das System der aktien- und umwandlungsrechtlichen Abfindungsansprüche, Tübingen 2009.

Klöhn, Lars: Delisting – Zehn Jahre später, Die Auswirkungen von BVerfG, NZG 2012, 826, auf den Rückzug vom Kapitalmarkt und den Segmentwechsel, NZG 2012, 1041 ff.

Klöhn, Lars: Der Aufschub der Ad-hoc-Publizität wegen überwiegender Geheimhaltungsinteressen des Emittenten (§ 15 Abs. 3 WpHG), ZHR 178 (2014), 55 ff.

Koch, Jens: Stellungnahme für die Anhörung im Rechtssauschuss am 06.05.2015, unter: https://www.bundestag.de/blob/386550/9c550130e0f8e27dfa5976dd20f4d7ff/wortprotokoll-data.pdf (Stand: 25.08.2017) (Zitiert als: Koch, Stellungnahme vom 06.05.2015, S.).

Koch, Jens/*Harnos,* Rafael: Die Neuregelung des Delistings zwischen Anleger- und Aktionärsschutz, NZG 2015, 729 ff.

Kocher, Dirk/*Widder,* Stefan: Delisting ohne Hauptversammlungsbeschluss und Abfindungsangebot, NJW 2014, 127 ff.

Kocher, Dirk/*Seiz,* Elke: Das neue Delisting nach § 39 II–VI BörsG, DB 2016, 153 ff.

Königshausen, Andreas M.: BVerfG: Zulassung zum Börsenhandel im regulierten Markt genießt nicht den Schutz des Eigentumsgrundrechts, BB 2012, 2010, 2012.

Korea Exchange (Hrsg.): KRX Fact Book, aus den Jahren 2005 bis 2013.

Korea Exchange (Hrsg.): Corporate Disclosure Guide for KOSPI Market Listed Companies, 2012–10.

Korea Financial Investment Association (Hrsg.): Capital Markets Korea 2014.

Korea Legislation Research Institute (Hrsg.): Einführung in das koreanische Recht, Berlin, Heidelberg 2010 (Zitiert als: Bearbeiter, in: Einführung in das koreanische Recht, S.).

Krämer, Lutz Robert/*Theiß,* Simone: Delisting nach der Macrotron-Entscheidung des BGH, AG 2003, 225 ff.

Kruse, Tobias: Gerichtliche Kontrolle des obligatorischen Aktienkaufangebots beim börsenrechtlichen Delistingverfahren?, BB 2000, 2271 ff.

Kruse, Tobias: „Fungibilitätsausgleichspflicht" beim Börsenrückzug?, WM 2003, 1843 ff.

Kümpel, Siegfried: Zur öffentlichrechtlichen Organisation der deutschen Wertpapierbörsen, BKR 2003, 3 ff.

Kümpel, Siegfried/*Hammen,* Horst: Börsenrecht, 2. Aufl., Berlin 2003.

Kümpel, Siegfried: Kapitalmarktrecht – eine Einführung-, 3. Auflage, Berlin 2004.

Kümpel, Siegfried/*Wittig,* Arne: Bank- und Kapitalmarktrecht, 4. Aufl., Köln 2011 (Zitiert als: *Bearbeiter,* in: Kümpel/Wittig, Rz.).

Lampert, Stephan/*Weichsel,* Mario: Wegfall der „Macrotron-Trias" – Folgen für Umstrukturierungskonstellationen in Konfliktlagen des Aktien- und Kapitalmarktrechts, WM 2014, 1024 ff.

Land, Volker/*Behnke,* Thorsten: Die praktische Durchführung eines Delisting nach der Macrotron-Entscheidung des BGH, DB 2003, 2531 ff.

Land, Volker/*Hallermayer,* Jessica: Grenzen der Bedeutung des Börsenkurses bei der Unternehmensbewertung im Rahmen von Strukturmaßnahmen, AG 2015, 659 ff.

Land, Volker/*Hasselbach,* Kai: „Going Private" und „Squeeze-Out" nach deutschem Aktien-, Börsen- und Übernahmerecht, DB 2000, 557 ff.

Langenbucher, Katja: Aktien- und Kapitalmarktrecht, 2. Aufl., München 2011 (Zitiert als: Langenbucher, 2. Aufl. 2011, § Rn.).

Langenbucher, Katja: Aktien- und Kapitalmarktrecht, 3. Aufl., München 2015 (Zitiert als: Langenbucher, 3. Aufl. 2015, § Rn.).

Larenz, Karl/*Canaris,* Claus-Wilhelm: Methodenlehre der Rechtswissenschaft, 3. Aufl. Berlin u. a. 1995.

Lee, Kevin: More Harm Than Good: Korean Companies Start Delisting, unter: http://koreabizwire.com/more-harm-than-good-korean-companies-start-delisting/54398 (Stand: 25.08.2017).

Lenenbach, Markus: Kapitalmarktrecht und kapitalmarktrelevantes Gesellschaftsrecht, 2. Aufl., Köln 2010.

Liebscher, Thomas: Ungeschriebene Hauptversammlungszuständigkeiten im Lichte von Holzmüller, Macrotron und Gelatine, ZGR 2005, 1 ff.

Linnerz, Markus: Klagebefugnis des Anlegers gegen ein Delisting der von ihm gehaltenen Aktien – Macroton, Kommentar zu VG Frankfurt a. Main vom 17.06.2002–9 E 2285/01 (V), BB 2002, 2247 f.

Linnerz, Markus: Kein abfindungspflichtiges Delisting bei Wechsel vom amtlichen Markt in den Entry Standard der FWB, EWiR 2009, 603 f.

Lochner, Daniel/*Schmitz,* Benjamin: Delisting – Rückwirkung der „Frosta"-Entscheidung für laufende Spruchverfahren?, AG 2014, 489 ff.

Luther, Martin: § 23 Abs. (5) AktG im Spannungsfeld von Gesetz, Satzung und Einzelentscheidungen der Organe der Aktiengesellschaft, Freundesgabe für Hans Hengeler, Berlin 1972, S. 167 ff.

Lutter, Marcus: Die Rechte der Gesellschafter beim Abschluss fusionsähnlicher Unternehmensverbindungen, DB 1973, Beilage 21 zu Heft 48, S. 2 ff.;

Lutter, Marcus: Zur Binnenstruktur des Konzerns, in: Hefermehl, Wolfgang/Gmür, Rudolf/Brox, Hans (Hrsg.), Festschrift für Harry Westermann zum 65. Geburtstag, Karlsruhe 1974, S. 347 ff.

Lutter, Marcus: Teilfusionen im Gesellschaftsrecht, in: Fischer, Robert/Möhring, Philipp (Hrsg.), Wirtschaftsfragen der Gegenwart: Festschrift für Carl Hans Barz zum 65. Geburtstag am 6. Dezember 1974, Berlin, New York 1974, S. 199 ff.

Lutter, Marcus: Organzuständigkeiten im Konzern, in: Lutter, Marcus/Mertens, Hans Joachim/Ulmer, Peter (Hrsg.), Festschrift für Walter Stimpel zum 68. Geburtstag am 29. November 1985, Berlin, New York 1985, S. 825 ff.

Lutter, Marcus: Gesellschaftsrecht und Kapitalmarkt, in: Lieb, Manfred/Noack, Ulrich/Westermann, Harm Peter (Hrsg.), Festschrift für Wolfgang Zöllner zum 70. Geburtstag, Band 1, Köln u. a. 1998, S. 363 ff.

Lutter, Marcus: Das Vor-Erwerbsrecht/Bezugsrecht der Aktionäre beim Verkauf von Tochtergesellschaften über die Börse, AG 2000, 342 ff.

Lutter, Marcus: Kommentar zum Umwandlungsgesetz, Band 2, §§ 123–325, SpruchG, 5. Aufl., Köln 2014 (Zitiert als: Bearbeiter, in: Lutter, UmwG, § Rn.).

Lutter, Marcus/*Scheffler,* Eberhard/*Schneider,* Uwe H.: Handbuch der Konzernfinanzierung, Köln 1998 (Zitiert als: *Bearbeiter,* in: Handbuch der Konzernfinanzierung, § Rn.).

Lutter, Marcus/*Drygala,* Tim: Rechtsfragen beim Gang an die Börse, in: Schmidt, Karsten/Schwark, Eberhard (Hrsg.), Unternehmen, Recht und Wirtschaftsordnung: Festschrift für Peter Raisch zum 70. Geburtstag, Köln u. a. 1995, S. 239 ff.

Lutter, Marcus/*Leinekugel,* Rolf: Der Ermächtigungsbeschluss der Hauptversammlung zu grundlegenden Strukturmaßnahmen – zulässige Kompetenzübertragung oder unzulässige Selbstentmachtung?, ZIP 1998, 805 ff.

Marsch-Barner, Reinhard/*Schäfer,* Frank A.: Handbuch börsennotierte AG, Aktien- und Kapitalmarktrecht, 3. Aufl. Köln 2014 (Zitiert als: *Bearbeiter,* in: Marsch-Barner/Schäfer (Hrsg.), § Rn.).

Martinius, Philip/*Schiffer,* Jack: Wirksame Ermächtigung des Vorstands zur Antragstellung auf Widerruf der Börsenzulassung (Delisting), Grundsätzlich keine aktienrechtliche Kontrolle des Delistingsbeschlusses – Ausreichender Schutz der Aktionäre im börsenrechtlichen Delisting-Verfahren – Keine Berichtspflicht des Vorstands analog § 186 Abs. 4 Satz 2 AktG, § 8 UmwG – Keine gerichtliche Überprüfung der Höhe des freiwilligen Kaufangebots des Mehrheitsaktionärs, DB 1999, 2458 ff.

Martinius, Philip/*Schiffer,* Jack: Wirksame Ermächtigung des Vorstands zur Antragstellung auf Widerruf der Börsenzulassung (Delisting), Zuständigkeit der Hauptversammlung – Keine materielle Inhaltskontrolle des Delistingsbeschlusses und kein Vorstandsbericht – Keine Spruchstelle analog § 306 AktG, DB 2001, 747 ff.

Maurer, Hartmut: Allgemeines Verwaltungsrecht, 18. Aufl., München 2011.

Mayen, Thomas: Editorial, Anlegerschutz ist (auch) öffentliches Recht, ZHR 179 (2015), 1 ff.

Mayer, Otto: Deutsches Verwaltungsrecht Zweiter Band, Unveränderter Nachdruck der 1924 erschienenen 3. Aufl., Berlin 1969.

Mense, Christian/*Klie,* Marcus: Neues zum Going Private – Praxisfragen zur aktuellen Rechtslage zum Delisting, DStR 2015, 2782 ff.

Mense, Christian/*Klie,* Marcus: Deutliche Erleichterungen beim Delisting – Aufgabe der „Macrotron" – Rechtsprechung durch den BGH, GWR 2013, 505.

Merkt, Hanno: Zum Verhältnis von Kapitalmarktrecht und Gesellschaftsrecht in der Diskussion um die Corporate Governance, AG 2003, 126 ff.

Merkt, Hanno: Börsenfusion: Nach dem Spiel ist vor dem Spiel – ausgewählte börsenrechtliche Fragen am Beispiel der gescheiterten Fusion der Deutsche Börse AG mit der New York Stock Exchange-, in: Krieger, Gerd/Lutter, Marcus/Schmidt, Karsten (Hrsg.), Festschrift für Michael Hoffmann-Becking zum 70. Geburtstag, München 2013, S. 805 ff.

Mo, Jongryn/*Brady,* David: The Rule of Law in South Korea, Stanford University 2009.

Moon, Il Ho: 일반논문: 증권거래소가 제정한 상장규정의 법적성격 및 상장규정상 합병요건 규정의 유효성 = The Legal Nature of the Listing Regulation made by the Korea Exchange and Validity Of the Merger Requirements Clause of the Listing Regulation, 고려법학 (Korea Law Review), Vol. 48, 2007, 203 ff.

Moon, Il Ho: 증권거래소가 행하는 상장결정 및 상장폐지결정의 법적 의미 = Legal Meaning of Listing Decision and Delisting Decision that The Korea Exchange Makes, 고려법학 (Korea Law Review), Vol. 49 No.-, 2007, 715 ff.

Moon, Il Ho: 증권거래소의 상장법인에 대한 상장폐지결정에서의 실무상 쟁점 = Practical Legal Issues in Relation to Delisting Decision by The Korea Stock Exchange, 서강법학연구 (Sogang Law Review), Vol. 11 No. 1, 2009, 217 ff.

Morell, Alexander: Gefahr erkannt, Gefahr gebannt? Ist eine Abfindung beim regulären Delisting aus Effizienzsicht überhaupt geboten? ZBB 2016, 67 ff.

Mülbert, Peter O.: Aktiengesellschaft, Unternehmensgruppe und Kapitalmarkt, 2. Aufl., München 1996.

Mülbert, Peter O.: Rechtsprobleme des Delisting, ZHR 165 (2001), 104 ff.

Müller, Welf: Unternehmensbewertung in der Rechtsprechung; Zustandsbeschreibung und Ausblick, in: Westermann, Harm Peter/Mock, Klaus (Hrsg.), Festschrift für Gerold Bezzenberger zum 70. Geburtstag am 13. März 2000, Berlin u. a. 2000, S. 714 ff.

Noack, Ulrich: Stellungnahme zur Aktienrechtsnovelle 2014 und zu einer Regelung des sog. Delisting, Düsseldorf, 05.05.2015, unter: https://www.bundestag.de/blob/373542/7ca5d39034fa08336cd40001e7ced860/noack-data.pdf (Stand: 25.08.2017) (Zitiert als: *Noack,* Stellungnahme für die Anhörung im Rechtsausschuss am 06.05.2015, S.).

Oechsler, Jürgen: Rechtsgeschäftliche Anwendungsprobleme bei öffentlichen Übernahmeangeboten, ZIP 2003, 1330 ff.

OECD: Global Forum on Transparency and Exchange of Information for Tax Purposes Peer Reviews: Republic of Korea 2012 Combined: Phase 1 + Phase 2: Combined: Phase 1 + Phase 2, 2013.

Opitz, Thorsten: Rechtliche Bewertung von Börsenrückzügen auf Antrag des Emittenten im Hinblick auf die Macrotron-Entscheidung des BGH, 2006.

Park, Jinwoo/*Park,* Jun W./*Lee,* Posang: Information Effect of Involuntary Delisting and Informed Trading, Pacific-Basin Finance Journal 30, Oktober 2014, S. 251 ff.

Park, Sang Hyuk/*Park,* Jong Hyun, in: Nussbaum, Andrew J./Martin, Charles/Perry, Simon: Mergers & Acquisitions – Jurisdictional Comparisons, London 2012 (Zitiert als: *Park/Park,* Jurisdictional Comparisons, S.).

Paschos, Nikolaos/*Klaaßen,* Kristina: Offene Fragen nach der Entscheidung des BVerfG zum Delisting und Folgen für die Beratungspraxis, ZIP 2013, 154 ff.

Paschos, Nikolaos/*Klaaßen,* Kristina: Delisting ohne Hauptversammlungsbeschluss und Kaufangebot – Der Rückzug von der Börse nach der Frosta-Entscheidung des BGH, Kommentar zu BGH v. 8.10.2013 – II ZB 26/12, AG 2013, 877, AG 2014, 33 ff.

Pfüller, Markus/*Anders,* Dietmar: Delisting-Motive vor dem Hintergrund neuerer Rechtsentwicklungen, NZG 2003, 459 ff.

Picot, Gerhard/*Land,* Volker: Going Public – Typische Rechtsfragen des Ganges an die Börse, DB 1999, 570 ff.

Pluskat, Sorika: Going Private durch reguläres Delisting, WM 2002, 833 ff.

Pluskat, Sorika: Das vollständige Delisting im Spannungsfeld von Gesellschafts- und Kapitalmarktrecht, Finanz Betrieb 2002, 592 ff.

Pluskat, Sorika: Rechtsprobleme beim Going Private: unter besonderer Berücksichtigung der „übertragenden Auflösung" und des Delisting, Berlin 2002.

Posegga, Volker: Gesellschafts- und aufsichtsrechtliche Aspekte des Zusammenschlusses von Börsen am Beispiel der Verschmelzung der Trägergesellschaften – Zugleich ein Beitrag zur „Betriebspflicht" des Börsenträgers im Sinne des § 1 Abs. 2 Börsengesetz n. F.- WM 2002, 2402 ff.

Potthoff, Volker/*Stuhlfauth,* Jutta, Der Neue Markt: Ein Handelssegment für innovative und wachstumsorientierte Unternehmen – kapital- marktrechtliche Überlegungen und Darstellung des Regelwerkes, WM Sonderbeilage Nr. 3 zu Heft 26/1997, 3 ff.

Pozniak, Gregor: Die Wiener Börse in ihrem geänderten rechtlichen Umfeld, ZBB 1998, 357 ff.

Priester, Hans-Joachim: Die klassische Ausgliederung – ein Opfer des Umwandlungsgesetzes 1994?, ZHR 163 (1999), 187 ff.

Probst, Melanie: Rechtsfragen des regulären Börsenrückzugs, Baden-Baden 2013.

Radtke, Michael: Delisting, Rückzug aus dem amtlichen Handel oder dem geregelten Markt auf Wunsch des Emittenten aus kapitalmarktrechtlicher Sicht, Frankfurt am Main 1998.

Reger, Gerald/*Schilha,* Ralph: Aktienrechtlicher Aktionärsschutz bei Delisting und Downgrading, NJW 2012, 3066 ff.

Reichert, Jochem: Mitwirkungsrechte und Rechtsschutz der Aktionäre nach Macrotron und Gelatine, AG 2005, 150 ff.

Reiff, Gunter: Gesellschaftsrechtliche Aspekte des regulären Delistings, Frankfurt u. a. 2004.

Renner, Wolfgang G./*Schiffer,* Jack: Widerruf einer Börsenzulassung (Delisting) auf Antrag des Emittenten: Anforderungen an die Ermessensentscheidung der Zulassungsstelle Klagebefugnis von Aktionären gegen Delisting-Entscheidung der Börse aus § 43 Abs. 4 BörsG (1998)? – Erfordernis der Berücksichtigung der Anlegerinteressen – Kein ermessensfehlerhafter Widerruf bei nicht ausreichender Streuung der nicht vom Hauptaktionär gehaltenen Aktien (hier: 0,71 % der Stammaktien und 6,01 % der Vorzugsaktien) – Kein Entzug von Eigentumsrechten durch Delisting, DB 2002, 1986 ff.

Rho, Hyeok-Joon: New Squeeze-out Devices as a Part of Corporate Law Reform in Korea: What Type of Device is Required for a Developing Economy?, Boston University International Law Journal, Vol. 29:41, 41 ff.

Richard, Jörg: Going Private – Der Rückzug von der Börse als Chance, M&A Review 1999, 373 ff.

Richard, Jörg/*Weinheimer,* Stefan: Der Weg zurück: Going Private, BB 1999, 1613 ff.

Richard, Jörg/ *Weinheimer*, Stefan (Hrsg.): Handbuch Going Private, Heidelberg 2002 (Zitiert als: Bearbeiter, in Richard/Weinheimer, Handbuch Going Private, S.).

Riehmer, Klaus: Anmerkung zu BGH, Urteil vom 25.11.2002 – II ZR 133/01, BGH-Report 2003, 438.

Rieske, Ullrich: Der Rückzug von der Börse: Recht der Aufgabe der Börsennotierung, Leipzig 2005.

Rittstieg, Helmut: Eigentum als Verfassungsproblem, in: zu Geschichte und Gegenwart des bürgerlichen Verfassungsstaates, 2. Aufl., Darmstadt 1976.

Rosskopf, Gabriele: Delisting zwischen Gesellschafts- und Kapitalmarktrecht, zugleich Besprechung der Entscheidung BGH DB 2013, 2672 (Frosta), ZGR 2014, 487 ff.

Rubel, Jörgen/*Kunz*, Eugen: Notwendigkeit eines Hauptversammlungsbeschlusses beim „Delisting" aus einem Qualitätssegment des Freiverkehrs?, AG 2011, 399 ff.

Ruthardt, Frederik/*Hachmeister*, Dirk: 15 Jahre DAT/Altana – Ein (weiterer) Aufsatz zum Börsenkurs: Ermittlung des Deinvestionswertes statt Indikation für „wahre Werte", Corporate Finance 2014, 174 ff.

Rutz, Konstantin: Delisting und Downgrading, Voraussetzungen und Rechtstatsachen, Jena 2015.

Säcker, Franz Jürgen/*Rixecker*, Roland/*Oetker*, Hartmut/*Limperg*, Bettina (Hrsg.): Münchener Kommentar zum Bürgerlichen Gesetzbuch, Band 1, Allgemeiner Teil, §§ 1–240, ProstG, AGG, 7. Aufl. 2015 (zitiert als: *Bearbeiter*, in: MüKo BGB, § Rn.).

Schäfer, Frank A./*Hamann*, Uwe (Hrsg.): Kapitalmarktgesetze, Wertpapierhandelsgesetz, Börsengesetz mit BörsZulV, Wertpapierprospektgesetz, Verkaufsprospektgesetz, Wertpapiererwerbs- und Übernahmegesetz, 2. Aufl., 1. Lieferung, Stuttgart Januar 2006. (Aktualisierung: 7. Lieferung, 2. Aufl., Januar 2013). (Zitiert als: *Bearbeiter*, in: Schäfer/Hamann, KMG, § Rn.).

Schanz, Kay-Michael: Börseneinführung, Handbuch für den Börsengang und die börsennotierte Gesellschaft, 4. Aufl., München 2012.

Scharpf, Thomas: Chancen und Risiken beim Ausschluss von Minderheitsaktionären, Baden-Baden 2004.

Schiemzik, Boris Jan: Segmentwechsel börsenaktiver Unternehmen: eine rechtsvergleichende Untersuchung zur Marktentlassung und zum Marktausschluss im deutschen und US-amerikanischen Kapitalmarktrecht, Baden-Baden 2005.

Schiessl, Maximilian: Ist das deutsche Aktienrecht kapitalmarkttauglich?, AG 1999, 442 ff.

Schlitt, Michael: Die gesellschaftsrechtlichen Voraussetzungen des regulären Delisting – Macrotron und die Folgen, ZIP 2004, 533 ff.

Schlößer, Daniel: Delisting auf Initiative des Emittenten, München 2003.

Schlote, Klaus/*Schmitt*, Joachim: Gastbeitrag: Delisting ohne Abfindungsangebot – das geht gar nicht!, in: Börsen-Zeitung vom 16.05.2015 (abrufbar unter: https://

www.boersen-zeitung.de/index.php?li=1&artid= 2015092067&titel=Delisting-ohne-Abfindungsangebot-das-geht-gar-nicht! (Stand: 25.08.2017).

Schmidt, Karsten: Gesellschaftsrecht, 4. Aufl., Köln u. a. 2002.

Schmidt, Karsten: Macrotron oder: Ausdifferenzierung des Aktionärsschutzes durch den BGH, NZG 2003, 601 ff.

Schmidt, Karsten/*Lutter,* Marcus: Aktiengesetz, Band 1, §§ 1–149, 3. Aufl., Köln 2015 (Zitiert als: *Bearbeiter,* in: K. Schmidt/Lutter, AktG, § Rn.).

Schmidt-Bleibtreu, Bruno/*Hofmann,* Hans/*Henneke,* Hans-Günter: Kommentar zum Grundgesetz, 13. Aufl. Köln, München 2014 (Zitiert als: *Bearbeiter,* in: GG-Kommentar, Art Rn.).

Schmitt, Christian: Keine Antragsbefugnis des Anlegers gegen Widerruf der Zulassung der Aktie zum Handel im regulierten Markt, EWiR 2013, 673 f.

Schmitt, Christoph/*Süßmann,* Rainer: Rückzug mittelständischer Unternehmen aus dem regulierten Markt, BB 2014, 1451 ff.

Schneider, Uwe H.: Internationales Kapitalmarktrecht, Regelungsprobleme, Methoden und Aufgaben, AG 2001, 269 ff.

Schneider, Uwe H./*Burgard,* Ulrich: Börsenrechtliche Bewertung einer Einbeziehung der Trägergesellschaft der Frankfurter Wertpapierbörse in einen multinationalen Börsenkonzern und die Verlagerung des Handels in Standardwerten an eine andere Börse, WM 2000 Sonderbeilage Nr. 3 zu Heft 40, 24 ff.

Schockenhoff, Martin: Delisting – Karlsruhe locuta, causa finita? Zugleich Besprechung BGH v. 08.10.2013 – II ZB 26/12, ZIP 2013, 2254 – Frosta, ZIP 2013, 2429 ff.

Scholz, Philipp: Zurück ins „Macrotron“-Zeitalter durch Satzungsregelung?, BB 2015, 2248 ff.

Schön, Wolfgang: Der Aktionär im Verfassungsrecht, in: Habersack, Mathias/Hommelhoff, Peter/Hüffer, Uwe/Schmidt, Karsten (Hrsg.), Festschrift für Peter Ulmer zum 70. Geburtstag am 2. Januar 2003, Berlin 2003, S. 1359 ff.

Schroeder, Dirk: Entscheidungsanmerkung, DB 1978, 246 ff.

Schulz, Florian: Der Rückzug von der Börse auf Antrag des Emittenten in Deutschland und in Frankreich: eine rechtsvergleichende Untersuchung unter Einbeziehung des Minderheitenschutzes, Göttingen 2014.

Schutzgemeinschaft der Kapitalanleger e. V.: Stellungnahme der SdK zum Änderungsantrag der Fraktionen der CDU/CSU und SPD zum Entwurf eines Gesetzes zur Umsetzung der Transparenzrichtlinie-Änderungsrichtlinie, Bundestagsdrucksache 18/5010, kurz „Delisting“, unter: http://sdk.org/assets/Uploads/2015-09-04-Stellungnahme-SdK-Anderungsantrag-18-5010-31.08.2015pdf.pdf (Stand: 25.08.2017) (Zitiert als: SdK, Stellungnahme für die Anhörung im Finanzausschuss am 7.9.2015, S.).

Schwark, Eberhard: Gesellschaftsrecht und Kapitalmarktrecht, in: Lutter, Marcus (Hrsg.), Festschrift für Walter Stimpel zum 68. Geburtstag am 29. November 1985, Berlin, New York 1985, S. 1087 ff.

Schwark, Eberhard: Zur rechtlichen Zulässigkeit der Konzerneingliederung des Trägers der Frankfurter Wertpapierbörse unter eine ausländische Holding und eines blue-chips-Handelssegments in alleiniger Zuständigkeit einer ausländischen Börsenholding. WM 2000, 2517 ff.

Schwark, Eberhard: Kapitalmarktrechts-Kommentar, Börsengesetz mit Börsenzulassungsverordnung, Verkaufsprospektgesetz mit Verkaufsprospektverordnung, Wertpapierhandelsgesetz, Wertpapiererwerbs- und Übernahmegesetz, 3. Aufl. München 2004.

Schwark, Eberhard/*Geiser,* Frank: Delisting, ZHR 161 (1997), 739 ff.

Schwark, Eberhard/*Zimmer,* Daniel: Kapitalmarktrechts-Kommentar, Börsengesetz mit Börsenzulassungsverordnung, Wertpapierprospektgesetz, Verkaufsprospektgesetz mit Vermögensanlagen-Verkaufsprospektverordnung, Wertpapierhandelsgesetz, Wertpapiererwerbs- und Übernahmegesetz, 4. Aufl. München 2010 (zitiert als: *Bearbeiter,* in: Schwark/Zimmer, KMRK, § Rn.).

Schwichtenberg, Jörg: Going Private und Squeezeouts in Deutschland, DStR 2001, 2075 ff.

Seehafer, Bernadette: Grenzüberschreitende Börsenkonzentration im deutschen und britischen Recht, Berlin 2009.

Seibt, Christoph H./*Wollenschläger,* Bernward: Downlisting einer börsennotierten Gesellschaft ohne Abfindungsangebot und Hauptversammlungsbeschluss, AG 2009, 807 ff.

Seiffert, Marc: Going private und Anlegerschutz nach der Macrotron-Entscheidung des BGH, Rottweil 2005.

Semler, Johannes/*Stengel,* Arndt: Beck'sche Kurz-Kommentare Band 56, Umwandlungsgesetz mit Spruchverfahrensgesetz, 3. Auflage 2012, München (Zitiert als: *Bearbeiter,* in: Semler/Stengel, § Rn.).

Sigle, Axel/*Zinger,* Georg: Die Übernahme von Transaktionskosten durch die Aktiengesellschaft, NZG 2003, 301, 304 ff.

Simon, Stefan: Von „Holzmüller" zu „Gelatine" – Ungeschriebene Hauptversammlungszuständigkeiten im Lichte der BGH-Rechtsprechung (Teil I), DStR 2004, 1482 ff.

Simon, Stefan/*Burg,* Michael: Zum Anwendungsbereich des § 29 Abs. 1 Satz 1 UmwG beim „kalten Delisting", Der Konzern 2009, 214 ff.

Sodan, Helge/*Ziekow,* Jan: Verwaltungsgerichtsordnung Großkommentar, 4. Auflage Baden-Baden 2014.

Song, Chang-Hyun/*Kim,* Byung Tae/*Chung,* Joon-Hyuk/*Sang-Beom,* Hong: Analysis of Freeze-outs in Korea: Quest for Legal Framework Synchronizing Transactional

Efficiency and Protection of Minority Shareholders, Journal of Korean Law, Vol. 8, June 2009, 277 ff.

Spindler, Gerald: Ungeschriebene Hauptversammlungszuständigkeiten – wohin führt der Weg?, in: Habersack, Mathias/Hommelhoff, Peter (Hrsg.), Festschrift für Wulf Goette zum 65. Geburtstag, München 2011, S. 513 ff.

Spindler, Gerald/*Stilz,* Eberhard: Kommentar zum Aktiengesetz, Band 1, 2. Aufl. 2010 (Zitiert als: *Bearbeiter,* in: Spindler/Stilz, Komm. AktG, Bd. 1, 2. Aufl. 2010, § Rn.).

Spindler, Gerald/*Stilz,* Eberhard: Kommentar zum Aktiengesetz, Band 1, 3. Aufl. 2015 (Zitiert als: *Bearbeiter,* in: Spindler/Stilz, Komm. AktG, Bd. 1, § Rn.).

Spindler, Gerald/*Stilz,* Eberhard: Kommentar zum Aktiengesetz, Band 2, 3. Aufl. 2015 (Zitiert als: Bearbeiter, in: Spindler/Stilz, Komm. AktG, Bd. 2, § Rn.).

Steck, Kai-Uwe: „Going private" über das UmwG, AG 1998, 460 ff.

Stelkens, Paul (Hrsg.)/*Bonk,* Heinz Joachim (Hrsg.)/*Sachs,* Michael (Bearb.): Kommentar zum VwVfG, Verwaltungsverfahrensgesetz, 8. Aufl., München 2014 (Zitiert als: *Bearbeiter,* in: Stelkens/Bonk/Sachs, VwVfG, § Rn.).

Stöber, Michael: Die Zukunft der Macrotron-Regeln zum Delisting nach den jüngsten Entscheidungen des BVerfG und des BGH, BB 2014, 9 ff.

Stöber, Michael: Ungeschriebene Hauptversammlungskompetenzen am Beispiel des Börsenrückzugs und der fakultativen Insolvenzantragstellung, WM 2014, 1757.

Streit, Georg: Delisting Light – Die Problematik der Vereinfachung des freiwilligen Rückzugs von der Frankfurter Wertpapierbörse, ZIP 2002, 1279 ff.

Streit, Georg: Anmerkung zu BGH, Urt. v. 25.11.2002 – II ZR 133/01 (OLG München ZIP 2001, 700), ZIP 2003, 392 ff.

Thaeter, Ralf/*Abbas,* Raya: Kommentar zum Wertpapiererwerbs- und Übernahmegesetz, Baden-Baden 2012 (Zitiert als: *Bearbeiter,* in: Thaeter/Abbas, WpÜG, § Rn.).

Thomale, Chris: Minderheitenschutz gegen Delisting – die MACROTRON-Rechtsprechung zwischen Eigentumsgewähr und richterlicher Rechtsfortbildung, ZGR 2013, 686 ff.

Thomas, Gunther: Delisting und Aktienrecht, Verfassungs- und gesellschaftsrechtliche Voraussetzungen des Rückzugs einer Aktiengesellschaft von der Börse, Berlin 2009.

Timm, Wolfram: Die Aktiengesellschaft als Konzernspitze: die Zuständigkeitsordnung bei der Konzernbildung und Konzernumbildung, Köln, Berlin, Bonn, München 1980.

Timm, Wolfram: Die Mitwirkung des Aufsichtsrats bei unternehmensstrukturellen Entscheidungen, DB 1980, 1201 ff.

Veil, Rüdiger: Aktuelle Probleme im Ausgliederungsrecht, ZIP 1998, 361 ff.

Verbraucherzentrale für Kapitalanleger: Delisting: Stellungnahme der Verbraucherzentrale für Kapitalanleger (VzfK) zum Änderungsvorschlag von CDU/CSU und

SPD vom 21. September 2015, unter: http://www.dgap.de/dgap/News/dgap_media/delisting-stellungnahme-der-verbraucherzentrale-fuer-kapitalanleger-vzfk-zum-aenderungsvorschlag-von-cdu-csu-und-spd-vom-september/?newsID=899455 (Stand: 25.08.2017) (Zitiert als: Delisting: Stellungnahme der Verbraucherzentrale für Kapitalanleger (VzfK) zum Änderungsvorschlag von CDU/CSU und SPD vom 21. September 2015).

Verbraucherzentrale für Kapitalanleger: Auflistung der Gesellschaften, die einen Antrag auf Delisting angekündigt bzw. gestellt haben, unter: http://www.vzfk.de/spruchverfahren/delisting-strukturmassnahme/index.html (Stand: 25.08.2017).

Vetter, Jochen: Die Gegenleistung für den Erwerb eigener Aktien, AG 2003, 478 ff.

Vollmer, Lothar/*Grupp,* Alexander: Der Schutz der Aktionäre beim Börseneintritt und Börsenaustritt, ZGR 1995, 459 ff.

von der Linden, Klaus: Kann die Satzung eine Börsennotierung vorschreiben, NZG 2015, 176 ff.

Wackerbarth, Ulrich: Die Begründung der Macrotron-Rechtsfortbildung nach dem Delisting-Urteil des BVerfG, WM 2012, 2077 ff.

Wackerbarth, Ulrich: Das neue Delisting-Angebot nach § 39 BörsG oder: Hat der Gesetzgeber hier wirklich gut nachgedacht?, WM 2016, 385 ff.

Wasmann, Dirk/*Glock,* Jana: Die FRoSTA-Entscheidung des BGH – Das Ende der Macrotron-Grundsätze zum Delisting, Zugleich Besprechung des BGH-Beschlusses vom 08.10.2013 – II ZB 26/12, DB 2013 S. 2672, DB 2014, 105 ff.

Wendt, Rudolf: Eigentum und Gesetzgebung, Hamburg 1985.

Wicke, Hartmut: Aktionärsschutz beim Delisting, Reformüberlegungen nach der Frosta- Entscheidung des BGH, DNotZ 2015, 488 ff.

Wiedemann, Herbert: Gesellschaftsrecht, Band 1, Grundlagen, München 1980.

Wilhelm, Jan: Kapitalgesellschaftsrecht, 3. Aufl., Berlin 2009.

Wieneke, Laurenz: Aktien- und kapitalmarktrechtlicher Schutz beim Delisting nach dem FRoSTA-Beschluss des BGH, NZG 2014, 22 ff.

Wilsing, Hans-Ulrich/*Kruse,* Tobias: Die Änderung des § 54a BörsO/Ffm: Ein Schritt in die richtige Richtung?, NZG 2002, 807 ff.

Wilsing, Hans-Ulrich/*Kruse,* Tobias: Börsenrechtliches Delisting nach Macrotron, zugleich Anmerkung zur Entscheidung des BGH vom 25.11.2002 = WM 2003, 533, WM 2003, 1110 ff.

Wilsing, Hans-Ulrich/*Kruse,* Tobias: Anmerkung zu VG Frankfurt/M zum Urt. v. 17.06.20029 E 2285/01 (V), Klagebefugnis des von Delisting betroffenen Anlegers aufgrund drittschützender Wirkung des § 43 Abs. 4 BörsG 1998 („Macrotron"), EWiR 2002, 953 ff.

Wirth, Gerhard/*Arnold,* Michael: Anlegerschutz beim Delisting von Aktiengesellschaften, Zugleich Anmerkung zu LG München I ZIP 1999, 2017, ZIP 2000, 111 ff.

Wolf, Manfred: Der Ausschluss vom Neuen Markt und die Aufnahme von Ausschlussgründen in das Regelwerk Neuer Markt, WM 2001, 1785–1792.

Wollburg, Ralph/*Gehling,* Christian: Umgestaltung des Konzerns – Wer entscheidet über die Veräußerung von Beteiligungen einer Aktiengesellschaft?, in: Niederleithinger, Ernst/Wiedemann, Gerhard/Werner, Rosemarie (Hrsg.), Festschrift für Otfried Lieberknecht zum 70. Geburtstag, München 1997, S. 133 ff.

Yi, Junseob: Interessenkonflikte bei der Selbstnotierung der Korea Stock and Future Exchange, in: Hammen, Horst (Hrsg.), Interessenkonflikte beim Börsengang von Börsen, Börsen- und kapitalmarktrechtliche Abhandlungen, Band 5, Frankfurt a. M. u. a. 2009, S. 101 f.

Yoon, Ja-Young: Small Investors Hit by Kosdaq Delisting, vom 28.03.2010, The Korea Times, abrufbar unter: https://www.koreatimes.co.kr/www/news/biz/2016/11/123_63171.html (Stand: 25.08.2017).

Youn, Young-Ju: Recht und Rechtssprache in Korea und Deutschland, Probleme bei der Übertragung juristischer Texte aus übersetzungswissenschaftlicher Sicht unter besonderer Berücksichtigung des Ehe- und Familienrechts, Frankfurt am Main 2016.

Zetzsche, Dirk: Reguläres Delisting und deutsches Gesellschaftsrecht, NZG 2000, 1065 ff.

Zillmer, Peter: Going Private: Der freiwillige Börsenrückzug in Deutschland, Wiesbaden 2003.

Zimmer, Daniel: Die Selbstbefreiung – Achillesferse der Ad-hoc-Publizität?, in: Grundmann, Stefan (Hrsg.), Unternehmensrecht zu Beginn des 21. Jahrhunderts: Festschrift für Eberhard Schwark zum 70. Geburtstag, München 2009, S. 669 ff.

Zimmermann, Klaus/*Pentz,* Andreas: „Holzmüller" – Ansatzpunkt, Klagefristen, Klageantrag, in: Hommelhoff, Peter/Zätsch, Roger/Erle, Bernd (Hrsg.), Festschrift für Welf Müller zum 65. Geburtstag, München 2001, S. 151 ff.

Zöllner, Wolfgang/*Noack,* Ulrich: Kölner Kommentar zum AktG, Band 1, §§ 1–75 AktG, 3. Aufl. 2011 (zitiert als: Bearbeiter, in: KölnKomm. AktG, Bd. 1, § Rn.).

Zwirner, Christian/*Kähler,* Malte: (Unternehmens-) Bewertung beim Delisting: Auswirkungen der Neuregelung des § 39 BörsG auf KMU, BB 2016, 171 ff.

Börsen- und kapitalmarktrechtliche Abhandlungen

Herausgegeben von Horst Hammen

Band 1 Susann Schumann: Die Verbesserung der Eigenkapitalausstattung mittelständischer Unternehmen durch Unternehmensbeteiligungsgesellschaften. Eine Analyse der Entwicklung des Gesetzes über Unternehmensbeteiligungsgesellschaften. 2007.

Band 2 Sonja Granzow: Die Aufsicht über den Handel mit Energiederivaten nach dem Gesetz über das Kreditwesen. 2007.

Band 3 Jens H. Kunz: Ausgewählte Rechtsprobleme des Zentralen Kontrahenten. Unter besonderer Berücksichtigung des Clearing-Systems an der Frankfurter Wertpapierbörse. 2009.

Band 4 Stefan Bressler: Public Private Partnership im Bank- und Börsenrecht durch Beleihung mit einer Anstaltsträgerschaft. 2009.

Band 5 Horst Hammen (Hrsg.): Interessenkonflikte beim Börsengang von Börsen. 2009.

Band 6 Alexander Hofmann: Der Skontroführer an den deutschen Wertpapierbörsen. 2009.

Band 7 Roman Jüngling: Polnisches Börsen- und Kapitalmarktrecht. Interessenkonflikte bei der Selbstnotierung der Warschauer Börse. 2010.

Band 8 Gisella Victoria Villeda: Prävention und Repression von Insiderhandel. 2010.

Band 9 Horst Hammen: Börsen und multilaterale Handelssysteme im Wettbewerb. Eine wirtschaftsrechtliche Analyse. 2011.

Band 10 Karsten Fink: Der Freiverkehr. Die rechtliche Organisation des Handelssegments Freiverkehr an deutschen Börsen. 2013.

Band 11 Simon Reitz: Börsengeschäfte, Übertragung von Wertpapieren und Leistungsstörungen. 2013.

Band 12 Elisabeth Heuser: Mistrades bei Börsengeschäften. 2013.

Band 13 Horst Hammen: Börsenerlaubnis, Anteilseignerkontrolle und Niederlassungsfreiheit bei der Fusion von Börsenorganisationen. Das Projekt Gamma. 2013.

Band 14 Matthias Bopp: Fusionen und Kooperationen deutscher Börsen und ihrer Träger. 2015.

Band 15 Dennis Rasch: Der Nachweis der haftungsbegründenden Kausalität bei fehlerhafter Ad-hoc-Publizität. Anwendungsmöglichkeit der Vermutung aufklärungsrichtigen Verhaltens? 2016.

Band 16 Heinrich Eva: Die Rechtsstellung der für die Börse tätigen Personen. 2017.

Band 17 Feyko Conring: Sittenwidriges Informationsverhalten. Die Haftung für fehlerhaftes Informationsverhalten gegenüber den Anlegern am regulierten Wertpapiermarkt. 2017.

Band 18 Marcel Lohwasser-Spitzer: Börsenerlaubnis. Anspruch auf Erteilung und Widerruf der Börsenerlaubnis. 2018.

Band 19 Christin Riedel: Freiwilliges und zwangsweises Delisting im deutschen und südkoreanischen Recht. 2018.

www.peterlang.de

www.ingramcontent.com/pod-product-compliance
Ingram Content Group UK Ltd.
Pitfield, Milton Keynes, MK11 3LW, UK
UKHW021839290926
8980IPUK00005B/543

9 783631 746387